高麗後期 看話禪 研究

# 高麗後期 看話禪 研究

趙明濟 지음

혜안

# 머리말

　고려불교는 왜 몰락했을까? 다소 거창하게 보일지 몰라도 본서는 이러한 의문에 대해 해명하기 위한 시도의 일환으로 제시한 것이다. 이러한 문제는 거시적으로 본다면 삼국시대 이래 근 1000년간 주도적인 사상·종교로서 존재한 불교 중심의 사회에서 주자학이라는 새로운 유교 중심의 사회로의 이행에 대한 구조적인 해명과 관련된다.

　그러나 연구 주제의 중요성에도 불구하고 기존의 연구는 단선적인 이해에 그치고 있다. 즉 원 간섭기를 거치면서 권문세족과 결탁된 불교계가 부패하고 타락하였으며, 이에 신흥사대부가 주자학을 수용하여 역성혁명을 통해 사회적 모순을 개혁하였다는 통설적인 이해가 그것이다. 이와 같이 여말선초의 정치적·사회적 변화를 설명하는 과정에서 이분법적인 구도 속에 불교와 주자학이라는 범주는 각각 이른바 기득권과 결탁된 보수와 개혁을 지향하는 진보의 대표로서만 부각되었던 것이다. 물론 이러한 설정이 역사적 사실을 반영하는 측면도 있고 결과적으로 그러하지만, 이러한 도식적인 설명만으로는 여말선초의 사회적·사상적 변화의 이유나 배경이 무엇인지 선명하게 이해되지는 않는다. 무엇보다도 불교가 몰락하게 된 이유나 배경이 무엇인가는 단순히 교단의 부패, 타락이라는 차원에서만 제기될 성질의 것이 아니며, 기본적으로 불교사의 흐름 속에서 불교가 갖는 사회적·사상적 한계가 무엇인가, 나아가 주자학이 수용되는 과정에서 양자의 상호 대응 관계가 어떠하였는가라는 문제를 규명하지 않으면 안 될 것이다.

본서가 간화선이라는 주제를 통해 이러한 문제에 접근하고자 한 것은 고려후기 이래 불교사를 주도한 것은 선사상이었으며, 선의 다양한 흐름 가운데 간화선이 가장 사상적 영향력이 강하였기 때문이다. 나아가 간화선의 역사상을 통해 최근 논란이 되고 있는 선을 둘러싼 다양한 논의에 대한 문제제기와 함께 방향 설정에 조금이라도 도움이 될 수 있을 것으로 생각했기 때문이다.

그런데 연구자에게 있어 선을 학문적인 대상으로 설정할 때에 갖는 어려움은 필설로 다할 수 없다. 무엇보다도 사회과학적 방법론이나 근대과학적인 세계관에 의해 불교 자체에 대한 편견 내지 선입관이 강한 데다가 분과학문적인 성향이 짙은 지금의 대학에서는 연구 자체가 쉽지 않다. 이러한 현실적인 여건과 함께 기본적으로 연구방법론상의 곤란함도 적지 않다. 가령 연구자를 막론하고 흔히 '선사상'이라는 표현이 쉽게 사용되고 있음을 볼 수 있다. 그런데 사상을 논리적으로 일관한 문장으로 논술된 것이라고 한다면 선은 그러한 언어를 해체하는 것을 즐겨 사용하므로 과연 선에 사상이란 있을 수 있는가 라는 의문도 제기될 수 있다. 나아가 선의 문헌은 신비적이고 체험적인 서술이 적지 않다. 그러므로 선의 논리나 사상체계가 없다고 말할 수 없지만, 선의 문제를 언어를 통해 논리적으로 표현한다는 게 쉽지 않다.

나아가 선의 문헌을 읽기 위해서는 어학적·문헌학적 방법이나 역사학적 접근방법 등 다양한 연구방법론과 함께 기본적으로 방대한 고전과 참고문헌이 요구되는데, 우선 그것을 접하는 것 자체가 쉽지도 않고, 전문가도 거의 없는 게 한국학계의 실정이다. 또한 선사상이나 선종의 역사상을 어떻게 파악할 것인가는 텍스트 자체에서 쉽게 드러나지 않으며, 컨텍스트를 통한 해독, 나아가 배경 지식이나 관련 자료를 섭렵하지 않을 수 없고, 관련 시대에 대한 일반사의 흐름도 감안하지 않을 수 없다.

이러한 어려움과 한계에도 불구하고 이 분야에 도전하고자 했던 것은 앞서 밝힌 나름대로의 문제의식에서 출발한 것이었다. 본래 부산대 사학과에 제출한 박사학위논문을 수정하고 보완한 본서가 이러한 문제를 완전히 해명하였다고 하기는 어렵고 보완할 부분이 적지 않지만, 필자에게 있어서는 연구의 한 단계를 정리하면서 향후의 연구와 관련하여 스스로 책임감을 주기 위해서 세상에 내놓게 되었다.

돌이켜보면 필자가 불교사라는 영역에 다가설 때에 가진 문제의식은 처음부터 무슨 거창한 학문적인 의문이나 관심에서 출발한 것이 아니라 실은 80년대 초반이라는 암울한 시대적 상황에서 갖게 된 고민과 연관된 것이었다. 당시에 대학 생활을 보낸 대부분의 세대가 그러하듯이 필자 역시 시대적 모순에 대한 자각, 인식과 함께 어떻게 살아가는 것이 올바른 것이고, 무엇을 할 것인가 라는 고민으로 방황의 나날을 보냈다.

그러나 현실에 대한 고민, 시대적 아픔에 동참하는 과정에서 점차 당시 경직된 사회구조만큼 현실의 모순에 대한 대응도 경직된 상황에 대한 의문, 나아가 본래 갖고 있던 공부에 대한 열망 등이 겹쳐 결국 대학원 진학으로 방향을 결정하였다. 그러면서 당시의 일반적인 분위기와 달리 불교사를 중심으로 한 사상사를 본격적으로 전공하고자 결심하였다. 그러한 선택에는 감수성이 예민한 10대 시절에 접하였던 불교의 세계관과 달리 현실적인 불교를 보면서 느끼던 절망감을 통해 그러한 모순과 양면성을 어떻게 이해할 것인가라는 소박한 의문, 나아가 역사 속에서 사회구조만이 아니라 인간이라는 요소도 중시되어야 하지 않는가라는 의문을 구체적으로 풀고자 하는 생각이 작용하였던 것이다.

이러한 소박한 의문을 구체적으로 풀어가기 위해 분투하면서 처음 은산철벽 앞에 선 것처럼 캄캄하던 심정이 지금은 무엇인가 엿보이는 듯하지만, 본서를 막상 출간하고자 하니 더 많은 의문과 한계가 드러나 두렵기만 하다. 그래도 이 만큼의 연구성과라도 세상에 내놓을 수

8

있었던 것은 지금까지 필자를 지도하고 도와주셨던 많은 분들의 도움
에 힘입은 것이기에 이 자리를 빌려 감사의 뜻을 표시하고 싶다.

먼저 필자가 한 사람의 연구자로서 활동할 수 있게 된 것은 은사 蔡
尙植 교수님의 덕택이라고 해도 과언이 아니다. 현실적으로 지방에서
불교사라는 특수한 분야를 전공하는 데에는 적지 않은 애로가 놓여 있
다. 불교사가 하나의 학문으로서 인정받는다는 게 그렇게 쉽지도 않고
적지 않은 선입관에 당혹할 때가 한두 번이 아니다. 그러한 상황에서
고려불교사에 일가를 이룬 분에게 학부 시절부터 지도를 받았다는 것
이 필자로서는 행운이라고 할 수 있었다.

더욱이 선생님을 통해 관련 자료와 연구 성과, 정보를 쉽게 얻을 수
있어 적지 않은 도움이 되었지만 무엇보다도 다음의 두 가지 가르침은
오랫동안 기억에 남아 있다. 하나는 불교사 연구에 있어 자료의 중요
성에 대한 것이고, 또 하나는 불교사를 특수사가 아닌 일반사의 시각
에서 접근하라고 하는 당부였다. 필자가 문집, 금석문을 비롯한 다양한
자료에 대한 감각을 익히고, 최근 묘지명 자료나 고려판 선적을 발굴
하게 된 것도 선생님의 영향이 무의식중에 남아 있었기 때문이다. 또
한 연구분야 자체가 관념적인 흐름이나 이해로 빠질 때가 적지 않은
데, 그럴 때마다 끊임없이 일반사의 시각을 강조하는 선생님의 질책과
지도에 의해 필자가 문제의식을 새롭게 한 바가 적지 않다.

아울러 박사학위논문을 심사하는 과정에서 유익한 조언과 지도를
해주신 鄭性本, 金東哲, 金琪燮, 李晋吾 교수님께 감사드리고 싶다.
또한 지역에서는 보기 드물 정도로 중세사 연구자가 많이 모여 있어
중세사에 대한 다양한 대화와 토론이 가능하였던 모교의 분위기도 적
지 않은 도움이 되었다. 여러 선배, 동학에게 감사드리며, 아울러 한국
중세사학회 여러분의 격려와 조언도 잊을 수 없다. 그리고 사학과에
같이 입학하여 지금까지 학문의 길을 같이 걸어가면서 고민을 공유하
고 격려해준 동기들, 특히 무더위 속에서 힘든 교정을 도와준 鄭龍範

선생에게 고마움을 전하고 싶다. 그리고 본서를 부산대 한국민족문화 연구소의 민족문화총서로 간행하도록 후원해주신 조남욱 소장님, 아담한 책자로 만들어주신 혜안출판사의 오일주 사장님과 편집부의 여러 분께도 감사드린다.

한편 필자는 고려사상사를 제대로 이해하기 위해서는 宋·元代 불교사나 사상사를 본격적으로 공부하지 않고서는 불가능하다는 것을 절감하고, 자료와 연구가 축적된 일본학계에서 좀더 공부해야겠다는 결심을 하였다. 마침 駒澤大學의 石井修道 先生과 인연이 닿아 선생의 문하에서 2년간 연구한 경험은 필자의 연구에 있어서 새로운 전환기가 되었다. 송대 선종사의 대가이신 이시이 선생께서는 생면부지의 필자가 다른 분을 통해 간접적으로 연구원 신청을 하였을 때에 선뜻 받아주셨을 뿐만 아니라 2년간 일본 생활의 섬세한 측면 하나하나를 모두 챙겨주셨다. 선생을 통해 송대 선종사에 대한 기본적인 안목을 새롭게 배웠고, 語錄에 대한 어학적·문헌적 해독방법, 송대 자료에 대한 정보 등 일일이 열거할 수 없을 만큼 많은 가르침을 받았다. 매년 정월에는 댁에 초청하여 주셨고, 매주 세미나마다 자상한 지도와 함께 저녁식사까지 이어지는 분위기는 지금도 늘 기억에 남아 있다. 삼가 고개 숙여 깊이 감사드리고 싶다.

2년간 고마자와 대학에서는 개인 연구실이 제공되고, 도서관에 소장된 풍부한 선적 자료를 마음껏 이용할 수 있는 여건에다, 친절하고 성실한 불교학부의 교수들에게 자극을 받은 바도 적지 않다. 특히 椎名宏雄 先生께서는 송원판 선적에 대한 정보뿐만 아니라 귀중한 연구성과와 자료를 선뜻 주셨고, 지금까지도 항상 격려와 조언을 아끼지 않고 있다. 선생의 學恩에 감사드리며, 더욱 건승하실 것을 기원한다. 또한 石井公成 先生으로부터는 화엄학이나 일본 고전에 대한 이해, 나아가 컴퓨터를 이용한 연구방법 등 실로 다양한 분야에 걸쳐 지적인 자극을 적지 않게 받았다. 역시 이 자리를 빌려 감사드리고 싶다. 그 외에 小川隆 先生을 비롯한 선어록연구반, 禪宗硏究會의 여러분에게도 감사드린다.

한편 필자는 도쿄 생활 중에 다른 대학이나 각종 연구회의 세미나에 분주히 다니면서 다양한 외국인 연구자와의 대화를 통해 연구의 새로운 동향과 관련된 정보나 인문학 전반에 대해 자극을 받았다. 특히 國學院大學의 鈴木靖民 先生으로부터는 入唐求法巡礼行記 세미나에서 1년간 가르침을 받았으며, 선생을 통해 동아시아 관계사에 대해 새롭게 눈을 뜨게 되었다. 아울러 선생의 학문에 대한 열정과 후학에 대한 정열적인 지도에 깊은 감명을 받았으며, 이후에도 묘지명 자료나 개인적인 일로 적지 않게 도움을 받았다. 이 자리를 빌려 깊이 감사드린다.

현재 필자는 2년간의 도쿄 생활을 마친 후에 교토로 와서 새로운 연구활동을 하고 있다. 초청해주신 京都大學의 杉山正明 先生은 몽골사에 대한 세계사적 관점과 신선한 학설을 다양하게 제시함으로써 학계의 주목을 받는 몽골사의 권위자이다. 선생의 학풍을 접하면서 元代史에 대해 신선한 충격을 받고 새롭게 이해할 수 있게 되었으며, 고려의 역사상에 대한 재검토를 나름대로 모색하게 되는 계기가 되었다. 쿄토대학에서는 日中韓板本硏究班을 비롯한 다양한 세미나를 통해 동양사에 대한 새로운 지식과 다양한 정보, 연구방법론 등을 접하게 되어 이후의 연구에 소중한 자산이 되리라 본다. 스기야마 선생에게는 이 자리를 빌려 감사드리며, 또한 한국사에 대해 애정을 갖고 필자의 연구를 격려해주시고, 대소사에 여러 모로 도움을 주신 夫馬進 先生께도 감사드리고 싶다.

3년 이상에 걸친 일본에서의 유학생활은 필자에게 있어 연구의 새로운 단계를 맞이할 수 있는 기회이자 지친 심신을 회복하는 기간이기도 하였다. 봄의 화려한 사쿠라, 길고 긴 무더위를 달래는 하나비, 만산홍엽의 모미지, 눈 내린 산사의 정원에서 바라보는 적정의 세계 등 자연과 전통이 조화된 일본에서 처음으로 만끽한 혼자만의 세계는 고독과 여유로움을 조용히 받아들이면서 내면을 관조하는 계기가 되었다.

일본에서 연구활동에만 전념할 수 있었던 것은 일본학술진흥회와 일한문화교류기금의 지원에 의한 것이었다. 후원에 감사드리며, 특히 여러 모로 도움을 주신 기금의 堀泰三 理事와 岩本高明 씨에게 감사드린다. 아울러 선배라는 원죄 때문에 늘 후배의 부탁을 아낌없이 도와주고 격려해주시는 경북대학 일문과의 李淙煥 교수님, 부산대 고고학과의 申敬澈 교수님께도 감사드리고 싶다. 그 외에 일본 생활에서 도움을 주신 한림대 南基鶴, 경북대 張東翼, 경성대 韓圭哲 교수님께도 이 자리를 빌려 감사드린다.

그리고 힘든 외국 생활을 보내는 가운데 가족처럼 도와주고 일본어를 가르쳐준 坂本秋枝 씨와 그 가족에게도 고마운 마음을 전하고 싶다. 또한 자원봉사자로서 2년간 일본어 회화를 가르쳐주신 最上徹 社長은 지금까지도 일본어 논문의 교정을 꼼꼼하게 보아 주실 뿐만 아니라 대소사에 무엇이라도 도와주시고 있다. 그리고 大谷大學의 鄭早苗 교수님은 학계의 관련 정보뿐만 아니라 교토에서의 생활에 적지 않은 도움을 주셔서 이 자리를 빌려 감사드리고 싶다. 그 외에 대만학계의 정보와 함께 중국어를 가르쳐 준 義守大學의 李守愛 교수, 학회에 초대해주고 격려를 아끼지 않으신 佛光山의 星雲 大師를 비롯한 여러분께도 감사드린다. 그 외에 일일이 이름을 밝히지 않지만 학계에서의 교류를 통해 많은 도움을 주신 대만, 중국, 미국학계의 지인들에게 고마움을 전하고 싶다.

한편 필자는 대학이라는 세계 밖에서도 불교나 동양사상에 대한 이력 과정을 경험한 바가 있다. 특히 무진장한 불교학, 동양학의 세계를 가르쳐주시고, 어떤 자료든지 자문해주신 覺性 스님, 素問 강의를 통해 인연이 맺어진 후에 열반하시기 전까지 선의 이론과 실천을 끊임없이 지도해주셨던 故 無爲堂 李元世 선생님, 이 두 분의 은혜는 결코 잊을 수 없다. 아울러 불교사에 대한 이해와 함께 늘 격려해주시는 梵

魚寺 住持 大成 스님과 講主이신 德롱 스님께도 감사드린다.

지금까지 학문의 길을 고집하느라 가족, 친지의 대소사에 무관심하였음에도 불구하고 묵묵히 곁에서 지켜보며 성원해주신 부모님과 형제를 비롯한 가족, 친지에게는 항상 송구스럽고 그저 말없이 머리를 숙이고 싶다. 마지막으로, 지금까지 삶의 행로에서 고비 고비마다 힘이 되어준 인연 있었던 모든 분들에게 진심으로 감사를 드리며, 이 만큼이라도 작은 성과가 이루어지게 된 것은 소박하게나마 세운 원력이 언뜻언뜻 느껴지는 가피에 의해 지탱되어 온 듯하여 조용히 두 손 모아 감사드린다.

2004년 8월

京都 南禪寺에서 저자 씀

# 目 次

# 序 論

　주지하는 바와 같이 高麗末에서 朝鮮初에 이르는 시기는 사상사, 문화사에 있어서 커다란 전환기였다. 즉 삼국시기이래 약 1000년간 지배이념이었던 불교가 몰락하고 주자학이라는 새로운 유교 중심의 사회구조로 전환되었던 것이다. 그러나 전근대사회에서 사상, 문화적 지형을 크게 바꾼 이러한 사상사적 전환에 대한 인식은 아직까지 고려말 불교계의 타락, 몰락이라는 하나의 단면과 함께 주자학의 수용이라는 또 다른 단면만이 각각 제시되고 있어 고려말 조선초의 사상사가 입체적, 종합적 서술이 아닌 부조적 묘사에 그친 감을 지울 수 없다.

　이러한 한계는 불교사, 유교사라는 각각의 영역이 아직 정리되어 가는 수준인데다, 나아가 개별 영역이 아닌 당시 사상사를 총체적으로 해명할 만한 단계에 이르지 못하였기 때문이다. 그럼에도 불구하고 한국사상사의 총체적인 흐름과 구조적인 변화를 해명하기 위해서는 시도하지 않을 수 없는 연구 영역이기도 하다. 이러한 연구 상황을 고려하면서 사상사적 전환 문제에 대한 해명은 기본적으로 고려후기 불교사의 사상적 흐름에 대한 분석이 선행되어야 할 것이며, 아울러 유교와 불교의 상호 교류나 사상적 대응이 어떻게 이루어지고 있었는가에 대한 문제가 검토되어야 한다고 생각한다.

　이러한 문제인식과 관련하여 본고는 고려후기 간화선의 사상적 전개과정을 통해 사상사적 전환 문제를 밝혀 보고자 한다. 간화선이란 주제를 선정한 이유로서는 다음의 두 가지를 들 수 있다. 첫째, 고려후기 불교사를 주도한 것이 선종이고, 당시의 선사상은 간화선으로 대표되기 때문이다. 둘째, 유교와 불교의 사상적 교류와 상호 대응이라는 문제에 접근할 경우에도 선사상, 특히 간화선이 가장 중요한 매개가 되고 있기 때문이다. 그러면 먼저 선종사를 중심으로 지금까지의 고려 후기 불교사 연구와 유불교섭사 연구 동향을 살펴보고, 그 문제점이 무엇이며, 앞으로의 연구 전망과 관련하여 검토해 보기로 한다.

주지하듯이 전근대사회에서 불교는 단순히 종교적인 기능에 그친 것이 아니라 사회 전반의 구조와 유기적인 관련을 갖고 있었다. 삼국시기에 수용되었던 불교는 특히 고려사회에서 절정기를 맞이하였고, 고려는 불교국가라고 해도 과언이 아닐 정도였다. 따라서 고려사회의 역사상을 올바로 파악하기 위해서는 정치, 사회, 경제, 문화의 전 분야에 걸쳐서 불교와 유기적인 관련을 갖고 접근해야 할 것이다. 그럼에도 불구하고 기존의 불교사에 대한 시각이나 접근 방식은 여러 가지 문제점을 갖고 있다.

첫째, 다른 분야도 마찬가지겠지만, 불교라는 대상과 주제에 대한 분과학문적인 접근의 문제라고 하겠다. 역사학 방면에서는 불교사를 하나의 특수사로 취급하거나, 정치적 이데올로기라는 좁은 범주에 머문 경향이 적지 않다. 또한 불교학, 철학 방면에서도 대체적으로 인물 중심의 관념적 분석에 치중함으로써 역사적 현실과 관련하여 불교사상의 흐름과 그 의미를 제대로 부각시키지 못하였던 한계가 있다.[1]

둘째, 주지하듯이 한국불교사—나아가 한국사상사까지 포함하여—는 그 기본적인 흐름이 중국사상사와 밀접한 관계를 갖고 있다. 따라서 최소한 중국사상사의 기본적인 흐름이 어떻게 전개되고, 그 주요한 사상체계의 논리가 무엇인지, 나아가 그것이 한국사회에 수용되는 과정에서 어떻게 이해되고 수용되는 지에 대해 검토하지 않으면 안 될 것이다. 그러나 종래의 연구는 이러한 기본적인 전제가 제대로 이루어

---

1) 蔡尙植, 『高麗後期佛敎史硏究』, 一潮閣, 1991, 1~10쪽.

지지 못하였는데, 현실적으로 중국사상사에 대한 자료나 연구자가 절대적으로 부족한 한계를 감안한다면 어쩔 수 없는 측면도 적지 않다.

이러한 한계를 극복하기 위해서는 우선 중국·일본학계를 비롯한 외국의 자료나 연구 성과를 활용한다든지, 의식적으로 이러한 문제인식을 갖고 접근할 필요가 있다고 생각한다. 따라서 전근대사회에서 보편적인 사상으로서의 중국사상이 한국사상사의 흐름 속에서 어떻게 변용되며, 그러한 과정을 통해 형성된 한국사상의 내용과 특징이 무엇이며, 아울러 사상 내적인 논리만이 아닌 사회적, 역사적 배경과 관련하여 분석하는 사회사상사로서의 접근이 요구된다고 하겠다.

셋째, 불교사에 대한 범주나 연구 주제와 관련하여—유교사도 마찬가지이지만—불교 자체에 한정해서는 곤란하지 않은가 한다. 주지하듯이 한반도에 수용된 불교는 기본적으로 중국불교이고, 중국불교는 그 수용 및 형성과정에서 중국 고유의 유교, 도교와의 사상적 교류와 대응을 통해 체계화되었다는 사실을 고려한다면 불교사에 대한 이해는 불교 그 자체만으로 파악하고 완결되는 연구 대상이라고 하기가 곤란하다. 특히 고려시대의 경우 본격적으로 유교정치이념이 자리를 잡게 되고, 고려후기에는 주자학이 수용되며, 그러한 사상적 기반을 배경으로 사대부가 대두하였다. 따라서 이러한 사회적 변화 속에서 불교는 유교와 어떻게 교류하고 대응하였는지, 나아가 승려가 아닌 사대부 및 일반민의 불교에 대한 이해와 신앙이 어떠하였는가에 대한 문제도 중시되어야 할 주제이다.

그러면 이러한 문제인식과 관련하여 종래 고려후기 선종사 연구가 어떻게 진행되어 왔으며, 기존의 연구 동향이 갖는 문제점이 무엇인지를 먼저 지적하고자 한다. 나아가 이러한 문제 제기를 통해 향후 해결하여야 할 연구 과제가 무엇인지, 아울러 그러한 연구 과제와 관련하여 새로운 연구방법론이나 연구 방향이 어떻게 이루어져야 할 것인가에 대해 살펴보기로 한다.

주지하듯이 고려후기 불교사의 기본적인 흐름은 선사상과 정토신앙의 전개라고 할 수 있으며, 특히 선사상이 주도적인 이념으로서 등장하였다. 고려후기 선사상에 대한 연구는 주로 지눌에 의해 표방된 修禪社를 중심으로 많은 성과를 거두었다. 불교학, 철학 방면에서는 특히 知訥의 사상체계에 대한 분석이 중점적으로 이루어졌고, 그 결과 看話禪을 궁극으로 하는 지눌의 철학체계에 대해 많은 연구가 이루어졌다.[2] 그런데 기존의 연구에서는 주로 지눌을 통해 수선사 계통에서 간화선풍이 일반화되었던 것으로 파악하고 있다. 그러나 지눌의 선사상은 惺寂等持門·圓頓信解門·徑截門의 세 가지 수행방법론을 제시하는 등 간화선만을 표방하지는 않았다.

따라서 수선사 계통에서 간화선이 어떻게 수용되고 정착되는가에 대한 문제는 知訥 위주의 연구 경향에서 탈피하여, 혜심 이후 수선사의 사상적 흐름과 관련하여 재검토해야 할 것이다. 이와 관련하여 근래 지눌에 편향된 연구를 벗어나 수선사 2세인 慧諶의 생애와 사상에 대한 검토가 이루어지고 있다.[3] 이러한 연구 성과를 바탕으로 혜심이 이해하고 실천한 간화선은 어떠하였는가에 대해 보다 구체적으로 분석해야 할 것이며, 이를 통해 수선사에서 간화선이 어떻게 정착되었으며, 그 사상적 특징은 무엇인가에 대해서 검토해야 하리라 본다. 이러

---

2) 이에 대한 연구 성과는 「普照關係資料目錄」, 『普照思想』 1, 1987에 정리되어 있으므로 참고하기 바라며, 최근의 연구 성과로는 다음의 글을 참조하기 바란다.

印鏡, 「知訥 禪思想의 體系와 構造」, 『普照思想』 12, 1999.

李德辰, 『普照知訥의 禪思想 研究』, 고려대 박사학위논문, 1999.

3) 權奇悰, 「慧諶의 禪思想 研究」, 『불교학보』 19, 1982.

秦星圭, 『高麗後期 眞覺國師 慧諶 研究』, 중앙대 박사학위논문, 1986.

李東埈, 『高麗 慧諶의 看話禪 研究』, 동국대 박사학위논문, 1992.

權奇悰, 「慧諶의 看話禪思想 研究」, 『普照思想』 7, 1993.

韓基斗, 「『禪門拈頌』의 編纂에 따르는 慧諶禪의 意旨」, 『普照思想』 7, 1993.

金浩星, 「慧諶 선사상에 있어서 교학이 차지하는 의미」, 『普照思想』 7, 1993.

李東埈, 「『曹溪眞覺國師語錄』의 구성과 내용상 특성」, 『普照思想』 7, 1993.

한 문제에 대한 해명은 무엇보다도 혜심 단계의 수선사에서 편찬된
『禪門拈頌』을 비롯한 공안집이나 당시 간행된 禪籍을 통해 북송대 선
사상의 경향이 어떻게 수용되고 있는지에 대해 기초적인 검토가 먼저
선행되어야 할 것이다.

한편 고려전기 선사상의 흐름과 관련하여 수선사를 중심으로 한 선
종이 부각될 수 있던 현실적 기반이 무엇인지, 나아가 지눌에 의해 본
격적으로 수용되기 이전에 간화선이 수용될 수 있었던 사상적 기반이
무엇인지에 대해서는 종래 구체적인 검토가 이루어지지 못하였다. 최
근 이러한 문제인식과 관련하여 고려 선종계가 송의 선종계와 어떻게
교류하며, 이를 통해 북송 선사상의 수용과 함께 고려 선사상의 추이
에 대해 검토하고, 나아가 12세기 선종계에서 선승들이나 거사선을 통
해 새로운 선사상이 부각됨으로써 간화선이 수용될 수 있는 사상적 기
반이 형성되는 측면에 대한 분석이 이루어진 바가 있다.[4] 기존의 연구
와 같이 지눌, 혜심과 같은 특정 인물에 대한 관념적인 분석이나 수선
사 결사운동만을 강조하기보다 고려중기 선사상의 전체적인 흐름을
염두에 두고 총체적으로 정리해야 할 필요성이 적지 않다고 생각된다.

한편, 역사학 방면의 연구는 주로 정치사적인 시각에서 수선사와 최
씨정권과의 결탁 문제라든가,[5] 修禪社 結社運動[6]에 집중되었다. 이러

---

4) 趙明濟, 「臨済宗をめぐる高麗と宋の交流」, 『駒澤大學佛教學部論集』 34,
2003.
趙明濟, 「고려중기 거사선의 사상적 경향과 간화선 수용의 기반」, 『역사와
경계』 44, 2002.
5) 閔賢九, 「月南寺址 眞覺國師碑의 陰記에 대한 一考察」, 『震檀學報』 36,
1973.
金塘澤, 「高麗 崔氏武人政權과 修禪社」, 『歴史學研究』 10, 1981.
兪瑩淑, 「高麗武臣政權과 曹溪宗」, 『白山學報』 33, 1986.
秦星圭, 「崔氏武臣政權과 禪宗」, 『佛教研究』 6·7, 한국불교연구원, 1990.
6) 秦星圭, 「高麗後期 修禪社의 結社運動」, 『韓國學報』 36, 1984.
蔡尙植, 「고려후기 修禪結社 성립의 사회적 기반」, 『한국전통문화연구』 6,
1990.

20

한 연구에 의해 수선사의 사회적 기반, 최씨무신정권과의 관계 등이
밝혀지게 되었다. 그러나 수선사의 체제지향적인 성향만을 강조함으로
써 불교개혁을 표방하면서 중앙권력과 거리를 두었던 수선사가 왜 최
씨정권과 결탁하게 되었는지, 나아가 결사정신과 모순되는 방향으로
전향한 수선사 자체의 명분과 그 사상적 배경이 무엇인가라는 의문이
남게 된다.[7] 이러한 문제와 관련하여 최근 13세기 수선사 단계에서 간
화선을 통한 실천적 경향이 국가의식, 민족의식과 결합되어 대몽항쟁
에 적극적으로 참여하였고, 그 사상적 기반으로서는 남송대 간화선을
완성했던 대혜종고의 현실인식과 그의 간화선의 사상체계가 어떻게
관련되는지를 통해 밝혀진 바가 있다.[8] 이러한 시도는 앞으로 송대 선
종사에서 간화선이 갖는 사회사상적 성격이 어떠한가에 대한 보다 구
체적인 구명이 요구되기도 하며, 나아가 13세기 일본, 베트남의 선종사
에서도 유사한 측면을 볼 수 있기 때문에 동아시아 역사 전체로 확대
해서 분석할 필요가 있을 것이다.[9]

---

崔柄憲,「知訥의 修行過程과 定慧結社」,『知訥의 사상과 그 현대적 의미』,
한국정신문화연구원, 1996.

7) 주 4)의 논문 참조. 閔賢九는 선종의 단순성, 혁신성이 무인들의 속성과 맞았
기 때문에 수선사와 최씨정권이 결탁되었다고 주장하였다. 秦星圭는 唐末 臨
濟禪의 선풍이 갖는 행동적이며 현재적인 성향이 무신정권에 환영을 받았다
고 하였다. 아울러 이러한 주장에 대한 근거를 일본불교사의 경우를 예로 들
고 있다(佐橋法龍,「禪と政治家·軍人」,『禪と文化』講座禪 제5권, 筑摩書
房, 1974). 그러나 이러한 주장은 구체적인 논증이 이루어지 않은 채 단지 선
험적인 평가를 내린 것이고, 시대적 배경이 다른 중국, 일본불교사의 사례를
단선적으로 적용하는 한계를 갖고 있다.

8) 趙明濟,「13세기 수선사의 현실참여와 간화선」,『한국선학』창간호, 2000.
趙明濟,「남송대 대혜의 현실인식과 간화선」,『불교학의 해석과 실천』, 불일
출판사, 2000.
趙明濟,「12-13世紀における南宋·高麗禪宗界の現實對應とその思想的基
盤」(上·下),『普門學報』第18, 19期, 臺灣 普門學報社, 2003. 11, 2004. 1.

9) 趙明濟,「中世東アジア禪宗史の課題と展望」,『宗教與當代世界學術研討會』
(臺灣 佛光大學 주최 국제종교학술회의), 2003.

13세기 후반 이후 무신정권이 붕괴되고 원 간섭기로 접어들면서 불교계는 커다란 변화를 맞게 되었다. 무엇보다도 최씨정권과 결탁되었던 수선사가 퇴조하고, 一然이 부각되면서 迦智山門이 불교계를 주도하였다.[10] 일연은 다양한 사상적 경향을 표방하지만, 기본적으로 간화선을 계승했던 것으로 밝혀졌다.[11] 일연 이외의 연구로서는 冲止[12]에 대한 연구가 이루어지는 등 종래 원 간섭기 선종사는 주로 대표적인 선승 위주로 연구가 이루어짐으로써 당시 선종사의 전체적인 모습이 어떠한지 구체적인 역사상이 제시되지 못하고 있다. 원 간섭기에 이르러 선사상이 수선사 단계와는 어떠한 차이를 보이는지, 아울러 고려말 간화선 일변도로 나아가던 단계와는 어떤 관련성을 갖고 있는가라는 문제 등 이 시기는 고려후기 선종사의 해명을 위해서는 중요한 단계라고 할 수 있다. 그럼에도 불구하고 연구의 진전이 이루어지지 못하였던 것은 관련 자료가 부족한 탓도 크겠지만, 무엇보다도 인물 중심의 접근방법에 머물러 연구방법론이 다양하게 모색되지 못하였고, 또한 고려후기 선사상의 전체적인 경향과 관련하여 검토하지 않았던 데서

---

10) 蔡尙植,「普覺國尊 一然에 대한 研究」,『韓國史研究』26, 1979.
  蔡尙植,「一然의 사상적 경향」,『韓國文化研究』창간호, 1988.
11) 閔泳珪의 경우『重編曹洞五位』를 발굴, 소개하면서 일연의 선사상을 曹洞禪에 가깝다고 지적하였다(閔泳珪,「一然의 重編曹洞五位 二卷과 그 日本重刊本」,『人文科學』31·32합집, 1974 및「一然重編 曹洞五位 重印序」,『學林』6, 1984 참조). 그러나 일연이『曹洞五位』를 중편한 것은 당시 성행하였던 간화선과 다른 계통인 조동선을 적극 수용함으로써 여러 갈래의 선사상을 융합하고 조화시키려는 의도에서 비롯된 것으로 추측되며, 그가 폭넓은 사상적 경향을 가졌던 점을 고려한다면 일연의 선사상에서 조동선만을 강조하는 것은 무리가 있다고 생각된다. 이에 대해서는 蔡尙植, 위의 논문을 참조하기 바란다.
12) 秦星圭,「圓鑑國師 冲止의 生涯」,『釜山史學』5, 1981.
  秦星圭,「圓鑑錄을 통해서 본 圓鑑國師 冲止의 國家觀」,『歷史學報』94·95합집, 1982.
  박영제,「원 간섭기 초기 불교계의 변화 - 冲止(1226~1293)의 현실인식과 불교사상을 중심으로 - 」,『14세기 고려의 정치와 사회』, 민음사, 1994.

연유한다고 생각된다.

그런데 최근 이러한 새로운 연구방법론의 모색과 관련하여 禪籍의 수용, 확산을 통해 그와 관련된 선사상의 경향을 검토하는 연구 성과 가 나오고 있다. 가령 대혜가 완성하였던 간화선의 수행체계 가운데 핵심이라 할 수 있는 '無字' 話頭 위주의 참구법을 정리한 『蒙山法 語』[13)와 화두 참구법을 보다 대중화하고자 하는 선적으로서『禪要』[14) 등이 고려 사상계에 수용되는 과정을 통해 간화선의 확산과 사상적 경 향이 검토되었다. 이러한 간화선과 관련된 새로운 선적의 간행뿐만 아 니라 일연 등에 의해 수용된 새로운 선적의 수용이 갖는 사상적 의미 가 무엇인지, 특히 중국, 일본의 선종계와 다른 특수성이나 독자성이 나타나는 이유가 무엇인지 등이 앞으로의 연구에서 검토해야 할 과제 로 남아 있다.

또한 일연은『曹洞五位』를 重編한다든지,『祖庭事苑』등 다양한 선 적을 편찬하고 간행하였는데, 이는 수선사 단계에서 수용되고 성행되 었던 선적과는 성격을 달리하는 것이다. 일연 단계에서 편찬되고 간행 된 선적이 갖는 사상사적 의미가 무엇인가에 대해서는 기본적으로 이 들 문헌이 송대 선종사의 흐름에서 어떠한 성격을 갖는가에 대한 이해 가 전제되어야 할 것이며, 나아가 그것이 일연 단계에서 수용되는 사 상적 이유가 무엇인지, 어떠한 측면에서 이해되고 있는지 등을 기본적 으로 해명해야 할 것이다.

고려말 선사상의 동향에 대해서는 이른바 臨濟禪의 수용과 관련하 여 주로 다루어졌다.[15) 특히 당시의 대표적인 선승이었던 太古普愚,[16)

---

13) 趙明濟, 「高麗後期『蒙山法語』의 受容과 看話禪의 展開」, 『普照思想』 12, 1999.

14) 趙明濟, 「高麗後期『禪要』의 受容과 看話禪의 展開」, 『한국중세사연구』 7, 1999.

15) 韓基斗, 「高麗後期의 禪思想」, 『崇山朴吉眞博士華甲紀念 韓國佛敎思想史』, 1975.

懶翁惠勤[17]의 선사상을 중심으로 연구가 진행되었다. 이외에도 白雲
景閑,[18] 指空[19] 등에 관한 연구가 이루어지기도 하였다. 이러한 연구
성과에 의해 고려후기의 선사상은 대체로 간화선이 주도적인 경향이
었음이 밝혀지게 되었다. 그러나 고려후기 선종사 연구는 연구 영역,
주제, 방법론의 문제뿐만 아니라 그 역사적 평가에 이르기까지 다양한
문제를 안고 있다.

무엇보다도 고려말 선사상이 간화선 일변도로 나아갔다고 파악하면
서도, 그것이 수선사 단계의 간화선과 어떠한 차이를 갖고 있는지, 나
아가 수선사가 퇴조한 이후 원 간섭기를 거치면서 어떠한 과정을 통해
고려말기의 간화선으로 연결되며, 각 단계별로 간화선의 사상적 경향
이 갖는 특징이나 의미가 무엇인지 등에 대해서는 구체적인 검토가 부
족한 실정이다.

나아가 法統說과 관련하여 임제선의 수용이라는 측면이 중시되고,
누구를 한국불교의 법통으로 보아야 할 것인지에 대해서는 불교학계
를 중심으로 지눌설, 태고설, 나옹설 등 3가지로 대립되어 있다.[20] 그

---

徐閏吉, 「高麗末 臨濟禪의 受容」, 『韓國禪思想研究』, 東國大 出版部, 1984.
16) 李英茂, 「太古普愚國師의 人物과 思想」, 『建大史學』 5, 1976.
    崔柄憲, 「太古普愚의 佛教史的 位置」, 『韓國文化』 7, 1986.
    강혜원, 「太古普愚의 선사상 - 看話禪을 중심으로 - 」, 『震山韓基斗博士華甲
    紀念 韓國宗教思想의 再照明』, 원광대출판국, 1993.
17) 韓基斗, 「懶翁의 禪思想」, 『韓國禪思想研究』, 一志社, 1991.
    許興植, 「나옹의 사상과 계승자」(상, 하) 『韓國學報』 58, 59, 1990.
    신규탁, 「나옹화상의 선사상」, 『삼대화상연구논문집』, 불천, 1996.
    李哲憲, 『懶翁 惠勤의 研究』, 동국대 박사학위논문, 1996.
    金昌淑, 『高麗末 懶翁의 禪思想 研究』, 민족사, 1999.
18) 鄭柄朝, 「白雲의 無心禪에 대하여」, 『韓國佛教學』 3, 1977.
    權奇悰, 「白雲의 선사상 연구」, 『伽山李智冠스님華甲紀念論叢 韓國佛教文
    化思想史』, 1992.
19) 金炯佑, 「胡僧指空연구」, 『東國史學』 18, 1984.
    許興植, 『高麗로 옮긴 印度의 등불』, 一潮閣, 1997.
20) 高橋亨, 『李朝佛教』, 寶文館, 1929.

24

런데 법통설에 대한 인식은 조선시대 불교계의 현실적 위상이라든지 교단 내부의 문제와 관련이 있으며, 임제 법통설을 내세우는 문제 역시 고려말 불교계에서 선종의 현실적 대응이나 위상과 관련된다고 할 수 있다. 아울러 임제선이라는 용어가 적절한가 하는 문제점도 지적하지 않을 수 없다. 당말 이후 송원대에 걸친 임제종의 사상적 흐름이 다양함에도 불구하고 임제선이라는 용어에 대한 엄밀한 개념 규정이 이루어지지 않은 채 사용되고 있으며, 고려말에 있어서 굳이 임제선의 수용이라는 측면을 강조하고자 하는 것은 다분히 법통설과 관련하여 강조되고 있기 때문이다. 이러한 경향은 불교사에 대한 일종의 종파적, 신학적 접근이라는 한계를 드러내는 것이라 할 수 있으며, 고려불교사의 전체적인 흐름을 염두에 두지 않는 데서 비롯된 것이 아닌가 한다.

이상에서 고려후기 선종사 연구의 동향과 문제점에 대해 살펴보았다. 80, 90년대에 이르러 이 방면 연구의 주제가 다양해졌고, 적극적으로 자료를 발굴하고 활용함으로써 많은 연구 성과가 나타나게 되었다. 이를 토대로 고려후기 선종사 연구는 한 단계 진전된 연구방법론이나 관점을 제시할 필요가 있다고 생각된다. 가령 사상사 연구는 자료적인 측면이나 연구방법론상 인물 중심으로 출발할 수밖에 없지만, 사상사의 전체적인 흐름과 관련하여 폭넓게 파악하지 못한 한계를 가지고 있다. 따라서 12세기 말 지눌에 의해 본격적으로 수용된 간화선이 13세기 수선사 단계에서 어떠한 경향을 보이며, 그것이 어떻게 원 간섭기를 거쳐 고려말 태고보우 등의 단계로 이어지는가 하는 단계적인 수용 양상과 전체적인 흐름에 대한 파악이 요구된다고 하겠다.

---


金煐泰, 「朝鮮禪家의 法統考」, 『佛敎學報』 22, 1985.
高翊晋, 「碧松智嚴의 新資料와 法統問題」, 『佛敎學報』 22, 1985.
崔柄憲, 「朝鮮時代 佛敎法統說의 問題」, 『韓國史論』 19, 서울대 국사학과, 1988.
許興植, 「中世 曹溪宗의 起源과 法統」, 『韓國中世佛敎史硏究』, 一潮閣, 1994.

　또한 고려후기 불교사에서 간화선이 주도적인 사상으로 부각되었던 만큼 그것이 당시 사회에서 갖는 사상적인 기능이 무엇인가라는 문제에 대해서도 다각적으로 검토해야 할 것이다. 기존의 연구는 수선사 단계의 간화선에만 치중됨으로 각 단계별로 간화선이 갖는 사회적 의미나 기능이 무엇인가에 대한 검토가 제대로 이루어지 못하였다고 할 수 있다.

　나아가 간화선이 당시 선종계뿐만 아니라 사상계 일반에까지 성행되었던 만큼 그것이 어떠한 사회계층으로 확산되었는지, 그리고 그것이 갖는 사상적, 역사적 의미가 무엇인가에 대해서도 검토해야 할 것이다. 결국 이러한 문제는 불교사에만 한정되는 것이 아니라 朱子學의 수용문제와도 연관된다. 종래 여말선초의 사상사는 이른바 '儒佛交替'라는 단선적 시각에서 벗어나지 못함으로써, 주자학이라는 새로운 사상이 수용·정착되는 과정에서 기존의 주도적인 사상이었던 불교와의 상호 대응방식이 어떠하였는가에 대한 문제를 捨象시켰던 것이다. 따라서 유불대립이라는 구도를 벗어나 고려후기 유교와 불교의 상호 교섭과 대응이 어떠하였는지를 단계적으로 구분하여 검토해야 할 것이다. 이에 대해서는 사회사적 시각에 입각한 연구에서 우선 지적된 바 있지만,[21] 80년대 이후 유불대립적인 시각을 탈피한 새로운 연구 성과가 나타나고 있다. 이러한 연구는 크게 세 방향에서 전개되고 있다.

　첫째, 주자학이 수용될 수 있었던 사상적 배경과 관련하여 불교사상이 일정하게 영향을 미쳤던 것으로 이해하는 연구 경향을 들 수 있다. 즉 고려중기 북송 성리학의 수용과 함께 무신란 이후 고려사상계에서

---

21) 蔡尙植, 「高麗後期 佛敎史의 展開樣相과 그 傾向」, 『歷史敎育』 35, 1984에서 13세기 전후의 불교계에서 수선사, 白蓮社 계통의 결사운동을 통해 등장한 주도세력의 출신성분이 이전과는 달리 대부분 지방사회의 鄕吏層이나 讀書層이었으며, 이들이 당시 사상계를 주도한 사회계층으로서 대두함으로써 여말의 사상사적 전환이 가능할 수 있었던 사회적 기반을 구축한 것으로 파악하였다.

선종 계통의 心性化 경향에 따라 유불융합적인 경향이 형성된다든지,[22] 불교계의 신앙결사운동과 유·불간의 교섭, 교류를 통한 사상의 심화과정을 거쳐[23] 주자학을 수용할 수 있는 사상적 기반이 형성되었던 것으로 파악하였다. 그러나 이러한 연구 동향은 주로 북송 성리학이나 무신정권기의 경향에 초점이 맞추어져 있기 때문에 고려말 주자학 수용기의 문제는 본격적으로 다루지 못하였다. 아울러 불교사상의 영향을 강조하면서도 그 구체적인 양상에 대해서는 분석하지 못하였다. 이러한 점을 염두에 두고 고려후기 선사상의 동향과 관련하여 당시 사상계에서『楞嚴經』이 성행되었던 양상과 그 사상적 경향을 통해서 성리학 수용의 사상적 기반에 대한 검토가 이루어지기도 하였다.[24]

한편 이러한 문제인식은 고려말 사대부의 불교관에 대한 재검토로 이어지게 되었다. 즉 종래 연구에서는 주자학이 수용되면서 기존의 불교가 갖고 있는 사회적 문제를 비판하거나 불교 자체를 부정하는 척불론이 제기되는 측면을 주로 강조하였다. 그러나 당시 대표적인 사대부의 불교관에 대한 재검토를 통해 척불론에 대한 비판적인 연구가 이루어지게 되었다. 이러한 연구는 주로 인물 분석을 통해 이루어졌다. 먼저 儒佛調和論의 입장을 가진 주자학자의 경우, 주로 李穀,[25] 李穡[26]

---

22) 文喆永, 「麗末 新興士大夫들의 新儒學 受容과 그 特徵」, 『韓國文化』 3, 1982.

文喆永, 「高麗中期 사상계의 동향과 新儒學」, 『國史館論叢』 37, 1992.

다만 문철영은 13세기 유불융합론에 대해 14세기 단계와의 차이를 간과하고 있다. 즉 13세기 단계에는 유학자 출신 승려들이 확산되지만 아직까지 불교 우위의 입장에서 유교를 포용하는 유불일치론을 전개하였다.

23) 李源明, 『高麗時代 性理學受容研究』, 국학자료원, 1997.

24) 趙明濟, 「高麗後期 戒環解 楞嚴經의 盛行과 思想史的 意義 - 麗末 性理學의 수용기반과 관련하여 -」, 『釜大史學』 12, 1988.

趙明濟, 「14세기 高麗思想界의 楞嚴經 盛行과 그 思想的 性格」, 『伽山學報』 5, 1996.

25) 高惠玲, 「稼亭李穀의 불교관과 성리학」, 『水邨朴永錫敎授華甲紀念 韓國史學論叢』 上, 1992.

등의 불교관에 대한 검토를 통해 이들이 불교에 긍정적이었던 것으로 파악하였다.

한편 불교 배척론을 내세우던 주자학자의 불교관에 대해서는 權近, 鄭道傳의 불교관에 대한 재검토를 통해 이루어지고 있다. 권근의 불교관에는 비판론과 긍정론이 공존하였으며, 성리학 연구에 고려후기 이래로 지눌, 보우로 이어지는 불교의 체용론이라는 방법론을 도입하였고, 조선전기 주자학 전개에까지 영향을 끼친 것으로 파악하였다. 또한 정도전의 경우에도 역성혁명을 추진하기 이전에는 승려들과 교유관계를 갖고 있었으며, 불교에 대한 비판론도 사회경제적 폐단에 그쳤으나, 위화도 회군 이후에는 역성혁명에 대한 부정적인 여론을 극복하고 고려왕조의 권위를 무너뜨리기 위한 의도에서 척불론을 제기하였다는 것이다.27)

최근에는 이러한 연구 성과를 바탕으로 사대부의 전반적인 불교인식이 어떠하며, 아울러 사대부 내부에서도 불교 비판에 대응하기 위한 논리로서 유불일치설이 제기된 경향에 대한 분석이 이루어졌다.28) 또한 선사상의 사상적 영향에 대해 사대부가 간화선을 어떻게 이해하고, 실천하였는지, 나아가 그러한 사상적 기반을 통해 주자학의 이해에 어떠한 영향을 미치고 있었는지가 검토되기도 하였다.29)

둘째, 이러한 새로운 흐름과 달리 종래 유불대립적인 시각을 보다 세련되게 정리한 연구가 이어지고 있다. 가령 주자학 초기 수용자인 白文寶,30) 崔瀣31) 등의 경우를 통해 초기 주자학의 수용과 척불론에

---

26) 趙明濟, 「牧隱李穡의 佛教認識」, 『韓國文化研究』 6, 부산대 한국민족문화연구소, 1993.

27) 李廷柱, 『麗末鮮初 儒學者의 佛教觀 - 鄭道傳과 權近을 中心으로 - 』, 고려대 박사학위논문, 1998. 2.

28) 趙明濟, 「高麗末 士大夫의 佛教觀」, 『韓國中世社會의 諸問題』, 2001.
趙明濟, 「高麗末 儒佛一致說의 思想的 傾向과 그 意義」, 『民族文化論叢』 27, 2003.

29) 趙明濟, 「高麗末 士大夫의 看話禪 이해와 실천」, 『韓國思想史學』 16, 2001.

대한 제기가 어떻게 이루어지고 있는지를 검토하였다. 그러나 최해의 경우 주자학에 깊은 이해를 가진 인물로 보기 어렵고,[32] 불교에 비판적인 경향도 사회경제적인 모순에 대한 인식에서 나온 것이지, 근본적으로 불교 그 자체를 비판한 것으로 보기는 어렵다. 백문보의 경우에도 그의 불교 관련 글을 살펴볼 때 그를 척불적인 성향만을 가진 인물로 보기 어렵다고 생각된다.

셋째, 개별 인물에 한정된 연구경향을 탈피하여 고려말 사대부를 정치사상이나 노선의 차이에 따라 나누고, 그들의 불교관을 검토하였다. 최근의 연구에 의하면 개혁노선의 차이에 따라 고려말 사대부를 舊法派와 新法派로 나누고, 이들의 대표적인 사상가로서 이색과 정도전의 불교관에 대해 분석하였다. 전자의 경우 불교의 현실적 기능을 긍정적으로 바라보았으며, 유교와 불교가 추구하는 목표가 궁극적으로 같다는 儒佛同道論을 표방하였다고 한다. 이와 달리 후자는 불교의 반윤리성과 비도덕성을 비판하면서 불교를 지배이념으로 하는 고려의 지배질서를 부인하려고 하였으므로 적극적인 척불론을 주창하였다고 한다.[33]

이는 기존 연구에 비해 진일보한 측면을 갖고 있으나 도식적인 틀을 적용함으로써 무리한 설명이 없지 않다. 가령 개혁론이나 노선의 차이가 그렇게 큰 편차를 보이고 있는가에 대해서 의문이 없지 않으며, 구법파, 신법파라는 범주가 실제 정치사적인 흐름에서 다양한 흐름이나 경향을 捨象시키는 것이 아닌가 한다. 가령 역성혁명을 주도하였던 정도전 계열에 정치적으로 대응하였던 것은 정몽주 계열이라고 할 수 있다.[34] 또한 신법파 계열을 척불론자로 규정하지만, 역성혁명을 단행한

---

30) 李男隨, 「白文寶의 성리학 수용과 排佛論」, 『韓國史研究』74, 1991.
31) 邊東明, 『高麗後期性理學受容研究』, 一潮閣, 1995.
32) 高惠玲, 「崔瀣(1287~1340)의 생애와 사상」, 『李基白先生古稀紀念 韓國史學論叢』上, 일조각, 1994..
33) 都賢喆, 『高麗末 士大夫의 政治思想研究』, 一潮閣, 1999.

핵심 인물의 한 사람인 趙浚의 경우 천태종과 밀착되어 있었고, 권근, 정도전이 척불론을 제기하였던 데에는 정치적 맥락을 함께 고려하여야 할 것이다.[35]

한편 주자학이 수용되면서 척불론이 대두되자, 이에 대한 불교계의 대응양상이 어떠하였는가에 대한 검토가 이루어지고 있어 주목된다.[36] 이에 의하면 고려말 보우, 신돈, 혼수 등 대표적인 승려들을 통해, 이전의 불교지상주의에서 질적으로 변화하여 儒佛並存論이 제기되었다고 한다. 즉 당시 승려들은 불교 존립의 정당성을 확보하기 위하여 유교와 불교에 각기 그 나름의 고유한 기능이 있다는 논리를 표방했으며, 이는 조선 초에 涵虛得通의『顯正論』으로 연결되었다는 것이다.

이러한 연구는 주자학의 수용에 따른 불교계의 대응양상이 어떠했는가에 대한 문제 제기라는 점에서 주목할 만하다. 그러나 14세기 이전의 유불관에 대해 '불교지상주의'라고 주장하였지만, 그 근거 제시가 설득력을 잃고 있다. 즉 불교지상주의가 유교의 고유한 역할과 독자적인 기능이 있음을 인정하지 않았다고 주장하는 것은 실제와는 다르다고 생각된다. 또한 척불론에 대응하는 양상만을 강조함으로써 불교 내부에서 어떠한 사상적인 맥락에서 儒佛竝存的인 주장을 제기하였는가에 대한 문제가 해명되지 못하고 있다.

이러한 문제인식에 따라 고려말 선승들이 지닌 현실인식이 어떠한가를 분석하고, 그러한 현실인식이 지닌 문제점과 함께 왜 불교가 주자학에 대한 사상적 대응에 실패하였는가에 대해 당시 선승들의 동향과 사상적 대응 논리를 통해 검토한 성과가 이어지고 있다.[37] 또한 이

---


34) 劉璟娥,『鄭夢周의 政治活動研究』, 이화여대 박사학위논문, 1996 참조.

35) 李廷柱, 앞의 논문 참조.

36) 邊東明,「高麗後期 性理學의 受容과 僧侶의 儒佛觀」,『國史館論叢』 71, 1996.

37) 趙明濟,「麗末鮮初 禪僧들의 현실인식과 성리학에 대한 대응」,『한국중세사연구』 9, 2000.

러한 문제인식의 연장선상에서 고려불교가 몰락할 수밖에 없었던 사상적, 내부적 한계가 검토되기도 하였다.[38]

이러한 연구 성과에 의해 종래 주자학의 수용·정착이라는 시각에서 여말선초의 사상사를 단선적으로 儒佛交替로 파악하던 경향은 어느 정도 극복되고 있다. 그러나 아직까지 그 전체적인 역사상이 선명하지 못한 상태이므로, 앞으로 다양한 측면에서 보완되어야 할 것이다. 무엇보다도 기존의 연구에서는 특히 원대의 사상적 동향에 대한 검토가 부족하다는 사실을 지적하지 않을 수 없다. 그것은 단순히 원과 고려의 지적 교류를 통한 단면만이 아니라 원대 사상사의 흐름이 어떠한가에 대한 구체적인 연구 성과를 참고하면서 선승, 사대부를 중심으로 당시 원이라는 세계적인 문화세계를 경험하면서 획득된 새로운 사상적 경향이 어떻게 드러나고 있는지를 구체적으로 규명하여야 할 것이다.

나아가 궁극적으로 불교와 주자학의 전반적인 상호대응방식을 보다 심층적으로 분석한 토대 위에서 불교, 특히 선사상을 정점으로 하는 발전 단계에서 주자학으로 전환될 수밖에 없는 이유가 무엇인지, 아울러 그러한 사상 내적인 전환과정과 함께 그것이 당시 사회구조의 변화와 어떻게 맞물려 이루어지는지 등을 전반적으로 검토하는 등 보다 거시적인 각도에서 해명해야 할 것이다.

이상에서 기존의 연구동향과 그 문제점이 무엇이며, 향후의 연구과제와 관련하여 정리해 보았다. 이러한 문제인식과 관련하여 본 연구는 고려후기 사상사의 전체적인 구도를 염두에 두고, 간화선이라는 주제를 통해 고려후기 선종사의 흐름 및 사상사적 전환문제에 대한 해명을 시도해 보고자 한다. 이를 위해 본 연구에서는 고려중기, 원 간섭기, 고려말이라고 하는 각 단계별로 간화선이 어떻게 수용, 전개, 성행되었는

---

38) 趙明濟, 「高麗末禪宗獨尊傾向的台頭及其在韓國思想史上的意義」(上·下), 『妙林』第15期 6月號, 8月號, 臺灣 妙林雜誌社, 2003.

지에 대해 분석하고자 한다. 나아가 각 단계별로 간화선이 지닌 사회적, 사상적 기능이 무엇인지에 대해 밝혀 보고자 하며, 특히 그 사상적인 경향성의 차이에 대해 특정 인물 위주가 아닌 선적의 수용, 간행, 이해를 통해 접근하고자 한다. 이러한 연구방법론의 도입과 함께 기본적으로 송, 원대 사상사에 대한 흐름을 염두에 두면서 과연 구체적으로 고려 사상사의 전개과정과 어떻게 연관되고 있는지를 감안하여 고려후기 사상사의 흐름을 파악하고자 한다. 아울러 각 장에서 다루고자 하는 구체적인 내용은 다음과 같다.

첫째, 먼저 간화선은 宋代 임제종 계통에서 형성된 선사상이므로 기본적으로 宋, 元代의 선종사에서 간화선이 어떻게 형성되고 전개되었는지에 대한 이해가 전제되어야 할 것이다. 따라서 본서에서는 먼저 송대 간화선이 형성되는 과정과 배경에 대해 살펴보고, 간화선의 사상적 체계나 특징이 무엇인가를 간화선을 완성하였던 大慧宗杲의 사상체계를 중심으로 정리하고자 한다. 아울러 송대 임제종의 적극적이고, 실천적인 양상과 관련하여 그러한 사회인식이나 실천이 가능할 수 있었던 사상적 기반으로서 간화선과 어떻게 관련되는지에 대해 검토해 보고자 한다.

다음으로 고려중기 간화선의 수용과정에 대해서는 먼저 12세기 선종계의 동향과 선사상의 추이를 검토하여 간화선이 수용될 수 있었던 사상적 기반에 대해 살펴보고자 한다. 이어 수선사 계열에서 간화선을 어떻게 이해하고 실천하였는지를 살펴보고, 간화선의 사회적 기능과 역할에 대해 검토해 보기로 하겠다. 이를 위해 특히 수선사 역대 주법들의 현실인식이 어떠하며, 그러한 사회인식의 사상적 기반이 간화선과 어떻게 관련되는지를 살펴보고자 한다.

둘째, 원 간섭기 간화선의 전개를 검토하기 위해 먼저 원대 사상계의 동향과 관련하여, 당시 고려 사상계가 원과의 문화, 사상적 교류를 통해 새로운 사상적 흐름이 어떻게 수용되는지에 대해 검토해 보고자 한다. 먼저 원대 선종계에서 새롭게 편찬되고 있던 간화선의 수행방법 론을 담고 있는 禪籍으로서 13세기 후반 이래로 한국의 선사상에 깊은 영향을 미친 『蒙山法語』와 『禪要』를 중심으로 그 사상적 특징이 무엇이고, 그것이 수용, 확산되는 과정을 통해 고려말까지 간화선이 어떻게 이해되고 확산되는지를 정리하고자 한다. 한편 원과의 사상적 교류과 정을 통해 주자학이 점차 고려 사상계에 도입되고 있었는데, 선승의 유교관과 함께 사대부의 불교관을 통해 주자학과 불교와의 상호 대응 관계에 대해 살펴보기로 한다.

셋째, 고려말에 이르러 간화선이 성행하면서 선종 절대화 경향이라는 양상이 드러나고, 간화선은 선종계만이 아니라 사대부사회까지 널리 확산되었다. 전자의 문제는 결국 선종이 불교계를 주도하면서 간화선 일변도의 추이가 지속되면서 선종의 종파적 우월성을 강조하는 방향이 어떻게 전개되며, 그것이 고려말 불교가 몰락하는 근본적인 원인으로 작용하고 있었던 측면을 검토해 보고자 한다.

한편 후자의 문제는 주자학의 수용과 함께 드러나는 불교비판론을 둘러싼 논의를 재검토해 보고자 한다. 먼저 당시 선승들의 현실인식이 어떠하며, 주자학에 대한 사상적인 대응이 어떻게 이루어지고 있었는지에 대해 살펴보기로 한다. 이를 통해 선승들의 현실인식이 갖는 문제점이 무엇이며, 주자학에 대한 사상적인 대응이 한계를 갖는 이유가 무엇인가를 규명해 보기로 한다. 나아가 사대부가 주자학을 이해하고 실천할 수 있는 사상적 토대가 고려사상계에서 어떻게 형성되었는가에 대해서 불교, 특히 선사상과의 관계를 통해 검토해 보고자 한다. 이에 대해서는 먼저 사대부의 불교계와의 교유가 어떻게 이루어지고 있는지, 그를 통해 그들의 불교관이 어떠한가를 살펴보고자 한다. 이어 사대부의 선사상에 대한 이론적 기반과 이해가 어떻게 이루어지고 있으며, 이를 토대로 간화선에 대한 실제적인 이해나 실천의 정도가 어떠한가를 밝혀보기로 한다. 아울러 이러한 사대부의 선사상에 대한 이해나 실천이 주자학의 수용과 어떠한 연관관계를 갖고 있는가에 대해 검토하고자 한다.

이러한 시도는 아직까지 고려후기 사상사 연구가 구체적으로 검증되지 못한 상태에서 이루어지기 때문에 많은 한계가 있으리라 생각된다. 다만 고려후기 사상사의 전체적인 흐름과 구도가 어떠한가를 필자 나름대로 구축해봄으로써 이 분야 연구에 조금이라도 보탬이 되었으면 하고, 미흡한 분야는 향후 구체적으로 보완하고자 한다.

# 제1장 高麗中期 看話禪의 수용

## 1. 宋代 간화선의 형성과정과 그 사상체계

### 1) 간화선 성립의 사상적 배경과 형성과정

唐 후반기 이후 각지에 節度使가 군사정권을 세워 당의 지배력이 실제적으로 약화되고, 특히 9세기말 黃巢의 난이 발생하고 정치사회적 혼란이 거듭되면서 결국 당 왕조는 멸망하였다. 이러한 사회적 혼란은 五代에 이르러 더욱더 반복되고 악화되어 갔으며, 이러한 사회적 위기를 수습하고 새로운 지배질서를 확립한 것이 宋 왕조였다.[1]

그런데 당에서 송으로의 전환은 단순히 왕조 교체에 그친 것이 아니라, 흔히 '당송변혁기'라는 표현에서 드러나듯이 중국사상 획기적인 사회변화를 초래하였다.[2] 그러한 사회구조적 변화는 여러 가지 측면에서 언급할 수 있지만, 먼저 주목되는 것은 지역적으로 황하중원문명의 발상지인 화북 중심의 사회구조에서 새롭게 떠오른 강남지역으로의 중심 이동이라는 점이다. 농업기술의 획기적인 발전, 이모작 등 집약농법의 전개 등에 따른 강남지역경제가 압도적으로 성장했던 것을 기반으로 하면서, 11세기에 이르면 강남의 경제적, 문화적 우월이 명확하게

---

1) 이하의 서술은 주로 松丸道雄외 편,『中國史』3(五代-元), 山川出版社, 1997을 참고하였음을 밝히고, 특별한 경우를 제외하고 주는 생략하기로 한다.
2) 內藤虎次郎(湖南), 「槪括的唐宋時代觀」,『內藤湖南全集』제8권, 筑摩書房, 1969~1976에 수록.

된다. 그것은 가령 唐代까지 6,000만 정도의 인구 규모가 북송말 1102년 무렵에는 1억을 돌파하는 것에서 잘 드러난다.

이러한 사회적 변화는 물론 송대에 이르러 생산력의 발전, 내륙과 해상의 교통수단의 발달, 도시상업조직의 성장, 농촌시장까지 확대된 사회의 상업화, 방대한 양의 주화의 유통과 지폐·신용증권의 등장, 생산의 지방적 분권과 특화의 발달, 중요한 기술혁신, 인쇄정보의 보급, 민간사회의 자율적 활동의 성장 등에 기인하는 것이다.

한편 정치 분야에서는 황제정치가 기구로서 확립되었다는 점이 주목된다. 즉 송 이후 청조에 이르기까지 근 1000여 년간 지속되었던 군주독재체제의 확립이다. 그것은 독재군주제가 아니라 국정의 모든 결재와 책임이 군주 한 사람에게 집중되는 제도를 의미한다. 이와 함께 문벌귀족 중심의 지배체제가 과거제의 개혁에 따른 사대부 중심의 지배체제로의 변화라는 새로운 지배층의 등장도 주목되는 양상이다. 사대부라는 말은 周代의 '王─卿─大夫─士─庶'라고 하는 신분제에 유래한다고 하지만, 일반적으로는 당대 후반기부터 출현하였다. 당송변혁기를 거치면서 종래의 문벌귀족이 당말 오대의 혼란기를 거치면서 자취를 감추게 되면서 사대부는 지배계층으로서의 지위를 굳히게 되었던 사회계층을 가리킨다. 사대부의 존재형태는 '관료·지주·상인의 삼위일체'라는 정의에서도 잘 드러나듯이 그 경제적 기반이 지주로서의 토지경영, 상업에의 관여라고 할 수 있다.[3] 그러나 무엇보다도 사대부의 존재를 지탱했던 것은 관료로서의 지위신분이고, 그 전제인 과거제도의 확립에 의한 것이었다.

그런데 과거제도가 송에 들어와 비약적으로 발달했던 배경에는 인쇄술의 보급이 있다. 즉 인쇄술이 발달함으로써 經書를 비롯한 고전의 공부, 지식 습득이 용이하게 되고, 지식계층의 저변이 확대했다. 뒤에서 다시 언급하겠지만, 송대의 학술과 문화의 기반으로서 인쇄와 출판

---

3) 宮崎市定, 『東洋的近世』, 宮崎市定全集 제2권, 岩波書店, 1992.

문화의 발전은 최근 급격히 진행되고 있는 아날로그에서 디지털 시대로의 전환과도 같은 획기적인 것이었다.[4]

인쇄술은 본래 印章, 拓本 등의 기술을 모체로 하고 있으나,[5] 그 기원에 대해서는 정확한 학설이 없는 형편이다.[6] 그러나 인쇄기술 자체는 당대에 이미 등장하였고, 송대에 이르러 필사라는 형태로서는 사회적 수요를 충족할 수 없을 단계에 이르면서 대량복제기술인 인쇄술이 그러한 사회적 요구에 부응하여 본격적으로 발전하기에 이르렀다. 그리하여 본격적으로 출판사업이 성립하고, 수도인 개봉과 함께 四川, 福建 등이 출판산업으로 유명하게 되었고, 그 주체도 각종 학교, 관청과 함께 영리를 목적으로 하는 상업출판(坊刻)까지 등장할 만큼 인쇄술의 황금시대를 개막하기에 이르렀다.

그런데 인쇄라는 새로운 기술문화에 주목되는 것은 다음과 같은 두 가지 특성이다. 즉 대량성과 동일성이 그것이다. 주지하듯이 인쇄란 같은 내용을 대량으로 만들어 내는 것이 가능한 기술이라는 사실이다. 또한 이러한 인쇄의 양적인 측면과 함께 내용의 동일성도 중요한 요소이다. 당대까지 서적은 鈔本(寫本)으로 전해져 왔다. 그런데 사본은 轉寫를 반복함에 따라 내용에 차이가 생기게 되지 않을 수 없다. 이에 비해 인쇄된 서적은 완전히 똑같은 것이 재생된다. 한편 인쇄술의 발전에 따라 서적의 형태에도 변화가 있었다. 즉 종래 卷子本에서 冊子本으로의 변화이다. 권자본이 처음부터 읽지 않으면 안 되는 반면 책자본은 책의 어느 곳이나 자유롭게 열람할 수 있는 편리함이 있다.

---

4) 인쇄, 출판문화에 대한 서술은 井上進, 『中國出版文化史』, 名古屋大學出版會, 2001를 주로 참고하였다.

5) 阿辻哲次, 『漢字の社會史』(php新書071), php硏究所, 1999, 158~177쪽 참조.

6) 현존하는 最古의 인쇄물로서는 한국의 『無垢淨光陀羅尼經』, 일본의 『百萬塔陀羅尼』, 중국의 『金剛般若經』이 각각 자국에서 거론되고 있다. 최근에는 隋代에 번역되었던 불교경전 중의 비유에 인쇄의 존재가 보이고 있는 것을 근거로 수대에 인쇄술이 시작되었다는 학설이 제기되기도 하였다.

나아가 인쇄기술의 발전에 의한 출판문화의 형성은 새로운 학술문화를 창출하기에 이른다. 즉 많은 寫本을 對校하고 定本을 만드는 방향으로 나아갔고, 그 결과 당대 이전의 사본은 점차 모습을 감추게 되었다. 이와 같이 종래 異本이 다양하게 존재하였던 사본의 시대에서 인쇄에 의한 정본의 출현과 그 작성 과정은 필연적으로 학문 축적의 집대성을 초래하게 되었다.

한편 이러한 출판문화의 발전에는 그것을 만들어낸 시대배경으로서 사회의 지배층이 되었던 사대부가 독서층이라고도 불려지는 바와 같이 서적문화의 수요자로서의 존재가 있었기 때문이다. 나아가 사대부의 형성과 밀접한 연관을 갖는 과거의 존재도 무시할 수 없다. 또한 서적을 공급하는 담당 계층으로서 사대부가 시문을 짓는 것이 일상화되었고,[7] 그와 함께 父祖의 작품을 문집으로 편집하고, 출판하여 후세에 남기는 것이 자손으로서의 의무이자 효의 발로로 받아들여져 수많은 문집이 간행되었다. 한편 과거와 관련하여 經史書, 수험참고서 및 모범답안집 등과 함께 話本과 같은 대중문학 작품이 출판되는 등 상업출판도 성행하였다.

따라서 당시 출판문화의 혁신적인 변화는 송대 학문의 변화와 커다란 관련성을 갖고 있었던 것이다. 이러한 경향은 불교의 경우에도 마찬가지였다. 특히 후술하는 바와 같이 선종의 경우 어록, 등사서, 공안집 등의 편찬과 간행을 통해 선사상, 특히 간화선의 형성과 전개에 밀접한 연관을 갖고 있었다.

이상에서 송대의 시대적, 문화적 배경이 어떠한지에 대해 간략하게 살펴보았다. 그러면 이러한 시대적 배경과 관련하여 송대 선종사의 흐름이 어떻게 전개되고 있었는가에 대해 간략하게 언급하기로 한다.

---

7) 현재까지 작품을 남기고 있는 송대 시인의 수는 7,000인을 넘고, 시문집도 500종에 이른다. 이는 작자의 확대라는 측면과 함께 이른바 江湖派라 불리는 시민 시인이라는 계층의 등장에서 볼 수 있듯이 지식인, 독서인의 양적인 확대가 전제되는 점을 간과할 수 없다.

9세기 중반 武宗에 의한 會昌의 廢佛사건(845~847)은 당의 불교계에 커다란 영향을 미쳤다. 중국사에 있어서 폐불 사건은 자주 반복되었지만, 이 때의 폐불은 중국 전토에 걸쳐 철저하게 진행되었다. 그에 따라 승려가 환속되고 사원이 파괴되며, 불교 전적이 대부분 散逸되었기 때문에 많은 종파가 쇠퇴했지만, 그 중에 선종만이 유일하게 발전하였다.[8]

선종이 가장 먼저 회복하고 발전하였던 이유는 대개 사상적인 측면과 사회적 기반이라는 측면이 크게 작용하였다. 먼저 사상적인 면에서는 선이 전적을 원칙적으로 필요로 하지 않기 때문에 불교 전적의 산일에 따른 피해나 영향을 거의 받지 않았던 것이 크게 작용하였다. 또한 臨濟義玄(?~867)에 귀의하였던 成德府 節度使인 王常侍와 洞山良价(807~869)의 교단을 보호하였던 南平王 鍾傳 등과 같이 馬祖 계열의 선사상이 갖는 능동성이 과거관료와 지방에 할거하는 절도사 등의 신흥계급에 받아들여지기 쉬웠던 측면도 무시할 수 없을 것이다.[9]

한편 경제적인 면에서는 동란 중에도 비교적 안정을 갖고 있던 강남지방에 선종이 일찍부터 진출하고 있었으며, 선종 사원에서는 예로부터 역할분담에 의한 자급자족적인 생활을 영위하는 전통이 존재하였다. 이러한 禪寺 특유의 생활양식은 百丈懷海에 의해 淸規로서 명확

---

8) 당의 불교는 敎義의 해석이 주류였으나, 송에 이르러서는 쇠퇴하고 사대부 계층에는 선종, 민중에 있어서는 정토신앙이 유행되었다. 선종은 구도자 자신의 체험을 중시하고, 정토신앙도 염불에 의한 성불을 설하는 등 번쇄한 교의 해석을 버리고 이념과 실천을 중시한다. 이러한 변화는 유교에 있어서 당의 번쇄한 訓詁學으로부터 이념적, 실천적인 도학으로 전환해 갔던 변화에 대응하는 것이라는 점에서 송대 불교사의 흐름 역시 시대적 배경이나 변화와 밀접한 관계에 있다고 할 수 있다.

9) 馬祖道一(709~788)은 '平常心是道'(일상의 마음이 깨달음이다.) '卽心卽佛'(일상의 마음의 밖에 부처란 없다) 등을 설하여, 초월적, 이념적인 것을 매우 무가치한 것으로 배제하고, 일상에 철저할 것을 요구하였다. 이러한 선사상은 이른바 大機大用禪으로서, 현실중심적인 중국인에게는 대단히 매력적인 사상이었다.

히 규정되어 보급되었던 것이다. 특히 마조 이후의 大機大用禪에서는 선과 생활과의 합일을 지향하였기 때문에 선승의 개성과 생활 방식이 그대로 선에 반영되었다. 그리하여 선은 더욱 많은 인재가 모이고, 사상적, 사회적으로 더욱 확산되어 갔던 것이다.

한편, 安史의 난 이후 몰락해가고 있던 당 왕조는 9세기말 黃巢의 난에 의해 결정적인 타격을 받고, 마침내 907년 절도사 朱全忠에 의해 멸망하게 되었다. 이후 五代十國이라는 분열기에 접어들었고, 실력 위주의 무인정권이 반복적으로 등장하였으며 귀족의 몰락이 초래되었다. 이러한 상황에서 오대의 각 왕조가 재정적인 이유로 인해 불교에 대해 억제 정책을 채택하였기 때문에 선종은 화북에서 그다지 발전하지 못하였다. 그에 비해 정치적, 경제적으로 비교적 안정했던 十國에서는 불교를 보호하는 국왕이 많았고, 그 귀의 대상도 주로 선종이었다. 이 시기에 주로 활약했던 선승들은 雪峰義存 문하의 선승들과 함께 雲門文偃(864~949), 法眼文益(885~958)과 그 문하인 天台德韶(891~972) -永明延壽(904~975) 계열 등을 들 수 있다.10)

그러나 이러한 국가적 보호는 결국 선종교단에 부정적인 영향도 초래하였으니, 그것은 선종의 세속화라는 현상이었다. 현실적으로 선승은 그들이 머물던 곳의 국왕과의 관계가 대단히 중요하게 됨으로써 결국 권력자에의 의존도가 강해지지 않을 수 없었다. 9세기 이후 선종은 사회적으로 확산되어 가면서 이미 단월에의 의존적 성격이 강화되어 갔지만, 오대에 이르러 결정적인 경향으로 고착되었던 것이다. 이러한 변화에 따라 선종 사원에서는 본래 설법을 행하는 法堂이 가장 중요한 시설이었지만, 이 시기에는 의식과 단월을 위한 기도가 빈번히 거행됨으로써 다시 佛殿이 중시되었다. 이러한 변화는 송대 이후의 祝聖의 일반화로 연결된다.

당말 오대의 혼란을 극복하고 새롭게 등장한 송왕조의 출현과 함께

---

10) 鈴木哲雄, 『唐五代禪宗史』, 山喜房佛書林, 1985.

불교, 특히 선종계에도 새로운 변화가 초래되었다.11) 선종은 五代를 거치면서 五家로 분화하였는데, 이는 潙仰宗·法眼宗·雲門宗·曹洞宗·臨濟宗 등을 가리킨다. 이 중 임제종이 黃龍派와 楊岐派로 분화, 발전하였기 때문에 흔히 송대의 선종을 가리켜 5家 7宗이라고 한다. 이들 선문 각파는 시대에 따라 부침하였는데, 위앙종, 법안종, 운문종은 오대부터 北宋末까지 차례로 쇠퇴하였고, 임제종과 조동종이 송대 선종을 주도하였다. 그러면 먼저 송대 선종사의 흐름에 대해 간략하게 살펴보기로 한다.

宋의 초기에 번성하였던 종파는 법안종, 운문종, 임제종이지만, 이 중 법안종이 북송 초기에 급속하게 쇠퇴하고, 운문종과 임제종 계열의 선승들의 활약이 두드러지게 드러난다. 운문종에서는 뛰어난 선승들이 계속해서 출현하였지만, 특히 雪竇重顯(980~1053)과 佛日契崇(1007~1072)이 대표적인 인물이다. 중현은 明州 雪竇山에 주석하면서 종풍을 선양하고 '雲門宗의 중흥'이라고 불릴 만큼 운문종이 융성하는 기초를 닦은 인물이다. 그의 어록으로서 『雪竇明覺禪師語錄』이 있는데, 그 중 「頌古百則」이 특히 유명하며, 후에 圜悟克勤의 『碧巖錄』 편찬에 많은 영향을 끼쳤다. 한편 契崇은 『傳法正宗記』, 「傳法正宗論」 등을 저술하여 종래 燈史를 정리하고, 『輔敎編』을 저술하여 儒佛道 삼교일치를 주장함으로써 당시 排佛論에 대응하였다. 그는 仁宗으로부터 '明敎大師'라는 호를 하사받고, 그가 저술한 『傳法正宗記』와 『輔敎編』이 대장경에 입장되기도 하였다.12)

---

11) 송왕조는 太祖가 勅版大藏經의 彫造를 명하고, 太宗이 譯經院을 설치하여 새로운 梵本 경전을 번역시키고, 印經院을 두어 대장경을 간행하였던 것에서 잘 드러나듯이 국가적인 차원에서 불교보호정책을 추진하였다. 다만 후술하듯이 그것은 국가에 의해 통제되는 국가불교적 성향이 강하였으며, 그것이 불교사상에도 짙게 반영되었다. 한편 이러한 국가보호정책에 따라 천태종 등이 부흥하였지만, 불교계의 중심적인 위상을 가졌던 것은 역시 선종이었다.

12) 牧田諦亮, 「趙宋仏敎史における契崇の立場」, 『中國近世佛敎史硏究』, 平樂寺書店, 1957.

그런데 북송 중기 이후의 운문종 계열에서 주목되는 것은 후술하는 바와 같이 다양한 禪籍이 편찬되어 선사상의 발전에 기여한 것이다. 예를 들어 佛國惟白의 『建中靖國續燈錄』(1101), 慧嚴宗永의 『宗門統要集』(1135), 長蘆宗賾의 『禪苑淸規』(1103) 등은 이후 선종계에 깊은 영향을 미치고 있다. 그 외에 사대부와의 교류로 유명한 佛印了元(1033~1098), 『祖庭事苑』의 저자인 睦庵善卿 등도 운문종의 성황을 반영하는 선승이었다. 그러나 운문종은 북송말에 이르러 쇠퇴함으로써 이후 그 자취를 찾기 힘들게 되었다.

이러한 운문종의 몰락과 함께 등장하였던 것이 曹洞宗이다. 조동종은 宋 초기까지 거의 두각을 나타내지 못하였지만, 중기에 이르러 投子義靑(1032~1083)이 등장하면서 부흥하였고, 芙蓉道楷(1043~1118), 丹霞子淳(1064~1117)으로 계승되어 갔다. 이어 자순의 문하에서 宏智正覺(1091~1157), 眞歇淸了(1088~1151)라는 두 걸승이 출현하여 默照禪이라는 독자적인 선풍을 표방하였다.

이어 金末의 萬松行秀(1166~1246)는 문하에 선승뿐만 아니라 李屛山(1185~1231), 耶律楚材 등 당대의 명사 등 우수한 제자를 배출하였다. 또한 그는 정각의 『頌古百則』에 示衆, 著語, 評唱을 하였고, 이들 강의를 모아 제자들이 편찬한 것이 『從容錄』이다. 조동종의 묵조선은 임제종의 대혜종고에 의해 격렬한 비판이 제기될 정도로 당시 사상계에 상당한 영향력을 갖고 있었으며, 원대까지 일정한 세력을 유지하고 있었다.[13]

그러나 북송 이후 중국 선종사를 화려하게 장식한 종파는 단연 임제종이 두각을 나타내었다. 임제종은 風穴延沼(896~973) 무렵부터 종세를 드러내면서, 문하의 首山省念(926~993), 汾陽善昭(947~1024), 石

---

荒木見悟, 『輔敎編』(禪の語錄 14), 筑摩書房, 1981.

13) 石井修道, 『宋代禪宗史の研究』, 大東出版社, 1987.
　　石井修道, 『道元禪の成立史的研究』, 大東出版社, 1992.

霜楚圓(986~1039)으로 이어지면서 융성하였고, 특히 초원의 문하에서 黃龍慧南(1002~1069)과 楊岐方會(992~1049)가 출현하면서, 그 문하는 황룡파와 양기파로 분화, 발전하였다.

황룡파는 혜남의 문하에서 晦堂祖心(1025~1100), 眞淨克文(1025~1102), 東林常總(1025~1091) 등이 출현하고, 이어 조심의 문하에서 死心悟新(1043~1114)이, 극문의 제자로서는 覺範慧洪(1071~1128) 등이 나와 선종계를 풍미하였다. 그런데 神宗, 哲宗 연간에 江南, 江西, 湖南 일대를 기반으로 하던 운문종, 임제종 황룡파의 고승들과 그들의 지지기반이었던 고위관료 출신의 거사들이 잇따라 세상을 떠나면서 황룡파는 점차 쇠퇴하게 되었다.14)

양기파에서는 五祖法演(?~1104)의 문하에서 佛鑑慧懃(1059~1117), 佛眼淸遠(1067~1120), 圜悟克勤(1063~1135)이 등장하면서 융성기에 접어들고 있었다. 그러나 양기파가 극성기를 맞이하게 된 것은 극근의 제자인 大慧宗杲(1089~1163)가 간화선을 완성하고, 사대부 사회를 비롯한 사상계 전반에 걸친 영향력을 확대하면서부터였다.

대혜의 문하에는 拙庵德光(1121~1203), 開善道謙, 曉瑩仲溫(1116~?) 등 우수한 제자가 많이 배출되었고, 이후 大慧派라는 하나의 문파를 이룰 만큼 확산되었다. 또한 대혜는 한편으로 사대부와도 적극적으로 교류했기 때문에 그 문하에는 張九成, 呂本中, 韓駒 등 당시 명사들이 다투어 모여 들었다. 그리하여 양기파가 이후 극근의 제자인 虎丘紹隆(1077~1136)의 계통이 虎丘派로, 密庵咸傑 문하의 松源崇岳(1132~1202), 破庵祖先(1136~1211) 등이 각각 松源派, 破庵派로 분화, 전개되었지만, 이러한 문파의 구별과 관계없이 대혜에 의해 완성된 간화선은 이후 선종계를 석권하였다.

---

14) 阿部肇一, 『中國禪宗史の硏究』(增訂版), 硏文出版, 504~568쪽 참조. 아베의 경우, 정치사회적 기반과 함께 황룡파와 양기파의 현실지향성의 차이가 두 파의 성쇠와 관련된다고 보았다. 즉 황룡파가 온건적이고 소극적인 성향이었던 것에 반해 양기파는 적극적인 현실지향성을 갖고 있다고 하였다.

　이상에서 송대 선종계의 흐름에 대해 간략하게 살펴보았다. 그러면 송대 선종계가 놓인 사회적 기반이 어떠하며, 그로 인해 초래된 사회적 성격이 어떠한가에 대해 살펴보기로 한다.

　송대에는 뛰어난 선승이 등장하고, 그들의 활동에 의해 선사상이 사상계 전체에까지 성행됨으로써 선종은 명실상부하게 송대 불교를 주도하기에 이르렀다. 그러나 과거제도에 의한 관료제에 기반을 둔 군주독재체제의 확립과 새로운 지배층으로서 사대부의 등장이라는 새로운 사회적 변화는 선종의 성격에도 커다란 영향을 미치게 되었다.

　본래 선종은 唐末의 변동기에 크게 세력을 확장하였는데, 그것은 선종이 갖는 독립적이고 자립적, 능동적인 성격이 사회에 부합하였기 때문이다. 그러나 송 왕조의 등장과 함께 불교계에 대한 보호정책이 실시되기도 하였지만, 국가정책의 방향은 불교계를 강력하게 통제하는 것으로 나아갔다. 가령 勅額下賜 제도와 度牒 발행 제도에 의해 사원의 僧尼는 모두 중앙, 지방의 관청에 등록되고, 등록되지 않는 자는 私庵, 私度僧으로서 철폐, 환속되었다. 그러므로 이전 시대와 달리 송대는 국가가 불교교단에 대해 절대적 우위에 서 있었다.15) 그러면 이러한 국가 정책의 변화에 따라 송대 불교의 사회적 위상은 어떻게 규정되고, 특히 선종의 경우 어떻게 대응하고 있었을까.

　무엇보다도 송왕조의 불교통제정책에 따라 전반적으로 불교는 국가불교적 성격이 크게 강화되는 방향으로 나아갔다. 불교는 이전과는 달리 황제와 국왕, 귀족들이 귀의하는 대상이 아니라 그 압도적인 권위에 의해 존재를 인정받게 되고, 국가와 황제에 봉사하지 않으면 안 되었다. 수도인 開封의 대표적인 사원인 相國寺에서는 신하들이 황제의 탄생일을 경축하고, 황제의 병의 회복과 戰勝을 기원하는 곳이었고,

---

15) 송대 국가와 불교교단의 관계 및 사원제도의 연구에 대해서는 다음의 글을 참조하기 바란다.
　　竺沙雅章, 『中國佛教社會史研究』, 同朋舍, 1982.
　　諸戶立雄, 『中國佛教制度史の研究』, 平河出版社, 1990.

황제 자신도 자주 祈雨와 祖先에의 報恩佛事를 행하기도 하였다.

　이러한 상황은 선종도 마찬가지였다. 선종은 지배층인 사대부 계층에 널리 수용되었지만, 사회적인 지위는 상대적으로 저하되어 갔다. 일찍이 相國寺 안에 惠林禪院과 智海禪院이 개창되고, 계속해서 法雲禪院이 건립되어 수도에 있어서 국가불교의 체제가 확립되어 있었다.[16] 또한 선종 사원에 있어서 祝聖上堂 의식이 성행되고 있었던 것도 국가불교적인 성격을 잘 드러내고 있다. 축성상당이란 황제의 장수와 국가의 평화를 기원하는 의식으로서, 이미 眞宗(997~1022) 무렵부터 행해지고 있었다. 이러한 국가에의 영합적 태도는 새로운 사회적 변화에 선종이 교단을 유지하기 위해 취하지 않을 수 없었던 고육책이자 자구책이었다.

　더욱이 남송시대가 되면 새롭게 官寺의 제도가 도입되어 선종의 사원이 국가체제의 일익을 담당하는 방향으로 더욱 강화되었다. 즉 영종 대에 史彌遠의 상주에 의해 마련된 五山十刹 제도가 그것이다.[17] 중국의 관사제도는 六朝時代부터 비롯되었으며, 수당에 이르러 더욱 성행되었다. 그러나 수도인 임안(杭州)을 중심으로 하는 인근의 사원에 등급을 붙이고, 山號나 寺號를 더하여 국가의 기도도량으로 삼은 5산 10찰 제도는 역시 남송 독자의 것이다.[18] 대표적인 禪寺에 대해 국가

---

16) 이는 徽宗의 「御製建中靖國續燈錄序」, 『續藏』 권136, 19~20쪽에 서술되어 있다.

17) 石井修道, 「中國の五山十刹制度について − 大乘寺所藏寺傳五山十刹圖を中心として − 」, 『印度學佛教學研究』 제32권 제1호, 1982.
　石井修道, 「史彌遠と禪宗 − 如淨の五山入院の背景を中心として − 」, 『宗學研究』 26, 1984.
　石井修道, 「中國の五山十刹制度の基礎的研究(一~四)」, 『駒澤大學佛教學部論集』 13~16, 1982~1985.

18) 五山은 남송 시대에 이미 시행되었으나, 十刹 제도는 원대에 이르러 시행된 것으로 보인다. 이에 대해서는 石井修道, 위의 논문 및 古松崇志, 「元代江南の禪宗と日本五山」, 『古典學の現在』 V, 2003 참조.

가 서열화하고, 전국의 고승 가운데 주지를 뽑아 칙임하였다. 이에 선정된 사원은 국가에 의해 그 권위를 인정받았던 반면, 官寺로서의 祝聖 등을 통해 국가에 봉사하는 의무를 지고, 때로는 관에 의한 감찰이 행해졌다. 다만 국가를 위한 기도에 종사하는 것으로 관사는 과세가 감면되었다.

이러한 선종 사원의 관사화는 결국 선승들의 교화내용이 국가 목적과 결부되어 가는 방향으로 나아가게 되었다. 이는 금의 압박에 시달리던 송 왕조가 민족과 국가의 의식을 고취시키기 위하여 불교를 이용하려고 한 것이다. 따라서 오산십찰 제도는 송대의 선종이 국가에 의해 통제되고 보호되는 국가불교적 성격을 잘 드러내면서 동시에 선종이 불교계의 중심적인 교단으로 자리 잡게 되었음을 잘 반영하는 것이다. 나아가 杭州를 중심으로 한 절강 지역에 집중된 오산십찰 제도의 시행은 이 지역을 기반으로 새롭게 성장하던 임제종 양기파가 발전하게 된 배경으로서 작용하였던 것이다.[19]

이와 같이 선종이 국가에 의존하는 체질은 이미 五代十國의 시대에 吳越 등에서 형성되었던 것이고, 그것이 송의 통일에 의해 보편화되었다고 간주할 수 있다. 그러나 본래 독립적, 자립적인 정신을 본질로 하는 선에 있어서 그것은 사상적인 자살과도 같은 행위였다. 그런데 보다 본질적인 문제는 왕권의 우위가 통념이 되면, 우수한 인재가 서서히 관료로 흘러가게 되고, 선종계에는 서서히 인재가 몰리지 않는 현상이 확산되어 갔다. 가령 晦機元熙(1238~1319), 圭堂居士와 같이 몇 번씩 과거에 낙방하여 출가하였던 경우처럼 과거에 급제할 수 없었던 자가 어쩔 수 없이 선승이 되는 풍조를 낳았던 것이다.[20] 뿐만 아니라 神宗 대에 이르러 재정난으로 인해 空名度牒이 판매되고, 더욱이 紫

---

19) 柳田聖山, 「中國禪宗史」, 『禪の歷史 - 中國 -』(講座禪 제3권), 筑摩書房, 1967, 88~104쪽.
20) 규당거사의 경우, 『佛法大明錄』에 있는 空隱道人의 序文과 東禪報恩光孝禪寺 道琳의 跋文 등을 통해 알 수 있다.

衣와 賜號를 판매하기에 이르면서 결과적으로 승려에 대한 사회의 평가는 더욱 저하되지 않을 수 없었다.

한편 이러한 선종의 세속화는 총림이나 사원의 운영, 경영에도 변화를 낳게 되었다. 즉 총림의 운영은 주지를 중심으로 하면서 東班, 西班과 같이 직역이 구분되고, 주로 사원의 경영면을 담당하는 동반은 四知事라 불리는 監院, 維那, 典座, 直歲로 구성되었다. 그 외에 장원의 관리와 수세를 담당하는 莊主와 단월을 담당하는 化主의 존재가 중시되어 가는 것은 자급자족적이었던 선종 사원의 경제가 장원경영 및 단월에의 의존이 강화되어 가는 모습을 반영하는 점에서 주목된다.[21]

이러한 선종에 있어서의 직역의 고정화와 함께 上堂, 晩參(小參), 祝聖, 三佛忌 등 年中行事도 서서히 고정적으로 행해져 갔다. 이러한 총림에 있어서 형식화의 진전은 승려의 수행에도 영향을 주게 되어, 본래 수시로 행해지던 주지와의 문답도 상당, 소참, 보설 등 주지가 행하는 설법에 부수적인 형태로 바뀌었다. 이에 따라 제자가 개인적으로 주지를 방문하여 의문점을 묻는 入室參請이 중시되었는데, 간화선이 성립하는 배경에는 총림에 있어서 이러한 수행방법의 변화도 관련된다고 하겠다.

이상에서 살펴본 바와 같이 송대의 불교에 대한 국가정책의 질적 변화는 다양한 측면에서 선종교단에 영향을 미치고 있었다. 이러한 측면과 함께 송대에 선종이 발달할 수 있었던 사회적 배경의 하나이자 동시에 선사상이 사회 일반에까지 널리 확산되었던 경향을 잘 드러내는 것이 士大夫 계층에 있어서 참선의 유행이라는 사회 현상이다. 이러한 현상은 당대에도 있었지만, 송대에 이르러서는 사대부가 차지하는 역할과 비중은 두드러지게 나타난다. 사대부는 정치를 담당하면서도 정무의 여가에 참선에 집중하였으며, 그 결과 선승에 뒤지지 않는 깨달음을 얻은 경우도 적지 않았다. 그들이 선사상에 매료되었던 이유로서

---

21) 左藤達玄, 「北宋叢林の經濟生活」, 『駒澤大學佛敎學部硏究紀要』 25, 1967.

48

는 무엇보다도 아직 당시의 유교가 과거를 위한 도구에 지나지 않았고, 신유학이 형성되는 과정에서는 철학적, 실천적 측면에서 영향을 받는 등 지적인 자극이 적지 않았기 때문이었다.

이러한 사대부의 선사상에 대한 지대한 관심은 자연스럽게 선종에 대한 지원으로 이어지면서 선종이 송대 불교계를 주도하는 기반이 되었던 것이다. 가령 송 초기의 王隨, 楊億, 李遵勖 등은 燈史의 편집 및 入藏에 적극적으로 관여하였다. 나아가 당시의 문학, 예술 등의 방면에서도 선적인 취향이 깊게 드러나고 있었다. 가령 蘇軾의 작품에는 선의 영향이 강하고, 그러한 작품을 모은『東坡禪喜集』이 明代에 편집되었을 정도이다. 또한 黃庭堅의 문학론에도 선의 영향이 강하며, 그 이론은 江西詩派를 통해 후대까지 큰 영향을 미쳤다.

그러나 사대부에 있어서 선사상의 유행과 영향은 일방적으로 이루어지지 않았고, 거꾸로 선종에도 사회적, 사상적 영향을 미치고 있었다. 무엇보다도 사대부와 선승들과의 교류가 성행되면서 시문과 서예, 회화 등의 소양은 선승에게 있어서도 불가피한 것이라고 간주되었다. 물론 선승들은 스스로 깨달음이라는 체험의 표현을 위해서도 문학적인 소양이 필요하였고, 그 결과 선에는 문학적인 요소가 많이 포함되었지만, 사대부와의 교류가 더욱 긴밀하게 이루어지면서 교제의 수단으로서도 시문, 예술 등이 요구되었던 것이다.

이와 같이 사대부에 있어서 선이 유행하고, 선승과 사대부의 교류가 성행되면서 송대 선종은 총림의 세속화라는 경향이 점차 강화되는 방향으로 나아갔다. 이러한 현상은 선사상의 성격에도 커다란 변화를 초래하게 되었다.

한편 송대에는 신유학이 형성되어 가는 과정에서 불교에 대한 비판 논리가 서서히 확산되어 갔다. 당시 과거관료 가운데 歐陽脩, 李覯와 같이 불교에 비판적인 입장을 취하는 경우가 많았기 때문에 당시 불교를 대표하는 선종은 그들의 비판에 대응하지 않을 수 없었던 것이다.

이러한 대응논리로서 선승들은 불교가 국가에 대해 유익하다고 강조하고, 그 이론적 근거로서는 주로 儒禪一致, 三敎一致의 논리를 제시하였다. 이러한 논리는 佛日契嵩이 구양수 등의 비판에 대응하기 위해 썼던 『輔敎編』에 잘 드러난다. 실제 이러한 논리는 사대부의 지지를 얻는 데 큰 도움이 되었고, 구양수와 이구는 『輔敎編』을 읽고 자신의 생각을 고쳤다고 전해지고 있다.

나아가 선승들의 경우 사대부와의 교류에 있어 유교의 가치는 부정할 수 없고, 유교 그 자체에 대한 지식도 어느 정도 요구되었다. 또 송대는 북방이민족의 외압이 강하고, 특히 남송대에는 華夷思想에 입각한 大義名分論과 양이론이 자주 주창되어, 夷狄의 가르침인 불교에의 비난도 강해져 갔기 때문에 그에 대한 대응도 필요하였다. 그러한 측면에서도 儒禪一致와 삼교일치는 대혜종고를 비롯한 많은 선승들이 받아들이고 자주 구사하지 않을 수 없었던 것이다.22)

한편 사대부의 입장에서는 실제 정치를 담당하는 관료의 입장에서 유교의 가치를 무시할 수 없었고, 따라서 스스로 선과 유교와의 관계를 설정할 필요가 있었다. 그리하여 장상영의 『護法論』, 顔丙의 『如如居士語錄』, 규당거사의 『佛法大明錄』, 유밀의 『三敎平心論』 등 당시 사대부가 유불관계를 다룬 저술에서는 기본적으로 항상 儒禪一致와 삼교일치를 제창하였던 것이다. 특히 임희일의 경우 유교, 노장, 선이 일치한다고 하는 사상에 기초하여 도가의 전적에 대해 주석을 저술했지만, 선의 용어로 노장사상을 해석하고 있기 때문에 선문에서도 널리 읽혀졌다.

---

22) 가령 『嘉泰普燈錄』의 편자 雷庵正受(1146~1208)는 황제에게 올린 「進聖宋嘉泰普燈錄上皇帝書」에서 천태종 山外派의 孤山智圓이 주장한 삼교일치설에 강한 공감을 표시하고, 『嘉泰普燈錄』 권22, 23에 聖君 6인, 賢臣 49인 등을 立傳하고 있을 정도이다. 이에 대해서는 「進聖宋嘉泰普燈錄上皇帝書」, 『續藏』 권137, 1~2쪽(石井修道, 「宋代禪宗史の特色 - 宋代の燈史の系譜をてがかりとして -」, 『東洋文化』 83, 2003, 176~179쪽)을 참조하기 바란다.

이상에서 송대 선종사의 흐름과 그 사회적 성격에 대해 간략하게 살펴보았다. 그렇다면 이러한 사회적 토대에서 간화선이 형성될 수 있었던 배경은 무엇이며, 그 사상적인 기반이 어떻게 이루어졌던 것인가에 대해 살펴보기로 한다.

송대 초기에 있어서 선종의 융성은 점차 그들의 권위를 확립하는 언설을 만드는 방향으로 나아갔다. 이러한 현상은 역사적, 사회적으로 어느 집단이든 그러하지만, 선종에 있어서는 그것이 항상 傳法의 계보 즉 法統 또는 正統이라는 형태로 표현되었던 것이 특징이다. 이와 같이 법통을 중시하는 시각에서 선종교단의 역사를 정리한 것이 燈史이다. 즉 등사란 선의 師資相承의 계보를 중심으로 역대의 조사들의 機緣問答과 上堂示衆 등을 집록했던 것이며, 일찍이 『楞伽師資記』, 『傳法寶記』의 편찬이 그 출발이라 할 수 있다.[23]

송대에 이르러 등사의 편찬 역사를 새롭게 전환시킨 것으로서는 永安道原이 편찬한 『景德傳燈錄』(1004, 이하 『傳燈錄』이라 함)이 있다. 『傳燈錄』 30권은 당 중기의 『寶林傳』 10권과 『祖堂集』 20권의 뒤를 이어 중국 선종의 역사와 교의를 통합한 것이다.[24] 즉 선종의 역사를 과거 7불부터 인도의 28조, 중국의 6조를 거쳐 법안종의 3세에 이르기까지의 선종 조사들의 전기와 機緣을 통해 정리하였다.[25] 이 책은 북송의 景德 원년(1004)에 재상인 楊億에 의해 眞宗에게 헌상되었으며,

---

23) 柳田聖山, 『初期禪宗史書の研究』, 法藏館, 1967.
　　柳田聖山, 『初期の禪史 I』(禪の語錄2), 筑摩書房, 1971.
　　推名宏雄, 「北宗燈史の成立」, 『敦煌佛典と禪』(講座敦煌 제8권), 大東出版社, 1980.
24) 『전등록』에 앞서 南唐 保大 10년(952)에 성립한 『祖堂集』은 20세기에 발견, 소개되어 비약적으로 연구됨으로써 그 자료가치가 중요하다는 것이 재인식되었다. 그러나 송대에는 유포되지 않았고, 오직 高麗 高宗 32년(1245) 고려대장경의 보유판으로 출판되었다.
25) 『전등록』에는 1701명의 부처와 조사의 이름을 나열하여, 후에 1700칙의 공안이라고 불리게 되었다.

이어 大中祥符 4년(1011) 칙명으로 대장경에 입장되고, 元豊 3년 (1080) 간행되기에 이르렀다.[26] 따라서 『전등록』은 국가가 공인하는 불교 전적으로서 중시되었으며, 나아가 당시 지배층이었던 사대부의 애독서로 자리 잡게 되면서 점차 공식적인 권위가 강화되어 갔던 것이 다.[27]

이러한 『전등록』의 영향에 따라 이후 『天聖廣燈錄』(李遵勗 편, 1036), 『建中靖國續燈錄』(佛國惟白 편, 1101), 『宗門聯燈會要』(晦翁 悟明 편, 1183), 『嘉泰普燈錄』(雷庵正受 편, 1204) 등의 등사가 계속해 서 편찬되었다. 이러한 등사는 『전등록』과 마찬가지로 그것이 성립했 던 시기의 年號를 붙이고, 入藏을 공인받았기 때문에 일괄해서 五燈錄 이라고 총칭되었다. 더욱이 남송말 淳祐 12년(1252)에는 이들을 종합 하는 형태로 慧明에 의해 『五燈會元』이 편집, 간행되었다.[28]

그런데 이러한 傳燈史書는 종래의 그것과는 달리 황제에게 바쳐지 고, 대장경에 편입되었다. 이는 한편으로 송 초기에 있어서 선종의 권 위가 확립되었던 것을 반영하면서도 다른 한편으로 그것이 국가권력 (권위)을 통하여 확립되었다는 것은 송대 선종이 국가불교로서의 존재 방식이 어떠한가를 잘 보여주고 있다.

한편 선종에 대한 권위의 확립은 達觀曇穎의 『五家宗派』와 같이 法 眼文益에 의해 제창되었던 五家라는 개념의 일반화가 촉진되었다.[29] 오가는 그것에 의해 선종 전체를 총괄하는 것과 함께 그 내용이 어떻 게 다양하고 풍요한 것인가를 보여 준다. 이러한 흐름과 함께 중시되

---

26) 또한 王隨가 『경덕전등록』 30권을 刪定해서 『傳燈玉英集』 15권을 景祐 원 년(1034)에 편집하고, 다음해 입장되고 景祐 3년(1036) 간행되었다.

27) 石井修道, 「『景德傳燈錄』の歷史的性格」, 『宋代禪宗史の硏究』, 大東出版社, 1987.

28) 石井修道, 「南宋禪をどうとらえるか」, 『宋代禪宗の社會的影響』, 山喜房佛 書林, 2002.

29) 임제종에 있어서 『馬祖四家錄』이, 운문종에 있어서 『德山四家錄』이 잇달아 편찬되었던 것도 법계의식이 강하게 작용하였던 것이다.

었던 것이 '臨濟四料揀', '臨濟三句', '雲門三句', '雲門三病', '法眼四機', '洞山五位' 등 宗祖에 유래한다고 하는 다양한 언설이다. 이는 선사상을 각 법계에 있어서 독특한 범주에 따라 표현하고자 했던 것으로, 종풍의 독자성을 강하게 표현하고 있다. 또 선 체험에의 도입과 그 경지의 확인이라는 수행자에 대한 교육적인 배려가 존재하기 때문에 후대의 공안의 원류의 하나가 되었다.

송대가 되면 분양선소, 석상초원, 설두중현 등에 보이는 바와 같이 어록의 편집은 선승의 생전에 그 감독 하에 행해져 그 선승이 죽으면 곧, 또는 경우에 의해서는 생전에 간행되는 것이 되었다.30) 歿後에는 편집된 경우에도 완성된 稿本을 다른 선배에게 제시해서 첨삭을 청하고, 그 序跋을 얻어 간행하는 것이 보통이었다. 송대에는 선종이 널리 사회에 침투해 갔지만, 출판에 의한 선적의 유포는 그 하나의 원동력이었다고 할 수 있다.

그러나 송대의 간본의 의의는 그것에 그치는 것이 아니다. 간행에 의한 텍스트의 유포는 당대와 송초의 선승들의 어록을 후세에 전하는 위에 대단히 중요한 역할을 달성했다.『六祖壇經』처럼 이 시대의 간본은, 후대에 개편되기 이전의 옛 형태의 텍스트를 전하고 있는 경우도 많고, 선종의 역사를 연구하는 데에는 중요한 자료가치를 가지고 있는 것이다.

송대에는 출판업이 융성하여, 영리 목적의 출판도 행해지게 되었다. 그러한 환경의 가운데 중요한 선적에 대해서는 대장경과는 별도로 개별적으로 출판되었다. 남송에 들어오면 선적의 간행은 드디어 성행하게 되어, 어록을 비롯해서 많은 선적이 간행되었지만, 특히 주목되는

---

30) 어록은 선승의 言行錄이고, 거기에 전기 등의 요소도 포함되어 있지만, 그 중심은 역시 다른 선사와의 商量과 제자와의 문답을 기록한 것에 있다. 즉 그것은 구체적인 장면과 인격을 통해서 선의 사상을 이해시키는 것을 목표로 했던 것이다. 그 때문에 당시의 속어가 그대로 사용되어, 개성 넘치는 선승의 모습을 생생하게 전하는 독특한 작품이 되고 있다.

것은 많은 어록을 모은 叢書가 다수 출판되었다고 하는 것이다. 그 중 중요한 것은 福州(복건성) 鼓山의 隭藏主가 모아 간행했던 『古尊宿語要』(1128~1144)이다. 『古尊宿語要』는 그 후 두 차례(1178, 1267)에 걸쳐 증보가 반복되어져, 明代에 입장되었던 『古尊宿語錄』(남장, 1403)의 기초가 되었던 것이고, 그 속편으로서 80인의 말을 모은 『續開古尊宿語要』(1238)가 간행되는 등, 후세에 큰 영향을 남겼다.

선의 권위의 확립과 사원생활의 안정화에 수반하여 선은 다양한 면에서 固定化, 形式化의 경향을 드러내게 되었고, 선의 생명인 총림에 있어서 問答商量도 몰개성화, 유형화의 길로 나아갔다. 이러한 가운데 서서히 성행하게 되었던 것이 공안비평이다.

당대에는 수행자의 왕래가 활발하여 선승들 사이에 서로를 비평하는 것이 유행하였다. 본래 동시대인을 대상으로 하였지만, 오대십국으로부터 송초에 걸쳐 총림이 사회체제에 짜 넣어져 가는 것에 수반하여 일찍이 생기에 충만했던 선에의 동경이 강해져, 서서히 古人이 중심이 되고, 채택되는 대상도 어느 정도 고정되어 갔다. 이에 따라 보편적인 평가를 획득했던 선문답이 기준이 될 만한 고인의 行履로서 '古則'이라 하고, 또한 판례에 비교해서 公案이라고도 했다.

그리하여 선승들은 스스로의 문답이 아니라 공안에 대한 비평의 독창성으로 실력을 과시하게 되었다. 따라서 拈古(보통의 말에 의한 비평), 頌古(시에 의한 비평), 著語(短評), 評唱(講評) 등 다양한 비평형식이 고안되고, 나아가 비평이 비평을 부르는 형태로 중층적으로 전개되어, 공안비평은 어록에 있어서 중요한 구성요소가 되어 그것이 차지하는 비율도 서서히 증가해 갔다.[31]

일종의 古則에 게송을 붙이는 풍습은 당대의 선종에서 비롯된 것이

---

31) 『건중정국속등록』(1101년)이 그 전체를 正宗, 對機, 넘고, 송고, 게송의 五門으로 나누듯이 넘고와 송고는 등사에 있어서도 중요한 부문을 형성하게 되었다.

지만, 이러한 고칙을 모아 연속적으로 똑같은 형식의 게송을 붙이고 있는 송고의 시도는 임제종의 汾陽善昭에 의해 天禧年間(1017~1021)에 처음으로 이루어졌다. 그는 『전등록』에서 100칙의 기연을 뽑아, 여기에 송과 염을 덧붙여 『先賢一百則』과 『代別一百則』을 지었으며, 스스로 만든 공안 100칙을 모아 『頌古代別三百則』을 편집하였는데, 이것이 송대 최초의 百則頌古이다.

이어 운문종의 4세인 雪竇重顯(980~1052)은 『百則頌古』(『雪竇頌古』라고도 함)를 편찬하였는데, 문학적인 소양이 풍부한 것으로 높게 평가된다. 임제종의 극근은 중현의 『백칙송고』를 자주 텍스트로 사용하여 강의하였고, 그의 제자들에 의해 편찬된 것이 『碧巖錄』 10권(1125년)이다. 『벽암록』은 각 칙에 垂示(序言), 本則(公案), 본칙에 대한 評唱, 頌古, 송고에 대한 평창의 순서로 구성되었다. 이와 같이 송고가 유행하였던 것은 당시 문학적인 소양을 필요로 하였던 시대적인 분위기와 잘 맞았기 때문이었다.

한편 염고집도 편찬되었으니, 대표적인 것으로 慧嚴宗永의 『宗門統要集』(이하 『統要』로 줄임)이다.[32] 종래 그 성립 시기에 대해서 紹興 3년(1133)에 찬술된 경연희의 서문에 의거하였지만, 推名宏雄에 의해

---

32) 『宗門統要集』에 대해서는 다음의 논문을 참조하기 바란다.
　　石井修道, 「『宗門統要集』について(上)」, 『駒澤大學佛教學部論集』 4, 1973.
　　石井修道, 「大慧語錄の基礎的研究(中)」, 『駒澤大學佛教學部研究紀要』 32, 1974.
　　石井修道, 「『宗門統要集』について(下) - 統要と會要の比較と出典 - 」, 『駒澤大學佛教學部論集』 5, 1974.
　　推名宏雄, 「『宗門統要集』の書誌的研究」, 『駒澤大學佛教學部論集』 18, 1987.
　　推名宏雄, 『宋元版禪籍の研究』, 大東出版社, 1993.
　　石井修道, 「The Zongmen Tongyao Ji and the Distinctive Character of Song Chan Buddhism - Translated from the Japanese by Albert Welter」, 『駒澤大學禪研究所年報』 7, 1996.
　　石井修道, 「『宗門統要集』と『碧巖綠』」, 『印度學佛教學研究』 제46권 제1호, 1997.

그보다 40년 앞서는 姚孳의 서문에 의해 元祐 8년(1093) 이전에 성립되었던 것으로 지적되고 있다.[33]

『統要』는 전체 10권이며, 拈提宗師의 언설을 풍부하게 수록하였고, 그 拈弄된 이야기는 公案으로서의 성격을 갖고 있다. 따라서 공안을 燈史化해서 편집했던 것이 『統要』의 특징이다. 그 가운데 가장 많이 著語했던 회수는 雪竇重顯이 213회로 압도적이며, 따라서 『統要』는 그의 어록에 기반한 것이라는 사실을 알 수 있다.[34] 『統要』는 남송 대의 전등사서인 『宗門聯燈會要』(1189)에 영향을 주었고, 원대에 속편으로서 『宗門統要續集』(古林淸茂편, 1320)가 편찬되는 등 후세에 커다란 영향을 미쳤다. 또한 공안집으로서 유명한 『碧巖錄』이나 『無門關』 등의 선적에 끼친 영향이 적지 않다.[35] 나아가 대혜의 어록, 『五燈會元』에 이르기까지 『統要』가 끼친 영향은 다양하다.

그리하여 南宋에 이르러 公案批評은 더욱 성행하게 되었는데, 그 가운데 頌古가 가장 유행하였다. 宏智正覺, 虛堂智愚 등에 의해 『頌古百則』이 만들어지고, 『四家綠』과 같은 頌古集의 집성도 출판되기에 이르렀다. 또한 많은 선승의 頌古와 拈古를 집성했던 서적도 편집되었으니, 「宗門統要」를 이은 형태로 편찬된 『禪宗頌古聯珠通集』(1175)이 대표적인 것이다.[36]

이러한 염고, 송고집의 편찬과 함께 공안집의 편찬도 계속 이루어졌

---

33) 推名宏雄, 위의 논문 참조.
34) 石井修道, 위의 논문 및 「宋代禪宗史の特色 - 宋代の燈史の系譜をてがかりとして-」, 『東洋文化』 83, 2003.
35) 石井修道, 「『宗門統要集』と『碧巖綠』」, 『印度學佛敎學硏究』 제46권 제1호, 1997.
石井修道, 「『無門關』の成立・傳播・性格をめぐって」, 『愛知學院大學人間文化硏究所紀要』 16, 2001.
36) 공안 비평의 유행은 燈史에도 영향을 주어, 선승의 전기보다도 공안의 제기를 주된 목적으로 하는 『종문연등회요』가 출현했다. 이는 특히 『正法眼藏』과 『宗門統要』의 영향이 강하다.

고, 더욱이 남송, 원대를 통해 증보되는 경우도 많았다. 대혜의 경우에도 661칙의 公案에 대한 그의 著語와 評唱을 편집했던 『正法眼藏』(1147)이 있다.

宋代 이후의 선종계에는 '開悟의 体驗'을 중시하는 경향이 강해져 갔다. 이는 본래 북종선에서 중시되던 경향이었으나, 마조 이후에는 거의 무시되었다. 이러한 경향이 다시 중시되었던 것은 선승의 심리가 내부로 향하는 내면화의 경향에 기인하며, 그것은 종래와 같은 자유로운 활동이 불가능하게 되었던 송대 선문의 경향과 관련이 있다고 할 수 있다.

이러한 공안비평의 유행과 '개오의 체험'을 중시하는 두 가지 흐름이 결합되어 남송대에 출현했던 것이 간화선이었다. 이것은 五祖法演(?~1104), 圜悟克勤(1063~1135)에게서 그 맹아가 엿보이고, 大慧가 이를 계승하여 명확히 방법론으로서 인식하기에 이르렀던 수행법이었다. 즉 그는 大悟의 경험주의를 도입하고, 그 경험을 단계적으로 推體驗하는 방법으로서 공안을 써서 수행자에게 疑團을 일으키게 하여, 깨달음을 열게 하는 것이었다.[37)

공안은 원래 과거의 위대한 선승의 언행을 통해서 깨달음의 경지를 표현했던 것이기 때문에 그것에 의해 깨달음을 여는 것은 북송 시대에도 있었다. 가령 혜남이 초원의 문하에서 '趙州勘婆'라는 공안으로 깨닫고, 이를 제자들의 지도에 빈번하게 사용했다고 한다.

그러나 간화선에 있어서 공안이란 단순한 도구에 지나지 않고, 그 내용을 어떻게 이해하는가는 대부분 문제로 삼지 않는다. 여기에서 중요한 것은 어떻게 효과적으로 의단(의심)을 일으키는 것이 가능할 것인가라는 문제밖에 없다. 따라서 사용되는 공안이 '無字' 화두 등과 같이 난해한 것에 집중되어 지도자에게는 개성보다도 기량의 적합함이

---

37) 古田紹欽, 「公案の歷史的發展形態における眞理性の問題」, 宮本正尊編, 『佛敎の根本眞理』, 三省堂, 1956.

중시되었던 것이다. 간화선은 開悟라고 하는 측면에서 현저한 효과를 거두었기 때문에 선문에서 크게 유행하게 되었다. 특히 대혜는 간화선을 선문만이 아니라 사대부에게까지 확산시키고, 수많은 제자를 양성하는 등 사회 전반적으로 커다란 영향을 미쳤다.

### 2) 대혜 간화선의 구조와 특징

앞에서 송대 선종계의 동향과 그 사상적 흐름에 대해 간략하게 정리해 보았다. 이러한 송대 선사상의 추이를 통해 간화선이 형성될 수 있던 사상적 배경에 대해 이해할 수 있게 되었다. 그러면 간화선을 완성했던 大慧를 통해 간화선이 성립되는 과정과 함께 그 사상체계가 어떻게 구성되어 있는지, 나아가 당시의 사회적 현실과 관련하여 적극적인 대응을 모색하였던 그의 현실인식이 어떻게 드러나는지, 아울러 그것이 어떠한 사상적 기반에서 연유하는 것인지에 대해서 살펴보기로 한다.

대혜는 북송말인 元祐 4년(1089)에 安徽省의 宣州 寧國縣에서 태어났으며 俗姓이 奚氏이다. 대혜란 74세 되던 해에 孝宗으로부터 하사받았던 賜號이고, 그의 諱는 宗杲, 諡號를 普覺禪師라고 한다. 그 외에 佛日禪師라는 賜號가 있고, 號가 妙喜, 字가 曇晦, 혹은 스스로 無明叟라고도 했다. 그는 16세가 되었을 때에 慧雲院의 慧齊에게 出家하고, 18세 되던 해에는 雲門宗의 宣州奉聖寺에 入室하여 참선하였다.

이후 그는 다양한 참선 경력을 거쳐 21세 되던 해에 湛堂文準(1061~1115)과 만나게 된다. 문준과의 만남은 대혜의 생애와 선사상의 성립과정에 있어서 중요한 의미를 갖고 있다. 그것은 대혜의 선풍에 영향을 끼쳤던 문준의 스승인 眞淨克文과의 인연이 이루어지게 되었고,[38] 嗣法의 스승인 圓悟克勤과의 만남도 문준의 권고에 의한 것이

---

38) 石井修道, 「眞淨克文の人と思想」, 『駒澤大學佛敎學部硏究紀要』34, 1976.

었다. 또한 문준이 시적한 후에 그의 塔銘을 부탁하기 위해 無盡居士 張商英과의 만남이 이루어지기도 하였다.

그러나 그는 각지의 老宿을 널리 찾고, 그로부터 거의 10년 후에야 克勤에게 나아갔던 것이다. 극근은 陞座說法에서 雲門의 '東山水上行'이라는 공안을 들어, '薰風南來殿閣微凉生'라고 하는 화두를 내렸다. 그때 대혜는 강한 충격을 받고, 홀연히 깨달았다. 그러나 극근은 대혜의 悟道가 철저하지 않다고 판단하고, 다시 "유구와 무구가 마치 등나무가 나무에 기대는 것과 같다"라고 하는 古語를 참구시켰으며, 이에 대혜는 반년동안 정진을 거듭하여 마침내 대오하였던 것이다. 때는 宣和 7 年(1125), 그의 나이 37세 되던 해였다.

그런데 이 무렵 송은 金의 침략에 의해 국가적인 위기에 놓여 있었는데, 마침내 靖康 元年(1126) 수도인 卞京이 함락함으로써 북송이 멸망하기에 이르렀다. 다음해 가까스로 臨安에 도읍을 정하였으나, 국론은 主戰論과 講和論으로 나뉘어 격렬한 정치적 대립이 지속되었다. 이러한 상황에서 대혜는 전란을 피해 建炎 4년(1130) 海昏의 雲門庵으로 옮겼고, 다시 紹興 4년(1134) 洋嶼로 옮겨, 그 곳에서 『弁正邪說』을 저술하여 묵조선에 대한 공격을 시작하였다. 소흥 7년(1137) 그는 승상인 張浚의 천거에 의해 臨安府 徑山에 옮기고, 종풍을 크게 진작시켜 다음해 '臨濟의 再興'이라고 불려졌다.

한편 대혜는 사대부계층과도 적극적으로 교유하면서, 그 문하에는 많은 거사들이 모여들었다. 그는 특히 주전파 사대부와 깊은 관계를 갖고, 적극적으로 현실적인 사회문제에 대응하였다. 그 무렵 재상을 물러나 있던 秦檜가 소흥 8년(1138) 3월에 다시 재상이 되어 금과의 화평 교섭을 추진하고, 그 결과 제1차 화의가 성립하기에 이르렀다. 그러나 주전론을 주창하는 사대부에게 있어서 매국행위로 받아들여졌던 화의는 커다란 반발을 불러일으켰다.

이에 대한 진회의 정치적 탄압은 현실 정치계뿐만이 아니라 그들과

연계된 범위까지 확산되었다. 결국 대혜도 소흥 11년(1141) 53세 되던 해에 주전파의 張九成(1092~1159)을 위해 상당 법문을 할 때에 진회의 정치를 비판하였다고 하는 이른바 神臂弓事件으로 인해 衣牒을 박탈당한 후, 湖南省 衡州로 유배되어 이후 16년간이라는 긴 세월을 유배지에서 보내게 된다.[39]

그럼에도 불구하고 대혜는 형주에서 『正法眼藏』을 편집하고, 「書」, 「法語」 등을 유배 중에 저술하였으며, 평소와 마찬가지로 한결같이 사대부에게 간화선 수행을 지도하였다. 소흥 26년(1156)에 이르러서야 그는 68세의 나이로 유배에서 풀려나고 승적도 회복하게 되었다. 소흥 27년(1157)에 育王山에 주석하고, 다음해 勅旨에 의해 다시 徑山에 주석하게 되었다. 이 무렵 그는 孝宗의 특별한 비호를 받고, 그의 역량을 천하에 펼쳐 보였다. 隆興 元年(1163), 그는 75세의 생애를 마감하였고, 곧 조칙에 의해 普覺禪師라는 시호와 寶光이라는 塔號가 수여되었다.[40] 이상에서 간략하게 대혜의 생애와 행적을 살펴보았는데, 이를 간략하게 정리하면 다음과 같다.[41]

<大慧의 생애와 행적>

哲宗 4년(1089) : 安徽省 宣州 寧國縣에서 태어남. 속성은 奚氏
徽宗 (崇寧)3년(1104) : 16세에 출가하고 다음해 具足戒를 받음. 특히 雲門, 睦州 설화를 즐겨 봄.
徽宗 (大觀)2년(1108) : 20세, 曹洞宗의 洞山道微 선사 등의 문하에서 2년간 참선수행.
徽宗 (政和)원년(1111) : 23세, 臨濟宗 黃龍派의 湛堂文準 문하에서

---

39) 『宋史』 卷374, 「張九成伝」(『宋史』 卷33, 中華書局, 11579쪽) 및 『大慧年譜』 紹興11年(佛光大藏經編修委員會編, 「禪藏」 卷32, 佛光出版社, 1994, 674쪽).
40) 이상의 서술은 주로 『大慧普覺禪師年譜』(이하 『大慧年譜』로 줄임)에 의거하여 서술하였다.
41) 石井修道, 「大慧普覺禪師年譜の研究(上・中・下)」, 『駒澤大學佛敎學部研究紀要』 37, 38, 40, 1979~1982.

　　　　27세까지 수학.

徽宗 (政和)5년(1115) : 27세, 문준이 입적하면서 楊岐派의 克勤에게
　　　　사사할 것을 유언으로 남김. 惠弘覺範을 찾아가 문준의 어록
　　　　편찬을 상의함.

徽宗 (政和)6년(1116) : 28세, 張商英에게 문준의 塔銘을 부탁함. 장
　　　　상영에게 妙喜라는 호와 曇晦라는 자를 받음.

徽宗 (宣和)6년(1124) : 36세, 天寧寺로 극근을 찾아가 참선 지도를
　　　　받음.

徽宗 (宣和)7년(1125) : 37세, 극근의 지도를 받아 大悟함.

欽宗 원년(1126) : 38세, 佛日大師라는 호를 받음.

高宗 4년(1134) : 46세, 『辨邪正說』을 저술하여 默照禪을 비판함.

高宗 7년(1137) : 49세, 張浚의 천거로 臨安府 能仁禪院을 관장.

高宗 8년(1138) : 50세, 종풍을 크게 떨쳐 '臨濟再興'이라 불림.

高宗 11년(1141) : 53세, 千僧閣 완공함. 主戰論을 강력하게 주창하다
　　　　가 신비궁 사건으로 인해 秦檜의 정치적 탄압을 받아 衡州에
　　　　유배됨. 이후 유배지에서 사대부의 화두 참구를 지도함.

高宗 17년(1147) : 59세, 『正法眼藏』 찬술.

高宗 20년(1150) : 62세, 廣東省 梅州로 유배지를 옮김.

高宗 26년(1156) : 68세, 유배에서 풀려나 12월에 宏智正覺을 예방함.

高宗 27년(1157) : 69세, 育王寺에 주석하여 문하에 성황을 이룸. 正
　　　　覺의 喪을 주관함. 이후 徑山에 주석.

高宗 32년(1162) : 74세, 大慧禪師라는 호를 받음.

孝宗 원년(1163) : 75세 입적. 효종이 시호를 普覺, 탑명을 寶光이라
　　　　하사함.


　이상에서 대혜의 생애에 대해 간략하게 살펴보았다. 그러면 대혜에
의해 완성된 간화선은 어떠한 사상체계를 갖고 있으며, 그 특징은 무
엇인가에 대하여 살펴보도록 하자. 이는 『대혜어록』의 다음과 같은 구
절에서 잘 드러나고 있다.


　항상 생함에 온 곳을 알지 못하고 죽어서는 가는 곳을 알지 못하니,

두 가지를 코끝에 붙여두고서 차를 마시거나 밥을 먹을 때나, 고요한 곳이나 시끄러운 곳에서도 생각하기를 긴박하게 하여 항상 백만관전의 빚을 갚지 못한 것 같이 할지니, 벗어날 길이 없으며 가슴이 답답하여 회피할 문이 없고, 살고자 하여도 얻지 못하고 죽고자 하여도 얻을 수 없어, 이러한 때를 당하여 선악의 길이 차례로 끊어진다. 이같음을 느낄 때 바로 힘쓸지니 다만 여기에서 나아가 화두를 참구하라. 승이 趙州에게 묻기를, "개에게도 불성이 있습니까"라고 하자, 조주가 말하기를, "없다"고 하니, 참구할 때 널리 思量하지 말고, 해석을 붙이지 말고, 알음알이를 얻으려 하지 말며, 입 여는 곳에 나아가 참견하지 말고, 드는 곳을 향해 도리를 짓지 말고, 공적한 곳에 떨어지지 말며, 마음에 깨달음을 기다리지 말고, 종사를 향해 짐작하지 말며, 일이 없는 곳에 떨어져 있지 말라. 다만 行住坐臥에 때때로 일깨우되, 개도 불성이 있는가. 없다. 일깨워 익음을 얻으면 의론하고 사량함이 못 미쳐 마음속에 일곱이 오르면 여덟을 놓아버린다. 마치 쇳덩이를 씹는 것과 같아 재미없을 때, 절실하게 그 뜻을 잊지 말 것이니, 이와 같이 얻은 때가 도리어 좋은 소식이 있을 것이다.[42]

위의 글에서 드러나는 것과 같이 그는 수많은 공안 중에서 특히 '無字' 화두를 중시하여, 이를 화두 참구의 기본으로 삼았고, 이는 대혜 간화선의 특징이라고도 할 수 있다. 그는 화두를 참구하는 방법으로서 공안을 사량분별할 필요도 없고, 알음알이를 구할 필요도 없이, 단지 한 마음으로 그 재미없는 화두를 참구하여 放逸하지 않고, 재미없다고

---

[42] 「示呂機宜」, 『大慧語錄』 권21(『선장』 32, 434~435쪽), "常以生不知來處 死不知去處二事貼在鼻孔尖上 茶裏飯裏 靜處鬧處 念念孜孜 常似欠卻人萬百貫錢債 無所從出 心胸煩悶 回避無門 求生不得 求死不得 當恁麽時 善惡路頭相次絶也 覺得如此時 正好著力 只就這裏看箇話頭 僧問趙州 狗子還有佛性也無 州云無 看時不用博量 不用註解 不用要得分曉 不用向開口處承當 不用向 擧起處作道理 不用墮在空寂處 不用將心等悟 不用向宗師說處領略 不用掉在無事甲裏 但行住坐臥時時提撕 狗子還有佛性也無 無 提撕得熟 口義心思不及 方寸裏七上八下 如咬生鐵橛 沒滋味時 切莫退志 得如此時 卻是箇好底消息".

생각되어질수록 더욱 방일하지 않게 하여 오래 지나면 좋은 소식이 뒤에 있다고 제시한다. 따라서 화두를 참구하는 수행자는 흔히 "마치 닭이 계란을 품듯"하고, "고양이가 쥐를 잡듯"하고 "목마른 사람이 물을 찾듯이" 간절하게 참구할 것을 강조한다. 아울러 화두 참구는 반드시 하나의 화두에 집중하여야 하며, 중도에 화두를 바꾸어 참구하면 깨닫기 어렵게 된다고 한다. 특히 참선하다가 기진맥진하여 실망하였을 때에 중도에 그만두지 말아야 하는데, 이 때가 바로 크게 깨닫는 전조일 수 있기 때문이라고 하였다. 이와 함께 그는 간화선에서 '무자' 화두를 통한 선수행의 구조가 어떠한 가에 대해서 다음과 같이 제시한다.

> 천 가지 만 가지 의심이 다만 이 하나의 의심이니, 화두 위에서 의심을 깨뜨리면 천 가지 만 가지 의심이 한꺼번에 부서질 것입니다. 화두를 깨지 못하면 다시 화두 위에 나아가서 더불어 겨루어 가십시오. 만약 화두를 버리고 도리어 다른 문자 위에 나아가 의심을 일으키거나, 경교 위에서 의심을 일으키거나, 고인의 공안에서 의심을 일으키거나, 일상의 일 속에서 의심을 일으킨다면 모두가 사마의 권속입니다. 처음 들어 일으키는 곳을 향하여 쉽게 알려고 하지 말며, 또한 생각으로 헤아려 재지 말고, 다만 뜻을 붙여 생각할 수 없는 곳으로 나아가서 생각하면 마음이 갈 바가 없음이 만약 노련한 쥐가 소뿔에 들어가 문득 아차! 함을 보게 되는 것과 같습니다. 또 마음이 만약 시끄럽거든 오직 구자무불성 화두만을 들지니, 부처의 말씀·조사의 말씀과 각지의 노숙의 말씀과 천만 가지의 차별을 만약 '무자'만 꿰뚫는다면 한꺼번에 꿰뚫어 통과하여서 사람에게 물을 필요가 없을 것입니다.[43]

---

43) 「答呂舍人」, 『大慧語錄』 권28(『선장』 32, 559쪽), "千疑萬疑 只是一疑 話頭上疑破 則千疑萬疑一時破 話頭不破 則且就上面與之廝崖 若棄了話頭 卻去別文字上起疑 經敎上起疑 古人公案上起疑 日用塵勞中起疑 皆是邪魔眷屬 第一不得向擧起處承當 又不得思量卜度 但着意就不可思量處思量 心無所之 如老鼠入牛角 便見倒斷也 又方寸若鬧 但只擧狗子無佛性話 佛語祖語諸方老宿語 千差萬別 若透得箇無字 一時透過 不著問人".

위의 글에서 알 수 있듯이 대혜의 간화선에서 화두는 깨달음을 얻기 위한 수행의 방편임과 동시에 그 방편이 의심을 일으키는 사명을 갖춘 방편이라는 것이다. 즉 천 가지, 만 가지 의심을 오로지 주체적인 '무자' 화두를 참구하는 하나의 의심에 응집시켜서 화두에서 의심을 타파하도록 하는 수행인 것이다. 그런데 간화선에서의 의심은 사량분별적인 의심이 아니라 決定信을 토대로 자아의 존재 규명을 향한 혼신을 다한 의지상의 의심이며 본래심의 의심이다. 즉 일체의 사량분별이 없어진 본래심의 순일무잡한 의심인 것이다. 본래 의심은 믿음과는 상반되지만, 의심을 깊게 하여 궁극적인 경지에 도달해서 의심이 타파됨으로써 철저한 믿음이 이루어지는 것이다.

결정신은 無疑決定信이라고도 하는데, 이는 철저한 확신인 깨달음의 다른 표현인 것이다. 이러한 깨달음이 자각적인, 주체적인 믿음이 되기 위해서는 의심도 또한 혼신적인 의심이 되지 않으면 안 된다. 그러므로 의심과 믿음의 관계는 本覺과 始覺과의 관계와 같은 것이다. 즉 믿음(결정신)은 깨달음의 입장인 本覺이며, 의심은 믿음(결정신)의 본각에 나아가려는 의지적인 시각의 입장이라고 할 수 있다. 따라서 간화선에서 화두는 처음 스승으로부터 받는 등 외부로부터 끌어들인 문제이지만, 자기 자신의 내부에서 의심이 한 곳에 응집되어 疑情(疑團)이 되었을 때 화두는 더 이상 외부적인 것이 아니라 자기 자신의 것이 되는 것이다. 즉 화두는 자기 향상의 추진력이 되어 本覺에의 돌파구를 향한 자기의 주체적인 의심이 되어 버린 것이다.

아울러 그가 '무자' 화두를 참구하도록 하는 것은 生死心인 일체의 사량분별을 끊고 그것이 미치지 못하는 곳에서 근원적인 자기의 자각적인 깨달음의 세계를 만들어가는 선수행의 방편으로 보았기 때문이었다. 이는 다음의 글에서 잘 나타나고 있다.

그러나 간절히 마음을 두어서 깨기를 기다리지 마십시오. 만약 마음을 두어서 깨려는 곳을 둔다면 곧 영원히 깨버릴 기회가 없을 것이다. 다만 망상으로 뒤바뀐 마음과 헤아려 분별하는 마음과 삶을 좋아하고 죽음을 싫어하는 마음과 지견으로 알려고 하는 마음과 고요함을 좋아하고 시끄러움을 싫어하는 마음을 가져서 한꺼번에 내리누르고 다만 내리 눌린 곳에 나아가 화두를 들되, 어떤 스님이 조주에게 묻되, "개에게도 불성이 있습니까? 없습니까?"하니, 조주가 이르기를 "없다"라고 하니, 이 한 글자는 곧 허다한 나쁜 지견과 나쁜 앎을 꺽는 무기이니라. 有·無의 알음알이를 짓지 말며, 도리의 알음알이를 짓지 말며, 의근 아래를 향하여 사량으로 헤아려 재지 말며, 눈썹을 드날리고 눈을 깜빡거리는 곳을 향하여 뿌리를 박지 말며, 언어의 길 위를 향하여 살림살이를 짓지 말며, 일없는 가죽껍질 속을 향하여 드날려 있지 말며, 들어 일으키는 곳을 향하여 인증하려 하지 말고, 다만 하루 종일 네 가지 위의 속을 향하여 때때로 잡아 이끌며, 때때로 들어 깨닫게 하되, "개에게도 불성이 있습니까? 없습니까?" 이르되, "없다"고 하신 말씀을 평소 떠나지 말고 시험삼아 이와 같이 공부하여 살펴보면 어느 날 문득 스스로 볼 수 있으리니, 한 군의 천리의 일이 서로 방해하지 않으리라.[44]

위의 글은 잘 알려져 있다시피 '무자' 화두를 참구할 때의 10가지 병통에 관한 것인데, 그 근본적인 문제는 알음알이(知解)로써 우리의 근본자리를 파악하려고 하는 마음 때문이다. 즉 대혜는 간화선의 禪病에 떨어지기 쉬운 문제로서 昏沈과 散亂을 지적하지만, 특히 일체의 사량분별심과 나쁜 지해를 강조하였다. 따라서 대혜는 이러한 일체의 분별

---

44) 「答富樞密」, 『大慧語錄』 권26(『선장』 32, 522~523쪽), "然切不可存心待破 若存心在破處 則永劫無有破時 但將妄想顚倒底心 思量分別底心 好生惡死底心 知見解會底心 欣靜厭鬧底心 一時按下 只就按下處看箇話頭 僧問趙州 狗子還有佛性也無 州云 無 此一字子 乃是摧許多惡知惡覺底器仗也 不得作有無會 不得作道理會 不得向意根下思量卜度 不得向揚眉瞬目處 根 不得向語路 上作活計 不得颺在無事甲裏 不得向擧起處承當 不得向文字中引證 但向十二時中 四威儀內時時提撕 時時擧覺 狗子還有佛性也無 云無 不離日用 試如此做工夫看 月之日 便自見得也 一郡千里之事 都不相妨".

심과 차별심을 억누르고 '무자' 화두를 참구할 것을 강조하였다. 즉 화두 참구를 통해 일체의 사량분별이 일어나지 않는 근원적인 자기의 본래심을 깨닫도록 하는 것이다. 따라서 간화선에서 화두는 자기의 본래심인 불성을 照顧해 보는 도구인 것이다. 여기서 그가 昏沈과 掉擧라고 하는 두 가지 선병을 들고 있다. 그는 이러한 두 가지 선병에 대하여 '昏沈', '忘懷', '默照'의 계열과 '掉擧', '著意', '管帶'의 계열로 자주 지적한다.45) 이 선병을 극복하지 않으면 생사윤회의 미혹으로부터 벗어나는 것이 불가능하다. 이 생사의 세계도 해탈의 세계와 나누어서 생각하는 곳에 생사의 세계를 벗어나는 길이 있는 것이 아니라, 생사는 곧 해탈이라고 파악하는 것에 미혹으로부터 벗어나는 길이고, 일상생활의 가운데 그 공부를 하지 않으면 안 된다고 한다.

이상에서 대혜가 제시하는 간화선의 수행구조에 대해 살펴보았다. 그러면 간화선의 수행구조가 갖고 있는 논리구조는 무엇일까. 나아가 당시 임제종에 버금가지 않지만 교단세력을 확산시키고 있던 조동종의 묵조선이나 일찍이 당대에 형성된 조사선의 논리구조와는 어떠한 차이가 있는 것일까.

당대에 형성된 조사선은 일체중생이 본래 청정한 佛性을 갖고 있으며, 부처와 똑같은 지혜와 인격을 갖추고 있다는 本覺思想을 표방하였다. 따라서 조사선을 완성하였던 馬祖道一(709~788)은 "마음이 곧 부처"(卽心是佛)라 한다든지, "平常心이 곧 道"(平常心是道)라고 강조하면서, 인간의 일체 행위를 本來心인 깨달음의 전개라 하였던 것이다. 그런데 이러한 당대 선종의 修證論은『大乘起信論』의 논리구조에 토대를 두고 있다. 이는 대혜의 다음과 같은 설법에서 잘 드러난다.

또 말하기를 "始覺을 本覺에 합치는 것을 부처라고 한다."고 하였다. 또 "지금의 始覺을 가지고 본각에 합친다."라고 말하였다. 가끔

---

45) 石井修道, 앞의 책, 1992, 482쪽 참조.

삿된 무리가 말없고 默然한 것으로써 始覺을 삼고 威音王那畔을 본각으로 삼는데, 본래 이러한 이치가 아니며, 이러한 이치가 아니라면 어떤 것이 깨달음인가. 만약 일체 모든 것이 바로 깨달음이라고 한다면 어찌 다시 미혹하겠는가. 만약 미혹함이 없다고 한다면 석가 노자가 새벽별이 나타날 때에 홀연히 곧바로 깨달아 自家의 本命元辰이 원래 여기에 있음을 알 수 있게 된 것은 어찌된 것이냐! 그러므로 "始覺으로 말미암아 本覺에 합한다."고 말한다. 禪和家가 홀연히 鼻孔을 摸着한다고 함은 곧 이러한 도리인 것이다. 그러나 이 일은 사람들의 본분에 구족되어 있지 않음이 없다.[46]

여기서 대혜가 전개하고 있는 修證論은 『大乘起信論』의 논리를 사용하고 있다. 즉 『대승기신론』에서는 眞如自性의 본래적인 것을 本覺이라고 하고, 衆生差別心을 不覺이라 하고, 不覺으로부터 本覺으로 나아가는 마음을 始覺이라고 설명하고 있다. 즉 대혜는 이러한 『대승기신론』의 본각과 시각, 불각의 논리적인 구조에 의거하여 간화선과 묵조선의 修證論을 논하고 있다. 즉 선의 논리로는 깨달음이 사람들의 각자 본분상에 구족되어 있는 本覺門의 입장이지만, 현실적인 현상으로서는 미혹하기 때문에 지금의 시각을 본각에 합한다고 말하는 것처럼 始覺門의 입장에 서서 미혹한 현재의 사실을 시인하고 강조하는 것이다. 그에게 있어서 始覺이란 不覺이라고 하는 情態의 깨닫지 못한 사람이 깨달음이라는 경험을 하는 것이고, 깨닫지 않으면 안 되는 것이다.

그러므로 그가 깨달음을 강조하는 것은 석존처럼 깨닫지 못한 자로부터 깨달은 자로 변화했던 것이 당연하다고 생각했기 때문이다. 따라

---

46) 「孫通判請普說」, 『大慧語錄』 권18(『선장』 32, 377쪽), "又云 始覺合本之謂佛 言以如今始覺合於本覺 往往邪師輩以無言默然爲始覺 以威音王那畔爲本覺 固非此理 旣非此理 何者是覺 若全是覺 豈更有迷 若謂無迷 爭奈釋迦老子 於明星現時 忽然便覺知得自家本命元辰元來在這裏 所以言 因始覺而合本 覺 如禪和家忽然摸着鼻孔 便是這箇道理 然此事人人分上無不具足".

서 당대의 조사선과 묵조선이 本覺門的인 수행구조라 한다면, 간화선은 이러한 본각문적인 입장을 돌파하여 始覺門的인 수행구조로 발전시킨 것이다.

그럼에도 불구하고 묵조선은 이러한 깨달음의 경험을 인정하지 않기 때문에 미혹한 채로 있는 것이 깨달음과 같다고 말하고, 미혹하다고 말하는 것이 된다. 이것은 깨달은 경험을 인정하는 않는, 깨달음만의 존재가 되어 버리는 것이다. 묵조선자는 본각문이라고 하는 것이고, 대혜는 시각문이지 않으면 안 된다고 한다. 흥미 깊은 것은 깨달음을 강조하지만, 그 깨달음이란 본래 갖추어져 있는 깨달음을 알아차리는 것이고, 시각을 통해서 본각을 확인하는 것이다. 불각이란 본각을 잃어버린 것에 지나지 않고, 시각이란 본각에 돌아가는 것이다. 처음부터 본각이 아니라 불각의 자각으로부터 출발하지 않으면 안 되는 것이다.47)

그런데 대혜가 지적한 바와 같이 묵조선의 수증론은 지금 좌선하는 이대로의 수행 그 전체가 바로 깨달음이라는 입장이며, 시각이 곧 본각인 것이다. 그러나 그의 입장에서 볼 때 묵조선은 지나치게 본각사상에 경도되고, 無事安逸禪에 떨어진 邪禪이었다. 곧 묵조사선에서는 이미 철저한 자각의 깨달음을 증득하여 자기전환을 이루는 엄격한 선수행이 결여된 문제점을 갖고 있었다. 그러므로 그는 이러한 묵조사선을 비판하면서 당대 조사선의 정신과 선수행을 다시 일으켜 세우기 위해 옛 조사들이 깨닫게 된 機緣인 古則公案을 참구하는 간화선을 완성하였던 것이다.

이상에서 대혜에 의해 완성된 간화선이 형성되는 과정과 그 사상체계와 구조에 대해서 살펴보았다. 그런데 간화선은 당시 사대부를 중심으로 하는 지배계층에 널리 수용되면서 선종계만이 아니라 사상계 전반적으로 커다란 영향을 미치게 되었다. 그렇다면 그러한 사상적 영향

---

47) 石井修道, 앞의 책, 1992, 484~486쪽 참조.

력을 지니게 된 현실적 이유나 배경은 무엇일까. 먼저 여기서는 남송의 정치, 사회적 상황에서 대혜의 현실인식이 어떠하며, 그것이 간화선과 어떻게 연관되고 있는지에 대해 살펴보고자 한다.

대혜가 활동하던 南宋의 시대적 상황은 1127년 정강의 변 이후 화북 지역을 완전히 상실하고 강남 지역으로 패퇴할 만큼 국가적 위기가 고조되던 시기였다. 강남의 남송 왕조는 금과 계속 교전 상태에 있다가 紹興 12년(1142)에 체결된 紹興和議를 통해 일종의 휴전 상태에 들어갔다. 그런데 당시 남송의 지배층은 금과 화의할 것을 주장하는 主和派와 적극적인 대응을 촉구하며 강경책을 주장한 主戰派로 나뉘어 대립하고 있었다. 秦檜 등에 의해 제기된 주화론은 명분보다는 현실적으로 금과의 전쟁 수행능력이 부족하고, 실리가 없으므로 금과 화의정책을 추진해야 한다고 주장하였다. 반면 張浚, 韓世忠, 岳飛 등에 의해 표방된 주전론은 금에 대한 강한 불신감을 전제로 하여 주로 화의의 폐해에 대해 공격하였고, 北伐論을 주장할 정도로 금에 대해 강경한 입장을 갖고 있었다. 주전론은 이념적인 기반으로서 대체로 華와 夷에 대한 차별적인 구분을 강조하는 華夷論을 표방하였다.[48]

이러한 남송대의 정치 상황에서 대혜는 주전파와 밀접한 관계를 갖고, 적극적으로 주전론을 주장함으로써, 그는 주화파의 진회로부터 정치적 탄압을 받게 된다. 즉 신비궁 사건을 계기로,[49] 그는 16년 간의 긴 유배생활을 하게 되었던 것이다. 그는 유배 시기에도 사대부와의 교유를 계속하면서, 그들에게 간화선 수행을 지도하였다. 따라서 무분별의 세계를 지향하는 선승들의 일반적인 입장과 달리 대혜는 현실적인 역사적 상황을 회피하지 않고 당시의 정치적 현실에 깊숙이 관여하

---

48) 寺地遵, 『南宋初期政治史研究』, 溪水社, 1988.
　　朴志焄, 「南宋 孝宗代 隆興和議와 和戰論」, 『東洋史學研究』 61, 1998.
49) 『宋史』 권374 「張九成傳」(『宋史』 33책, 中華書局, 11579쪽) 및 『大慧年譜』
　　紹興 11년(『선장』 32, 674쪽), "先是 徑山僧宗杲善談禪理 從游者衆 九成時
　　往來其間 檜恐其議己 令司諫詹大方論 其與宗杲謗訕朝政 謫居南安軍".

였던 것이다.50) 이는 대혜의 말년 행적에서 단적으로 잘 드러난다.

  사의 나이가 75세 되던 해 …… 3월에 왕의 군대가 개선했다는 소
  식을 듣고 게를 지었다. "자욱한 먼지 단번에 씻기니 하늘은 넓고, 천
  하가 손아귀에 있구나. 세간과 출세간의 모든 일 분명하게 깨치니, 주
  인공은 또렷또렷하여 어둡지 않네." 옷과 의발을 내고 산의 승도들을
  모아 화엄경 700여 부를 閱讀하며 兩宮의 聖壽와 保國康民을 축원
  하였다.51)

  위의 『대혜연보』에서 보듯이 대혜는 宋軍이 金을 물리치고 개선하
자 기쁜 마음으로 게송을 지었고, 『華嚴經』을 독송하며 축수하였다.
그런데 대혜가 이러한 면모를 보이는 것은 구체적으로 어떤 시대적 배
경과 연관되는 것일까. 소흥화의가 성립된 이후 송·금 양국은 거의
20년 동안 휴전 상태를 유지하면서 남북국체제로 양립되어 있었다. 그
런데 紹興 31년(1161) 9월에 금이 남침하면서 송은 불가피하게 전면전
에 나서게 되었다. 그해 10월에 금군이 淮河를 건너 남송의 내지에 이
르자, 남송은 천도를 건의할 만큼 수세에 몰리게 되었다. 그러나 采石
戰에서 송이 대승을 거두고, 금 내부에서도 변란이 일어나 금의 海陵
帝가 시해를 당하자 마침내 금군은 철수하였다. 상황이 이렇게 전개되
자 남송측에서는 주전파의 장준이 기용되는 등 주전론이 다시 대두하
게 되었다.52)

---

50) 극근도 한때 장수로서 활약할 정도로 현실적인 상황에 적극적으로 대처하였
   다(明復, 『中國佛學人名辭典』, 中華書局, 1988, 131쪽 참조). 따라서 대혜의
   강한 사회 참여적인 성향은 극근의 영향도 있다고 생각되며, 임제종 양기파
   의 사상적 특징으로 생각된다.
51) 『大慧年譜』孝宗皇帝隆興元年癸未(『선장』 32, 701쪽), "師七十五歲 正旦作
   鄭禹功雙槐堂記 三月 聞王師凱旋 作偈曰 氛埃一掃蕩然空 百二山河在掌中
   世出世間俱了了 當陽不昧主人公 出衣盂 命闔山清衆華嚴経七百餘部 用祝
   兩宮聖壽 保國康民".
52) 朴志焄, 앞의 논문 참조.

이러한 상황에서 축수나 보국강민을 위한 축원이라는 형태는 국가 불교화된 송대 선종의 위상을 잘 드러내는 것이다. 아울러 일반적인 경우와 달리 게를 짓게 된 동기가 선적인 경향과 거리가 있다. 가령 위의 게에서 자욱한 먼지는 금을 상징하는 것이며, 또한 먼지가 단번에 씻기자 드러난 하늘은 현실적으로 남송을 가리킨다고 할 수 있다. 2, 3구 역시 금이 침략할 수 없도록 대비가 되었음을 암시하고, 세간, 출세간이 모두 평화로운 상황이 되었음을 표현하는 것으로 생각된다.

따라서 위의 게를 통해 대혜가 남송의 시대상황에 대한 적극적인 현실인식이 드러나고 있으며, 그것이 華夷論에 바탕을 두고 있음을 확인할 수 있다. 따라서 張浚이 그를 호걸대장부라고 한다든지,53) 忠君의 뜻이 있기 때문에 그와 교유한다고 토로하였던 것이다.54) 즉 대혜는 당시 남송의 현실적인 사회문제에 대하여 적극적으로 참여하고 있었으며, 주전파 사대부와 같은 화이론적 인식을 공유하고 있었으며, 그로 말미암아 그들로부터 많은 호응을 받았던 것이다.55)

이상에서 남송대 정치적 현실상황과 관련하여 대혜의 행적을 살펴보았으며, 그 결과 그가 주전파와 긴밀하게 연관되어 주전론을 표방하였으며, 그러한 현실인식의 근간에는 화이론적인 인식이 자리 잡고 있음을 확인하였다. 그러면 일반적인 선승과 달리 대혜가 강한 현실참여적인 성향을 드러내는 것과 그의 사상체계의 근간을 이루는 간화선과는 어떠한 관계를 갖고 있을까.

이러한 사상적 연관 관계를 구체적으로 살펴보기 전에 우선 당시의

---

53) 張浚 撰, 「大慧普覺禪師塔銘」, 『大慧語錄』 권6(『선장』 32, 133쪽), "師雖爲 方外士 而義篤君親 每及時事 愛君憂時 見之詞氣 其論甚正確……使爲吾儒 豈不爲名士 而其學佛亦卓然自立於當世 非豪傑丈夫哉".

54) 장준(1097~1164)은 四川省 綿竹 출신으로 원오극근과 교유하고, 그의 어머니인 秦國夫人計氏 法眞(?~1156)은 대혜로부터 법맥을 이은 제자이기도 하는 등 두터운 관계를 맺고 있었으며, 유력한 후원자의 한 사람이었다.

55) 『大慧年譜』 紹興 26년(『선장』 32, 689쪽), "杲有忠君愛物之志 非若聲聞 獨 覺之私 厭生死而樂寂滅也 是以浚與之遊……".

시대적 배경과 관련한 현실적 조건이 어떠하며, 어떠한 시대적 요구가 있었는가를 간략히 살펴보기로 한다. 먼저 대혜가 화두 참구를 통해 크게 깨닫고, 이후 본격적인 종교, 사회적 활동을 전개하였던 시기는 북송이 몰락하고 강남으로 패주하는 등 남송 초기 대내외적 혼란이 극심하였다. 이러한 상황에서 그가 당시 사회의 지배층이자 문화의 담당층인 사대부에게 사상적 영향력을 확산시키기 위해서는 단순히 종교적인 측면만을 강조하는 것으로는 아무런 매력도 없고 달성되기 어려운 분위기였다.

언제 금의 남침이 이루어질지 모르는 불안한 상황, 거기에다 주전파와 주화파로 양분되어 격렬하게 대립되어 있던 정치적 상황, 그러한 절대절명의 위기 속에서 사대부는 스스로 실존적 모순과 위기에 어떻게 대처할 것인가 하는 의문을 갖지 않을 수 없는 상황이었다. 그리하여 사대부는 스스로의 실존적 위기를 어떻게 극복할 것인가 하는 현실적 과제와 관련하여 다양한 모색을 하였다. 무엇보다도 그들의 사상적 기반으로서의 유학은 북송 이후 도학이 등장하였지만, 그것이 주자학으로서 완성되기 이전의 단계였다. 따라서 사대부는 당시 그들의 정신적 귀의처였던 선에 몰입하였던 것이다.

한편, 앞서 언급한 바와 같이 송대의 선종은 국가불교적인 성격이 강화되어 감으로로써 세속에 순응하고, 국가에 협력하는 방향으로 나아갔다.56) 더욱이 선종의 입장에서는 사대부가 거사이면서도 선승에 뒤지지 않는 깨달음을 얻었던 경우가 적지 않을 만큼 선종의 최대의 후원자이면서 수요자였기 때문에 그들의 입장이나 사상적 동향을 의식하지 않을 수 없었다. 즉 송대의 사대부는 단순히 선종에 대한 최대의 후원자라는 차원이 아니라 그들과의 관계가 각 종파의 성쇠를 좌우할 만큼 사회적, 사상적 영향력을 갖고 있었던 것이다.

따라서 소흥 7년(1137) 대혜가 경산에 처음 주석한 이후 간화선이

---

56) 鏡島元隆,「南宋禪林の一考察」,『道元禪師とその門流』, 誠信書房, 1961.

본격적으로 전개되는 것은[57) 이러한 국가불교적인 성향이나 사대부와
의 관계가 크게 작용하였던 것이다.[58) 흔히 선사상사에서 대혜선이 갖
는 특색에 대해 간화선의 대성과 함께 선의 가르침을 출가자로부터 재
가자에 전하였던 것이라고 지적하지만, 실은 그 이상의 사회적, 사상적
영향을 고려하지 않을 수 없다.

이러한 경향은 그의 어록을 통해서 잘 드러난다. 가령『普說』에 약
40명,『法語』에 약 50명,『大慧書』에 40명 등 대혜의 어록은 선승보다
사대부를 대상으로 한 내용이 훨씬 많다. 특히『대혜서』의 경우는 그
서간의 집필기간이 소흥 4년(1134) 46세로부터 소흥 29년(1159) 71세
까지이고, 그것은 그의 생애 가운데서도 가장 원숙한 시기였다. 특히
이미 서술한 바와 같이 그는 소흥 11년(1141) 53세부터 소흥 26년
(1141) 68세까지 유배라고 하는 최악의 상태에 놓여 있었음에도 불구
하고 끊임없이 현실의 문제에 대해 관심을 갖고 있었으며, 그것을 사
대부에 대한 관심과 교화를 통해 실천하고 있었던 것이다.

아울러 이러한 대혜의 사상적 특징이 그의 개인적 성향에 그친 것이
아니라는 데 주의할 필요가 있을 것이다. 주지하듯이 임제종 양기파는
북송말에 이르러 불교계에서 그 교세를 확장시키면서 급격하게 부상
하였는데, 그 배경으로는 무엇보다도 현실지향적 성향과 밀접한 관련
을 갖고 있었다. 즉 북송말까지 번성하였던 임제종 황룡파가 온건적,
소극적이었던 것에 반해서, 양기파는 당시 금의 침입에 따른 대외적

---

57) 石井修道,「虎丘紹隆と大慧宗杲」,『仏教史學研究』第25巻 第1号, 1982. 12.
58) 물론 대혜의 간화선은 福建省 雪峯山의 眞歇清了의 조동교단을 중심으로 하
    는 묵조사선 비판을 통해 성립되었음이 밝혀진 바가 있다. 이에 대해서는 다
    음의 논문을 참조하기 바란다.
    柳田聖山,「看話と默照」,『花園大學研究紀要』第6号, 1975. 3.
    石井修道,「大慧宗杲とその弟子たち(六) - 眞歇清了との關係をめぐって - 」,
    『印度學仏教學研究』第23巻 第1号, 1974.
    石井修道,「大慧宗杲とその弟子たち(八) - 眞歇清了との關係をめぐって(承
    前) - 」,『印度學仏教學研究』第25巻 第1号, 1976.

위기가 고조되는 속에서 주전론을 주장하여 국수주의적, 국가주의적 경향을 표방함으로써 고위 관료를 중심으로 한 당시 사대부의 정치적 후원을 받아 급격히 부상하였다.59)

따라서 대혜의 현실인식과 적극적인 실천적 경향은 양기파의 현실 지향적 성향과 관련되며, 그러한 경향이 대혜의 간화선을 통해 더욱 확산되어 갔던 것이다. 그러므로 대혜의 간화선은 남송 초기의 역사적 상황과 밀접한 관계를 갖고 형성되었던 것이며, 그러한 현실적 상황과 조건에 따라 사대부를 중심으로 한 사회적 후원층이자 수요층에게 다가가기 위한 사상적인 논리와 방법론을 제시하였던 것이다. 그러면 그러한 논리가 어떻게 드러났는가에 대해 살펴보기로 하자.

조주의 ‘狗子無佛性’ 화두를 그대가 마치 도적을 잡음에 이미 숨은 소굴을 알고 있으나 다만 아직 잡지 못함과 같을 따름이니, 청컨대 정신을 바짝 차려서 조금도 사이가 끊어지지 않게 하고 때때로 가고 머무르고 앉고 눕는 곳과 보고 읽고 기록하는 곳과 仁·義·禮· 智·信을 닦는 곳과 尊長을 모시는 곳과 학자를 제접해 가르치는 곳과 죽을 먹고 밥을 먹는 곳을 향하여 더불어 겨루어간다면, 홀연히 識心을 쳐서 깨뜨릴 것이니, 대저 다시 무엇을 말하겠는가.60)

위의 글은 대혜가 汪應辰에게 준 편지의 일부이다. 이 편지의 전체적인 내용은 仁義禮智信이라고 하는 개별 덕행의 수학과 본성에 따르는 것은 한 가지(一味)이고, 따라서 수학의 방법에는 사람의 賢愚에 따른 차별이 있어도, 수학의 본질은 만인평등이라고 한다. 이어 수학의 목적은 그 차별의 극복에 두어져야만 하고, 性 그것에 작위를 가하는

---

59) 阿部肇一, 앞의 책, 504~568쪽 참조.
60) 「答汪狀元」, 『大慧語錄』 권28(『선장』 32, 571쪽), “趙州狗子無佛性話 左右如 人捕賊 已知窩盤處 但未捉著耳 請快著精彩 不得有小 間斷 時時向行住坐 臥處看 讀書史處 修仁義禮智信處 侍奉尊長處 提誨學者處 喫粥喫飯處 與 之廝崖 忽然打失布袋 夫復何言”.

것이 아니라 하고, 여기에만 수학과 견성을 일체화했던 공부의 성립이 가능하다고 한다. 위의 글은 이 편지의 마지막에 제시된 것으로, 일상적인 생활 속에서 참선 수행하는 것이 가능하며, 그러한 일상성을 강조하는 논리를 강조하고 있다. 이는 그가 "일상의 도를 세우는 것이 모두 그대로 바른 도리를 따르는 것이고, 진실의 모습과 다른 것이 없다."[61]고 설파한 데에서도 잘 드러난다.[62]

특히 마지막 부분에서 그는 '無字' 話頭를 항상 行住坐臥하는 곳, 독서하는 경우, 仁義礼智信을 닦는 경우, 어른을 시봉하는 경우, 학도를 가르치는 경우, 식사하는 경우 등 일상생활의 어떤 곳이든지 참구하라고 강조하고 있다. 이러한 면은 다음과 같은 법어에서 잘 드러나고 있다.

> 선은 고요한 곳에도 있지 않고, 시끄러운 곳에도 있지 않으며, 생각하고 분별하는 곳에도 있지 않으며, 일상 인연에 응하는 곳에도 있지 않다. 그러나 비록 이와 같으나, 첫째로 고요한 곳이나 시끄러운 곳이나 일상 인연에 응하는 곳이나 생각하고 분별하는 곳을 버리지 않고 참구해야 한다. 홀연히 눈이 열리면 자기 집안 일임을 알 것이다.[63]

위의 글은, 뒤에서 다시 서술하겠지만, 지눌이 그의 수행과정에서 세 번째로 견성할 때에 바로 『大慧語錄』의 이 대목을 보고 크게 깨달았

---

61) 이는 『雲門錄』 卷中에 나오는 구절이나, 그것도 본래 『법화경』 「法師功德品」을 근거로 한 것이다. 다만, 여기서는 당시 『능엄경』의 장수자선의 注가 유행함에 따라 그 말을 대혜가 사용했던 것으로 추측된다. 이에 대해서는 石井修道, 『禪語錄』(『大乘佛典』 卷12), 中央公論社, 1992, 487쪽 및 주 179) 참조.
62) 이는 다음의 글에서도 잘 드러난다.
「示眞如道人」, 『大慧語錄』 권20(『선장』 32, 407쪽), "治生産業 皆順正理 與實相不相違背 但只依本分 隨其所證 化其同流 同入此門 便是報佛深恩也".
63) 「示妙證居士」, 『大慧語錄』 권19(『선장』 32, 401쪽), "禪不在靜處 不在鬧處 不在思量分別處 不在日用應緣處 然雖如是 第一不得捨却 靜處鬧處 日用應緣處 思量分別處 忽然眼開 都是自家屋裏事".

으며, 지눌의 선사상을 언급할 때 반드시 인용되는 구절이기도 하다.
위의 글에서 드러나듯이 대혜는 사대부에게 참선 수행을 지도하면서
늘 선이 추구하는 궁극적인 진리(佛法)란 일상 속에 있다고 강조한다.
이러한 논리는 사대부에게 현실생활 중에서 부지런히 화두 참구를 통
해 수행하면 출가하지 않아도 능히 깨달음을 이룰 수 있다고 제시한
것으로, 그들의 현실적인 입장과 요구를 잘 대변해 주는 것이다. 나아
가 이러한 입장은 佛法과 世間法의 일치라고 하는 논리로 이어지고
있다.

> 나의 이 본래 번뇌도 없고, 사량도 없고, 근심도 없고, 기뻐함도 없
> 는 곳으로 돌아갈 따름입니다. 세간에 들어서 세간 벗어나기를 남음
> 이 없으면 세간의 법이 곧 佛法이요, 불법이 곧 세간의 법입니다. 父
> 子는 天性이 하나일 따름이니, 만일 자식이 죽되 아비가 번뇌하지 않
> 고 생각지 않으며, 만일 아비가 죽되 자식이 번뇌하지 않고 생각지
> 않는다면 또한 옳겠는가. 만약 억지로 그쳐서 막아 울어야 할 때 또
> 한 감히 울지 않고 생각해야 할 때 또한 감히 생각하지 않는다면 이
> 는 특히 天理를 거스르고 타고난 성품을 멸하고자 함이라, 소리를 드
> 날리면서 메아리를 그치게 함이며, 기름을 끼얹으면서 불을 끄려 함
> 이니라.64)

위의 글은 대혜가 아들의 죽음을 맞은 汪藻에게 준 편지의 일부이
다. 대혜는 슬픔의 정을 끝까지 깊게 하여, 그 정을 뚫고 나가는 곳에
저절로 안주의 경지가 열려져 오는 것을 설하고 있다. 즉 그는 아버지
와 아들은 하늘이 준 성분이 같기 때문에 부자간에 누가 죽었는데도

---

64) 「答汪內翰又」, 『大慧語錄』 권27(『선장』 32, 556쪽), "還我箇本來無煩惱 無思
　　量 無憂無喜底去耳 入得世間 出世無餘 世間法則佛法 佛法則世間法也 父
　　子天性一而已 若子喪而父不煩惱 不思量 如父喪而子不煩惱 不思量 還得也
　　無 若硬止遏 哭時又不敢哭 思量時又不敢思量 是特欲逆天理 滅天性 揚聲
　　止響 潑油救火耳".

번민도 생각도 하지 않는 것은 불가능하다고 반문하고, 통곡해야 할 때에도 울지 않고, 생각해야 할 때에도 하지 않는다면, 그것은 일부러 天理에 거슬러 天性을 절멸시키고자 하는 것이라고 강조하고 있다. 여기서 대혜가 제시하고자 하는 불법과 세간법의 일치관도 주목되지만,65) 그러한 논리의 증명으로서 유교적 세계관을 제시하고 있다.

이러한 불법과 세간법의 일치는 결국 유교와 불교가 일치한다는 논리를 중심으로 三敎一致說에 이르게 된다. 즉 대혜는 유교, 불교, 도교는 모두 성인이 세운 가르침으로서 내용의 차이는 있지만, 그 도가 일치한다고 역설한다. 또한 사대부가 불교를 비판하지만, 실은 불교의 가르침도 현실 정치에 도움이 되는 것도 많다고 주장한다.66) 이러한 논리가 모두 총체적으로 제시되는 것이 다음의 법어이다.

삼교의 성인이 설한 법은 선을 권하고 악을 경계하여 사람의 마음 씀씀이를 바르게 하는 것이다. 마음을 쓰는 것이 바르지 않으면 간사한 마음이 되고, 다만 자기의 이익으로만 달린다. 마음의 씀씀이가 바르면 忠義心이 되고, 다만 理에만 따른다. 리란 '理義'의 리이고, 義理의 理가 아니다. …… 『화엄경』에 이르기를 불법과 세간법은 만약 그 진실을 보면, 일체의 차별이 없다고 말하는 것도 이 理인 것이다. 그

---

65) 이러한 주장은 일찍이 극근도 제기한 바가 있으므로 임제종 양기파의 사상적 특성이 아닌가 한다.
　　『圜悟佛果禪師語錄』 권5(『선장』 26, 174쪽), "佛法卽是世法 世法卽是佛法".
66) 「示張太尉益之」, 『大慧普覺禪師法語』(『선장』 32, 453쪽), "士大夫不曾向佛乘中留心者 往往以佛乘爲空寂之敎 戀著箇皮袋子 聞人說空說寂 則生怕怖 殊不知只這怕怖底心便是生死根本 佛自有言 不壞世間相而談實相 又云 是法住法位 世間相常住 寶藏論云 寂兮寥兮 寬兮廓兮 上則有君 下則有臣 父子親其居 尊卑異其位 以是觀之 吾佛之敎 密密助揚至尊聖化者亦多矣 又何嘗只談空寂而已 如俗謂李老君說長生之術 正如硬差排佛談空寂之法無異 老子之書元不曾說留形住世 亦以淸淨無爲爲自然歸宿之處 自是不學佛老者 以好惡心相誣謗爾 不可不察也 愚謂三敎聖人立敎雖異 而其道同歸一致 此萬古不易之義 然雖如是 無智人前莫說 打汝頭破額裂".

차별은 사람에게 있고 법에 있는 것이 아니다. 충의심과 간사심은 사람이 갖고 태어나는 것이다. 충의심이 간사심의 가운데 있는 것은 바로 청정한 마니보주가 진흙 속에 놓여져 있는 것과 같다. 오랜 세월을 거쳐도 오염되는 것이 불가능하다. 왜 그런가. 그것은 본성이 청정하기 때문이다. 간사한 마음이 충의심의 가운데 있는 것은 잡독이 청정한 그릇에 놓여져 있는 것과 같다. 오랜 세월을 거쳐도 역시 바꾸는 것이 불가능하다. 왜 그런가. 그것은 본성이 탁하기 때문이다. 앞에서 차별은 사람에 있고 법에 있지 않다고 한 것은 이 도리이다. 만약 간사한 마음을 가진 사람과 충의심을 가진 사람이 같은 성인의 책을 읽을 때에 그 성인의 책은 진리의 가르침이고 거기에는 본래 차별이 없다. 그러나 간사한 마음을 가진 자와 충의심을 가진 자가 각각의 입장에 따라 이것을 領解하면, 그 설하는 방법에 차별이 생긴다. 『淨名經』에 "부처는 하나의 말로 진리를 연설하지만 그것을 듣는 중생은 그 능력에 따라 각각 이해한다."라고 하는 것이 이 것이다. 충의의 사대부가 의리를 보고 본성을 발휘하는 것이고, 간사한 사람이 이익을 보고 본성을 발휘하는 것은 바로 자석이 철을 만나고 불이 마른 장작을 만나는 것과 같다. …… 菩提心이란 곧 충의심이다. 그 이름은 다르지만 체는 같은 것이다. 이 마음이 의리와 만나면 세간도 출세간도 일망타진하고 모자란 것도 없고 남는 것도 없다. 나는 불교의 가르침을 배우는 자이지만, 천자를 사랑하고 나라를 근심하는 마음은 충의의 사대부와 다름이 없다. 다만 힘이 미치지 않고 나이만 들고 말았다. 그러나 바름을 좋아하고 삿됨을 미워하는 뜻만은 태어나면서 갖추고 있다. …… 계공이여, 뜻을 세워 유학을 배우는 것에도 모름지기 이를 확대하여 충실하게 가지 않으면 안 된다. 그런 후에 여력을 사람들에게 미치는 것이 가능하다. 왜 그런가. 배움이 이르지 않으면 배움이 아니다. 배움이 도달해도 사용할 수 없으면 배움이 아니다. 배움이 사람들을 이끌 수 없으면 배움이 아니다. 거꾸로 배움이 철저한 곳에 이르면 文의 도와 武의 도도 그 가운데 있고, 事도 理도 또한 그 가운데 있는 것이다. 더욱이 忠義와 孝行으로부터 몸을 닦는 사람을 닦고, 국가를 안정시키는 방법에 이르기까지 그 가운데 없는 것이 없다.67)

　여기서 대혜는 먼저 유불도 삼교의 성인의 가르침이 하나하나 사람에게 묻지 않아도 사사물물에 확실히 도가 드러나 있고, 선을 권하고 악을 경계하며, 사람의 마음의 씀씀이를 바로 하는 것에 다름이 아니라고 제시한다. 계속해서 마음의 사용법이 바르지 않으면 사악한 마음이 되고, 단지 자기이익만으로 치달리고, 마음의 사용법이 바르면 忠義心이 되고, 단지 理에만 따른다. 따라서 忠義의 마음이 청정한 본성으로부터 나온 것이고, 간사한 사람의 마음은 濁穢한 본성으로부터 나온다고 한다.

　이어 보리심이 곧 충의심이고, 그 이름이 다르지만, 그 본체는 같다고 하고, 더욱이 그 자신이 승려임에도 불구하고, 애군우국의 마음은 忠義士大夫와 마찬가지라고 강조하였다. 그런데 여기서 보리심이란 불도를 구하고, 열반의 깨달음으로 향해가는 마음이고, 道心이라고도

---

67) 「示成機宜季恭」, 『大慧普覺禪師法語』(『선장』 권32, 480~484쪽), “三敎聖人所說之法 不著一一問人 自然頭頭上明 物物上顯矣 佛不云乎 菩薩摩訶薩以無障無礙智慧 信一切世間境界是如來境界 古德云 入得世間 出世無餘 便是這箇道理也……三敎聖人所說之法 無非勸善誡惡 正人心術 心術不正 則姦邪 唯利是趨 心術正 則忠義 唯理是從 理者 理義之理 非義理之理也……華嚴云 佛法世間法 若見其眞實 一切無差別 亦此理也 其差別在人不在法也 忠義 姦邪與生俱生 忠義者處姦邪中 如淸淨摩尼寶珠置在淤泥之內 雖百千歲 不能染汙 何以故 本性淸淨故 姦邪者處忠義中 如雜毒置於淨器 雖百千歲 亦不能變改 何以故本性濁穢故 前所云差別在人不在法 便是這箇道理也 如姦邪忠義 二人同讀聖人之書 聖人之書是法 元無差別 而姦邪忠義讀之 隨類而領解 則有差別矣……忠義之士見義 則本性發 姦邪之人見利 則本性發……菩提心則忠義心也 名異而體同 但此心與義相遇 則世出世間一網打就 無少無剩矣 予雖學佛者 然愛君憂國之心與忠義士大夫等 但力所不能 而年運往矣 喜正惡邪之 志與生俱生……季恭立志學儒 須是擴而充之 然後推其餘 可以及物 何以故 學不知 不是學 學至而用不得 不是學 學不能化物 不是學 學到徹頭處 文亦在其中 武亦在其中 事亦在其中 忠義孝道乃至治身治人 安國安邦之術 無有不在其中者 釋迦老子云 常在於其中 經行及坐臥 便是這箇消息也 未有忠於君而不孝於親者 亦未有孝於親而不忠於君者 但聖人所讚者依而行之 聖人所訶者不敢違犯 則於忠於孝 於事於理 治身治人無不周旋 無不明了”.

해도 좋다. 즉 불교의 궁극적인 깨달음이고, 특히 대혜에게 있어서는 간화선의 수행을 통한 궁극적인 깨달음이다. 따라서 불교의 궁극적인 깨달음의 세계와 그 본질이 현실적, 정치적 생활에 구현하고자 하는 세속적인 가치와 동질적인 것이라고 하는 논리에 이르는 것이다.

나아가 마지막 단락에서 擴充說이 제시되는 것은 대단히 주목된다.68) 원래 이것은 『孟子』「公孫丑篇」에서 인용한 것으로, 孟子의 유명한 四端說 가운데 나오는 내용이다.69) 맹자에 의하면 인간이라면 누구라도 갖고 있는 연민하는 마음이 仁의 싹이고, 악한 것을 싫어하는 마음이 義의 싹이고, 서로 양보하는 마음이 예의 싹이고, 선악을 분별하는 마음이 智의 싹이다. 인간에게 이 네 가지 싹이 있는 것은 곧 네 손발과 같이 태어나면서 갖추고 있는 것이고, 이 네 싹을 확충해 가면 마침내 세계를 평온하게 다스릴 수 있는 훌륭한 덕이 될 것이라고 한다. 대혜가 이러한 맹자의 확충설을 인용한 것은 유교와 불교가 지향하는 마음의 구조와 수행이 같다고 하는 의미를 강조하고 싶었기 때문이다.

그러므로 위의 법어는 유불일치설을 강조하면서도 결국 사대부에게 대혜 스스로 충군애국하는 마음을 역설하고, 나아가 그러한 충의심과 간화선을 통한 궁극적인 깨달음인 보리심이 같다고 주장할 만큼 대혜의 선사상은 적극적인 현실 실천의 방향으로 일관한 논리체계를 제시하고 있다. 이러한 면은 다음의 글에서도 다시 한번 비약되는 일면을 엿볼 수 있다.

---

68) 확충설은 다음의 법어에서도 볼 수 있다.
　「示莫宣敎潤甫」, 『大慧普覺禪師法語』(『선장』 32, 484쪽), "爲學爲道一也 爲學則學未至聖人而期於必至　爲道則求其放心於物我　物我一如　則道學雙備矣　士大夫博極群書　非獨治身求富貴　取快樂　道學兼具　擴而充之　然後推己之餘　可以及物".
69) 石井修道, 앞의 책, 1992, 488쪽 참조.

그대는 모든 일을 굳게 참되 역순 경계를 당하여 바로 힘을 잘 붙일지니, 이른바 이 깊은 마음을 가지고 진찰을 받듦이 곧 이름하여 國恩을 갚음이 되느니라. …… 바로 바쁜 가운데 있으면서 마땅히 주상이 그대를 기용하신 뜻을 체달하여 눈 깜박하는 동안도 가히 잠시라도 잊지 말고 스스로 깨우치고 스스로 살피되, 무엇으로써 그것에 보답할까?[70]

위의 글은 대혜가 주위로부터 다양한 비방을 받고 있던 榮侍郎에 대해 준 것이다. 여기서 대혜는 역순 경계에서 힘을 쏟을 때에 그것이 경전의 "이 深心으로 무수한 국토에 봉사한다. 이것이 國恩에 보답하는 것"이라고 설하고 있다. 그런데 이는『능엄경』권3에서 인용한 것이지만, 원문에서 '佛恩'이라고 한 것을 대혜가 '國恩'이라고 표현하는 것이 주목된다. 즉 대혜는 화두 참구에 집중할 때처럼 국은을 잊지 말고 늘 주상이 기용한 뜻, 바로 신하가 가져야 될 忠君愛國의 자세를 잠시라도 잊지 말 것을 강조하였던 것이다. 이는 사대부에게 있어 화두 참구의 궁극적인 목적이나 방향이 출가수행자와 같이 깨달음에만 있는 것이 아니라, 사대부의 현실적인 입장이자 궁극적인 지향인 충군애국과 통한다는 것을 강조하는 것이라 하겠다. 이와 같이 대혜는 철두철미하게 간화선 수행을 강조하면서도 그 궁극적인 방향을 사대부가 놓인 역사적, 사회적 현실에 돌아갈 것을 역설하고 있다.

이러한 경향은 결국 당시 金의 침공과 북송의 멸망, 그리고 남송지배층의 和戰兩論의 대립이라고 하는 시대적 상황과 밀접히 관련되는 것이며, 대혜가 완성하고 전개했던 간화선은 깨달음의 즉시대성 또는 역사적 충족성이라고 하는 성격을 충실히 반영하였던 것이다. 즉 세간법과 佛法과의 일체화를 통해 불법이란 스스로 사회적 본분을 다하는

---

70) 「答榮侍郎又」,『大慧語錄』권30(『선장』32, 601~602쪽), "願公凡事堅忍 當逆順境 政好著力 所謂將此深心奉塵利 是則名爲報國恩……正在忙中 當體主上起公之意 頃刻不可暫忘 自警自察 何以報之".

당처에서 깨달음을 실현하는 것이 가능하다고 생각되어졌기 때문이며,[71] 그러한 사상적 측면을 갖고 있었기에 사대부에게 크게 환영받았던 것이다.

대혜의 간화선은 그 성립과정이나 전개과정에서 북송대 이후 전개되어 왔던 선사상의 흐름을 계승하여 완성되었던 것이라는 사실은 두말할 나위가 없다. 그러나 종래 강조되어 왔던 이러한 측면만이 아니라 당시 시대적 상황과 관련하여, 또한 선종의 후원자이자 수요자인 사대부의 요구에 적합한 선사상으로서 제시된 측면도 무시할 수 없을 만큼 큰 비중을 갖고 있다는 것이다. 다른 예를 찾기 어려울 만큼 그의 어록 곳곳에서 역설되고 있는 유불일치설, 세간법과 불법의 일치, 충의심과 보리심의 일치설 등 적극적이고 실천적인 경향과 깨달음의 즉시대성을 강조하는 논리는 대혜 선사상의 특징이라고 할 수 있다.

따라서 대혜가 스스로 적극적으로 현실에 참여하고 실천적 경향을 강조하였던 것은 단순히 그의 개인적인 성향에 의한 것이라기보다는 그가 북송말 남송초기의 시대상황을 직시하고 고민하면서 간화선을 완성하는 과정에서 형성되었던 사상체계와 깊이 관련된다고 하겠다. 그러한 사상체계가 반영되어 있기 때문에 대혜의 간화선은 단순히 선종계만이 아니라 사대부 계층에까지 폭넓게 수용되었던 것이며, 나아가 그 사상적 영향력이 이후의 중국선종사만이 아니라 동아시아 일반으로까지 확산되어 갔던 것이다.

## 2. 12세기 선종계의 동향과 간화선 수용의 기반

---

71) 荒木見悟, 「大慧書」, 筑摩書房, 1969, 257~258쪽.

82

고려는 太祖 대부터 불교를 국가적 이념으로 받아들였지만, 국가 체제가 정비되는 成宗 이후 유학이 정치이념으로 자리 잡게 되면서 차츰 불교가 가졌던 체제이념으로서의 기능은 축소되고, 기존의 문벌귀족과 유착되어 가면서 불교는 보수적 경향을 드러내게 되었다. 이러한 상황에서 義天(1055~1101)이 출현하여 문벌귀족과 결탁된 불교세력에 대한 자각, 나아가 문벌귀족체제에 대하여 왕권 강화의 계기를 마련하고자 하였다. 왕권 강화에 부응하려는 의천의 일련의 노력은 광범위한 경전의 수집과 섭렵을 통한 속장경의 조판과 천태종의 개창으로 나타났다.

이러한 노력과 병행하여 의천은 기존의 보수적 성향을 띤 불교계에 대한 자각과 반성을 촉구하면서 불교 통합을 시도하기도 하였다. 그러나 의천의 개혁 방안은 본질적으로 문벌귀족체제와 동일한 기반에서 출발했기 때문에, 당시 사회와 불교계에 대한 전반적인 개혁의 방향으로 안목을 돌릴 수 없었을 뿐만 아니라 기층사회의 신앙면에 대해서는 관심조차 갖지 못한 한계가 있다. 따라서 그의 사후 문벌귀족체제가 강화되는 반동적 추세에 따라 각 종파의 분립과 대립이 더욱 가속화되었다.

한편 의천의 천태종 개창으로 최대의 타격을 받았던 선종은 12세기에 접어들어 점차 교단을 재정비하면서 새로운 기반을 다져나가고 있었다. 이러한 움직임은 먼저 선종계에서 圓應國師 學一(1052~1144)을 중심으로 한 迦智山門과 大鑑國師 坦然(1070~1159)을 중심으로 한 闍堀山門에 의해 주도되었다. 한편 이러한 선종계의 흐름과 함께 당시 선승들과 교유하면서, 그들에게 사상적 영향을 미쳤던 李資玄(1061~1125)으로 대표되는 거사불교가 주목된다.72)

그런데 이러한 두 가지 흐름은 선사상에 있어 차별성을 지니기보다

---

72) 趙明濟, 「고려중기 거사선의 사상적 경향과 간화선 수용의 기반」, 『역사와 경계』 44, 2002.

상호 교유를 통해 북송대의 새로운 선사상의 흐름을 수용하면서, 종래
선풍과 다른 양상을 보이고 있었다. 당시 새로운 선사상의 경향은 크
게 두 가지 흐름으로 나타나고 있었는데, 하나는 선사상의 이론과 실
천을 담고 있는 경전으로서 『楞嚴經』이 성행되었던 것이고, 또 하나는
북송대 임제종과의 직, 간접적인 교류를 통해 문학적인 선의 흐름과
공안선의 경향이 수용되고 있던 것이다.

　　그러면 먼저 『능엄경』이 어떠한 성격을 갖는 경전이며, 그것이 고려
사상계에서 수용되는 과정에 대해 간략하게 살펴보기로 한다. 『능엄
경』은 본래 중국불교계에서 종파불교를 통해 다양한 사상체계가 제시
된 8세기 초에 성립된 중국찬술경전이며, 경전 자체가 포괄하고 있는
내용을 보면 『華嚴經』, 『法華經』, 『維摩經』, 『般若經』 등 많은 대승경
전을 참조하여 만들어진 것임을 알 수 있다.[73] 『능엄경』의 내용은 如
來藏思想에 근간을 두고 본래의 眞心을 잃어버린 실상을 회복하는 神
呪라는 방법론을 수용한 특이한 경전이다. 唐代에는 선종에서 단편적
으로 인용하는 정도에 그쳤지만, 宗密의 저술이나 延壽의 『宗鏡錄』이
유행하면서 차츰 확산되어져 갔다. 따라서 唐代의 불교학에 가장 큰
영향을 미쳤던 경전이 『원각경』이라면 宋이나 元, 明代에 가장 많은
영향을 주었던 것은 『능엄경』이라고 평가되고 있다. 그러므로 『능엄
경』은 송대 이후 명대까지 다양한 주석서가 출현하여 불교계뿐만 아니
라 사상계 일반에까지 깊은 영향을 주었다.[74]

---

73) 望月信亨, 『佛敎經典成立史論』, 法藏館, 1946, 493~509쪽 참조.
74) 荒木見悟, 「明代における楞嚴經の流行」, 『陽明學の展開と佛敎』, 硏文出版,
　　1984. 또한 『능엄경』은 간화선이 풍미하였던 남송, 원대의 임제종 계통에서도
　　중시되었다. 가령 임제종 황룡파의 대표적인 선승이었던 慧洪覺範(1071~
　　1128)은 『능엄경』에 대한 주석서인 『楞嚴尊頂義』 10권을 저술하였으며, 『林
　　間錄』에서 15편의 글에서 『능엄경』을 인용할 정도였다. 대혜의 경우에도 『大
　　慧書』에서 사대부에게 간화선 수행의 요체에 대해 설명하면서 『화엄경』, 『금
　　강경』, 『원각경』 등과 함께 『능엄경』을 가장 많이 인용할 만큼 이를 중시하
　　였다(趙明濟, 「14세기 고려사상계의 楞嚴經 성행과 그 사상적 성격」, 『伽山

  그렇다면 『능엄경』이 고려사상계에서는 어떻게 수용되고 이해되었을까. 고려불교계에 『능엄경』은 일찍부터 수용되었지만, 경전으로서의 가치가 어느 정도 부각된 것은 의천 단계가 아닌가 한다. 의천이 『능엄경』을 주목하게 된 계기는 宣宗 2년(1085) 송에 들어가 화엄종의 대가인 淨源을 만나 교학을 담론하면서 비롯된 것으로 생각된다. 정원은 그의 스승인 長水子璿에게 『능엄경』을 수학하였으며, 그 자신도 주석서를 남길 정도로 『능엄경』에 깊은 이해를 갖고 있었다. 의천은 楞嚴大師라는 호를 받았던 자선의 靈塔을 참배하였고, 탑이 무너지고 비루한 실정을 보고 이를 중수하도록 白金 60星을 보시할 만큼 깊은 관심을 보였다.[75]

  또한 그는 천태종 계통에서 『능엄경』 주석서인 『集解』 10권을 저술하였던 仁岳과도 서신을 주고받으면서 교유하였다.[76] 따라서 의천이 『능엄경』에 주목하였던 것은 북송대 불교계에서 『능엄경』이 성행되었던 경향으로부터 영향을 받았던 것이 아닌가 한다. 이는 그가 귀국한 이후 宣宗 6년(1089) 乾德殿에서 7일간 楞嚴道場이 개설된다든지,[77] 속장의 준비작업으로 저술한 『新編諸宗敎藏總錄』에서 무려 28종이나 되는 『능엄경』 주석서를 정리하였던 것에서 잘 드러난다. 그러나 의천 단계에 수용되었던 『능엄경』 주석서들은 대개 교종 계통에서 저술되었던 것이고, 천태종 개창에 따라 선종이 침체되었기 때문에 선종 계열에서 『능엄경』이 그렇게 주목받지는 못하였다.[78]

  이러한 상황에서 선종계에서 『능엄경』이 사상적으로 주목받게 된

---

　　　學報』 5, 1996 참조).

75) 「大宋重修楞嚴大師塔記」, 『大覺國師外集』 권9(『韓國佛敎全書』(이하 『한불
　　　전』으로 줄임) 4, 583쪽).

76) 「大宋沙門仁岳書」, 『大覺國師外集』 권3(『한불전』 4, 571쪽).

77) 『高麗史』 권10, 宣宗 6년, "三月庚寅 設楞嚴道場于乾德殿七日".

78) 趙明濟, 「高麗後期 戒環解 楞嚴經의 盛行과 思想史的 意義 - 麗末 性理學
　　　의 수용 기반과 관련하여 - 」, 『釜大史學』 12, 1988.

계기는 이자현이 이를 중시하면서부터였다.[79] 이자현은 당시 대표적인
문벌귀족가문인 仁州 李氏 출신으로, 일찍이 벼슬을 버리고 淸平山
文殊院에 은거하였다.[80] 그는 문수원을 중수한 후에 다시 그 인근에
10여 개소의 암자, 불당, 정자 등을 건립하였으며, 여기에 은거하면서
참선과 담론 생활로 일관하였다.[81] 그는 홀로 앉아 밤이 깊도록 자지
않거나, 견성암에서 7일 동안 入定할 정도로 참선에 몰두하였다.[82] 그
런데 그가 참선 수행을 할 때에 선사상의 이론과 실천적 기반으로 삼
았던 것은 무엇일까. 이는 다음의 글에서 잘 드러난다.

> 일찍이 문인들에게 말하기를, "내가 깊이 대장경을 읽고 여러 서적
> 을 두루 보았으나 『首楞嚴經』이 심종에 부합되고 긴요한 이치를 밝
> 혀낸 것인데, 선학인들이 이를 읽는 사람이 없으니 진실로 한탄할 일
> 이다."라고 하였다. 마침내 제자들에게 이것을 익히게 하니, 배우는

---

79) 忽滑谷快天, 『朝鮮禪敎史』, 春秋社, 1930, 164~167쪽.
　　徐景洙, 「高麗의 居士佛敎」, 『崇山朴吉眞博士華甲紀念 韓國佛敎思想史』,
　　원광대출판국, 1975.
　　許興植, 「高麗中期 禪宗의 復興과 看話禪의 展開」, 『奎章閣』 6, 1982 ; 『高
　　麗佛敎史硏究』, 一潮閣, 1986에 재수록.
　　崔柄憲, 「高麗中期 李資玄의 禪과 居士佛敎의 性格」, 『金哲埈博士華甲紀念
　　史學論叢』, 1983.
　　趙明濟, 위의 논문, 1988 참조.
　　金相永, 「高麗 睿宗代 禪宗의 復興과 佛敎界의 變化」, 『淸溪史學』 5, 1988.
　　趙龍憲, 「이자현의 능엄선 연구」, 『종교연구』 12, 한국종교학회, 1996.
　　趙明濟, 「고려중기 거사선의 사상적 경향과 간화선 수용의 기반」, 『역사와
　　경계』 44, 2002.
80) 李仁老, 『破閑集』 卷中, "眞樂宋李資玄 年二十七 仕至大樂署令 忽致叩盆之
　　患 拂依長生 入淸平山 葺文殊院 以居之".
81) 李仁老, 『破閑集』 卷中, "尤嗜禪悅 學者至則 輒與之入幽室 意日危坐忘言
　　時時擧古德宗旨商論 由是心法流布於海東 惠照大鑑兩國師 皆遊其門".
82) 金富軾 撰, 「眞樂公重修淸平山文殊院記」, 『朝鮮金石總覽』(이하 『금석』으로
　　줄임) 上, 326쪽, "日以逍遙 於其中 或獨坐夜艾不寐 或坐盤石 經日不返 或
　　入定見性庵 七日乃出".

자가 점점 많아졌다. …… 宣和 3년(1121) 상서가 왕명을 받들고 산중
에 가서 특별히 楞嚴講會를 여니, 여러 곳의 학자가 와서 들었다.[83]

위의 글을 통해 이자현은 선사상에 대한 이론과 선 수행을 실천할
수 있었던 사상적 기반으로서 무엇보다도 『능엄경』을 중시하였음을
알 수 있다. 이는 그가 설립한 문수원의 구조를 통해서도 드러나고 있
다. 그는 문수원을 중수한 후에 다시 그 인근 10여 곳에 암자, 불당, 정
자 등을 건립하였는데, 그 당호 가운데 특히 '聞性'과 '見性'은 『능엄
경』의 사상적 경향을 잘 드러내고 있다.[84]

주지하듯이 견성은 『능엄경』에서 妄心을 타파하는 七處證心과 진
심을 세우는 10見, 그리고 진심을 확대하여 일체 존재가 여래장 아님
이 없음을 설명하는 3단계로 구성되어 있다.[85] 또한 『능엄경』에서는
수행의 방법으로 제시하는 25圓通 가운데 관음보살이 수행한 耳根圓
通이 가장 뛰어난 것으로 제시되는데, 그것은 '反聞聞性' 즉 듣는 성품
을 다시 돌이켜 관하는 것이다.[86] 따라서 이자현은 『능엄경』의 이론과

---

83) 金富軾 撰,「眞樂公重修淸平山文殊院記」,『금석』상, 326쪽, "嘗謂門人曰 吾
   窮讀大藏 偏閱群書 而首楞嚴經 及符印心宗 發明要路 而禪學人未有讀之者
   良可歎也 遂令門弟閱習之 而學者浸盛……至宣和三年 尙書在奉王命 詣于
   山中 特開楞嚴講會 而諸方學者 來集聽受".
84) 金富軾 撰,「眞樂公重修淸平山文殊院記」,『금석』상, 326쪽, "院外別洞 構閒
   燕之所 其庵堂亭軒 凡十有餘處 堂曰聞性庵 曰見性 曰仙洞息庵等 各有其
   名".
85) 趙龍憲, 앞의 논문, 131~140쪽 참조.
86) 가령 지눌이 『능엄경』의 이근원통을 깨달음에 들어가는 수행의 중요한 방법
   으로 강조하는 데에서도 알 수 있다.
   "且入理多端 指汝一門 今汝還源 汝還聞鴉鳴陲之聲虻 曰聞 曰汝返聞汝聞
   性 還有許多聲虻 曰到這裏 一切聲一切分別 俱不可得 曰奇哉奇哉 此是觀
   音入理之門我更問燧 燧道到這裏 一切聲一切分別 總不可得 既不可得 當伊
   虻時 莫是虛空虻 曰元來不空 明明不昧 曰作虻生 是不空之體 曰亦無相貌
   言之不可及 曰此是諸佛諸祖壽命 更莫疑也"(『修心訣』).
   이에 대해서는 조명제, 앞의 논문(1988), 150쪽 및 「牧隱李穡의 불교인식」,

실천의 핵심적인 내용을 문수원의 구조에 설정할 만큼 그의 선사상이
『능엄경』에 입각하였던 바를 잘 드러내고 있다.[87]

그런데 의천 단계에 『능엄경』의 수용이 교학적인 입장에서 이루어
진 것이라 한다면, 이자현이 선사상의 입장에서 『능엄경』에 주목하게
된 계기는 무엇이었을까. 이에 대해서는 관련 자료가 거의 없기 때문
에 단정하기가 곤란하지만, 당시 사상계의 흐름과 밀접한 관계가 있을
것으로 생각된다. 즉 당시 북송 사상계에서 『능엄경』은 특히 선승들과
사대부 계층에서 폭넓게 수용되어 사상적 영향력을 확대하고 있었다.
따라서 후술하는 바와 같이 당시 직, 간접적으로 북송 불교계와 교류
하였던 양상을 고려한다면 당시 북송 사상계의 동향에 민감하게 반응
하였던 고려 사상계에서 이러한 사상적 흐름에 깊은 영향을 받았던 것
이 아닌가 한다.

이와 같이 이자현에 의해 『능엄경』이 주목되면서 당시 사상계에
『능엄경』이 확산되어 갔다. 이러한 사상적 영향은 그의 문하에 있던
지식층뿐만 아니라 그가 교유하던 선종계까지 미치고 있었다. 먼저 선
종계의 경우 당시 대표적인 선승이었던 담진, 坦然 등과 교유하면서
사상적 영향을 주었던 것으로 드러난다.[88] 특히 탄연의 경우에는 자신
이 직접 이자현의 비문을 쓴다든지, '門人靖國安和寺住持傳□沙門坦
然書'라고 하여 스스로 이자현의 문인임을 표현하고 있다.[89] 이와 같

---

『한국문화연구』6, 부산대 한국민족문화연구소, 1993, 270~271쪽 참조.

87) 누카리야 카이텡(忽滑谷快天), 許興植, 趙龍憲 등은 이자현의 선사상이 『능
엄경』에 원리적 기반을 두고 있으므로 능엄선이라고 주장한다. 그러나 능엄
선이란 용어 자체가 기본적으로 개념 규정이 명확하지 않으며, 당시 『능엄
경』이 수용되는 양상이나 당시 선사상의 경향과 관련하여 볼 때 설득력이 떨
어진다고 생각된다.

88) 李仁老, 『破閑集』卷中, "尤嗜禪說 學者至則輒與之入幽室 竟日危坐忘言 時
時擧古德宗旨商論 由是心法流布於海東 惠照大鑑兩國師 皆遊其門".
金富軾, 「眞樂公重修淸平山文殊院記」, 『금석』上, 326쪽, "徧遊海東名山 尋
訪古聖賢遺跡 後週慧炤國師 住持山隣華岳寺 往來諮問禪理".

이『능엄경』의 사상적 영향력이 확산시켜 나갔던 것은 다음의 글에서
도 잘 드러난다.

> 또 청평산에 가서 眞樂公의 유적을 방문하여 文殊寺記에 "진락공
> 이 문인에게 이르기를 '수능엄경은 심종을 증인한 것이므로 (불교의
> 진리를) 발명하는 데에 있어 중요한 내용이다.'라는 말"을 보고 크게
> 감동을 받았다. 마침내 聞性庵에 주석하면서『능엄경』을 모두 열람하
> 고, 諸相이 幻妄임을 통찰하고 自心이 광대함을 알고서야 비로소 능
> 엄의 묘지를 믿게 되었다. 숙세로부터 선근을 심음이 있어 일찍이 발
> 원하여 자주 불법을 선양하였는데 반드시 이『능엄경』으로서 으뜸을
> 삼았으니, 이 법이 세상에 널리 성행하게 된 것은 선사로부터 비롯되
> 었다.[90]

위의 자료에서 잘 드러나듯이, 曦陽山門의 圓眞國師 承逈(1187~
1221)은 이자현의 사상적 영향을 받아『능엄경』을 중시하였으며, 이를
선문에 널리 유포시키기도 하였다. 즉 그는 입적하던 해인 1221년 강
회에서『능엄경』을 강의하고, 몇 달 후에 입적할 만큼『능엄경』을 중
시하였던 것이다. 이와 같이『능엄경』의 사상적 영향력이 확산되어 감
으로써 13세기 수선사 계통에서도『華嚴經』,『金剛經』,『圓覺經』등과
함께 기본적인 경전으로 중시되었던 것이다. 한편 이러한 경향은 선종
계만이 아니라 당시 지식층에까지 확산되어 갔는데, 이는 李奎報(1168
~1241), 金坵(1211~1278)[91]의 경우를 통해 잘 드러나고 있다.

---

89) 金富軾,「眞樂公重修淸平山文殊院記」,『금석』上, 327쪽.

90) 李公老撰,「高麗國寶鏡寺住持大禪師贈諡圓眞國師碑銘幷序」,『금석』上,
　　451쪽, "又往淸平山 訪眞樂公之遺跡 因見文殊寺記 公謂門人曰 首楞嚴經
　　乃印心宗 發明要路之語 惻然感之 遂駐錫聞性庵 閱盡楞嚴經 洞諸相之幻妄
　　識自心之廣大 始信妙旨 如有宿習 嘗發願 往往弘揚法敎 必以是爲首 此法
　　盛行於世 自師始也".

91)『環解刪補記』序(『한불전』6, 417쪽).

이상에서 살펴본 바와 같이 12세기 이후 이자현에 의해『능엄경』이 중시되었고, 그의 사상적 영향으로 인해 선종계에서 선의 이론과 실천을 담은 하나의 소의경전으로서『능엄경』이 수용되었던 것이다. 한편『능엄경』과 함께 12세기 선종계는 송대 선종계와의 직, 간접적인 교류를 통해 새로운 선사상이 수용되고 있어 주목된다. 이러한 경향은 당시 사상계에서 새로운 禪籍이 수용되는 양상을 통해 잘 드러나고 있다.

  스스로 깊이 불교의 진리를 탐구하여 선에서 기쁨을 얻었다고 하였다. 일찍이『雪峰語錄』을 읽다가, 그 가운데에 "천지가 모두 눈인데, 너는 어디 가서 웅크리고 앉아 있는가"라는 데에서 가슴이 확 트이듯이 깨달았다.[92]

위의 자료에 의하면, 이자현은『설봉어록』을 통해 선적인 깨달음을 얻게 되었던 것으로 드러난다. 위에서 인용된『설봉어록』의 구절은 모든 대지가 자기의 청정한 마음에 다름 아니고, 不淨을 드리운 것과 같은 오염된 것이 없다는 의미이다.

『설봉어록』은 唐末의 雪峰義存(822~908)의 어록이다. 이 어록은 본래 1032년 출판되었고, 이어 福州知事로 부임하여 雪峰山을 방문한 孫覺이 어록이 산란된 것을 보고 재편집한『雪峰眞覺大師廣錄』을 元豊 3년(1080)에 출판하였다. 따라서 이자현이 본 어록은 이 광록일 가능성이 높다.[93] 의존은 德山宣鑑의 법통을 계승하였고, 강남 지역을

---

92) 金富轍,「眞樂公重修淸平山文殊院記」,『금석』상, 326쪽, "探究佛理 而偏愛 禪寂 自稱嘗讀雪峰語錄云 盡乾坤是箇眼 汝向甚處蹲坐 於此言下豁然自悟 從此以後 於佛祖言敎 更無疑滯".

93) 崔柄憲, 앞의 논문, 957쪽에서『雪峰語錄』을 宋代 임제종 황룡파의 雪峯慧空의 어록이라고 하고, 이자현 선의 특징으로서 선문학의 발전에 기여한 점을 지적하면서 그 근거로서『설봉어록』의 중요성을 거론하고 있다. 그러나 송대의 설봉혜공(1096~1158)은 이자현(1061~1125)보다 한 세대 뒤에 활동

중심으로 독특한 종풍을 고취시켜 당시 '北趙州 南雪峰'이라 일컬어질 정도로 당말의 대표적인 선승이었다. 그의 문하에는 玄沙師備(835~908), 雲門文偃(864~949) 등 뛰어난 선승들이 많이 배출되었으며, 이들과 그 문하에 의해 五代에서 宋初에 걸쳐 운문종, 법안종 등 선문의 5家 가운데 2파가 형성되었다.94)

또한 이자현은 『頌古百則』을 저술한 운문종의 雪竇重顯의 영향을 받았던 것으로 짐작된다.95) 따라서 이자현이 선지를 참구하는 과정에서 당, 송대 선승들의 어록을 통해 선의 경지를 심화시켰던 것이다. 이러한 면모는 그의 저술을 통해서도 확인된다.「淸平山文殊院記」에 의하면 그의 저술로는 『追和百樂公樂道詩』1권, 『禪機語錄』1권, 『歌頌』1권, 『布袋頌』1권 등이 있었다고 하는데, 현재 남아 있는 것은 하나도 없기 때문에 그 내용을 알 수 없다. 다만 제목으로 미루어 시문집과 어록이라는 사실을 알 수 있으므로 송대의 선문학과 어록의 영향을 받았던 것으로 짐작된다.

이와 같이 이자현의 경우를 통해 알 수 있듯이 당시 사상계에서 송대 선사상의 경향이 고려 불교계에 상당한 영향을 미치고 있었다. 나아가 이러한 경향은 당시 선종계에서 점차 확산되는 추세였다. 그러한 경향은 무엇보다도 당시 송대 선종계와의 직, 간접적인 교류를 통해서 이루어지고 있었다.

대표적인 인물로서 曇眞은 文宗 9년(1076)에 송에 들어가 3년간 유

---

한 인물이며, 그의 어록이 1178년에 편찬되었다. 따라서 이자현이 설봉혜공의 어록을 보았을 가능성은 없으며, 이자현이 보았던 『설봉어록』은 당말의 설봉 의존의 어록이다. 이자현이 보았던 원문을 제시하면 다음과 같다.
『雪峰義存禪師語錄』卷上(佛光大藏經編修委員會 편, 『禪藏』22, 佛光出版社, 1994, 59쪽) ;『雪峰眞覺大師廣錄』(속장 119, 475쪽), "僧乃禮拜云 學人 取次發言 乞師慈悲 師云 盡乾坤是箇眼 汝向什麼處蹲坐 僧無語".
94) 鈴木哲雄, 『唐五代禪宗史』, 山喜房佛書林, 1985, 464~469쪽 참조.
95) 慧素 述, 「祭淸平山居士眞樂公之文」, 『금석』 상, 328쪽, "自爲主盟 雲門之髓 雪竇之英 囊括玄機 終始發明".

학을 하였다. 그는 송 神宗과 新法黨 관료들의 후원을 받아 북송의 수
도인 변경에서 지내면서 당시 송 불교계의 승려들과 교유하였다. 그가
유학하였던 시기는 약 50년 동안 단절되었던 고려와 송의 국교가 다시
열리게 된 시기였다. 당시 송은 신종이 王安石을 등용하여 신법이라는
개혁정책을 강화하고 있었다. 송의 신종과 新法黨 관료들은 고려와 연
합해서 요를 공략하려는 대외경략책을 펴고 있었고, 이를 위해 적극적
인 親高麗政策을 표방하고 있었다.[96]

　담진은 송 유학을 통해 특히 淨因道臻(1014~1093)의 사상적 영향
을 많이 받았다.[97] 정인은 임제종의 浮山法遠의 문하에서 본격적으로
선수행을 하고, 법원의 법맥을 계승하였다. 이후 그는 변경의 淨因寺
주지로 있던 운문종의 大覺懷璉에게 나아가 회련의 높은 평가를 받고
정인사의 후임 주지로 주석하게 되었다. 도진은 신종대를 대표할 만한
선승으로서 황제를 비롯한 황실과 밀착하고, 개혁을 주도했던 정계의
저명한 관료들과도 교유하면서 황제와 그의 후원아래 수행되던 개혁
정책을 옹호하는 불교계의 인물이었다고 할 수 있다.[98]

　따라서 담진은 북송 선종계의 유학을 통해 당시 선종계의 새로운 동
향이나 사상적 흐름에 깊은 영향을 받았으며, 이러한 경험을 통해 그
가 고려불교계에 미친 영향도 적지 않았다. 이러한 면은 그가 송에 가
서 遼本大藏經을 구해 왔다든지,[99] 예종 13년 安和寺가 중수되고, 송
에서 가져온 좌선의 수행규칙이 선종계를 조직적이고 체계적으로 활
성화시켰던 것에서 잘 드러난다. 또한 그의 법맥을 이은 선승들이 國

---


96) 鄭修芽,「慧照國師 曇眞과 '淨因髓' - 北宋禪風의 수용과 高麗中期 禪宗의
　　부흥을 중심으로 - 」,『李基白先生古稀紀念 韓國史學論叢』, 1994, 618~622
　　쪽 참조.
97) 冲止,「慧炤國師祭文」,『圓鑑錄』.
98) 鄭修芽, 앞의 논문, 622~629쪽 참조.
99)『三國遺事』권3,「前後小將舍利」, "本朝睿廟時 慧照國師奉詔西學 市遼本大
　　藏三部而來".

92

師, 王師에 오르는 등 불교계의 주류로서 확고한 위치에 올랐을 뿐만
아니라, 뒤에 수선사와도 연결되고 있었다. 그의 등장은 고려 선종계에
서 북송 임제종과의 교류에 물꼬를 터놓은 계기가 되었으며, 이후 선
사상의 흐름에 커다란 영향을 미쳤던 것이다. 이러한 북송 임제종과의
교류 관계는 나아가 당시 선승들이 임제종의 법맥을 계승하였다는 의
식까지 갖게 될 정도였던 것이다. 다음의 자료는 이러한 상황을 잘 드
러내고 있다.

　　일찍이 지은 四威儀頌과 上堂語句를 함께 써서 상선에 부쳐 大宋
四明의 阿育王山 廣利寺에 있는 介諶禪師에게 보내어 인가를 받았
다. 개심이 이에 다시 매우 아름답다는 찬사의 답서를 보냈는데, 거의
400여 글자로 글이 번거롭기 때문에 싣지 않는다. 또 道膺 · 膺壽 · 行
密 · 戒環 · 慈仰 등이 있는데 당시의 大禪伯이었다. 이에 서신을 보
내어 교제하여 道友가 되기를 약속하였다. 덕이 있지 않는 사람이라
면 어찌 다른 사람으로 하여금 이와 같이 서로 사모하게 할 수 있겠
는가.100)

위의 글에서 알 수 있듯이 坦然은 임제종의 黃龍慧南을 계승한 介
諶(1080～1148)에게 서신을 통해 인가를 받았고, 그의 제자들과 간접
적인 교류를 하였다. 이와 같이 탄연이 개심으로부터 인가를 받는 과
정은 『五燈會元』에도 수록되어 있다.101) 아울러 위의 자료에서 戒環

---

100) 李之茂 撰,「高麗國曹溪宗崛山下斷俗寺大鑑國師之碑銘幷序」,『금석』상,
　　564쪽, "嘗寫所作四威儀頌 幷上堂語句 附商船 寄大宋四明阿育王山廣利寺
　　禪師介諶印可諶乃復書 極加歎美 僅四百餘言 文繁不載 又有道膺 · 膺壽 ·
　　行密 · 戒環 · 慈仰 時大禪伯也 乃致書通好 約爲道友 自非有德者 豈能使人
　　鄕慕如此哉".
101)『五燈會元』18, 育王諶禪師法嗣, "高麗國 坦然國師 少嗣王位 欽鄕宗乘 因
　　海商方景仁 抵四明 錄無示語錄 師閱之啓悟 卽棄 位圓顱 作書以語要及四
　　威儀偈 令景仁呈無示 示答曰 佛祖 出興於世 無一法與人 實使其自 信自悟
　　自證自到 具大知見 如所見而說 如所說而行 山河大地 草木叢林 相與證明

은 『능엄경』의 주석서를 남긴 인물이며, 그의 주석을 붙인 계환해 『능엄경』은 그의 『法華經』 주석서와 함께 고려후기 이래 한국불교사에 깊은 영향을 주었다.[102] 또한 당시 송과 고려불교계의 교류에서 海商을 통한 간접적인 교류가 활발하였던 사실을 확인할 수 있다.

이와 같이 송의 임제종 선승들과 활발하게 교류하였던 양상은 가지산문의 學一이 佛心에 대해 밝힌 견해가 慧洪의 『禪林僧寶傳』이 입수되면서 증명되었던 사례에서도 잘 드러난다.[103] 이는 담진, 탄연 등 사굴산문만이 아니라 가지산문을 비롯한 다른 산문에 이르기까지 확산되고 있었던 경향을 반영하고 있는 것으로 생각된다. 한편 이러한 경향은 선승들에게만 한정된 것이 아니라 당시의 문인들에게까지 확산되고 있었다.

> 혜홍의 『冷齋夜話』를 보니, 10의 7, 8은 그가 지은 것으로 청완하여 세속을 벗어난 느낌이 있으나, 그 본집을 보지 못한 것이 한스러웠다. 근래 『筠溪集』을 얻어 보니 대부분이 증답편이었다. 이를 완미해보니 모두 전에 보던 시에 미치지 못했다. 혜홍은 비록 奇才이지만 역시 외부적인 기교를 면하지 못했다.[104]

위의 글을 통해 李仁老(1152~1220)가 惠洪의 『冷齋夜話』를 보았으며, 그 시문에 대해 비평을 할 만큼 당시 문인들에게 선적이 다양하게

---

其來久矣 後復通嗣法 其書略曰 生死海廣 劫殞同通得遇本分宗師 以三要印子 驗定其法 實謂盲龜値 浮木孔耳".

102) 趙明濟, 앞의 논문, 1988.

103) 尹彦頤 撰, 「圓應國師碑銘」, 『금석』상, 350쪽, "是年 主盟選席時 學者 盛談二種自己 師曰 自己一而已 安有二哉 從今已往 宜禁止之 (缺落)久 致疑於其間者衆 及惠洪僧寶傳至 判古師三失 以分自己 爲一失 學者 見此然後 斷惑".

104) 『破閑集』卷上, "讀惠弘冷齋夜話 十七八皆其作也 淸婉有出塵之想 恨不得見本集 近有以筠溪集示之者 大率多贈答篇 玩味之 皆不及前詩遠甚 惠弘雖奇才 亦未免瓦注也".

94

수용되고 있음을 알 수 있다. 혜홍은 臨濟宗 黃龍派의 眞淨克文(1025
~1102)의 심법을 계승한 覺範慧洪(1071~1128)을 가리킨다. 그는 휘
종으로부터 '寶覺圓明'이라는 법호를 받았고, 흠종에게도 중용되었지
만, 무고로 인해 수차례 투옥되고 환속을 당하기도 하였다. 이후 그는
재상 張商英, 郭天民의 도움을 받았고, 그 후 상서의 남대에 명백암을
짓고 저술에 전념하였다.105) 『냉재야화』 이외에도 그는 『林間錄』, 『禪
林僧寶傳』, 『石門文字禪』, 『楞嚴尊頂義』, 『圓覺皆證義』 등 다양한 저
술을 남긴 북송대의 대표적인 선승이다. 대혜의 스승이었던 湛堂文準
이 극문의 제자이며, 혜홍은 문준의 사형이었다. 아울러 문준이 입적한
후에 대혜가 그의 법어집을 간행할 때에 혜홍을 찾아가 편찬을 상의하
였고, 발문까지 부탁하기도 하였다.106)

그런데 이인로가 『냉재야화』까지 섭렵하고, 그의 시문집인 『石門文
字禪』 30권의 전반부 16권을 뽑아 재편집한 『筠溪集』107)까지 구하여
볼 정도로 선적에 대한 관심도가 높았음을 알 수 있다. 따라서 이인로
가 비록 선승들의 시문에 대한 관심이 앞선 경향도 갖고 있지만, 송대
의 대표적인 선적 등에 대한 관심이 남달랐다는 사실은 송대의 선문학
의 경향이나 공안선의 경향에 대하여 충분히 이해하고 있었기 때문에
가능하였다고 생각된다.

이상에서 살펴본 바와 같이 12세기 고려 선종계는 북송 선종계와의
교류를 통해 다양한 禪籍이 수용하고 있음을 알 수 있다. 북송대 선사
상의 경향을 담고 있는 선적이 대부분을 차지하고 있으며, 아울러 그
교류 대상이 주로 임제종 황룡파라는 사실이다.108) 이를 통해 12세기
고려 불교계에서는 선사상이 서서히 부흥하고 있었으며, 송대 문학적

---

105) 阿部肇一, 『增訂中國禪宗史の研究』, 研文出版, 1986, 449~466쪽 참조.
106) 『大慧年譜』 政和五年乙未(『선장』 32, 630~631쪽).
107) 駒澤大學 編, 『新版禪學大辭典』, 大修館書店, 1985, 55쪽.
108) 고려와 송의 전반적인 선종계 교류에 대해서는 趙明濟, 「臨濟宗をめぐる高
麗と宋の交流」, 『駒澤大學佛教學部論集』 34, 2003을 참조.

인 선과 공안선의 흐름이 이어지고 있었다. 따라서 12세기 고려선종계
에서는『능엄경』과 함께 각종 어록이 수용됨으로써 간화선이 수용될
수 있는 내적인 기반이 서서히 형성되고 있었던 것이다.[109] 아울러 이
러한 사상적 흐름이 형성될 수 있었던 것은 당시 선종계뿐만 아니라
거사선의 흐름을 통해 형성되고 있었으며, 그것이 선종계와의 상호 교
류와 영향을 통해 더욱 확산되었던 점을 주목하지 않을 수 없다.

　그런데 종래 거사불교의 사회적 성격 및 사상사적 의미에 대해서는
대개 부정적으로 평가되고 있다. 즉 거사불교는 개인적, 개별적 형태에
그친다고 평가한다든지 도가의 자연주의와 습합되어 은둔적이며 고답
적인 자세를 갖고 있으며, 나아가 정토신앙을 배제함으로써 일반대중
에의 적극적인 포교를 외면한다고 평가되었다. 이러한 견해는 수선사
의 결사운동과 같이 기존의 보수적인 불교계를 개혁하려는 경향과 비
교하면서 그 전단계인 고려중기 불교의 보수적인 측면을 강조하는 것
과 연관된다고 하겠다.

　그러나 이러한 평가는 거사선의 한 단면만을 강조한 것에 불과하다.
당시 거사들의 정치, 사회적 활동이 적지 않았고, 특히 윤언이가 선에
깊이 심취하면서도『易解』를 저술하는 바와 같이 북송 신유학의 수용
이라는 문제와도 관련되는 것처럼 고려중기 사상사의 전체 흐름을 통
해 접근할 필요가 있을 것이다. 가령 고답적이고 은둔적인 성향으로만
평가되는 이자현의 경우에도 그가 예종을 만났을 때에, 왕이 修身, 養
性하는 요체를 묻자『孟子』를 인용하여 "성품을 수앙하는 것은 욕심
을 적게 가지는 것보다 나음이 없다."라는 대답을 하였다.[110] 이와 같
이 이자현이 불교나 도교가 아닌 유교적인 논리를 제시한 것은 그것이
예종에게 정치적, 현실적으로 가장 적합한 것으로 간주했기 때문이 아
닌가 한다. 아울러『孟子』의 인용이 수신, 양성하는 측면에서 중시된

---

109) 趙明濟, 앞의 논문, 2002.
110) 李仁老,『破閑集』卷中.

다는 사실은 당시 신유학의 일면을 보여준다고 하겠다.

## 3. 修禪社의 간화선 수용과정

12세기 후반의 무신란은 당시 사회의 전반적인 변동과 함께 불교계에도 많은 변화를 가져왔다. 이러한 흐름은 무엇보다도 기존의 보수적인 불교계에 대한 비판운동으로 전개된 修禪社, 白蓮社 등의 신앙결사운동이라고 할 수 있다. 이러한 결사운동은 기존의 개경 중심의 불교계가 갖고 있던 모순과 타락상에 대한 비판운동으로서 출발하였으며, 중앙의 정치권력과 일정한 거리를 두었던 지방불교적인 경향을 가진 것이었다.

수선사는 普照國師 知訥(1158~1210)이 明宗 12년(1182) 개경의 普濟寺에서 개최한 談禪法會에 참석한 것을 계기로 하여, 동지 10여 명과 함께 名利를 버리고 산림에 은거하여 결사를 맺을 것을 약속함으로써 출발된 것이었다.[111] 그 후 지눌은 明宗 20년(1190) 定慧結社를 결성하였고, 神宗 3년(1200)에는 松廣山 吉祥寺로 그 근거지를 옮겼다. 이어 熙宗 원년(1205)에 고려왕실과 최충헌의 적극적인 지원에 힘입어 정혜결사의 명칭을 수선사로 바꾸었던 것이다.

지눌은 사굴산문의 宗暉禪師에게 출가하였지만, 일정한 스승을 두지 않고 다양한 지적 편력과 수행과정을 겪었다.[112] 이러한 수행과정에서 그는 세 차례 깨달음의 전기를 체험하였다. 즉 그는 25세 때에 淸源寺에서『六祖壇經』을 통해 첫 번째 깨달음의 전기를 이루었다. 이어 그는 28세 되던 해에 普門寺에서 대장경을 열람하다가『華嚴經』如來出現品과 李通玄의『華嚴論』을 통해 禪敎一致에 대해 깨닫게 되었다.

---

111)『勸修定慧結社文』(『普照全書』, 7쪽).
112) 金君綏 撰,「昇平府曹溪山松廣寺佛日普照國師碑銘幷序」,『금석』하, 949~953쪽.

마지막으로 그는 41세 되던 해에 지리산 上無住庵에서『大慧語錄』을 보다가 궁극적인 깨달음을 얻게 되었다.

이러한 세 차례의 전기를 통해 지눌은 그의 선사상 체계를 점진적으로 형성하였으며, 이는 그의 비문에서 표현된 바와 같이 惺寂等持門, 圓頓信解門, 徑截門이라는 三門으로 요약할 수 있다. 먼저 성적등지문이란 곧 定慧雙修를 가리키며, 이는『勸修定慧結社文』,『修心訣』에서 언급하고 있다. 원돈신해문은 李通玄의 화엄사상을 선법에 수용하여 禪敎一致를 표방한 것이며,『圓頓成佛論』,『華嚴論節要』에서 주로 밝히고 있다. 경절문은 성적등지문과 원돈신해문의 한계를 극복하기 위해 간화선을 강조한 것으로서『看話決疑論』에서 잘 드러난다. 아울러 이러한 삼문을 하나의 체계로 통합하려는 노력이『法集別行錄節要幷入私記』(이하『절요』로 줄임)에 잘 드러나고 있다.

그러면 지눌의 선사상체계에서 이러한 삼문의 상호 관계는 어떠하였을까? 지눌 선사상의 핵심이요 한결같은 과제는 마음(心)이라고 할 수 있다. 곧 지눌이 그의 생애를 통해서 고심했던 "마음을 어떻게 이해하고 실천할 것인가"라는 문제는 그의 모든 저술에서 일관되게 나타나는 주제인 것이다. 이러한 물음에 대한 응답은 지눌에게 삼문이라는 형식으로 나타났다. 즉 그는『起信論』의 一心二門三大에 깊은 영향을 받아, 자신의 철학적 중심 문제를 一心에 두고, 마음을 眞如門과 生滅門의 구조로 분석하거나, 마음의 존재, 양태, 작용이라는 三大는 경절문, 원돈신해문, 성적등지문이라는 삼문의 형식으로 체계화시켰던 것이다.

그리고 삼문의 상호 유기적 관계는 지눌의 저술 속에서 상호 관계를 가지면서 유기적으로 변형된 구조를 만들어낸다. 하나는『修心訣』의 방식인 全收門이고, 다른 하나는『절요』나『간화결의론』의 방식인 全揀門이다. 전자의 경우에 원돈신해문과 성적등지문은 깨닫기 전에는 인식의 대상과 주체로 상호 대립관계에 놓여 있다. 그러나 경절문의 공안에 의해 인식과 대상이 하나로 됨으로써 양자는 하나로 통합이 된다. 후자의 경우에는 일체의 이론과 개념을 義解로써 부정한다. 즉 원돈신해문의 空寂靈知도 없애며, 성적등지문의 自性定慧까지도 철저하지 못하다고 비판한다. 그러나 이것은 전자의 입장이 변화한 것이 아니라 부정함으로써 더욱 철저하게 一心의 法界로 회귀하기 위한 것이다. 따라서 삼문이 상호 작용하여 만들어내는 두 가지 형태의 관계 구조는 상보적 관계를 가지는 것으로, 지눌 선사상체계는 일심에 바탕을 둔 간화선 체계라 할 수 있다.113) 그러면 지눌은 간화선을 어떻게 이해하고 실천하였을까.

情識을 깨뜨리지 못하면 마음의 불길이 활활 타오를 것이다. 바로 이러한 때에 다만 의심하는 화두를 든다. 어떤 승려가 趙州에게 "개에게도 불성이 있습니까?"라고 묻자 조주가 "없다"라고 하였으니, 다만 이 화두를 들어 살피되, 왼쪽으로 해도 옳지 않으며 오른쪽으로 해도 옳지 않다. 있음에 대한 없음이라는 알음알이도 짓지 말고, 참으로 없음의 없음이라고 헤아리지도 말고, 묘한 도리라는 알음알이를 짓지 말고, 意根 밑을 향하여 헤아리지 말고, 눈썹을 치켜 올리고 눈을 깜박이는 곳을 향하여 빠져들지 말고, 말길 위에서 살림살이를 짓지도 말고, 생각을 드날려 일없는 껍질 속에 있지 말고, 화두를 들어 일으키는 곳을 향해 알아차리지 말고, 문자 중에서 인증하지 말고, 어리석은 마음을 가지고 깨달음을 기다리지도 말고, 바로 쓸 마음이 없고 마음이 갈 곳이 없을 때 공에 떨어질까 두려워 말라. 이 속이 도리어 좋은 곳이니, 갑자기 늙은 쥐가 소뿔 속에 들어갈 때 곧 거꾸러져 끊어짐을 보게 될 것이다.114)

---

113) 印鏡, 「知訥 禪思想의 體系와 構造」, 『普照思想』 12, 1999 참조.
114) 『看話決疑論』(『普照全書』 96~97쪽), "情識未破, 則心火燿燿地 正當恁麼時 但只以所疑底話頭提撕 如僧問趙州 狗子還 有佛性也無 州云無 只管提撕擧 覺 左來也不是 右來也不是 不得作有無會 不得作 眞無之無卜度 不得作道理會 不得向意根下思量卜度 不得向揚眉瞬目處垜根 不得 向語路上作活計 不得颺在無事甲裏 不得向擧起處承當 不得文字中引證 不得將迷 待悟 直須

위의 글에서 알 수 있듯이 지눌은 '무자' 화두를 통한 화두참구법을
제시하고 있으며, 아울러 간화선을 수행하는 과정에서 일어나기 쉬운
禪病을 지적하였는데, 이는 대혜가 제시한 내용과 거의 동일하다.[115]
이러한 선병은 특히 대혜 간화선에서 가장 금기시하는 지해분별심을
타파해야 하는 것으로 귀결되고 있다.[116] 따라서 지눌이 제시한 간화
선 참구법은 대혜가 주창한 '無字' 화두 참구법을 기본적으로 충실하
게 따르고 있음을 알 수 있다. 그러면 지눌이 경절문으로 제시하는 간
화참구법과 다른 선수행방법론이나 교학인 원돈문과의 관계는 어떠하
였을까.

　　이 뜻을 의거해보면 화두에는 參意와 參究의 두 가지 의미가 있다.
요즘 의심을 깨뜨리는 이는 다분히 참의만 하고 참구는 얻지 못하므
로 원돈문의 바른 앎을 밝혀낸 자와 한 가지이다. 이와 같은 사람이
관행에 마음을 쓰는 것도 또한 보고 들음과 알고 행하는 공이 있지만,
다만 요즘의 文字法師들이 觀行하는 문 가운데 안으로 마음 있음을
헤아리고 밖으로 모든 사물의 이치를 구하여, 이치를 구함이 더욱 미
세해지고, 밖의 모습을 더욱 취하는 병과는 같지 않은 것이다. 그런데
어찌 참구문에서 의심을 깨뜨려서 一心을 깨달아 반야를 발휘하여
넓고 크게 흘러 통하게 하는 사람과 함께 논할 수 있겠는가. 이처럼
증득한 지혜가 현전한 이를 오늘날 보고 듣기가 드물기 때문에 지금
다만 화두의 參意門을 의지해서라도 올바른 지견을 밝혀내는 것을
귀하게 여기는 것이다. 이 사람이 보는 곳으로써 교를 의지해 관행하
되 아직 情識을 벗어나지 못한 사람과 비교하면 하늘과 땅만큼 아득
히 떨어진 까닭이다.[117]

---

無所用心 心無所之時 莫怕落空 這裏却是好處 驀然老鼠入牛角 便見倒 斷
也".
115) 「答張舍人壯元」, 『大慧語錄』 권30(『선장』 32, 608쪽).
116) 이러한 화두 참구법은 『절요』(『普照全書』, 163쪽)에도 마찬가지로 제시하고
　　있다.
117) 『看話決疑論』(『普照全書』, 102쪽), "據此義則話頭 有叅意叅句二義 今時疑

위의 글에서 지눌은 화두에는 참의문과 참구문이 있는데, 참의문은 知解分別을 일으키는 문제점을 갖고 있기 때문에 참구문보다 못하고, 교학인 圓頓門과 같은 것으로 보고 있다. 그러나 그는 참의문이 교학의 관행보다는 낫다고 주장한다. 참의문에 비해 교학인 원돈문은 보고 들음과 알고 행하는 공이 있지만, 안으로 마음이 있다고 분별하거나 바깥으로 이치를 구하지만 그 이치가 미세해지고, 결국 바깥 모습만을 취하는 한계가 있는 것으로 파악하였다. 참의란 공안을 통해 안목을 넓히는 것으로서, 공안의 내용과 의미를 참구하는 것을 이른다. 이에 비해 참구는 '무자' 화두를 참구하는 것으로서 간화선 수행 자체를 이르는 것이다. 따라서 지눌은 수행방법론적인 면에서 경절문을 가장 우월한 것으로 주장하였던 것이다. 그러면서도 지눌은 간화선 이외의 다른 수행방법론을 부정하거나 경시하지 않았다.

禪門 중에서도 이러한 圓頓信解門의 여실한 말은 갠지스강의 모래 수와 같이 많지만, 이를 死句라 하는 것은 사람으로 하여금 알음알이의 장애를 내게 하기 때문이다. 아울러 이것은 처음 마음을 내어 배우는 자들이 경절문의 活句를 참구할 수 없으므로 참 성품에 부합하는 뚜렷한 말씀을 보여 그들로 하여금 믿고 이해하게 하여 물러나지 않도록 하기 위한 것이다. 만약 상근기의 수행자로서 비밀히 전한 법을 감당하여 집착의 둥지를 벗어버린 이라면 경절문의 맛없는 말을 듣기만 해도 知解의 병에 걸리지 않고, 곧 말이 떨어진 곳을 아니, 이를 "하나를 들으면 천을 깨달아 대총지를 얻는 사람"이라 말한다. 또 원돈신해문을 잡아 보면, 이 열 가지 지해의 병도 역시 眞性에서 연기된 것이라 취하고 버릴 것이 없는 것이다. 그러나 말길과 뜻길이

---

破者 多分叅意 未得叅句 故與圓頓門正 解發明者 一般矣 如是之人 觀行用
心 亦有見聞解行之功 但不如今時文字法師 於觀行門中 內計有心 外求諸理
求理彌細 轉取外相之病耳 豈可與叅句門疑破 親證一心 發揮般若 廣大流通
者同論耶 此證智現前者 今時 罕見罕聞 故今時 但貴依 話頭叅意門 發明正
知見耳 以此人見處 比於依教觀行 未離情識者 天地懸隔故也".

있고 들어 이해하고 헤아려 생각할 것이 있으므로 처음 마음을 내어 배우는 이들이 믿어 받들어서 간직할 수 있다. 만약 경절문을 잡아 보면 마땅히 몸소 깨치는 곳에서 비밀히 계합하는 것이라 말길과 뜻 길이 없고 들어 풀이하고 헤아려 생각함을 용납하지 않으므로, 비록 법계의 걸림없는 연기의 이치라 하더라도 도리어 말하고 풀이하는 장애를 이루게 된다.118)

위의 글에서 볼 수 있듯이 지눌은 근기론이나 경지론에 입각하여 다양한 선수행방법론을 제시하였다. 즉 그는 최상근기를 가진 수행자라야 열 가지 지해의 병에 걸리지 않기 때문에 경절문으로서 간화선 수행을 권하였다. 이에 비해 원돈신해문은 지해분별이라는 알음알이의 장애를 내므로 死句이고, 기본적으로 한계를 갖고 있다는 것이다. 그러나 초심자들이 경절문의 活句를 참구하지 못하기 때문에 그들에게 맞는 수행법으로서 원돈신해문을 제시하는 것이라고 하였다.

그런데 지눌은 수행방법론이라는 측면에서 간화경절문을 우위에 놓고 있지만, 간화경절문과 화엄교학이 性起說이라는 입장에서는 같은 心性論的 토대를 갖고 있는 것으로 파악하였다.119) 아울러 간화경절문은 지눌의 말년의 저술인『절요』나『간화결의론』에서 주로 제시된 것이다. 즉 지눌은 간화선을 수용하지만, 결코 다른 수행방법을 완전히 포기하거나 무시하지는 않았다. 이러한 경향은 지눌이 그의 선사상체계를 형성하는 과정에서 神會, 宗密 등의 선사상과 함께 李通玄 華嚴

---

118)『看話決疑論』(『普照全書』, 92쪽), “禪門中 此等圓頓信解 如實言教 如河沙數 謂之死句 以令人生解碍故 並是爲初心 學者 於徑截門活句 未能叅詳故 示以稱性圓談 令其信解不退轉故 若是上根之士 堪任密傳脫略窠臼者 纔聞 徑截門無味之談 不滯知解之病 便知落處 是謂一聞千悟 得大摠持者也 又若 約圓頓信解門 則此十種知解之病 亦爲眞性緣起 無可取捨 然以 有語路義路 聞解思想 故初心學者 亦可信受奉持 若約徑截門 則當於親證密契 無有語路 義路 未容聞解思想故 雖法界無碍緣起之理 飜成說解之碍”.

119) 李德辰,『普照知訥의 禪思想 硏究』, 고려대 박사학위논문, 1999. 12, 278쪽 참조.

敎學의 사상적 영향을 많이 받았던 것과도 일정한 연관이 있는 것이 아닌가 한다.

이러한 지눌 단계를 거쳐 수선사에서 2세인 慧諶(1178~1234)대에 이르면 간화선 중심의 선사상을 본격적으로 표방하기에 이른다.[120] 혜심은 羅州 和順縣 출신으로, 속성은 崔氏, 이름은 寔이다. 혜심은 그의 諱이며, 자는 永乙이며, 스스로 無衣子라 하였다. 그는 神宗 4년(1201)에 司馬試에 합격하여 太學에 들어갔으나, 다음해에 어머니 裵氏의 죽음을 계기로 지눌 문하에 출가하였다.[121] 그는 지리산 金臺庵에서 눈이 이마를 덮을 정도로 내렸는데도 전혀 움직이지 않고 대중이 흔들어도 반응이 없을 만큼 참선에 몰두할 정도로 각고의 정진을 하였다. 그는 출가한 지 3년만에 億寶山에서 지은 게송으로 지눌에게 인가를 받았고, 이어 '無字' 話頭와 十種病에 대한 문답을 통해 최종 인가를 받았다. 그러면 지눌을 계승하여 수선사 2세였던 혜심이 표방한 선사상의 체계는 어떠한 것이었을까.

수행의 요점은 止觀과 定慧를 벗어나지 않는다. 모든 법이 空임을 비추어 보는 것을 觀이라 하고, 모든 분별을 쉬는 것을 止라 한다. 止란 허망함을 깨닫고 그치되, 마음을 써서 억지로 끊는데 있지 않고, 관이란 허망함을 보고 깨우치되 마음을 써서 생각하고 살피는데 있지 않다. 경계를 대하여 흔들리지 않는 것이 定이며, 힘써 제어하는 것이 아니다. 성품을 보아 미혹하지 않는 것이 慧이며, 힘써 구하는 것이 아니다. 비록 그러나 스스로 공부를 점검하여 힘을 얻었는가 얻지 못했는가 라는 소식을 알 때라야 되는 것이다. 이 밖에 화두를 드는 한 문이 있으니, 그것은 가장 빠른 길이어서 지관과 정혜가 모두 그 가운데 있다. 그 법은 『大慧書』 가운데서 보라.[122]

---

120) 秦星圭, 『高麗後期 眞覺國師慧諶 硏究』, 중앙대 박사학위논문, 1986, 13~14쪽 참조.

121) 李奎報 撰, 「高麗國曹溪山第二世故斷俗寺住持修禪社主贈謚眞覺國師碑銘 幷序」, 『金石』 상, 462쪽.

위의 글에서 止는 곧 定이며, 觀은 곧 慧이므로 정과 지는 곧 寂寂의 상태를 의미하고 혜와 관은 곧 惺惺의 상태를 의미한다고 볼 수 있다. 따라서 위의 법어에서 惺惺寂寂을 찾아나가는 것이 곧 수행의 요체라고 하고 있다. 혜심은 그러한 定과 慧는 본래 스스로 갖추고 있는 것이므로 힘써 제어하거나 억지로 구하지 않아도 닦을 수 있다고 설명하고 있다. 그런데 이러한 주장은 지눌의 논리와 다를 바 없는 것이다. 다만 혜심의 경우는 화두를 참구하고 있는 상태가 곧 惺惺寂寂의 상태를 내포하고 있는 것으로 파악하여 지관과 정혜를 간화선에 수용하였던 것이다.[123]

따라서 지눌이 간화선을 경절문으로 설정하고 있지만, 그렇다고 성적등지문과 원돈신해문을 배제하지 않고 삼문으로 체계화시켰던 것에 반해 혜심은 看話一門, 즉 간화선 위주의 경향으로 나아갔다고 할 수 있다. 그리하여 혜심은 오로지 화두를 참구할 것을 강조하였던 것이다.[124] 아울러 그가 주로 제시한 화두 참구법은 '무자' 화두였으며, 이를 가장 기본적인 공안으로 강조하였다.[125] 또 위의 글에서 잘 드러나듯이 『大慧書』를 화두 참구의 기본적인 지침으로 수용하였던 것이다. 그러면 혜심이 제시한 화두 참구법의 체계와 특징은 어떠하였을까.

그 문을 묘하게 얻으면 부처를 이루기에 생각이 떠나지 않고, 그 뜻

---

122) 「孫侍郎求語」, 『眞覺國師語錄』(『한불전』 6, 40쪽), "修行之要 不出止觀定慧 照諸法空曰觀 息諸分別曰止 止者悟妄而止 不在用心抑絶 觀者見妄而悟 不在用心考察 對境不動是定 非力制之 見性不迷是慧 非力求之 雖然自檢工夫 得力不得力 消息知時乃可耳 此外有看話一門 最爲徑截 止觀定慧 自然在其中 其法具如大慧書答中 見之".

123) 李東埈, 『高麗 慧諶의 看話禪 硏究』, 동국대 박사학위논문, 1992, 66~67쪽.

124) 「上康宗大王心要」, 『眞覺國師語錄』(『한불전』 6, 24쪽), "世出世間 善惡攀緣 種種分別 莫敎相續 亦莫斷除 念念起時 但擧話頭云啞 不得 作痦啞會 不得 向意根下思度 不得向擧起處承當 不得將心待悟 莫管有味無味 悟與不悟 但時時擧覺 念念提撕 日久月深 知其功能耳".

125) 「示宗敏上人」, 『眞覺國師語錄』(『한불전』 6, 24~25쪽).

을 잃으면 因을 닦기에 한갖 많은 생을 수고한다. 오직 신심에 있고 따로 방편이 없다. 그러므로 "깊은 마음의 믿고 앎이 항상 청정하다." 라고 하였고, 또 "신심은 능히 여래의 지위에 이르게 한다."하였다. 그 대들은 모르는가. 어떤 승려가 歸宗에게 "어떤 것이 부처입니까"라고 물었을 때, 귀종은 "나는 네게 말하겠지만 네가 믿지 않을까 두렵다." 라고 하였다. "스님의 간절한 말씀을 어찌 감히 믿지 않겠습니까." "네가 바로 부처이니라." "어떻게 保任합니까." "하나의 가리움이 눈에 있으면 허공의 꽃이 어지럽게 떨어진다."고 하자, 승려는 거기서 깨우쳤다. 그대들은 또한 믿을 수 있겠는가.[126]

위의 글에서 알 수 있듯이 먼저 혜심은 화두 참구의 한 방편으로서 信心을 중시하였다.[127] 그는 『華嚴經』에서 "믿음은 도의 근원이며, 공덕의 어머니가 되어, 일체의 선법을 길러낸다"라는 구절과 "믿음은 지혜와 공덕을 늘리고 반드시 여래의 자리에 이르게 한다"[128]라는 구절을 인용하여 신심을 강조하였다. 아울러 혜심이 강조한 신심은 결정적인 믿음이었다.[129]

그런데 대혜도 여러 곳에서 '決定信' 혹은 '決定無疑'라고 자주 강조하는 것처럼 결정적인 믿음은 다름 아닌 깨달음의 다른 표현이라고 할 수 있다. 또 간화선에서 의심은 사량분별적인 의심이 아니라 결정적인 믿음을 토대로 자아의 존재 규명을 향한 혼신을 다한 의지상의 의심이며 본래심의 의심인 것이다. 본래 의심은 믿음과는 상반되는 기능이지

---

126) 「按察使中郎鮮大有請上堂」, 『眞覺國師語錄』(『한불전』 6, 8쪽), "妙得其門 成佛不離於當念 若失其旨 修因徒困於多生 唯在信心 別無方便 所以道 深心信解常淸淨 又道 信能必到如來地 不見僧問歸宗 如何是佛 宗云 我向汝 道 恐汝不信 僧云和尙誠言 焉敢不信 宗云卽汝便是 僧云如何保任 宗云一 翳在眼 空花亂墜 僧於此有省 諸人還信得及麼".
127) 「示善安道人」, 『眞覺國師語錄』(『한불전』 6, 35쪽).
128) 『眞覺國師語錄』(『한불전』 6, 45쪽), "夫欲學此道 以信爲初 故經云 信爲道元 功德母 長養一切諸善法 又云 信能增長 知功德 信能必到如來地".
129) 「答鄭尙書」, 『眞覺國師語錄』(『한불전』 6, 45쪽).

만, 의심을 깊게 하여 궁극적인 경지에 도달해서 의심이 타파됨으로써 철저한 믿음인 확신이 이루어진다. 따라서 決定信인 깨달음의 전제가 되는 것이 의심이다. 그리고 의심과 믿음의 관계는 本覺과 始覺의 관계와 같은 것으로서 믿음은 깨달음의 입장인 본각에, 의심은 결정신의 본각에 나아가려는 의지적인 시각의 입장이라고 할 수 있다.

따라서 혜심이 화두 참구의 한 방편으로서 信心을 중시한 것은 이러한 간화선의 기본적인 입장과 다르지 않다고 생각된다. 즉 혜심이 제기한 신심은 화두를 들기 전에 하나의 전제요건으로서 강조하였던 것이다. 따라서 혜심은 자신이 곧 부처라는 믿음의 방편을 갖춘 후에 오로지 화두를 참구하도록 하였고, 아울러 대상과 근기를 상관하지 않았던 것이다. 또한 혜심은 수행자가 화두를 참구할 때에 겪게 되는 문제점으로서 무엇보다도 知解分別心을 지적하고 있다. 그런데 이러한 지해분별심은 '待悟之心' 즉 깨달음을 기다리는 마음에서 비롯되는 것이다. 그런데 이러한 지해분별심이 일으키는 禪病을 근원적인 문제로 파악한 것은 이미 대혜에게서 비롯되며, 그것이 무자 화두를 참구할 때 열 가지 병통(十種病)으로 정리되었던 것이다.

그런데 혜심의 경우에는 대혜, 지눌과 마찬가지로 십종병을 중시하였는데, 한 걸음 더 나아가 이를 보다 체계화시켜 『狗子無佛性話揀病論』(이하 『간병론』으로 줄임)으로 정리하였다.130) 『간병론』은 高宗 2년(1215)에 『圓頓成佛論』, 『看話決疑論』과 함께 간행되었다. 물론 『大慧書』나 지눌의 『節要』 및 『看話決疑論』에서도 비슷한 내용을 볼 수 있지만, 대혜나 지눌이 十種病에 대해 전체적으로 설명하는 것에 비해 혜심은 보다 상세하게 구체적으로 하나하나에 대해 논하고 있다.

먼저 그는 趙州의 '무자' 화두의 내용에 대해 인용하고, 이어 天童正覺, 五祖法演, 眞淨克文 등 송대 선승들의 게송을 제시하고 그 각각에

---

130) 이와 같이 십종병을 제시하는 것은 「示空藏道者」, 『眞覺國師語錄』(『한불전』 6, 31쪽)에서도 볼 수 있다.

대한 자신의 논을 제시하고 있다. 이어 '무자' 화두를 참구할 때에 나타나는 열 가지 병통에 대해 하나하나 구체적으로 설명하고 있다. 우선 혜심은 조주의 의도를 알지 못하고 有無의 無로 결정짓는 병통을 갖는다고 지적하고, 이어 '무자' 화두의 본질을 잘못 이해하는 사례를 구체적으로 인용한다. 이를 통해 혜심은 불성을 '있다' 또는 '없다'라는 삿된 견해를 일으키는 병통을 지적하면서 화두의 본래적 의미가 깨달음으로 이끌기 위한 것임을 깨우쳐주고 있다.[131]

이어 有無에 떨어지지 않는 眞無의 無가 있다는 식으로 사량분별하지 말고, 현묘한 도리가 있다고 하거나 意根 속에서 사량분별하지 말라고 한다. 또 눈썹을 치켜뜨고 눈을 깜박이는 곳에 뿌리를 박아서도 안 되며, 말길(語路)에서 살림살이를 짓지 말아야 한다고 하였다. 다음으로 모든 것을 날려버리고 일없는 곳에 있지 말라고 하며, 화두를 드는 것으로 알아차리지도 말고, 미혹한 상태에서 깨달음을 기다리지 말 것을 지적하였다. 이와 같이 십종병의 각각의 병통에 대해 지적하고, 거기에 혜심의 견해를 구체적으로 제시하였던 것이다.

> 널리 말하면 십종병이 있지만, 간략히 말하면 有心·無心·言語·寂默을 벗어나지 않는다. 그러므로 故人이 말하기를, "유심으로 구해도 안 되고, 무심으로 얻어서도 안 되며, 언어로 짓지 말고, 적묵으로 통해서도 안 된다."라고 하였다. 간략히 말하면 思義·不思義를 벗어나지 않는다. 그러므로 말하기를, "왼쪽으로 와도 옳지 않고, 오른쪽으로 와도 옳지 않다"라 하였다. 또 말하기를, "이렇다고 해도 맞지 않고, 이렇지 않다고 해도 맞지 않으며, 이렇다는 것이나 이렇지 않다고 하는 것이나 모두 맞지 않다."라고 밝고 밝게 간파하고 現示한 것이다.[132]

---

131) 『狗子無佛性話揀病論』(『한불전』6, 69쪽).
132) 『狗子無佛性話揀病論』(『한불전』6, 70쪽), "廣而言之 則有十種病 略而言之 則不出有心無心言語寂默 故古人云 不可以有心求 不可以無心得 不可以言語造 不可以寂默通 略而言之 則不出思議不思義 所以道 左來也不是 右來

위의 글에서 혜심은 십종병을 간략하게 말하면 有心·無心·言語·寂默의 네 가지 병통을 벗어나지 않는다고 하고, 이를 보다 간략하게 제시하면 思議·不思義라는 두 가지 병이라고 하였다. 이어 결론적으로 화두를 참구하는 데 있어 사량분별하지 않고 일상사 가운데서 오래도록 참구하면 저절로 깨달음을 이루게 될 것이라고 역설한다.

따라서 지눌 단계에 있어서는 기존의 다양한 선사상을 나름대로 체계적으로 정리하는 과정에서 간화선을 수용하였다면, 혜심 단계에 이르면 간화선이 정착되어 본격적으로 표방되는 단계로 전환되었다고 할 수 있다. 또한 수선사 계열에서는 지눌 이래로 간화선 수행이론의 기본적인 지침서로서 『대혜어록』을 수용하였으며,133) 혜심 이후 본격적으로 확산되었던 것이다.

한편 간화선의 확산과 함께 혜심이 수선사 차원에서 시행한 작업이 『禪門拈頌集』 30권의 편찬이었다. 이는 공안 1,125칙과 역대 선사의 徵, 拈, 化, 別, 頌, 歌 등을 모아 편찬한 것으로, 수선사 3세인 夢如(?~1252) 대까지 계속되었다. 즉 몽여는 혜심이 편찬한 것에 새로 고칙 347칙을 보충하여 고종 31년(1244)에서 고종 35년(1248) 사이에 중간하였다. 이어 고종 33년(1246)에 『禪門拈頌集』 30권 중에서 雪竇, 天童, 圜悟 등 三家의 拈頌만 뽑아 6권으로 『禪門三家拈頌集』을 편집하였다.134) 따라서 수선사 계열에서 이러한 공안집의 편찬을 통해 공안의 내용과 의미를 참구함으로써 학인들이 간화선으로 전환할 수 있는 토대를 마련하였던 것이다.

---

也不是 又道 伊麼也不得 不伊麼也不得 伊麼不伊麼摠不得則 明明地揀破 明明地現示".

133) 지눌이 그의 수행과정에서 『대혜서』를 보고 깨달은 이후 대혜의 어록 중 특히 『대혜서』가 중시되었으며, 이는 현존 판본을 통해서도 확인된다. 黑田亮, 「宋代に於ける大慧書の開版及ひ其の朝鮮刊本」, 『朝鮮舊書考』, 1940 및 駒澤大學圖書館編, 『新纂禪籍目錄』, 1962, 288~289쪽 참조.

134) 蔡尚植, 「修禪結社 禪思想의 경향」, 『高麗後期佛敎史硏究』, 一潮閣, 1991.

지눌, 혜심 대에 수용되었던 간화선풍은 수선사 4세 混元(1191~
1271), 5세 天英(1215~1286)이 최씨정권과 밀착하면서 수선사의 사세
를 확장하였던 상황을 고려한다면 사상계 일반으로 확산되었던 것으
로 생각된다. 수선사 6세인 圓鑑國師 冲止(1226~1293)의 경우 역대
주법에 비해 그의 선사상이 지향하는 바가 무엇인가에 대해서는 명확
하게 제시하기가 어렵다. 그런데 그의 비문을 통해 그의 선사상이 지
향하는 바를 짐작할 수 있다.

> 갑신년(1284) 3월 8일 지리산 上無住庵으로 올라가 塊然히 앉아 禪
> 定에 들어갔으니, 마치 토목으로 만든 偶人과 같아서 거미줄이 얼굴
> 을 덮고 새들이 무릎 위에 앉아서 놀았다. …… 일찍이 지리산 三藏
> 社에 있었는데 갑자기 한 부인이 스님 앞에 나타나 법문을 청하므로
> 女子出定話에 대한 인연으로써 일러주었더니 부인은 듣고 나서 감사
> 하는 뜻으로 예배하고 물러갔는데, 이는 지리산의 山主인 女山神이
> 었다.[135]

위의 비문에서 그가 지리산 상무주암에서 선정 삼매에 든 모습을 표
현한 부분은 화두를 참구할 때에 나타나는 이른바 '大死一番'과 유사
한 측면이다. '대사일번'이란 화두를 참구할 때에 일체의 지해분별을
버리고, 밥 먹고 잠자는 것도 잊은 채 죽도록 화두를 참구하여 되새기
며, 거의 목숨을 버리듯하여 화두에 집중하는 것을 가리킨다.[136] 곧 언
제 어디서나 화두에 집중되어 있는 상태를 잘 드러내는 표현인 것이
다. 또한 단월에게 '女子出定話'라는 화두로써 법문을 하였다는 것에

---

135) 金曛 撰,「曹溪山修禪社第六世贈諡圓鑑國師碑銘并序」(許興植 편,『韓國金
　　　石全文』中世下, 아세아문화사, 1116쪽), "甲申三月初八日　登智異山上無住
　　　塊然入定　若偶人然　蛛絲覓面　鳥跡臨膝……嘗抵寓智異山三藏社焉　一婦人
　　　忽至師前　請說法要　師以女子出定因緣　示之　女乃禮謝以退　是山主聖母也".
136) 이는 原妙의「示衆」,『禪要』및 明本의「示雲南福元通三講主」(『中峯廣錄』
　　　4권 상)에 생동감 있게 잘 묘사되어 있다.

서도 그가 기본적으로 간화선 수행자였음을 알 수 있다.

<표 1> 13세기 고려에서 간행, 편찬된 禪籍[137]

| 書名 | 편·저자 | 간행연도 | 비고 |
|---|---|---|---|
| 六祖壇經 | 惠能 | 1207 | 知訥 跋文 |
| 正法眼藏 | 大慧 | 1213 | 修禪社 正宣重板 |
| 宗鏡撮要 | 曇賁 | 1213 | 修禪社 正宣重板,慧諶誌 |
| 六祖壇經 | 惠能 | 1214 | 高麗古本 |
| 看話決疑論 | 知訥 | 1215 | 慧諶 跋文 |
| 宗門圓相集 | 知謙 | 1219 | 夢如 跋文 |
| 證道歌事實 | 連公 | 1239 | 崔怡 誌 |
| 禪門拈頌 | 慧諶 | 1243 | 鄭晏 誌 |
| 禪門拈頌 | 慧諶 | 1244~48 | 高宗 跋文 |
| 祖堂集 | 靜筠 | 1245 | 大藏經 補板 |
| 禪門三家拈頌集 | 龜庵 | 1246 | 天英 後序 |
| 宗鏡錄 | 延壽 | 1246~48 | 大藏經 補板 |
| 禪苑淸規 | 宗賾 | 1254 | 分司大藏都監 刊 |
| 宗門遮英集 | 惟簡 | 1254 | 分司大藏都監 刊 |
| 六祖壇經 | 惠能 | 1256 | 安其跋文 |
| 祖派圖 | 一然 | | |
| 重編曹洞五位 | 一然 | 1260 | |
| 祖庭事苑 | 善卿 | | 一然 編修 |
| 禪門拈頌事苑 | 一然 | | |
| 人天寶鑑 | 曇秀 | 1290 | 一然 書 |
| 禪門寶藏錄 | 眞靜 | 1293 | 李混 跋文 |

그러면 수선사가 등장한 이후의 불교계에서 간화선이 차지하는 위상은 어떠하였을까. 이에 대해서는 당시 간행된 선적을 통해 그 대체적인 경향을 확인할 수 있다.

표를 통해 주목되는 사실은 1210년대와 1240~1250년대에 선적이 집중적으로 간행되었던 것이다. 또한 후자의 선적들이 대부분 간화선

---

137) 이 표는 蔡尙植, 「修禪結社 禪思想의 경향」, 앞의 책, 62쪽의 표를 참고하여 작성하였다.

을 강조한 임제종과는 다른 선사상을 표방한 계통의 저술들이라는 사실이다. 가령 五代 南唐의 保大 10년(952)에 편찬된 『祖堂集』이나 조동종의 『重編曹洞五位』, 법안종의 永明延壽가 저술한 『宗鏡錄』 등과 함께 특히 雲門宗 계통의 저술들이 두드러지는데 宗賾의 『禪苑淸規』, 惟簡의 『宗門遮英集』 등이 이에 속한다.

또 하나 주목해야 할 사실은 13세기에 고려에서 조성된 선적의 대부분을 수선사에서 주관하여 간행하였다는 점이다. 당시 사회에서 판각활동에 수반되는 막대한 경비라든가 기술적인 어려움에도 불구하고 이러한 선적들이 간행되었다는 것은, 이를 지원할 수 있는 단월들이 존재했다는 것을 의미하며, 또한 이러한 선적에 관심을 갖고 읽어낼 수 있는 독서층이 일정하게 존재했음을 말해주는 것이다. 다시 말하면 이러한 판각활동은 당시 사회에서 선사상이 크게 유행한 분위기를 반영한 것이며, 또 수선사를 지원한 단월들의 구성비율상 차츰 호장층과 일반민 중에서도 독서층이 주류를 이루게 되는 방향으로 전개되었음을 의미한다고 하겠다.

따라서 선적 판각과 관련된 사상적 경향을 통해 당시의 선사상을 주도한 수선사가 비록 간화선을 적극적으로 수용하고 표방했다고 하더라도 적어도 다른 선사상을 배척하고 이단시하는 경향을 띤 것은 아니었으며, 오히려 사상적으로 탄력성과 포용성을 지니고 있었던 것이다.[138] 이러한 경향은 달리 말한다면 수선사를 중심으로 수용된 간화선이 당시 불교계에서 그렇게 일반화된 분위기는 아닌 것으로 생각된다. 즉 간화선이 점차 주도적인 선법으로 부각되고 있었지만 다양한 선사상이 공존하고 있었던 단계라 할 수 있다.


## 4. 修禪社의 현실 대응과 간화선

---

138) 蔡尙植, 앞의 책, 61~64쪽 참조.

수선사는 지눌이 주도하던 단계에서는 그 후원세력이 지방사회의 鄕吏層과 一般民이었다. 이는 또한 수선사를 주도한 승려들의 출신 성분과도 맥락을 같이 하는 것이었다. 그런데 수선사가 2세인 혜심 단계 이후 차츰 그 규모를 확장하면서 최씨정권과의 관계가 본격화하는 모습을 보게 된다. 즉 혜심이 승계의 최고직인 大禪師를 제수받으면서 수선사와 정치권력과의 관계가 이루어지기 시작하였다.[139] 당시의 집정자였던 崔瑀는 자신의 아들인 萬宗과 萬全을 혜심 문하에 출가시켰으며, 寶라는 명목으로 田畓, 山田 및 염전을 수선사에 시납하였다.

따라서 수선사는 최씨정권의 적극적인 지원에 힘입어 대규모의 경제력을 가진 대사원으로 변모하게 되었다. 이러한 경향은 혜심 이후에 더욱 확대되어 4세 混元, 5세 天英 대에 이르러 절정에 달하였다. 그러면 초기 수선사가 지방사회에서 향리층, 일반민의 절대적인 지지를 받고 결사운동이라는 개혁노선을 표방하다가 중앙권력과 결탁되면서 수선사의 성향이 변화된 원인은 무엇일까.

종래 수선사가 최우와 밀착하게 된 계기에 대해서는 최우의 정치적 기반의 안정을 뒷받침할 수 있는 사상적 기반이라든가, 수선사를 지원하던 지방사회의 향리층, 독서층 등의 사회계층을 그들의 지지세력으로 포섭하려는 의도, 그리고 최씨정권의 경제적 기반이 주로 식읍의 명목으로 장악한 서부경남 일대의 田莊과 전라도 해안 지역이었기 때문에 이 지역의 경제적 관리를 원활하게 하기 위한 의도가 동시에 작용한 것으로 파악하였다.

그러나 무엇보다도 수선사의 입장에 서서 최씨정권과 연결하게 된 의도가 밝혀져야 할 것이다. 이러한 문제에 대한 해명은 다각적으로 이루어져야 하겠지만 기본적으로 수선사가 표방한 사상적 경향에서 파악해야 할 것이다. 그러면 수선사의 사상적 경향을 통해 이러한 문제에 접근해 보기로 한다.

---

139) 張東翼, 「慧諶의 大禪師 告身에 대한 檢討」, 『韓國史硏究』 34, 1981.

112

지눌이 기존의 보수적이고 귀족적인 불교교단의 모순을 인식하고 불교개혁의 기치를 내건 제1차 정혜결사는 그의 세 번째 깨달음을 전기로 하여 결사의 방향과 틀이 크게 변화하게 된다. 즉 지눌은 1198년 지리산 上無住庵에서 정진하던 중『大慧語錄』을 보다가 "선은 고요한 곳에도 있지 않고, 시끄러운 곳에도 있지 않으며, 일상 인연에 응하는 곳에도 있지 않고, 생각하고 분별하는 곳에도 있지 않다. 그러나 먼저 고요한 곳이나 시끄러운 곳이나 일상 인연에 응하는 곳이나 생각하고 분별하는 곳을 버리지 않고 참구해야 한다. 그리하여 만일 홀연히 눈이 열리면 비로소 그것이 집안의 일임을 알 수 있느니라"라는 구절에 이르러 크게 깨닫게 되었다.[140]

이와 같이 세 번째 깨달음이라는 전기에 의해 지눌은 이타방편의 새로운 지도원리를 발견하게 되었으며, 출가자 중심의 정혜결사에서 세속인까지 망라하는 결사를 통해 새로운 불교운동의 대상과 폭을 크게 확대하게 되었던 것이다.[141] 곧 지눌의 현실 사회에 대한 의식이 더욱 적극적이며 확대되는 방향으로 변하였다고 할 수 있다. 그런데 지눌이 현실 사회와의 새로운 관계를 정립하는데 계기가 되고 나름의 사상체계와 실천 방향을 수립하는 데는 무엇보다도 대혜의 사상적인 영향을 받았던 것이 주목된다. 지눌이 위에서 인용한『대혜어록』의 구절은 바로 대혜 간화선의 특징인 실천적이고 적극적인 현실 참여적인 경향으로부터 많은 영향을 받았다는 사실을 반영하는 것이라 하겠다. 이러한 경향은 지눌을 계승하여 수선사 2세로서 간화선을 본격적으로 표방하였던 혜심의 경우에도 드러난다.

---

140) 金君綏 撰,「昇平府曹溪山松廣寺佛日普照國師碑銘」,『금석』下, 949~953 쪽, "得大慧語錄云 禪不在靜處鬧處 日用應緣處 思量分別處 然第一不得捨 靜處鬧處 日用應緣處 思量分別處參 忽然眼開 方知皆是屋裏事 自然物不碍 膺 當下安樂耳".

141) 崔柄憲,「知訥의 修行過程과 定慧結社 -『勸修定慧結社文』의 分析 -」,『지눌의 사상과 그 현대적 의미』, 한국정신문화연구원, 1996 참조.

누구나 처음 菩提心을 낼 때는
일신의 해탈만을 구하기 위해서가 아니다.
바야흐로 전쟁이 날마다 다투어 일어나
온 세상 사람들이 괴로이 서로를 죽이고 있건만
머리를 숨기어 온전하게 앉아서 스스로 편안함만 즐긴다면
지혜는 있으나 자비심이 없으니 어찌 보살이라 하겠는가.
감히 바라나니 정성을 모아 鎭兵에 힘쓰시어
愛君憂國의 마음을 목마른 듯하라!142)

　위의 글은 『無衣子詩集』 첫머리에 수록되어 있다. 이 게송은 국가
적 위기에 궐기할 것을 공고한 격시의 성격을 띠고 있다. 혜심의 『眞
覺國師語錄』에는 진병을 위한 법어가 3번 수록되어 있다.143) 상당이
연대순으로 수록되어 있는 점으로 볼 때, 3번의 진병법회의 시기는
1227년에서 1230년 사이, 1231년에서 1232년 사이, 1233년 7월로 추정
할 수 있다. 위 게송은 제1차 몽골군의 침입이 개시된 시기에 조정에서
사신을 파견하여 행해진 진병법회와 관련된 상황에서 읊은 것으로 추
정된다.
　그런데 여기서 혜심이 보리심이나 자비로운 마음과 鎭兵, 愛君憂國
을 동일한 가치체계로 보고 있다는 사실은 대단히 주목된다. 이는 『대
혜어록』에서 보리심이 忠義心과 같다고 한다든지, 애군우국 정신을 강
조한 것과 동일한 면을 보여 준다. 따라서 혜심은 대혜가 표방한 국가
의식, 민족의식이라는 사회사상적 성향으로부터 영향을 받았던 것으로
생각된다. 혜심이 수선사주로서 주로 활동하였던 시기에는 거란의 침
략을 자주 받았으며, 그의 말년에는 몽골이 대대적인 공세를 취해 고

---

142) 「爲鎭兵作偈告衆」, 『無衣子詩集』 上卷(『한불전』 6, 50쪽), "各曾初發菩提心
　　不爲一見求獨脫 方今干戈日競起 四海人民苦相殺 藏頭穩坐愛 自便 有智無
　　悲豈菩薩 敢請戮誠力鎭兵 愛君憂國心如渴".
143) 「鎭兵上堂」(『한불전』 6, 7쪽), 「中使孫元裔請鎭兵上堂」(『한불전』 6, 12쪽),
　　「七月自河東還本社慧修棟樑設鎭兵法會」(『한불전』 6, 14쪽).

114

려의 대외적 위기 상황이 고조되던 시기였기 때문에 국가의식, 민족의
식이 강조되었던 것으로 생각된다. 이러한 인식은 다음의 글에서도 잘
드러난다.

> 하물며 本朝의 祖聖은 삼국을 통일한 후에 禪道로 국가의 운수를
> 늘리고 지혜로운 논리로 이웃 군사를 물리쳤으니, 宗旨를 깨우치고
> 도를 의논할 자료가 이보다 더 급한 것이 없다. 그러므로 종문의 학
> 자들이 목마를 때 마실 것을 찾듯 배고플 때 먹을 것을 생각하듯 하
> 였다. 내가 그 학도들의 간청을 받아 祖聖의 본뜻을 헤아려서 국가에
> 복을 받들고자 하고, 불법에 도움이 되기 위해 門人 眞訓 등을 거느
> 리고 古話 1,125則과 여러 스님의 拈頌 등 긴요한 말을 함께 기록하
> 여 30권을 만들어 불법이 전래된 순서를 배열하였다.
> 바라는 바는 堯風이 禪風과 함께 길이 불고, 舜日이 佛日과 함께
> 항상 밝아서 바다는 고요하고 강물은 맑으며, 시절은 화풍하고 해마
> 다 풍년이 들어 물건마다 각각 제자리를 얻고, 집집마다 작위가 없는
> 것을 순수하게 즐겼으면 하는 것이다.[144]

위의 글은 1227년에 혜심이 『禪門拈頌』을 간행하면서 작성한 서문
이다. 이는 고려불교계에서 처음으로 1,115則이라는 방대한 공안을 집
성한 공안집이다. 그런데 혜심은 간화선에 대한 내용보다는 오히려 고
려에서 선종이 국가의 운수를 늘리고 지혜로운 논리로 이웃 군사를 물
리쳤으며, 그러한 전통을 토대로 『선문염송』을 간행하는 것이 먼저 국
가에 복을 빌기 위한 것이라고 명시하였던 것이다. 물론 이러한 방대
한 공안집을 편찬하고 간행하기 위한 경제적 후원이 최씨정권과의 밀

---

144) 「禪門拈頌集序」(『한불전』 5, 1쪽), “況本朝自祖聖會三已後 以禪道延國祚
　　智論鎭隣兵 而悟宗論道之資 莫斯爲急故 宗門學者如渴之望飮 如飢之思食
　　余被學徒力請 念祖聖本懷 庶欲奉福於國家 有裨於佛法 乃率門人眞訓等 採
　　集古話 凡一千一百二十五則 幷諸師拈頌等語要錄 成三十卷 以配傳燈所冀
　　堯風與禪風永扇 舜日共佛日恒明 海晏河淸 時和歲稔 物物各 得其所 家家
　　純樂無爲”.

착에서 기인한 것이기 때문에 정치적 수사를 표현하지 않을 수 없었겠지만, 어떻든 그가 구사하는 논리나 사고가 국가의식을 먼저 강조하였던 사실은 주목하지 않을 수 없다.

그런데 이러한 현실인식에 입각한 진병법회가 단순히 정권의 요구에 의해 일시적으로 설행된 것이 아니라 수선사에서 상시적으로 진행될 수 있는 체계가 갖추어져 있었다. 가령 「常住寶記」에는 국립유향보와 기일보 등을 포함한 잡보에 새로 판부된 6,000석을 합쳐 모두 만 석을 밑천으로 삼아 상주보를 구성하였다.145) 그런데 보 운영을 통한 수입을 통해 사용하는 용도로서 통상적으로 활용되는 "부처를 공양하고 승려를 기르는" 비용과 함께 "鎭兵과 祝聖" 용도의 자금으로 사용되고 있었다.146)

한편 혜심의 현실인식에는 간화선 이외에도 다른 사상적 요소도 엿볼 수 있다. 가령 그는 『金剛經』을 수지함으로써 얻게 되는 神異와 영험을 강조한다든지, 『法華經普門品』, 『華嚴經普賢行願品』, 『梵書大藏神呪』 등을 수용하였다.147) 정통적인 선사상의 분위기와 다른 공덕신앙이나 밀교적인 요소를 혜심이 수용하였던 것은 선사상만으로는 지식층 이외의 다양한 단월을 포용할 수 없다는 현실적인 이유에 의한 것이지만, 당시 대외적인 위기상황에서 적극적으로 국가의식을 강조하던 경향과도 관련되는 것으로 생각된다. 또한 혜심의 유교적 소양도 그의 현실인식과 관련이 있을 것으로 생각된다. 그의 비문에 의하면 혜심은 유학에 대한 이해가 깊었는데,148) 이러한 면은 그의 시문을 통

---

145) 韓基汶, 「寺院의 寶運營」, 『高麗寺院의 構造와 機能』, 民族社, 1998 참조.

146) 「常住寶記」, 『無衣子詩集』(『한불전』 6, 66쪽), "以前國立油香寶及諸忌晨等
雜寶 總四千石 與今判付 常住寶六千石 合計正租一萬 石爲本數 庶將不墜
本數 得年年滋利 以爲供佛養僧之費 鎭兵祝聖之資".

147) 蔡尙植, 앞의 책, 49쪽 참조.

148) 李奎報 撰, 「高麗國曹溪山第二世故斷俗寺住持修禪社主贈諡眞覺國師碑銘
幷序」, 『금석』 上, 464쪽, "旣自儒之釋 凡內外經書 無不淹貫 故至於談揚佛
乘 撰著偈頌 則恢恢乎 游刃有餘地矣".

116

해서도 잘 드러나고 있다.

> 憂國憂家는 바로 지금의 일
> 어진 신하는 나라 일을 사양해서는 안 되네
> 더위 피하며 도를 구할 것이 아니라
> 세상이 조용하게 다스려지는 것이란 바로 여기에 도가 있다네![149]

이 시는 관리인 김낭중에게 준 것으로서 도의 현실성을 말하고 있다. 관리로서의 도는 산속에 와서 편안히 피서나 하며 구할 것이 아니라 공리청평한 직무의 수행 가운데 있는 것이라는 경계를 담은 가르침을 내린 것이다. 이 시는 도의 현실성과 현재성을 말한 것이며 우국, 현신, 왕사, 공리청평 등 비불교적 개념을 가진 용어를 통해서 불교적 도를 말하고 있는 점이 특징적이다.[150] 아울러 錦城任太守에게 준 송별시에서 혜심은 『詩經』의 ‘甘棠’을 들어서 선정을 치하하였다.[151] 이러한 지방관에 대한 청렴결백성의 추구는 지방사회의 모순을 인식한 것에서도 기인하지만, 수선사 결사운동이 초창기부터 지방사회를 기반으로 출발하여 확산되었기 때문에 초창기 수선사의 주된 단월이었던 지방사회의 향리층, 독서층이나 일반 민들을 의식하였던 것이 아닌가 한다.

또한 혜심은 그의 사형인 유점사의 형선사에게 준 送別詩에서 만물이 같은 종류를 따른다는 하늘의 이치를 말하기 위해 『周易』‘乾卦’「文言傳」의 구절을 예로 들었다. 이러한 표현은 『주역』의 구절을 차용하여 선가적인 정신경계의 의미를 이면에 담음으로써 심화시킨 것이

---

149) 「贈金郞中」,『無衣子詩集』下卷(『한불전』6, 57쪽), “憂國憂家正是時 賢臣王事不須辭 避暑未必眞求道 公理清平道在茲”.
150) 이는 「答崔侍郞」,『無衣子詩集』上卷(『한불전』6, 52쪽)에서도 잘 드러난다. “賢勞王事日忙忙 憂國憂民用意長 威振一方風草偃 使華千里耀皇皇”.
151) 「送錦城任太守」,『無衣子詩集』下卷(『한불전』6, 57쪽), “皎皎若照人氷蘖 溫溫然有脚陽春 全羅二牧連作守 此去甘棠永更新”.

다.152) 아울러 혜심은 覲親, 즉 출가한 승려가 속가의 부모를 뵈러 가는 것을 적극적으로 권유하였다.153) 이는 출가 승려에게 적용되는 효의 관념이 유교의 영향을 받았던 것을 잘 드러내고 있다.

이상에서 살펴본 바와 같이 혜심의 경우는 당시 대외적 위기와 관련하여 적극적인 현실인식을 국가의식으로 표방하면서 최씨정권에 협력하는 모습을 드러내고 있다. 이는 확실히 지눌 단계의 수선사 결사운동의 방향과는 모순되는 것이라 할 수 있다. 그러나 적극적인 현실지향성이라는 측면에서는 동일한 인식을 공유한다고 할 수 있으며, 다만 적극적인 실천운동의 대상이 대내적인 모순인가 대외적인 모순인가에 대한 차이가 있을 뿐이었다. 따라서 수선사의 입장으로서는 지눌 말년부터 권력의 입장으로부터 서서히 접근해오던 최씨정권을 거부하기도 어려운 데다가 대외적인 위기가 가중되는 상황에 이르자 현실적인 타협에 이를 수 있는 명분이 주어졌던 것이 아닌가 한다.

한편 수선사 계열에서 적극적인 현실인식을 드러내었던 경향은 재조대장경의 간행과도 관련된다. 재조대장경 자체에는 선적이 포함되어 있지 않으나 보유판에는 균여 저술, 천태 계통의 문헌과 함께 선적이 상당수 포함되어 있다. 이는 수선사, 백련사 등이 대장경 조성에 적극적으로 참여했다는 사실을 말해주는 것이다. 그런데 주지하듯이 대장경의 조성이란 당시 몽골 침략에 대응하기 위한 목적에서 국가적 사업으로 편찬한 사업이므로 수선사가 1230년대의 몽골 침략에 대응하는 과정에서 대장경 조성사업에 적극적으로 참여한 것은 적극적인 국가의식을 표방하면서 항전의식을 고취하는 경향과 밀접한 관련을 지닌

---

152) 「楡岾逈公見訪書野語送別」, 『無衣子詩集』 上卷(『한불전』 6, 50쪽), "水就濕兮火就燥 雲從龍兮風從虎 同聲相應兮同氣相求 果是冤有頭兮債有主 我與師兄各在天涯 所謂西芥東針 南鱗北羽 偶因緣力之所牽 不覺不知忽然相聚 懽滿面哄 相看語話不能盡覼縷 今朝送別後相思 重夢蝶只應徒栩栩".
153) 「送玉上人覲親」, 『無衣子詩集』 下卷(『한불전』 6, 55쪽), "大舜慕於知命歲 老萊戲至縱心年 況今親病以書召 何忍留連望昊天".

다고 하겠다.

이와 같이 대몽항쟁 과정에서 혜심 대에 적극적으로 표방된 국가의식, 민족의식은 수선사에서 하나의 현실인식이자 현실적인 대응방식으로 자리 잡게 되었으며, 이를 통해 수선사는 최씨정권과 밀착되어 불교계의 중심적인 교단으로 부각되었던 것이다. 수선사가 대몽항쟁 과정에서 항몽의식을 적극적으로 고취하기 위해 표방한 국가의식은 혜심 이후에도 지속적으로 계승되고 있었다.

즉 수선사 4세인 혼원(1191~1271)은 최우에 의해 定慧社 주지와 禪源社 법주가 되었으며, 大禪師에 제수되었다. 이어 崔沆의 영향력으로 고종 39년(1252) 수선사 사주가 되었다. 혼원은 江都에 세워진 최우의 원찰이자 대몽항쟁의 구심점 역할을 수행한 禪源社에 주석하면서 항몽의식을 적극적으로 고취하였다. 이어 5세인 天英(1215~1286)은 고종 35년(1248)에 최우에 의해 禪師에 제수되고, 斷俗寺 주지가 되면서 본격적으로 최씨정권과 관계를 맺게 되었다. 이어 그는 최우가 창건한 昌福寺에서 낙성법회를 주맹하고, 선원사 2대 법주로 임명되었다.

아울러 혼원, 천영 등이 최씨정권과 결탁하면서 항몽의식을 고취하는 것은 당시 談禪法會를 통해 조직적이고, 국가적인 차원에서 전개되고 있었다. 담선법회란 고려 초부터 3년에 한번씩 개최된 국가적인 차원의 정기적인 법회이다.154) 그런데 이 법회에 대한 국가적인 관심은 대내적으로 선종사원을 통제하고 왕권을 강화하고자 하는 의도와 함께 대외적으로는 북방의 이민족에 대응하기 위한 의도도 내포되어 있었다.155) 이러한 성격을 가진 담선법회는 특히 高宗 3년(1216) 거란의 침입 이후 무신정권에 의해 크게 확대되어 普濟寺, 廣明寺, 西普通寺 등에서 매년 개최되기에 이르렀다.156) 이러한 담선법회를 통해 무신정

---

154) 『高麗史』 권104, 金方慶傳.
155) 李奎報, 「龍潭寺叢林會榜」, 『東國李相國集』 권25.
156) 李奎報, 「西普通寺行前榜」, 『東國李相國集』 권25.

권은 거란, 몽골 등 대외적인 침략을 격퇴하고 민의 안녕을 기원하였던 것이다.157)

이와 같이 선원사, 창복사 등 최씨가의 원찰이자 대몽항쟁의 구심점 역할을 한 사원에 수선사 출신 승려들이 주석하고, 당시 국가적 차원에서 거행된 담선법회를 통해 항몽의식을 고취하는 데에 수선사가 앞장서고 있었던 것은 당시 대외적인 위기에서 수선사가 차지하는 비중과 함께 수선사의 현실적인 지향이 어떠한가를 단적으로 잘 보여준다고 하겠다. 따라서 혜심 대에는 정권과 일정한 거리를 두면서 대외적인 위기에 대응하기 위하여 국가의식을 표방하면서 적극적으로 현실 참여의 방향으로 나아갔다면, 혼원, 천영 단계에 이르면 대몽항쟁의식을 고취하는 긍정적인 역할과 함께 수선사가 완전히 정권과 유착되면서 체제지향적인 성향을 드러냄으로써 결사정신과 완전히 멀어지게 되었던 것이다.

이상에서 거란, 몽골의 침략에 따른 대외적 위기 상황에서 수선사가 대응하는 양상을 역대 주법들의 사상적 경향이나 수선사의 조직적 대응과 관련하여 살펴보았다. 그 결과 수선사는 몽골의 침략이라는 대외적 위기 상황에서 강한 국가의식, 민족의식을 표방하면서 적극적으로 대응하였던 면모를 살펴볼 수 있었다.158) 이처럼 수선사가 적극적으로

---

157) 李奎報, 「廣明寺禪會設齋請禪文」, 『東國李相國集』 권41.
　　이러한 목적과 함께 崔忠獻 정권의 등장과 함께 진행된 불교계에 대한 통제와 정권 안정이라는 기본적인 의도가 깔려 있었다. 이에 대해서는 金光植, 『高麗武人政權과 佛敎界』, 民族社, 1995를 참조하기 바란다.

158) 가령 무신정권이 등장하면서 전국 각지에서 발생하였던 농민항쟁이 대몽항쟁기에 소멸되는 현상을 볼 수 있다. 이러한 양상은 계급적 대립이라는 사회모순이 몽골 침략이라는 대외적 위기에 따른 민족모순으로 전환되었기 때문인 것으로 생각된다. 그런 점에서 대몽항쟁을 수행하는 과정에서 수선사 계열에서 제기한 민족의식, 국가의식의 표방은 사회사적으로도 커다란 의미를 가진다고 생각된다. 아울러 민족이라는 개념 자체가 근대의 산물이라는 사회과학적 인식이 강하지만, 동아시아의 전근대사회는 유럽의 역사와는 다른 측면도 무시할 수 없고, 국제적인 정세나 대외민족과의 관계가 적지 않은 영향

대외적 위기 상황에 대응하는 경향은 당시 불교계에 일정한 영향을 미쳤으며, 일정한 공감대를 형성했던 것으로 짐작된다.[159]

그러면 다른 선종 계열에서 대외적 위기 상황에 적극적으로 대응하였던 면모를 발견할 수 없는 반면에 수선사 계열에서 적극적으로 현실 참여적인 경향을 표방하였던 것은 어떤 사상적 맥락에서 이해할 수 있을까. 기존의 연구에서는 혜심대 이후 수선사가 최씨정권과 결탁하게 되면서 체제지향적인 성향을 드러내었고, 그것이 4, 5세 때인 혼원, 천영 단계에는 절정에 도달한 것으로 파악하고 있다. 물론 이러한 체제지향적인 성향이 현실적으로 커다란 영향을 미쳤던 것임을 부인할 수 없지만, 그렇더라도 결사운동을 표방하면서 등장한 수선사가 스스로의 이념과 방향성에 걸맞는 명분이 없다면 그렇게 쉽게 최씨정권과 결탁하지는 않았을 것이다. 다시 말하면 수선사의 사상적 맥락에서 어떠한 내적 논리로 인해 체제지향적인 방향으로 전환되었는가가 설명되어야 할 것이다.

이와 관련하여 주목되는 것은 무엇보다도 수선사의 역대 주법이 표방한 선사상은 모두 공통적으로 간화선이라는 사실이다. 아울러 수선사의 사상적인 지향인 간화선은 앞서 살펴본 바와 같이 대혜의 적극적인 현실인식이나 사대부와의 관계와 관련하여 성립되고 전개된 바가 적지 않다. 따라서 수선사 계열에서 거란, 몽골 등 북방민족의 침략이라는 대외적인 위기 상황에 적극적으로 대응하였던 측면은 간화선을 통한 적극적인 현실인식에 기반한 것이라 할 수 있다. 그러한 사상 내

---

을 미치고 있던 고려시대의 상황을 고려할 때에 당시의 시대상을 파악하는 데 갖는 유용성도 적지 않다. 따라서 전근대에 있어서 민족 내지 민족의식이라는 용어나 개념을 명확하게 제시할 수 없지만, 본고에서는 당시의 시대상황을 잘 반영한다는 측면에서 한정적으로 사용하고자 한다.

159) 백련사에서 고종 19년(1232) 보현도량이 설치되고, 1236년 「白蓮結社文」이 반포되는 등 일련의 조처는 1230년대 초의 몽골군의 침입이라는 역사적 상황과 관련되는 것으로 추측된다. 백련사의 이러한 동향이나 대장경 조판에의 참여는 대몽항전에 참여하는 형태의 일환으로 생각된다.

적인 요소를 갖춘 간화선을 적극적으로 수용하고 결사운동에 나선 수
선사로서는 최씨정권과의 현실적인 관계를 고려하면서 당시의 국가적,
민족적인 위기에 대응하지 않을 수 없었던 것이다.

그런데 이러한 사상적, 사회적 경향은 중국, 고려불교계만이 아니라
13세기 동아시아 역사에서도 공통적으로 전개되고 있었다. 일본의 경
우 13세기 말 몽골의 침략에 대처하는 과정에서 당시 일본의 임제종
계통이 몽골의 침입에 적극적으로 대처하였다. 가마쿠라시대의 일본불
교계에서는 동아시아의 해로를 통한 교역이 활발해지면서 榮西(1141
~1215), 道元(1200~1253) 등 선승들이 송에 유학하는 경향이 활발하
게 나타나기 시작하고, 아울러 남송의 말기부터 원초에 걸쳐서는 源派
의 蘭溪道隆, 破庵派의 兀庵普寧, 無學祖元 등 우수한 선승이 잇달아
일본에 건너갔다. 이들 유학승의 귀국과 도래선승의 활약에 의해 임제
종, 조동종이 개창되고 선종이 서서히 부각되고 있었다.

그런데 두 차례에 걸친 몽골의 침입에 대한 대응과정에서 가마쿠라
막부에 협력하면서 그들과 결탁되어 적극적인 항전의식을 고취하였던
것은 신사나 사원을 막론하였지만, 특히 임제종이 앞장서고 있던 것이
주목된다. 여러 가지 논란이 있지만, 이와 같이 임제종이 몽골 침략에
적극적으로 대응하였던 사상적 배경으로서는 당시 유학승이나 도래선
승을 통해 새롭게 수용된 대혜 간화선의 영향과도 관련된다고 생각한
다.

한편 이러한 면은 베트남의 불교사에서도 확인된다. 베트남의 陳왕
조(1225~1400)는 1257년, 1284~1285년, 1287~1288년 등 세 차례에
걸쳐 원의 침입을 경험하였다. 그런데 진왕조의 역대 황제들은 불교를
보호하고 특히 선의 경지를 추구하여 자신들을 大師라 하였다. 특히
仁宗(1258~1308)은 원의 침략을 물리치고 출가하였으며, 임제선을 받
아들여 竹林派를 창건할 정도였다. 죽림파의 선은 천봉에 의해 전해진
임제선과 전통적인 無言通派의 선을 결합시켜 월남화한 것으로 간화

선의 실천을 지향한 대혜종고를 그 전형으로 하는 것이었다.

즉 중국의 남송, 원대 임제종 선승들이 북방민족의 침략에 대응하면서 표방한 국가의식, 민족의식은 고려, 일본, 베트남 역사에서 13세기에 공통적으로 드러나고 있다. 그런데 12, 13세기 동아시아 역사에서 시기적, 지역적 차이에도 불구하고 공통적인 대응방식이나 경향을 드러내게 된 것은 모두 임제종 계열이라는 측면과 함께 간화선이라는 사상적 배경을 공유하고 있음을 쉽게 확인할 수 있다.[160]

---

160) 趙明濟, 「中世東アジア禪宗史の課題と展望」, 『宗敎與當代世界學術硏討會論文集』, 臺灣佛光大學, 2003.

# 제2장 元 干涉期 看話禪의 전개

## 1. 원대 사상계와의 교류와 선종계의 추이

1270년 무신정권이 무너지고 왕정복고가 이루어지면서 고려는 원간섭기로 접어들게 되었다. 근 100년간 지속되었던 무신정권이 무너지고 원의 세계질서 아래 편입된 고려는 정치, 사회적인 변화를 맞이하고 있었다. 이러한 시대적 변화에 따라 문화, 사상적으로도 새로운 단계를 맞이하고 있었다. 즉 13세기말 이후 대원우르스를 중심으로 형성되고 있던 세계적인 규모의 새로운 문화, 사상의 흐름이 새롭게 고려 사회에 수용되고 있었다.

1206년 아시아 내륙의 초원에서 탄생했던 대몽골국은 유라시아의 동서남북을 석권하고, 세계사상 최대의 판도를 형성하였다. 이른바 몽골제국의 등장이며, 그에 따라 13, 14세기에 유럽, 북아프리카, 인도, 동남아시아에까지 영향을 미치게 됨으로써 당시 몽골제국의 역사의 흐름은 세계사의 범주로서 전개해 갔다.[1] 이와 같이 세계제국으로서의 몽골이 형성되면서 초래된 변화는 정치, 경제적인 측면만이 아니라 문

---

1) 당시 몽골시대의 세계사적 범주는 몽골정권에 의해 국가편찬물로서 페르시아어로 만들어진 『集史』와 함께 동과 서의 세계지도인 「混一疆理歷代國都之圖」와 「카다르냐地圖」 등을 통해 잘 드러난다. 이에 대해서는 杉山正明, 『大モンゴルの時代』(世界の歷史 9), 中央公論社, 1997 ; 「モンゴル時代のアフロ・ユ-ラシアと日本」, 『モンゴルの襲來』(日本の時代史 9), 吉川弘文館, 2003을 참고하기 바란다.

화, 사상의 방면으로도 확대되었다.

즉 종래의 부정적인 이미지와 달리 대원우르스를 선두로 몽골은 그 지배영역의 모든 곳에 명확하게 추진하였던 자유왕래, 자유무역, 자유 경제의 정책과 함께 문화중시, 학술 진흥, 과학·기술·정보의 존중이 라는 시책을 표방하였다. 특히 13세기 말부터 14세기 후반에 걸쳐 원 의 적극적인 문화정책을 기반으로 형성된 새로운 사상문화는 무엇보 다도 강남을 중심으로 한 출판문화를 통해 잘 드러난다.

경사서에 그치지 않고 관혼상제로부터 사회사업까지 규제하는 주자 학의 확산, 고문의 부흥, 시문평의 유행, 이슬람 지식의 유입에 의한 농 학, 의학, 약학, 수학, 공학 등 과학기술의 새로운 전개와 함께 과학 서·기술서·실학서와 함께 생활 전반에 관련되는 매뉴얼, 나아가 풍 부한 삽화, 도해가 들어간 이른바 비주얼 등 다방면의 서적, 다양한 역 사서와 모든 분야의 지식, 정수를 간결하게 정리한 유서 등이 출판되 었다. 이와 같이 일대성황을 맞이하고 있던 출판문화는 당시 확산되고 있던 주자학, 선종문화와 함께 서적과 사람을 매개로 고려와 일본에 전해지고 있었다. 이러한 다양한 전적의 수입은 고려와 일본에서 각각 고려판, 五山版으로 널리 출판되기에 이르렀다.

그러면 이러한 몽골정부의 문화정책과 관련하여 불교, 유교에 대한 정책은 구체적으로 어떠하였을까. 원은 유라시아 전역을 석권하고 중 화 지역을 약 400년 만에 통일하였지만, 기존의 종교, 문화에 대해 탄 압, 해체하지 않고 그대로 온존시키는 것을 그 기본적인 정책으로 삼 았다. 특히 초기 몽골의 대중국정책에 있어 커다란 역할을 담당하였던 耶律楚材는 조동종의 법맥을 계승한 인물이기도 하였다.

또한 쿠빌라이가 정치, 문교의 고문 격으로 여진족 출신의 화북 불 교계의 거두인 임제종의 海雲印簡(1202~1257)을 중용하여 칙명에 의 해 불교계를 통제하게 하였다. 아울러 해운의 천거에 의해 그의 제자 인 子聰을 등용하였는데, 그는 환속하여 上都·大都의 설계를 비롯해서 정무 전반의 브레인이 되었던 유명한 劉秉忠이었다. 그는 임제종 출신이지만 유교, 도교에도 해박하였는데, 이는 당시 유불도 삼교일치론이 풍미하던 시대 상황과 관련된다고 하겠다. 또한 유병충으로 상징되는 바와 같이 당시 화북 선종은 쿠빌라이의 비호하에 종교의 틀을 넘어 정치, 문화상의 대세력이 되었고, 강남이 접수된 이후에는 화북의 불교 제파가 강남에 대한 일종의 종교, 문화통치자로서 부상하였던 것이다.[2] 그러나 원의 황실은 1269년 파스파(1235~1280)를 帝師로 삼고 티베트불교를 중시하면서 몽골 지배층의 관심은 티베트불교로 향하게 되었다.

그러나 금의 지배하에 있던 화북의 선종 교단과 남송 지배하의 강남 선종 교단은 각각 존재 기반을 유지하면서 새로운 사회 환경에 적응해 가고 있었다. 앞서 언급한 바와 같이 원은 화북을 지배하면서부터 선종 교단을 이용하였고, 거꾸로 선종 교단의 입장에서는 원의 화북 지배를 돕는 역할을 맡으면서 교단을 유지하고 있었던 것이다. 그 대표적인 존재가 金末에 부상하였던 曹洞宗이었다. 조동종의 萬松行秀(1167~1246)가 등장하고, 그의 문하에는 林泉從倫(생몰년 미상), 雪庭福裕(1203~1275), 李屛山(1185~1231), 耶律楚材(1190~1244) 등 우수한 선지식이 많이 배출되었다. 그 가운데 야율초재의 경우 몽골의 창업에 깊이 관계하였고, 복유는 쿠빌라이에게 중용되고, 특히 불교를 대표하여 궁정 내에서 도교(全眞敎)의 李志常(1193~1256)과 논쟁을 벌여 굴복시키기도 하였다.[3]

그러나 당시 활약했던 선승의 대부분은 임제종 계열이며, 강남을 중심으로 한 임제종의 영향력은 선종계를 대표한다고 해도 과언이 아니

---

2) 杉山正明, 위의 책, 1997, 283~285쪽 참조.
3) 中村淳,「モンゴル時代の道佛論爭の實像 - クビライの中國支配への道」,『東洋學報』, 75-3・4, 1999.
中村淳,「クビライ時代初期における華北佛敎界 - 曹洞宗敎團とチベット佛僧パクパとの關係を中心にして」,『駒澤史學』54, 1999.

126

다. 임제종은 대혜파, 松源派, 佛照德光의 계열 등에서 많은 선승이 배
출되었지만, 무엇보다도 破庵派의 雪巖祖欽 계열이 눈에 띈다.

그의 법계는 高峰原妙(1238~1295)-中峰明本(1263~1323)-千巖
元長(1284~1357)-天如惟則(?~1354)으로 이어지며, 후술하듯이 원
묘, 명본은 고려 선종사와도 밀접한 관계에 있다. 원묘의『高峰原妙禪
師語錄』과 명본의『中峰和尙廣錄』은 당시 대표적인 어록이며, 후대의
선종계까지 깊은 영향을 미쳤다.

그런데 원대의 선사상은 기본적으로는 송대의 그것을 거의 그대로
계승했던 경향이기 때문에 禪淨雙修, 敎禪一致, 三敎一致라는 사상적
흐름이 명청시대까지 이어져 갔다. 나아가 이러한 경향은 간화선의 흐
름에서도 거의 차이가 없다고 할 수 있다. 원대의 공안집으로는『從容
錄』(1224년),『虛堂集』(1295년),『空谷集』(1285년),『請益錄』,『宗門統
要續集』(1320년) 등이 편찬되기도 하였으나, 남송말 이후 대두되었던
공안 참구의 정형화라고 하는 측면이 강화되어 갔다고 할 수 있다.

그러한 측면은 특히 無門慧開(1183~1260)에 의해 편찬된『無門
關』4) 과 같은 공안집의 변화에 의해 이미 드러나고 있었다. 그것은 종
래 어느 정도 비중을 갖고 있던 문학적 성격이 후퇴하고, 공안에 의한
깨달음의 획득에 절대적인 가치가 두어지게 되고, 그것을 얻기 위한
수행의 강조와 수행자에게 훈계하고 격려하는 것이 주요한 내용이 되
었던 것이다. 이것은 이른바 깨달음의 매뉴얼화라고 할 수 있고, 이러
한 경향은 비슷한 시기에 서서히 등장하였던『牧牛圖』5)와 함께 당시

---

4)『無門關』은 1228년에 無門慧開가 절강성의 龍翔寺에서 제자를 지도하면서
　기록한 것을 편집했던 것으로 다음해 간행되었다. 그 내용은 공안 48칙에 혜
　개가 評唱과 頌을 붙였던 것으로, 이후『碧巖綠』과 함께 대표적인 공안집이
　되었다.『無門關』은『碧巖綠』에 비해 분량도 적고, 내용도 간명하여 간화선
　수행에 편리하였다. 第一則에 '無字' 화두를 제시한 것은 편자인 혜개가 의도
　하는 모든 것이 집약되어 있으며, 이후 간화선의 전개와 밀접한 관련을 갖는
　다.
5)「牧牛圖」는 4우도, 6우도, 8우도, 10우도, 12우도 등 다양하게 존재하였지만,

선사상의 특징이라 할 수 있다.

또한 송대 史學의 융성에 자극을 받아 원대 선종계에서는 梅屋念常의 『佛祖歷代通載』와 寶洲覺岸의 『釋氏稽考略』 등 불교사서가 계속 편찬되었다. 이들은 종래의 燈史와는 달리 선종만이 아니라 불교 전체의 역사를 다루었고, 이들 사서가 출현한 배경에는 다른 종파의 쇠퇴에 의해 선종이 불교 전체를 대표할 수밖에 없는 상황이 놓여 있었다.

한편 선종 사원에서 의식과 생활을 규정하는 『勅修百丈淸規』의 편찬이 주목된다. 이 청규는 1335년 順帝의 聖旨를 받들어 東陽德煇가 편집하고, 笑隱大訴(1284~1344)의 교정을 거쳐 1336~1343년에 성립하였는데, 『禪苑淸規』[6]를 비롯해 惟勉의 『叢林校定淸規總要』(1274년), 澤山貳咸의 『禪林備用淸規』(1311년) 등 그 이전의 모든 청규를 종합하여 편찬한 것이다. 그 전체 구성은 祝釐, 報本, 報恩, 尊祖, 住持, 兩序, 大衆, 節臘, 法器 등 9장으로 이루어지지만, 모두에 국가의 안녕을 기원하는 축리를 두고, 보은에도 國恩을 강조하는 등 『禪苑淸規』보다 훨씬 국가주의적 성격이 강화되어 있다. 또 『선원청규』에서는 주지가 知事와 頭首를 임명하는 경우에는 대중의 동의가 필요로 했던 규정이 있었지만, 『칙수백장청규』에서는 그러한 규정이 사라지는 등 북송시대에는 남아 있었던 총림의 공동체적인 성격이 원대에 되어 사라지게 되었다. 이는 달리 말하면 선의 본래적인 정신이 사라지고 선종이 국가에 예속되어 세속화된 경향이 한층 강화된 모습을 반영하고 있다.

한편, 종래의 부정적인 이미지와 달리 원은 유교를 보호하고 진흥하는 정책을 표방하였다. 각지에 儒學提擧司를 두고 학교, 교육, 출판 관계의 행정을 맡겼던 것이다. 또한 1307년 武宗은 전국에 「可封孔子詔

---

특히 廓庵師遠의 「十牛圖」가 유명하며, 간화선의 사상이 반영되어 있다.

6) 북송 1103년에 長蘆宗賾이 당의 百丈懷海가 정했다고 하는 「百丈淸規」가 전해지지 않는 것을 유감으로 생각하고, 당시 총림에서 행해지고 있던 다양한 규정을 모아 편집, 간행한 것이다.

」를 내어 유교진흥정책을 표방하였고, 이어 1334년에는 順帝에 의해 學校振興의 詔가 반포된다. 이러한 元朝의 정책적인 지원은 書院에도 미치고 있었다. 송대까지 사적인 차원에 그친 것에 비해 몽골 치하에는 전국 각지의 路·府·州·縣에 이르기까지 孔子廟와 함께 廟學이 설치되고, 그것에 부설되어 서원도 관립으로 건설되고 운영되었던 것이다.

이러한 원조의 적극적인 유교진흥정책과 함께 무엇보다도 사상적으로 크게 주목되는 것은 주자학이 북방에 전해지고, 주자학의 사서 해석이 과거 시험에 사용되었던 것이다. 이는 달리 말하면 주자학이 체제교학으로서의 위치를 굳히게 되는 계기가 되었고, 중국 전역의 사대부에게 주자학이 본격적으로 수용되기에 이르렀던 것이다.

이상에서 원대의 선사상, 주자학을 중심으로 간단하게 사상계의 동향을 살펴보았다. 이러한 원대의 새로운 문화적, 사상적 변화는 고려에도 서서히 수용되고 있었다. 그에 대한 구체적인 서술은 다음 장에서 서술하기로 하고, 여기서는 먼저 무신정권이 몰락한 이후 14세기 전반기까지 선종계의 동향이 어떻게 드러나고 있는지 살펴보도록 한다. 또한 기존의 연구에서는 주자학의 수용과 함께 척불론이 등장하는 양상을 강조하는 경향이 적지 않은데, 과연 14세기 전반기에 사대부가 지닌 불교관이 어떠한가를 분석해 보고자 한다.

원 간섭기 고려 불교계의 전체적인 구도는 무신정권기에 불교계를 주도하였던 수선사, 백련사 계통이 퇴조하고, 忠烈王 이후 선종의 迦智山門, 천태종의 妙蓮社 계열, 법상종 계통이 각각 등장하면서 불교계의 중심적인 교단으로 대두한 것으로 요약된다. 이러한 불교계의 변화과정에서 선종의 동향이 어떠한가를 잘 보여주는 것이 수선사의 퇴조와 일연을 중심으로 한 가지산문의 부각이라고 할 수 있다. 그러면 이러한 동향과 함께 간화선을 중심으로 선사상의 흐름이 어떻게 전개되고 있었는가에 대해 살펴보기로 한다.

당시 수선사의 위상에 대해서는 수선사 6세인 圓鑑國師 冲止(1226
~1293)를 통해 살펴볼 수 있다.7) 충지는 전남 定安(지금의 長興) 道
艸縣에서 태어났으며, 그의 아버지는 戶部員外郞을 지낸 魏紹였다. 그
는 17세에 司馬試에 합격하였고, 이어 2년 후 禮部試에 장원급제하였
는데, 주로 文翰職을 담당하는 관직을 역임하였다. 그러다가 그는 29
세라는 늦은 나이에 수선사 5세였던 天英의 문하에 출가하였다. 그가
출가하게 된 배경에는 최씨정권에 부용적인 기존의 유학에 대한 회의
와 당시 혼란한 사회에 대한 좌절감이 작용한 것이 아닌가 생각된다.

그는 10여 년의 구도기간을 거친 후 원종 13년(1272) 定慧社主로 14
년간 주석하게 된다. 그런데 이 시기에 그는 활발한 대외적 활동을 하
였다. 이 무렵 그는 원 황제에게 수선사에 부과된 전세에 대한 면세를
요구하는 표문을 올렸다.8) 아울러 이후 면세를 허락받고 감사의 표문
을 올리면서 수선사를 원제의 원찰로 삼아 달라고 요구하기도 하였
다.9) 그리하여 충지는 1275년 원의 관심을 받아 원제의 초청으로 원의
수도에 가서 극진한 대접을 받고 돌아왔다. 그는 다음해에 禪師가 되
고, 이어 3년 후에 大禪師가 되었다. 이후 그는 원의 일본 정벌을 칭송
하는 장문의 「東征頌」을 짓고, 아울러 이와 대조적으로 원정 준비로
인해 극도로 피폐해진 일반민의 참상을 고발한 愛民詩를 짓기도 하였
다.10)

---

7)  金曛 撰, 「曹溪山修禪社第六世圓鑑國師碑銘幷序」, 『韓國金石全文』(이하
    『전문』으로 줄임) 中世 下, 1115~1118쪽 참조.
8) 「上大元皇帝表」, 『圓鑑錄』(『韓國佛敎全書』(이하 『한불전』으로 줄임) 6, 40
    8~409쪽).
9) 「上大元皇帝謝賜復土田表」, 『圓鑑錄』(『한불전』 6, 409쪽).
10) 충지는 풍부한 禪詩를 남겨 본격적인 불교문학의 대표적인 선승으로 알려져
    있다. 국문학 분야의 연구 성과로서는 다음의 글을 참조하기 바란다.
    印權煥, 『高麗時代 佛敎詩의 硏究』, 고려대 민족문화연구소, 1983.
    李鍾燦, 『韓國의 禪詩』(高麗篇), 이우출판사, 1985.
    趙東一, 「충지의 현실인식과 항원의지」, 『한국시가의 역사인식』, 문예출판사,

이에 반해 충지가 그의 사상을 체계적으로 서술한 자료가 별로 없기 때문에 종래 그의 선사상에 대해서 언급한 글은 거의 없는 실정이다. 다만 그의 행적이나 단편적으로 남아 있는 자료를 통해 그의 선사상의 단면을 확인해볼 수 있다. 가령 앞서 살펴본 바와 같이 충지의 비문에서 나타나는 깨달음의 과정에 대한 묘사는 화두 참구에서 나타나는 집중의 모습으로 이해하는 것이 옳다고 생각된다. 따라서 자연에 몰입하는 소극적인 은둔자의 모습이라고 평가하거나, 간화선에 소극적이었다고[11] 이해하기보다는 충지 역시 수선사 계열에서 표방한 간화선을 기본적으로 받아들이고 있었다고 하겠다.

한편 수선사가 퇴조하면서 간화선의 흐름은 당시 새롭게 대두하던 一然을 중심으로 한 가지산문 계열로 계승되고 있었다. 가지산문은 신라말 구산선문 중의 하나로서 道義가 당에 유학하여 마조의 법맥을 계승한 西堂智藏에게 嗣法하고, 憲德王 13년(821)에 귀국함으로써 형성되었던 산문이다. 그러나 고려가 집권적 통치체제를 강화하면서 선종이 서서히 퇴조하였고, 가지산문도 역시 쇠퇴하게 되었던 것이다. 그러다가 인종 즉위년(1122)에 王師로 책봉된 圓應國師 學一(1052~1144)이 출현하면서 가지산문의 세력이 불교계에 서서히 부각되었다. 학일은 의천이 천태종을 개창할 때 이에 참여하기를 권유받았으나 이를 거

---

1993.

李晋吾, 「圓鑑國師 冲止의 詩世界」, 한국정신문화연구원 부설 한국학대학원 석사학위논문, 1983 ; 『韓國佛敎文學의 硏究』, 민족사, 1997에 수록.

11) 박영제, 「원 간섭기 초기 불교계의 변화 - 冲止(1226~1293)의 현실인식과 불교 사상을 중심으로」, 『14세기 고려의 정치와 사회』, 민음사, 1994, 540~550쪽에서 충지가 정혜사 창건주인 慧炤國師를 강조하는 면을 들어, 수선사의 전통과 달리 개인적이고 은둔적인 성향을 드러낸다고 하였다. 또한 충지는 지눌, 혜심 단계에서 강조하던 『華嚴論』, 『圓覺經』을 중시하여 강설한다든지, 미타정토신앙이나 관음신앙 등을 현실적인 구원신앙으로 수용함으로써 간화선 참구에 소극적이었다고 평가하였다. 그러나 이러한 사상적 경향은 수선사에서 이미 확인되고 있으며, 시대적 상황의 변화를 감안한다면 수선사의 전통이라는 잣대로 평가하기는 곤란하지 않는가 한다.

절함으로써 선종 나름의 독자성을 지키려 한 인물이다. 학일은 인종 7
년(1129) 이후에는 雲門寺로 은퇴하였으며, 그의 말년까지 운문사를
하산소로 삼아 주석하면서 가지산문의 중심지로 부각시켰다. 그런데
학일 이후 가지산문과 관련한 기록이 거의 없을 정도로 그 세력이 미
미하다가 불교계의 중심 교단으로 부각되는 것은 一然의 등장에서 비
롯되었다.

일연의 생애와 사상적 경향에 대해서는 이미 정리되어 있으므로,[12]
여기서는 선사상의 흐름과 관련하여 간략하게 언급하기로 한다. 일연
의 비문을 통해 그는 밀교적 경향이나 타력적인 관음신앙을 통한 공덕
과 다라니신앙을 통한 신비적인 경향을 갖고 있을 만큼 일반적인 선승
과는 다른 면모를 갖고 있다. 그러나 그의 사상체계 역시 기본적으로
선사상을 중심에 놓고 있다. 가령 "멀리 목우화상을 계승하였다(遙嗣
牧牛和尙)"라는 표현에서도 드러나듯이 일연은 사상적으로 지눌을 계
승하였다. 일연은 그가 22세되던 해에 포산 寶幢庵에 머물면서 '心存
禪觀'하였다고 한다든지, '生界不減 佛界不增(중생의 세계는 줄지 않
고 부처의 세계는 늘지 않는다)'이라는 화두를 참구하여 깨달음을 이
루었던 선승이었다.[13]

일연이 간화선에 심취한 선승이라는 사실은 그의 남해 시절의 행적
을 통해서도 확인된다. 그는 1249년 鄭晏의 초청에 의해 남해 定林社
에 머물게 된다. 그런데 이 무렵 혜심이 편찬한 『禪門拈頌』의 1125칙
에 그의 제자가 347칙을 보충하여 남해분사에서 간행한 직후였기 때문
에 분명히 일연은 『禪門拈頌』을 열람하였을 것이다. 이러한 경험을 통
해 일연은 공안집에 대한 관심과 이해가 더욱 깊어졌을 것이며, 이는
일연이 편수한 『禪門拈頌事苑』(30권, 失傳)과 混丘가 중편한 『重編拈

---


12) 蔡尙植, 「一然의 사상적 경향」, 『高麗後期佛敎史硏究』, 一潮閣, 1991 참조.
13) 閔漬 撰, 「高麗國華山曹溪宗麟角寺迦智山下普覺國尊碑幷序」, 『朝鮮金石總
   覽』(이하 『금석』으로 줄임) 上, 470쪽, "時常以生界不減 佛界不增之語 參究
   之 忽一日豁然有悟 謂人曰 吾今日乃知三界如幻夢 見大地無纖豪礙".

頌事苑』(30권, 失傳)이 혜심의『선문염송』을 계승한 것에서 잘 알 수
있다.14)

따라서 일연은 수선사에 의해 수용된 간화선을 통해 이를 깊이 이해
하고 실천하였던 만큼 그 사상적 맥락은 간화선을 기본으로 한 선승임
을 알 수 있다. 그런데 일연은 간화선 참구에 그친 선승이 아니라 대장
경을 섭렵하고 百家書를 관통할 만큼 다양한 방면에 관심을 가지고 있
었다. 이러한 면모는 그의 저술 목록을 통해서도 확인된다. 그는『語
錄』(2권),『偈頌雜著』(3권),『重編曹洞五位』(2권),『祖庭事苑』(30권),
『祖派圖』(2권),『大藏須知錄』(3권),『諸乘法數』(7권),『禪門拈頌事苑』
(30권) 등 다양한 선 전적을 편찬하고 저술하였다.

이 중『조정사원』은 북송대 선승이었던 睦庵善卿이 大觀 2년(1108)
에 찬한 8권본을 일연이 30권본으로 편수한 것이다. 이는 선문 조사의
어록과 선적 등의 약 2400語句를 대상으로 訓詁한 것인데, 주목되는
것은 분량의 절반 가량이 雪竇重顯의 七部集을 대상으로 한다는 점이
다.15) 또한『중편조동오위』는 일연이 남해로 옮겨 수선사와 관련을 맺
게 된 이후 51세 되던 해인 1256년부터『曹洞五位』의 보완에 착수하
여 1260년에 중편하여 간행한 것이다. 이는 본래 조동종의 洞山良价
(807~869)가 제창한 偏正五位說에 曹山本寂이 주를 가하여 선양한
조동종의 중심사상을 담고 있다.

그런데 이와 같이 일연이 다양한 선적에 대해 관심을 기울인 이유는
무엇이며, 그것이 갖는 사상적 의미가 무엇인가에 대해서는 아직까지
구체적인 연구가 진행되지 못하고 있다. 이를 해명하기 위해서는 송원
대 선종사의 흐름을 참고하면서 수선사 단계에서 이루어진 선적 수용
이나 간행을 구체적으로 검토할 필요가 있을 것이다. 나아가 일연 단

---

14) 蔡尙植, 앞의 책, 140~141쪽 참조.

15) 椎名宏雄,「『明覺禪師語錄』諸本の系統」,『駒澤大學佛教學部論集』26, 1995.
　　그리고 七部集이란 중현의 洞庭語錄, 雪竇開堂錄, 瀑泉集, 祖英集, 頌古集
　　拈古集, 雪竇後錄 등을 이르는 것이다.

계에 간행된 선적이 갖는 사상적 경향이 무엇인가에 대한 기초적인 검
토도 선행되어야 하리라 생각된다. 여기서는 이러한 문제를 깊이 다룰
여유가 없으므로 보류해 두기로 하고, 원 간섭기에 있어서 고려의 선
승들이 원에 들어가 원의 사대부나 선승들과 교유하였던 경향에 대해
살펴보기로 한다. 현존하는 자료를 통해 인명을 확인할 수 있는 선승
의 入元 사례를 정리하면 <표 2>와 같다.

<표 2> 14세기 고려 선승의 入元[16]

| 인 명 | 내 용 | 교유관계 | 전 거 |
|---|---|---|---|
| 沖鑑 | 강남 유력 | 鐵山紹瓊 | 「高麗林州大普光禪寺碑」, 『朝鮮金石總覽』, 『危太樸文續集』, 『東國輿地勝覽』, 『海東金石苑』 |
| 宏演 | | 危素 | 「보광사비」, 『海東繹史』 |
| 眞長老 | | 古林淸茂 | 『古林淸茂禪師語錄』 7 |
| 式無外 | 1341년을 전후하여 중국 각지를 유력하면서 원의 문인들과 교유함 | 黃溍, 宋褧, 許有壬, 張雨, 王沂, 吳師道, 陳旅, 傅若金, 張翥, 尹廷高 | 『金華黃先生文集』, 『燕石集』, 『至正集』, 『句曲外史貞居先生詩集』, 『伊濱集』, 『吳正傳先生文集』, 『安雅堂文集』, 『傅與礪詩集』, 『蛻菴集』, 『玉井樵唱』, 『稼亭集』 |
| 幻上人 | 1337년 무렵 귀국 | 傅若金 | 『傅與礪詩集』 |
| 無悅上人 | | 吳當 | 『學言稿』 |
| 太古普愚 | 1346년 입원, 1347년 귀국 | 石屋淸珙 | 「行狀」, 『太古錄』 |
| 白雲景閑 | | | 「행장」 |
| 懶翁惠勤 | 1350년 입원, 휴휴암 방문 | 指空, 平山處林, 千巖 | 「보제존자탑명」, 『朝鮮金石總覽』 |
| 千熙 | 1364년 입원 휴휴암 방문 | | 『朝鮮金石總覽』 |

16) 이 표를 작성하면서 원대 자료에 나타나는 고려 선승과 원의 지성과의 교류
　　관계에 대해서는 張東翼, 『元代麗史資料集錄』, 서울대학교 출판부, 1997을
　　참고하여 작성하였다. 이 자료집에 수록되지 않은 고려의 문집이나 금석문
　　자료를 포함해서 작성하였지만, 실제로는 훨씬 많으리라 생각된다. 아울러 이
　　표에는 화엄종 등 다른 종파의 승려의 입원 관련 사실은 제외하였고, 중국 사
　　상계와의 교류는 고려말까지 이어지고 있으므로 14세기 전체를 대상으로 하
　　여 검토하고자 한다.

| | | | |
|---|---|---|---|
| 無學 | | | 「妙嚴尊者塔銘」, 『東文選』 |
| 智泉 | | | 『陽村集』 38 |
| 達竹 | 燕都를 거쳐 강남을 유력함. | | 『雪谷集』上 |
| 自休 | 일본을 거쳐 강남으로 구법 | | 『牧隱詩藁』 9 |
| 勝上人 | 중국으로 가는 상인에게 주는 시 | | 『惕若齋學吟集』 卷下 |
| 覺宏 | 나옹의 제자이며, 강절로 구법 | | 『耘谷行錄』 권2 |
| 信圓 | 무학의 제자이며, 나옹의 구법을 이어 받아 강남에 유력하고자 함. | | 『耘谷行錄』 권4 |
| 信廻 | 無學·本寂의 제자이며, 나옹을 본받아 강절로 유력하고자 함. | | 『耘谷行錄』 권5 |
| 千峯 | 중원으로 유력하고자 함. | | 『陶隱集』 권4 |

위의 표에서 알 수 있듯이 원 간섭기 고려의 선승들이 대거 원에 들어가 구법 활동을 하고 있음을 알 수 있다. 앞서 언급한 바와 같이 원의 적극적인 문화정책에 의해 세계적인 규모에서 새로운 문화적 흐름이 전개되고 있었으며, 특히 원을 중심으로 한 고려, 일본의 선승과 사대부를 통한 인적, 물적 교류가 활발하게 이루어지고 있었다. 일본사에서 크게 거론되고 있는 五山文化는 바로 이 시기 선승을 중심으로 한 활발한 교류에 의해 형성된 것이다. 현재 확인되는 인명만 200명을 넘는 일본의 선승들이 원에 들어갔던 사실을 고려한다면, 고려의 경우에도 위의 표보다 훨씬 많은 선승들이 원으로 들어가 활약하였을 것으로 보인다.

그런데 이러한 교류관계에서 주목되는 것은 크게 다음의 두 가지라고 할 수 있다. 첫째, 시기적으로 보우, 나옹 등 고려말의 대표적인 선승들이 입원하기 이전인 14세기 전반기와 그 이후의 14세기 후반기의 입원 목적이나 활동 양상이 현저히 다르다는 사실이다. 14세기 전반기에는 式無外의 경우와 같이 당시 원대의 선승들과의 교유 사실보다 黃溍, 宋褧, 許有壬, 張雨, 王沂, 吳師道, 陳旅, 傅若金, 張翥, 尹廷高 등

원대의 사대부와의 교류 관계가 활발하다는 사실이다. 이러한 경향은 물론 현재 남아 있는 자료의 문제로 인한 것도 있겠지만, 당시 시대적 경향과 관련하여 충분히 예상되는 현상이다. 즉 원대의 사상계에서는 종교적 대립이라는 측면보다는 유교, 불교, 도교가 적극적으로 교류하면서 사상적인 조화를 모색하는 유불도 삼교일치적인 경향이 성행하였다. 따라서 고려의 선승들이 원에 들어가 이러한 분위기에 자연스럽게 적응하는 것은 당연하다고 생각된다.

그에 비해 14세기 후반기에 보우나 나옹 이후의 입원이 마치 유행과 같이 확산되었던 사실과 관련하여 그 사상적 배경이나 목적이 무엇이며, 나아가 그러한 양상이 갖는 사상사적 의미가 무엇인가 하는 의문이 제기되지 않을 수 없다. 이에 대한 구체적인 사실이나 내용에 대해서는 다음 장에서 언급하겠지만, 먼저 원 간섭기에 성행하던 국제적인 문화, 사상적 교류가 선종을 중심으로 불교계에서 유행되고 있었던 상황의 연장이라는 측면에서 이해할 필요가 있을 것이다. 아울러 이러한 직접적인 교류는 원 간섭기 초기의 혼구, 만항 등 간접적인 교류를 통해 새롭게 수용되고 있었던 선적을 통한 사상적 영향도 적지 않지만, 원이라는 세계무대에서 선종의 발상지이며 동경의 대상이자 살아 있는 선지식을 통해 스스로 깨달음에 대한 체험을 인가받고, 그러한 과정을 통해 현실적인 지향도 추구하고자 하였던 것으로 생각된다.

둘째, 고려 선승들의 직접적인 중국 유학의 기회는 당시 원조를 중심으로 한 새로운 문화적, 사상적 경향을 충분히 체험할 기회를 가질 뿐만 아니라 그를 통해서 원의 새로운 문물을 수용할 수 있는 계기가 되었다는 것이다. 가령 고려의 사대부가 원대 주자학을 직접 배우고, 원의 지성과의 교류를 통해 주자학이 서서히 수용되던 현상과 마찬가지로 원대의 선풍이 고려에 다양하게 수용되는 계기가 마련되었던 것이다. 이러한 경향은 자료의 한계가 있기 때문에 구체적인 양상을 알기는 어렵지만, 무엇보다도 새로운 선적이 대단히 주목된다. 다음 절에서 다루기로 하는 『몽산법어』, 『선요』 등의 새로운 선적의 수용에 의해 간화선의 전개에 있어서도 새로운 변화가 나타나고 있으며, 그러한 양상은 고려말의 사상적 동향과도 연관된다.

당시 새로운 선적의 수용이 얼마나 활발했는가는 다음의 사례를 통해서도 간접적으로 엿볼 수 있다. 즉 忠穆王 즉위년(1344) 일본 승려 如聞이 제주도에 표착하여 고려인을 통해 古林淸茂(1262~1329)의 어록을 보고, 이를 필사하여 가져갔다고 한다.17) 이러한 사례는 당시 일본 선승들이 대거 원에 들어가 당시 첨단의 선진문화를 수용하던 경향을 반영하고 것이지만, 이러한 흐름은 종래 교류 관계가 많지 않던 고려와 일본의 사이에도 일본의 승려들이 고려에 와서 승려와 사대부와 교류하던 모습을 볼 수 있다. 아울러 제주도라는 지역에까지 당대 원의 선승의 어록이 있을 정도로 중국 선종계의 어록이 폭넓게 수용되고 있었던 단면을 잘 보여주고 있다. 따라서 이러한 경향은 원, 고려, 일본을 중심으로 한 문화교류가 활발하게 이루어지고 있었던 면을 반영하는 것이라 하겠다.


## 2. 선승들의 유교관과 사대부의 불교관

주지하듯이 원 간섭기의 후기라 할 수 있는 14세기 전반에 이르면 원의 관학으로 정착한 주자학이 서서히 고려사상계에 수용되기에 이른다. 따라서 원 간섭기 유교의 새로운 변화양상과 관련하여 불교계에서 유교에 대한 인식이 어떠했는가에 대한 문제를 검토해 보기로 한다. 그런데 이러한 문제는 무신집권기 이후 결사운동의 사회적 기반과도 관련된다고 할 수 있다. 즉 결사운동이 전개되면서 기존의 유학이

---

17) 「刊古林和尙拾遺偈頌緖」, 『古林淸茂禪師語錄』 6 ; 張東翼, 『日本古中世高麗資料硏究』, 서울대학교 출판부, 2004, 403~405쪽.

갖는 한계를 절감한 유학자들이 대거 수선사, 백련사 계열로 출가하는 양상이 확산되었다. 아울러 이들 결사를 주도하였던 역대 주법들이 주로 향리층, 독서층 출신으로서 계층적 변화가 나타났다. 따라서 이러한 출신배경을 갖고 있는 승려들이 유학에 대한 이해나 인식이 어떠한가에 대해 살펴보고, 그것이 원 간섭기 불교계에서 어떠한 양상을 초래하고 있는지, 아울러 그 사상적 의미가 무엇인가에 대해 검토해 보기로 한다.

먼저 수선사 계열의 역대 주법들이 향리층, 독서층 출신이라는 것과 관련하여 혜심, 4세인 혼원,[18] 5세인 천영[19] 등이 모두 유학적 소양을 갖고 있었던 것으로 드러난다. 아울러 이러한 유교적 세계관은 원 간섭기에 이르러 더욱 확산되어 갔다. 가령 수선사 6세인 충지의 경우 이러한 면모는 앞서 살펴본 그의 愛民詩에서 잘 드러난다. 그런데 이러한 농민시, 애민시의 전통은 가깝게는 李奎報, 金克己 등 유가 쪽의 전통이며, 백성의 고통을 上帝에게 호소한다는 발상 역시 불교적이라기보다는 유자로서의 표현이다. 따라서 승려인 충지가 忠君을 강조하고, 伯夷, 叔齊를 찬미한 것은 유가적인 발상의 표현이라 할 수 있다.

충지와 함께 대표적인 선승이었던 가지산문의 일연은 그의 비문에서 "참선하는 여가에 다시 대장경을 열람하여 제가의 장소를 연구하고, 겉으로 유교 서적을 섭렵하는 한편, 百家諸書를 겸수하여 곳에 따라 중생을 이롭게 하되, 그 연마한 묘용이 종횡 자재하였다."라고 표현되어 있어, 그가 유학에 대한 소양이 깊었음을 반영하고 있다. 이어 일연을 계승했던 寶鑑國師 混丘(1250~1322)는 蒙山이 보내준 '無極說'의 의미를 터득하고 無極老人이란 자호를 사용할 만큼 『주역』에 정통

---

18) 金坵 撰, 「臥龍山慈雲寺王師贈諡眞明國師碑銘」, 『東文選』 권117, "學通內外 遂爲崛山藜席之首".

19) 李益培 撰, 「曹溪山第五世贈諡慈眞圓悟國師碑銘幷序」, 『한국금석전문』 中世下, 1055쪽, "師於內外書 無所不允 凡所著述 豪贍雄深 雖古之作者 罕有其比".

하였다.[20] 혼구가 몽산과의 간접적인 교류를 통해 당시 남송대의 도학의 흐름을 이해할 만큼 『周易』을 중심으로 한 도학과 깊은 관련성을 지니고 있었던 것이다. 또한 元으로부터 주자학이 전래되기 이전에 이미 재야의 학자나 승려들에 의해 도학이 연구되고 있었던 것으로 보인다.[21]

그런데 이와 같이 선승들에게 보이는 유교적 경향은 당시 불교계에서 점차 확산되었던 것으로 생각된다. 가령 14세기 전반기에 활동하였던 천태종의 無寄는 忠肅王 15년(1328)에 저술한 『釋迦如來行蹟頌』에서 일상생활 가운데 불제자들이 지켜야 할 윤리에 관하여 역설하는데, 그 중에는 유교적인 덕목이 포함되어 있다.

세간의 깊은 은혜는 부모를 지난 것이 없고, 출세간의 큰 은혜는 스승을 앞서지 못한다. 그러므로 부처님께서 말씀하시기를, "부처가 없는 시대에 부모에게 효도하는 것이 부처를 공양하는 복과 같다."고 하였다. …… 다만 현세의 부모를 보면 바로 석가와 미륵이니 만일 어버이를 공양하면 어찌 따로 공덕을 지을 것이 있겠는가? 나아가 말하기를, "살아 계실 때 좋은 음식이 모자람이 없게 하면 돌아가신 뒤 반드시 후회하지 않게 된다. 그대가 이와 같이 마음을 쓸 수 있으면 하늘과 땅의 용과 신들이 보살펴 도와준다."고 하였다. …… 오호라 다른 사람을 짐짓 부모로 삼아 모신 그 증험이 이와 같으니, 어찌 하물며 이미 몸을 받은 부모에게 잘 따르고 효도로 봉양하는 그 복을 이루 말할 수 있겠는가. 또 대나무를 얼싸안고 우니 눈 속에 죽순이 돋아나고, 얼음을 두드리며 통곡하니 물위로 물고기가 뛰어오른 것

---

20) 李齊賢 撰, 「有元高麗國曹溪宗慈氏山瑩源寺寶鑑國師碑銘幷序」, 『東文選』 권118, "中吳蒙山異禪師 嘗作無極說 附海舶 以寄之 師默領其意 自號無極老人".

21) 李齊賢, 『櫟翁稗說』 前集二, "嘗見神孝寺堂頭正文 年八十 善說語孟詩書 自言學於儒者安杜俊 昔一士人入宋 聞荊公退處金陵 往從之受毛詩 七傳而至杜俊 故詩則專用王氏義 語孟及書所說 皆與朱子章句蔡氏傳合 當時是二書未至東方 不知杜俊何從得其義".

등 이것 또한 효성의 지극함이다. 이로써 살펴본다면 스어버이의 은
혜를 빠뜨릴 수 없는 것이다.[22]

　무기는 승려가 반드시 잊지 말아야 할 四恩으로서 國王恩, 師長恩,
父母恩, 施主恩을 들고 있다.[23] 이 중 승려들이 생산하지 않으면서도
수행에 전념할 수 있는 것은 전적으로 단월의 은혜라고 하여 시주의
은혜를 가장 빨리 갚아야 할 것이라고 강조하였다.[24] 이는 스승의 은
혜와 함께 출가 승려로서의 본분을 중시하는 경향이라고 할 수 있다.
그런데 위의 글에서 무기는 "부처가 없는 시대에 부모에게 효도하는
것이 부처를 공양하는 복과 같다"라고 할 만큼 스승과 함께 특별히 부
모의 은혜를 강조하고, 나아가 국가, 스승의 은혜를 중시하는 경향을
드러내고 있다.

　이러한 경향은 앞서 살펴본 바와 같이 송대 불교에서 불교가 도학과
의 대응과정에서 유불일치론을 제기한다든지 일상성을 중시하는 바와
같은 현상이 고려불교계에서도 점차 확산되어가던 경향을 반영하고
있다. 이러한 경향은 13세기 수선사 단계에서 불교가 유교에 대한 우
위를 보이던 단계와 달리 유교와의 대응방식이 변화되어 가는 것을 반
영하는 것이라 할 수 있다. 이러한 유교적 세계관의 수용은 다음의 글
에서 잘 드러나고 있다.

---

22) 『釋迦如來行蹟頌』卷下(『한불전』6, 527쪽), "世間深恩 無過父母 出世大恩
　　莫先師長 故佛言 無佛世時孝父母 則等供佛福……祇看現世爺娘 便是釋迦
　　彌勒 若能供養得也 何用別作功德 乃至云 在生甘旨無虧 死後不須追憶 君
　　能如是用心 天地龍神佑翼……噫 以他人假爲父母而事之 其驗也若此 奚況
　　於已受生父母 承順孝養 其福可勝言哉 又有抱竹而泣 雪裏笋生 敲氷而哭
　　水上魚躍 此亦孝誠之至也 由此觀之 師與親不可遺也".
23) 『釋迦如來行蹟頌』卷下(『한불전』6, 532~533쪽).
24) 무기는 승려가 지켜야 할 바른 수행의 종류 가운데 15가지를 거론하면서, 마
　　지막에 공양하는 네 가지 것으로서 음식, 의복, 와구, 의약 등 四事를 다시 한
　　번 강조하면서 이러한 시주의 깊고 무거운 은혜를 갚아야 한다고 하였다.
　　『釋迦如來行蹟頌』卷下(『한불전』6, 538쪽).

　무릇 仁義는 모든 선의 근본으로서 三皇五帝의 도가 이를 벗어나지 않았고, 공자와 맹자가 성현의 이름을 얻은 것도 이로 말미암았을 뿐이다. 세간의 도를 五常이라 하고, 출세간의 법을 五戒라 하는데, 이름은 다르나 뜻은 같으므로 사람의 왕과 법왕의 도가 모두 인의를 벗어나지 않음을 알라. 노인을 공경하고 어린이를 사랑하는 것 또한 인의일 뿐이니, 뜻으로서 알 수 있다. 공경함은 의로움이요, 자비로움은 어짐이다. …… 우리 가르침에 있어서도 또한 그러하니 선덕을 공경하고 섬겨서 가르침을 받고, 후생을 사랑하고 길러 깨우쳐 나아가게 하며, 이와 같이 서로 전해 마치지 않으면 온 천하의 백성들이 도를 행할 수 있다.[25]

　위의 글에서 무기는 유교의 도와 불교의 법이 다르지 않으며, 모두 인의를 강조하고 있으며, 그것은 불교에서의 자비와 마찬가지라고 강조하였다. 아울러 이러한 유교적 가르침이 일반민에게까지 확산되어야 도의 실현이 가능하다는 주장까지 제기하였던 것이다.

　이상에서 수선사 단계에서 선승들의 유교적 이해가 원 간섭기 이후에는 충지, 일연 등의 경우를 통해 점차 확산되었으며, 나아가 불교계에서 유교적인 덕목이 수용되는 양상을 통해 살펴보았다. 그러면 선종계에서 유교적 소양과 유교적 세계관이 확산되는 경향에 대해 어떻게 받아들여야 할까. 이는 당시 선승들이 지방사회의 향리층이나 독서층이라는 출신성분과도 관련이 있으며, 아울러 이러한 경향은 고려 불교가 적극적으로 논리나 이론의 개발에 의해 신유학의 흐름에 대응하기보다는 송원대의 불교계가 지향한 흐름과 마찬가지로 유불일치적인 경향을 표방하는 소극적이고 교조적인 논리를 표방하는 것에 그친 한

---

25) 『釋迦如來行蹟頌』 卷下(『한불전』 6, 527쪽), "夫仁義 乃諸善之本 三王五帝之道 不踰於此 孔孟之得聖賢名 亦由此而已矣 世道稱五常 出世法名五戒 名異義同 故知人王法王之道 俱不越仁義也 言敬老慈幼亦仁義而已 可以意得 謂敬則義 慈是仁也……至於內敎亦然 敬事先德而受敎慈育後生而誨進 如是相傳不已 則普天之民 可以爲道矣".

계를 보여주고 있다. 이는 달리 말한다면 불교가 고려사회의 주도이념으로서의 역할이나 기능을 상실하고 서서히 유학으로 대체되어 나가던 흐름을 반영하는 것이라 하겠다. 그러면 이에 비해 당시 유학계는 어떠한 방향으로 나아가고 있었을까.

　남송대 주희에 의해 완성된 주자학은 원대에 이르러 관학으로서 정착되어 국가적인 이념으로 자리 잡게 되었다. 즉 원 후반기인 武宗代(1307~1311) 이후 江南 지역의 문화가 본격적으로 북상하여 주자학이 본격적으로 발전하기에 이르렀다. 이어 仁宗 2년(1315)에 원에서 과거제가 실시됨에 따라 강남의 유자들이 대거 大都로 몰려들어 원의 문풍이 본격적으로 발전하게 되었다. 그런데 원의 과거제 시행은 원의 지배질서에 편입되어 있던 고려에서도 征東行省의 명목으로 鄕試가 실시되어 3명이 선발되었다. 향시는 忠肅王 5년(1318) 이래 10여 차례 실시됨으로써 많은 고려문인들이 응시하였다. 이에 선발된 고려인은 원에 건너가 會試, 廷試에 응거하였는데, 그 준비기간에 원의 문인들과 교유하면서 그들의 지적 소양을 넓혀 갔던 것으로 짐작된다.26)

　이와 같이 원의 制科 출신 학자들을 중심으로 원의 문인들과 교류하면서 자연스럽게 주자학에 대한 관심과 이해의 폭을 넓혀가게 되었다. 특히 이러한 교류관계를 가장 대표적으로 보여주는 것이 충숙왕 원년(1314)에 충선왕이 원의 수도인 연경에 설치했던 萬卷堂이라 할 수 있다. 당시 원의 정국에서 충선왕이 무종을 옹립하는데 기여하였기 때문에 원 조정 내에서 확고한 위치를 구축하게 됨에 따라 만권당을 통해 고려와 원의 문인들이 다양하게 교류하는 계기를 마련하였던 것이다. 당시 연경에는 許衡, 姚燧 등을 계승한 인물들로 구성된 江漢學派가 정계에 본격적으로 참여하여 유학계의 주도권을 장악하였다.

　이와 함께 원대 사상, 학술 정보를 습득할 수 있던 시스템으로서 質子를 통한 케시크가 주목된다. 이는 본래 황제의 친위대 겸 家政機關

---

26) 張東翼, 「麗·元 문인의 交遊」, 『高麗後期外交史硏究』, 一潮閣, 1994.

이며, 4반으로 나누어 3일 교대로 황제의 신변 경호를 하지만, 그보다 황제에 봉사하는 가운데 그 훈도를 받고 또한 능력을 인정받은 자가 몽골정부의 요직으로 나아갔던 것이다. 그런데 이러한 케시크에 고려 왕족도 질자로서 원조 궁정에 보내져 참가했던 것이다. 또한 왕족이 케시크에 들어가면 그를 수종하는 많은 신료가 따라가게 되는데, 이들 가운데 사대부는 자연스럽게 당시의 주자학과 접할 수 있는 기회를 갖게 되었던 것이다. 위에서 서술한 바와 같이 이제현 등의 고려 사대부가 만권당을 통해 원대의 지성과 교유할 수 있었던 바와 같이 케시크 제도가 갖는 의미가 크다고 하겠다.27)

이와 같이 원대 사상계에서 주자학이 관학으로서 주도적인 위치를 차지하면서, 고려의 문인들은 원 제과에 응시하는 경우라든지, 만권당을 통해 원의 주자학자와 교유하면서 서서히 주자학을 도입하게 되었다. 그러면 초기 주자학 수용기의 사대부가 새로운 사상체계였던 주자학을 도입하면서 기존의 주도이념이었던 불교에 대해서는 어떻게 대응하였을까. 기존의 연구에서는 주자학이 수용되면서 유불병존적인 흐름도 있었지만 척불론이 본격적으로 제기되는 것으로 이해하고 있다. 이러한 두 갈래 흐름과 관련하여 당시 대표적인 사대부의 경우를 통해 그들의 불교에 대한 교유나 불교관이 어떠한가에 대해 살펴보기로 한다.

먼저 전자의 흐름을 대표하는 인물로서는 李齊賢(1287~1367), 李穀 등을 들 수 있다. 이제현은 고려사상계에 주자학을 본격적으로 수용하기 시작하였던 대표적인 인물이다. 그의 부친인 李瑱(1244~1321)이 수선사의 혜감국사 萬恒과 교유하였으며,28) 그의 형이 당시 화엄종의

---

27) 森平雅彦, 「元朝ケシク制度と高麗王家 - 高麗・元關係における禿魯花の意義に關連して」,『史學雜誌』第110編 第2号, 2001.

28) 「松廣和尙寄惠新茗順筆亂道寄呈丈下」,『益齋亂藁』권4(『韓國文集叢刊』(이하『문집』으로 줄임) 2, 532쪽), "……東菴昔爲綠野遊 慧鑑去作曹溪主 寄來佳茗致芳訊 報以長篇表深慕 二老風流冠儒釋".

대표적인 승려였던 體元이었다. 따라서 이제현은 그의 가문이 불교와 밀접한 관련을 갖고 있었으므로 그 역시 자연스럽게 불교와 인연을 가졌던 것이다. 그가 교유한 승려로는 다양한 종파의 인물을 확인할 수 있다. 그는 부친인 이진을 따라 천태종 妙蓮社 계통의 無畏國統 丁午의 문하에 드나들었고, 조인규의 아들인 義旋과 교유하였다.29) 또 南山宗의 木軒 丘公과도 교유하였다.30) 그러나 이제현이 교유한 승려들은 松廣和尙, 息影菴,31) 大禪師 瑚公,32) 공민왕으로부터 '直指堂月潭'이란 도호를 받은 心禪師,33) 默菴坦師34) 등 주로 선종 계통의 선승들이었다.

한편 이제현은 1319년(忠肅王 6)에 충선왕을 수종하여 중국 江浙지방을 순력하면서 관음신앙의 성지인 寶陁山을 방문하였다. 또 충선왕이 당시 西天目山에 주석하고 있던 中峰明本을 찾아가 제자의 예를 올리고, 법어를 들을 때에35) 이제현이 충선왕을 수종하였으므로 역시 명본에게서 많은 영향을 받았던 것으로 생각된다. 이와 같이 충선왕을 중심으로 한 고려 사대부들이 보타산과 절강성 지역을 순례한 것은 당시 원의 지배층을 중심으로 한 강남 불교계에 대한 순례가 유행한 데 따른 것에 현상이기도 하지만 당시 원의 지성이나 선승들과 직접 교유한 경험이 적지 않음을 잘 드러낸다고 하겠다.

이러한 교유를 통해 이제현은 특히 선사상에 대한 이해를 심화시켰

---

29) 「妙蓮寺重興碑」, 『益齋亂藁』 권6(『문집』 2, 557쪽).

30) 「重修開國律寺記」, 『益齋亂藁』 권6(『문집』 2, 552쪽).

31) 「息影菴入京遣侍者問疾戱呈一絶」, 『益齋亂藁』 권4(『문집』 2, 533쪽).

32) 「送大禪師瑚公之定慧社詩序」, 『益齋亂藁』 권5(『문집』 2, 542쪽).
　　瑚公은 혹 수선사 10세인 혜감국사 만항의 비문에 그가 입적하기 직전 선문답을 하였던 景瑚가 아닌가 한다(李齊賢 撰, 「海東曹溪山修禪社第十世別傳宗主重續祖燈妙明尊者贈諡慧鑑國師碑銘幷序」, 『益齋亂藁』 권7).

33) 「書檜嚴心禪師道號堂名後」, 『益齋亂藁』 권5(『문집』 2, 543쪽).

34) 「白華禪院政堂樓記」, 『益齋亂藁』 권6(『문집』 2, 554쪽).

35) 「示衆」, 『天目中峯和尙廣錄』 1上 ; 張東翼, 『元代麗史資料集錄』, 서울대출판부, 1997, 147~160쪽 참조.

144

던 것으로 보인다. 가령 그는 '直指堂月潭'이란 도호를 받은 心禪師를 찾아가 『六祖壇經』을 질문하였으며, 그의 설명이 간략하면서도 극진하였다고 평하고 있다.[36] 이를 통해 이제현이 『六祖壇經』에 대해 선승과 함께 문답을 나눌 만큼 선지에 밝았음을 알 수 있다. 이러한 면은 달마의 '無功德'에 대한 의미와 건동선사에 대한 지공의 찬탄을 비교하여 질문한 사람에게 이제현이 설명하면서 "지공과 달마가 다른 점에 대하여는 자네가 특별한 식견을 갖추기를 기다렸다가 곧 말하여 주겠노라"[37]라고 할 정도로 선지에 일가견을 갖고 있음을 자신 있게 내비쳤던 것이다

이제현 다음 단계의 대표적인 주자학자라 할 수 있는 李穀은 다양한 승려들과의 교유관계를 갖고 있었다. 그가 교유한 대표적인 승려로서는 묘련사 계통의 義旋[38]을 들 수 있으며, 이외에 智堅,[39] 中向,[40] 修公,[41] 式無外,[42] 水精長老[43] 등 다양한 종파의 승려들과 교유하였다.[44] 그러면 이들과의 교유를 통해 이곡이 가진 불교관이 어떠한가를 살펴보기로 한다.

공자가 돌아가자 부처가 나와서 유교와 대립하였는데, 그 가르침이 空寂하고 高遠하여 세상의 이치와 동떨어졌다. 그러므로 공자를 위하는 자는 배척하였는데, 당의 韓愈와 같은 이는 더욱 힘썼다. 그러나

---

36) 「書檜巖心禪師道號堂名後」, 『益齋亂藁』 권5(『문집』 2, 543쪽).
37) 「重修乾洞禪寺記」, 『益齋亂藁』 권6(『문집』 2, 553~554쪽).
38) 李穀, 「虛淨堂記」, 『東文選』 권71.
39) 李穀, 「金剛山普賢菴法會記」, 『東文選』 권70.
40) 李穀, 「重興大華嚴普光寺記」, 『東文選』 권70.
41) 李穀, 「神孝寺新置常住記」, 『東文選』 권71.
42) 李穀, 「跋福山詩卷」, 『稼亭集』 권7(『문집』 3, 146쪽), 「式無外松石軒銘」, 『東文選』 권49.
43) 李穀, 「送水精長老序」, 『稼亭集』 권8(『문집』 3, 151쪽).
44) 高惠玲, 『14세기 高麗 士大夫의 性理學 受容과 稼亭 李穀』, 이화여대 박사학위논문, 1992, 218~225쪽 참조.

그 글을 보면 간혹 승려와 더불어 노닐어 좋은 정이 언어의 사이에 자주 나타났으니, 아마도 그 사람들이 모두 뜻이 맑고 행실이 조촐하며 영화와 욕됨을 멀리하고 죽고 삶을 하나로 보아, 잃어버릴까 근심하여 이욕에 골몰하는 자보다 만배나 높이 솟아났기 때문에 그런 것이 아닌가.45)

   내가 들으니 불교는 허무로써 으뜸을 삼고 자비와 살생하지 않는 것으로 가르침을 삼으며, 그 말은 모든 악을 짓지 말고 여러 가지 선을 받들어 행하라고 하니 대개 그 가르침이 비록 세상을 다스리는 데는 절실하지 못하나 진실로 능히 이 마음을 미루어 넓혀서 온 세상 사람들로 하여금 모두 선을 좋아하고 악을 미워할 줄 알아서 仁壽의 영역에 오르게 하니 어찌 작은 도움이라고 말하겠는가. 이것이 불교가 천하에 오래도록 행하여지는 까닭인 것이다.46)

   위의 글을 통해 이곡이 갖고 있는 불교관이 어떠한가를 구체적으로 알 수 있다. 먼저 당시 주자학이 수용되면서 이단 배척의 논리를 제공하였던 한유의 논리가 쉽게 인용될 만큼 유불관계에 대한 인식이 변화하고 있음을 알 수 있다. 즉 서서히 주자학의 정통론적인 관점에서 이단을 배척하고자 하는 분위기가 형성되고 있었던 것이다. 그러나 이곡은 불교가 지향하는 세계가 맑고 고원한 경지를 추구하므로 이를 받아들인다고 표현한 데서 알 수 있듯이 불교의 세계관을 긍정적으로 보았다. 아울러 불교가 허무한 것으로 세상을 다스리는 데에는 적합하지

---

45) 「送水精長老序」, 『稼亭集』 8(『문집』 3, 151쪽), "仲尼沒而浮圖氏出 與儒各立 其爲教也空寂高遠而闊於世理 故爲孔氏者詆訾之 如唐之韓吏部尤力焉 然觀其文 或與浮圖游 情好屢見於言語間 豈以其人 皆能淸志潔行 外榮辱一死生 高出於患失汨沒利欲者萬萬乎".
46) 「大都大興縣重興龍泉寺碑」, 『稼亭集』 6(『문집』 3, 137쪽), "予聞佛者以虛無爲宗 慈悲不殺爲教 其言曰諸惡莫作 衆善奉行 盖其爲教雖不切於世治 苟能推廣是心 使一世之人 皆知好善惡惡 躋于仁壽之域 則豈曰小補之哉 此佛道之所以久行於天下歟".

않다고 설정하면서도 사람들로 하여금 선을 행하게 하는 불교의 교화적 역할을 인정함으로써 아직까지 불교가 갖는 사회적 기능을 긍정적으로 파악하였던 것이다.

그리하여 이제현은 "부처의 도는 자비와 희사를 근본으로 삼으니, 자비는 仁의 일이고, 희사는 의로운 일이다."[47]라고 주장하였으며, 이곡은 "대개 성인의 好生之德과 불교의 不殺之戒는 같은 仁愛요, 같은 자비이다"[48]라고 하였던 것에서 잘 드러나듯이 유교와 불교가 근원적으로 동질적인 것으로 이해하였던 것이다. 이처럼 당시 사대부는 불교에 대해 긍정적이었으며, 사상적으로 유불일치론의 입장을 지니고 있었다. 그리하여 당시 불교의 사회적 폐단에 대해서도 거의 비판하지 않았던 것이다.[49]

수천만 권이나 되는 것을 임금의 세력으로 하기 어렵지 않지만, 그 글이 이처럼 많고 비용이 또한 많이 들어 백성의 고혈을 짜서 비용에 충당하지 않을 수 없으니, 이렇게 되면 부처의 본의가 아니다. 그런데 이제 주상 전하께서는 백성의 재물을 손상시키지 않고 백성의 힘을 허비하게 하지도 않고서, 간략하면서도 요점을 얻고 신속하면서도 정밀하게 하였으니, 부처의 본의에 알맞는 것으로서, 그 공덕을 어찌 다 헤아리겠는가?[50]

나는 생각하건대, 근세에 부도들은 일을 경영하려면 반드시 권력가

47) 「金書密敎大藏序」, 『益齋亂藁』 권5(『문집』 2, 543쪽), "佛氏之道 以慈悲喜捨爲本 慈悲仁之事也 喜捨義之事也."

48) 李穀, 「金剛山長安寺重興碑」, 『稼亭集』 권6(『문집』 3, 138쪽), "蓋聖人好生之德 佛者不殺之戒 同一仁愛 同一慈悲也."

49) 「白華禪院政堂樓記」, 『益齋亂藁』 권6(『문집』 2, 554쪽).

50) 「金書密敎大藏序」, 『益齋亂藁』 권5(『문집』 2, 543쪽), "所謂數千萬卷者 以萬乘之勢 爲之非難 其書旣多 其費亦廣 未免浚民以充其用 恐非佛氏之意也 今者主上殿下 不傷民財 不費民力 簡而得其要 速而致其精 可謂得佛氏之意 而功德豈易量哉".

의 힘을 빌리며, 백성에게 해독을 끼치고 국가에 피해를 주어 빨리
완성하려고만 하고, 복을 심는다는 것이 결국 원망을 사는 길임을 모
르는데, 목헌대사는 그렇지 않아 말이 지성에서 나왔으므로 대중들이
즐겁게 일을 하여 털끝만치도 국가의 재물을 허비하지 않고, 한 참도
백성의 힘을 빌리지 않고도 그 이룬 사업이 이처럼 훌륭하니 이것은
마땅히 기록하여야 한다.51)

위의 글에서 드러나는 것과 같이 이제현, 이곡 등의 사대부는 당시
불교계의 사회적 모순이나 폐단에 대해 충분히 인식하고 있음에도 불
구하고, 그것이 불교 본래의 입장이나 가르침에서 벗어난 것일 뿐이지,
불교의 근본적인 문제가 아닌 것으로 이해하였다. 나아가 당시 사대부
는 사회윤리의 측면에서도 불교가 모순되지 않는 것으로 인식하고 긍
정적으로 바라보았다.

　　부처님은 자비한 것으로 마음을 삼고 구제하는 것으로 일을 삼으
　니, 사람이 능히 어질고 효하는데 독실하면 그 감응하는 것도 그림자
　나 메아리와 같지 않은 것이 없다.52)

위의 글에서 보듯이 이곡은 유교에서 기본으로 내세우는 효의 윤리
는 곧 불교의 자비와 통하는 것으로 인식하였다.53) 그렇기 때문에 효
의 실천의 한 방법으로서 불교신앙까지 긍정적으로 바라보았던 것이

---

51) 李齊賢, 「重修開國律寺記」, 『益齋亂藁』 권6(『문집』 2, 552쪽), “余惟近世浮
　　圖之流 有所經爲 必假勢於權豪之家 毒民病國 徒務亟成 而不知種福爲斂怨
　　也 木軒大師則不然 言發于誠 衆樂爲用 不糜國秋毫之財 不藉民食頃之力
　　其所樹立如是 是可書也”.
52) 李穀, 「高麗國江陵府艶陽禪寺重興記」, 『稼亭集』 권2(『문집』 3, 114쪽), “余
　　惟佛氏以慈悲爲心 拯濟爲事 人能篤於仁孝 其感應之妙 不啻影響矣.”
53) 이러한 인식은 다음의 글에서도 보인다.
　　李穀, 「大崇恩福元寺高麗第一大師圓公碑」, 『稼亭集』 권6(『문집』 3, 138~
　　139쪽).

다. 나아가 그는 유자가 부모에게 효도하는 도리로써 3년상을 치르고
또 부모의 명복을 위해 사원을 일으킴을 칭송하였다.[54]

> 비록 마음의 본질은 원래 멀고 가깝고 彼此에 다른 것이 없다. 유자
> 는 바른 것으로 몸을 닦고 그것으로 제가하고, 나라를 다스리며 천하
> 를 태평하게 하는 것이요, 불자는 觀으로써 수행하고 그것으로 본성
> 을 보며 부처가 되는데 이르러 나와 남을 이롭게 하니, 이것을 요약
> 하면 진실로 마음으로써 마음을 보고 마음으로써 마음을 바르게 하는
> 것이요, 오직 마음의 수양을 어떻게 해야 할 것인가를 살펴보는 것이
> 다.[55]

위의 글에서 李穀은 유교와 불교가 수양론에서 서로 다른 것이 아
님을 강조하였다. 즉 유교나 불교는 모두 마음의 본질은 같은 것이며,
다만 마음을 기르는 것(存養)이 어떤가에 달려있다고 하였다. 비록 주
자학의 심성론, 수양론을 통해 불교를 이해하고 해석하였지만, 역으로
이를 통해 그의 주자학 이해가 불교로부터 일정하게 영향을 받았던 측
면을 드러내고 있는 것이다.

다음으로 14세기 전반기에 불교의 사회적 모순을 지적하면서 대두
한 척불론의 경향에 대해 살펴보기로 한다. 이러한 초기 척불론의 선
구적인 인물로 흔히 崔瀣(1287~1340)를 들고 있다.[56] 그는 불교의 공

---


54) 李穀, 「高麗國江陵府艶陽禪寺重興記」, 『稼亭集』 권2(『문집』 3, 114쪽).

55) 「新作心遠樓記」, 『東文選』 권70, "雖然心之爲物 本無遠近彼此之殊 儒者以
  正 以之修身 以至于齊家理國而平天下佛者以觀 以之修行 以至于見性成佛
  而利自他 要之誠不以以心觀心 以心正心 顧其存養如何耳".

56) 최해에 대한 연구는 다음의 글을 참조하기 바란다.
  高惠玲, 「崔瀣(1287~1340)의 생애와 사상」, 『李基白先生古稀紀念 韓國史學
  論叢』 上, 一潮閣, 1994.
  邊東明, 「性理學의 初期 受容者와 佛敎」, 『高麗後期性理學受容硏究』, 一潮
  閣, 1995.
  朴漢男, 「崔瀣의 生涯와 仕宦」, 『成大史林』 12·13, 1997.

덕사상을 비판적으로 바라보았으며,[57] 불교를 모르더라도 유교만은 알아야 진정한 불자가 될 수 있다고 주장하였다.[58] 나아가 불교는 출세간을 지향하므로 親愛를 끊어버리게 되므로 인륜을 땅에 떨어뜨리는 것이고, 승려들은 무위도식하는 피역의 무리라고 강력하게 비난하였다.[59]

그러나 최해가 제기한 배불론은 주자학이 수용되기 이전의 불교비판론과 별반 다를 바가 없는 것으로, 현실적인 불교계의 모순에 대한 문제제기에 지나지 않는다고 생각된다. 기존의 연구에서는 최해가 제기하는 불교 비판론에 관련된 자료만을 제시하였는데, 그가 불교계와의 교류나 불교 이해를 보여주는 자료가 적지 않다. 먼저 다음의 글을 보도록 한다.

내가 가만히 보건대 천하 사람들이 부처를 받드는 것이 너무 지나쳐서 배와 수레가 닿는 곳마다 탑과 사당이 서로 바라보게 되었고, 그 무리들이 모두 권문에 붙어서 富力을 오로지 하여 백성에게 해독을 끼치고 사대부를 종처럼 보기 때문에, 우리 선비로서는 취하지 못할 바 되었으나 이것이 어찌 부처의 허물인가. 대개 부처는 착한 일하기를 좋아하고, 착하지 못한 일하기를 좋아하지 않으며, 그 마음을 맑게 하고 성품을 본다는 말 미루어 보면 또한 우리 유교를 본받은 것과 비슷하니, 달인과 군자가 그 도에 맞을 들여서 즐거워하고 버리지 못하는 것이 또한 까닭이 있다.[60]

---

朴漢男, 「14세기 崔瀣의 『東人之文四六』 편찬과 그 의미」, 『大東文化硏究』 32, 1997.

具山祐, 「14세기 전반기 崔瀣의 저술활동과 사상적 단면」, 『지역과 역사』 5, 1999.

57) 「送僧禪智遊金剛山序」, 『拙藁千百』 권1(『문집』 3, 14쪽).

58) 崔瀣, 「送盤龍如大師序」, 『東文選』 권84.

59) 「送僧禪智遊金剛山序」, 『拙藁千百』 권1(『문집』 3, 14쪽).

60) 「頭陁山看藏庵重營記」, 『拙藁千百』 권1(『문집』 3, 5쪽), "僕竊見天下奉佛大過 舟車所至 塔廟相望 其徒皆拊權擅富 蠹毒斯民 而奴視士夫 故爲吾儒所

150

위의 글에서 알 수 있듯이 최해는 현실적으로 사원경제가 갖고 있는 각종 사회적 모순에 대해서는 강하게 비판하고 있지만, 그것이 불교 그 자체에서 기인하는 것이 아니라고 주장하였다. 오히려 불교의 권선적인 성향과 明心見性의 학설은 유교에서 지향하는 바와 같기 때문에 유자들이 이를 받아들인다고 하였던 것이다. 또한 그는 불교가 유교를 본받았다고 하여 유교 우위적인 입장을 제기하지만, 역시 결론적으로는 유불조화적인 입장을 드러내고 있다.

이와 같이 최해는 불교교단이 현실적으로 드러내고 있는 각종 사회적 폐단에 대해서는 강하게 비판하였지만, 불교 그 자체까지 부정하지는 않았던 것이다.61) 나아가 그 역시 승려와 교유한다든지, 불교에 대한 이해가 적지 않은 면도 확인할 수 있다. 가령 그가 廣明寺에서 禪語로 희롱하고 벽에 居士라고 써놓았다든지, 시자와 법거량하는 듯한 면을 통해 최해는 선사상에 대한 일정한 이해를 갖고 있었음을 알 수 있다.62)

白文寶(1303~1374)는 그의 斥佛疏로 인해 흔히 배불론자로 알려져 있으며, 성리학 수용 초기의 인물이므로 배불운동의 선구로서 평가하고 있다.63) 그러나 恭愍王 12년(1363)에 상소한 척불소는 주로 사원이 갖고 있는 사회경제적 폐단에 초점이 맞추어진 것이며, 이론적으로 불교의 功利禍福之說이 지닌 폐단을 비판하는 정도에 그치고 있다.

그러나 백문보는 척불소를 상소한 바로 그 해에 杏村 李嵒의 청에 의해『懶翁語錄』의 序文을 작성하였다. 나옹 사후에 편찬된『나옹어록』이 간행되기 이전에, 나옹이 원에서 돌아온 이후 처음 간행된 초판본에 대한 서문을 백문보가 작성했다는 사실은 그가 불교계와 관계가

---

不取焉 是豈佛之過歟 夫佛好爲善 不好爲不善 就其明心見性之說而觀 之 似亦祖吾儒而爲者 達人君子有味其道 樂而不捨者亦有以夫".
61) 具山祐, 앞의 논문 참조.
62) 李齊賢,『櫟翁稗說』前集二.
63) 李男隨,「白文寶의 性理學 受容과 排佛論」,『韓國史研究』74, 1991.

있었던 측면을 반영한다. 나아가 서문에서 "본래면목을 보았다면 한결같이 향상해 갈 것이지 굳이 문자로 남겨 군더더기로 할 것이 있겠는가."라는 반문은 그의 禪旨를 엿보게 하는 대목이다. 아울러 "하나의 근본이 만 가지로 달라진다는 것도 모두 이 마음이 움직일 수 있고 그치게 할 수 있는 것"이라는 설명도 그가 불교에 대한 이해가 없었다면 하기 어려운 표현이다.64)

이상에서 살펴본 바와 같이 기존의 연구에서 최해와 백문보를 통해 주자학 초기 수용기의 배불론을 과도하게 평가하는 경향은 재검토되어야 할 것으로 생각된다. 이들이 불교 비판론을 제기한 것은 원 간섭기 이후 사회적 모순이 심화되고 보수적인 불교계의 폐단이 다방면으로 노출되고 있던 상황에서 개혁적인 방향을 제시하고자 했던 입장이었기 때문이었다. 아울러 이들의 단계에는 아직까지 주자학 이해의 수준이 그렇게 높지 않았기 때문에,65) 불교 그 자체에 대한 이론적 비판보다는 사회경제적 폐단에 대한 비판 위주로 전개되고 있었다.

## 3. 새로운 禪籍의 수용과 간화선의 확산

### 1) 『蒙山法語』, 『禪要』의 사상적 특징과 의미

앞서 서술한 바와 같이 몽골정부의 적극적인 문화정책과 불교 보호정책에 의해 당시 다양한 선적이 간행되고 출판되어 고려, 일본에 전해지게 된다. 이러한 다양한 선적 가운데 현재 남아 있는 자료를 통해 보든, 이후의 선종사의 흐름과 관련해서 보든 공통적인 현상으로서 蒙山과 관련되는 선적과 함께 高峰原妙(1238~1295)－中峰明本(1263~1323)으로 이어지는 법맥과 그들의 선적이 중점적으로 수용되는 것이

---

64) 「懶翁語錄序」, 『淡庵逸集』 권2.
65) 高惠玲, 앞의 논문 참조.

152

라 할 수 있다. 이 가운데 특히 대표적인 선적이 바로『蒙山法語』와
『禪要』이며, 이들 선적의 수용에 의해 이후의 간화선의 전개나 한국불
교사의 특징을 엿볼 수 있다고 할 만큼 대단히 중요한 위치를 갖는 전
적이다. 그러면 여기서는 먼저 이들 선적의 저자인 몽산, 원묘가 어떠
한 인물인가에 대해 살펴보고, 이어 이들 선적을 통해 제시하는 간화
선의 사상체계가 무엇인지, 나아가 그 사상사적 의미가 무엇인지에 대
해 분석해 보고자 한다.

　몽산은 남송 말에서 원 초기에 걸쳐 활동한 임제종 계통의 선승이
다. 그는 1232년 江西省 瑞陽 高安에서 태어났으며, 俗姓은 盧氏이며,
法名은 德異이다. 몽산은 그의 호이며, 아울러 古筠(比丘), 澱山和尙,
休休庵主人, 絶牧叟 등을 함께 사용하였다.66) 그는 일찍부터 불교에
관심을 가지고 있었으며, 20대 시절에 이미 대장경을 열람할 만큼 교
학까지 폭넓게 섭렵하였다. 그는 임제종의 皖山正凝의 法脈을 계승하
였으므로, 당시 성행하던 간화선 수행법을 위주로 하였다. 그는 20대에
접어들면서 이미 간화선에 입문하여 30대 초반에 이르기까지 정진하
였으나 깨달음을 이루지 못하였다. 그러다가 스승인 정응으로부터 받
은 ‘무자’ 화두를 참구함으로써 확연히 깨닫게 되었다.67)

　그러면 몽산의 간화선법이 갖는 사상적 경향과 그 특징이 어떠한가
에 대해『몽산법어』를 통해 살펴보기로 한다.『몽산법어』는「示古原上
人」,「示覺圓上人」,「示惟正上人」,「示聰上人」,「無字十節目」,「休休
庵主坐禪文」 등 6편으로 구성된, 대단히 간략한 禪籍이다. 전체 6편으
로 된 법어에서 몽산은『無門關』45칙에 나오는 ‘他是阿誰’ 화두를 제
시하기도 하지만 거의 대부분 ‘무자’ 화두를 사용하였다. 나아가 ‘무자’

---

66) 南權熙,「蒙山德異와 고려 인물들과의 교류」,『도서관학논집』21, 1994.
　　許興植,「蒙山德異의 行績과 年譜」,『韓國學報』77, 일지사, 1994.
　　許興植,「蒙山德異의 著述과 生涯」,『書誌學報』15, 1995.
67)「皖山正凝禪師示蒙山法語」,『蒙山法語』,「蒙山異禪師示衆」,『禪關策進』
　　(『선장』38, 432~435쪽).

화두를 참구하는 학인에게 공부를 점검하도록 「無字十節目」까지 제시
할 정도로 몽산의 간화선법은 철두철미하게 '무자' 화두에 집중되었다.

　　중이 조주에게 묻기를, "개에게도 불성이 있습니까."하니, 조주가
이르기를, "없다"라 하니, 다만 이 '無字'는 종문 중의 한 관문이니, 유
심으로도 뚫을 수가 없고, 무심으로도 뚫을 수가 없다. 惺惺靈利한
자가 바로 뒤집어 조주를 옭아 잡거든 나에게 화두를 도로 가져오라.
만약 털끝만큼이라도 있으면 문 밖에 있느니라. 각원상좌는 깨달았느
냐? 묘한 깨달음이 원만히 밝으니 마땅히 조주는 이 무슨 면목인가를
알아야 한다. 이 '무자'를 이른 뜻은 무엇인가. "일체중생이 모두 불성
이 있다"라고 하였는데, 조주는 왜 "없다"라고 했는가. 필경 이 '무자'
의 뜻이 어디에 있는가. 본각을 밝히지 못하면 낱낱이 의심이 있으니,
크게 의심하면 큰 깨달음이 있을 것이다. 문득 마음을 가져 깨달음을
기다리지 말며, 또 뜻으로써 깨달음을 구하지 말며, "있다", "없다"라
는 알음알이를 짓지 말며, 허무라는 알음알이를 짓지 말며, '쇠로 만
든 빗자루'라는 생각을 하지 말며, '나귀매는 말뚝'이라는 생각을 하지
말라. 의단으로 나날이 성행하게 하여 하루 24시간과 사위의 중에 다
만 이 '무자'를 잡아 매우 조밀하게 心光을 돌이켜 스스로 볼지니라.
보아 오고 보아 가며 의심해 오고 의심해 가서 도무지 재미없는 때에
조금 재미가 있으리니, 문득 번뇌심을 내지 말라.68)

　　간화선은 끊임없이 하나의 화두를 참구하는 것이다. 그런데 화두를
들고 참구한다는 것은 곧 화두를 의심해 나가는 것이다. 그리고 하나

---

68)「示覺圓上人」,『蒙山法語』, "僧問趙州 狗子還有佛性也無 州云無 只者箇無
　　字 是宗門一關 有心透不得 無心透不得 惺惺靈利 直下掀飜 捉敗趙州 還我
　　話頭來 若有一毫末 且居門外 覺圓上座 覺也未 妙覺圓明 當識趙州是何面
　　目 道介無字意 作麼生 蠢動含靈 皆有佛性 趙州因甚道無 必竟 者箇無字 落
　　在甚處 本覺未明 一一有疑 大疑則有大悟 却不得將心待悟 又不得以意求悟
　　不得作有無會 不得作虛無會 不得作鐵掃箒用 不得作繫驢橛用 從教疑團日
　　盛 於二六時中 四威儀內 單單提箇無字 密密廻光自看 看來看去 疑來疑去
　　百無滋味時 有些滋味 却不可生煩惱".

의 화두를 의심하는 것은 생과 사에 대한 의심, 본래 부처에 대한 의심 등 천가지 만가지 의심을 하나로 몰아붙이는 것으로서, 하나의 화두에 의심이 해결되면 모든 의심이 일시에 없어지는 것이다. 따라서 대혜는 바로 의심을 간화의 조건이자, 깨달음을 얻는 전제로 보았다. 즉 화두는 자성을 깨치기까지 하나의 觀行으로서 의식 집중의 구심점 역할을 하는데 그치지 않고, 모든 분별집착과 악지악각을 없애는 무기로서의 역할을 하는 것이다. 몽산은 '무자' 화두의 참구를 강조하면서 대혜와 마찬가지로 설명하여 "크게 의심하면 큰 깨달음이 있다"고 함으로써 화두 참구가 본질적으로 의심에 있음을 강조하였다.

그리고 화두를 참구함에 있어 무엇보다도 분별심을 금기시한다. 즉 간화선은 일체의 사량분별심, 지견을 부정한다. 왜냐하면 이러한 알음알이가 의심을 일으키는 데 있어 결정적인 장애물이 되기 때문이다. 곧 화두를 지식이나 이해로써 접근하는 한, 화두의 해결은 불가능한 것이다. 한편 몽산은 간화선을 참구하는데 있어 실제적인 수행에 도움이 될 수 있도록 수행과정의 문제라든가 수행 방법에 대해 자세하게 설명하고 있다. 즉 화두를 참구하는 과정에서 생기는 병이나, 睡魔, 昏沈, 산란 등에 대해 지적하고 그러한 문제를 어떻게 해결해야 하는가를 제시한다.[69] 그는 화두를 참구할 때에 마음을 급하게 쓰면 혈기가 고르지 못하는 등의 병이 생기므로 마음을 조급하게 쓰지 않아야 한다고 지적한다. 또한 너무 늘어지면 화두를 잊어버리고 정신이 혼미해지는 폐단이 있다고 한다.[70]

---

69) 「示古原上人」, 『蒙山法語』, "話頭上有疑不斷 是名眞疑 若疑一上少時 又無疑者 非眞心發疑 屬做作 是故 昏沈掉擧 皆入作得 更要坐得端正 一者睡魔來 當知是何境界 纔覺眼皮重 便着精彩提話頭一二聲 睡魔退 可如常坐 若不退 便下地 行數十步 眼頭清明 又去坐 千萬照顧話頭 及常常鞭起疑 久久工夫純熟 方能省力 做到不用心提話頭 自然現前時境界及身心 皆不同先已夢中 亦記得話頭 如是時 大悟近矣".

70) 「示惟正上人」, 『蒙山法語』, "不要用心大緊 緊則動色心 生病 不可大緩 緩則忘却話頭 入昏沈掉擧去也 妙在善用其心 發盡正信心 捨盡一切世間心 惺惺

또한 화두를 참구할 때는 깨달음을 기다리는 '待悟之心'을 내지 말아야 할 것을 강조하였다.[71] 깨달음을 기다리는 마음은 조급한 심정으로 알음알이를 내게 하며, 이로 인해 제대로 공부를 못하게 하고 의심을 일으킬 수 없게 하는 것이다. 그러므로 대혜는 知見이 너무 많아 證悟를 구하는 마음이 장애를 짓기 때문이라 경계하였고, 지눌 역시 '무자' 화두를 참구할 때 가장 주의하여야 할 열 가지 병통(十種病)을 거론하면서 證悟를 구하는 마음이 근본이 된다고 지적하였던 것이다.[72] 한편 몽산은 깨친 후에는 반드시 본분종사를 친견하여 인가를 받을 것을 강조하였다. 그리하여 법문 마지막에는 항상 선지식으로부터 인가를 받아야 함을 거듭해서 강조하였던 것이다.[73]

이상에서『몽산법어』에서 제시되고 있는 간화선 수행론의 구체적인 방법론과 그 특징에 대해 살펴보았다. 위에서 살펴본 바와 같이『몽산법어』는 그 사상적 특징이 간화선의 수행방법론을 철저하게 '무자' 화두에만 초점을 맞추고, 깨달은 이후에는 반드시 조사로부터 인가를 받도록 한 점에 있다. 이러한 특징은 간화선의 수행방법론이 오로지 하

---

密密提撕 於坐中 最易得力 初坐時抖擻精神 放教身體端正 不可背曲 頭腦卓堅 眼皮不動 平常開眼 眼睛不動 則身心具靜 靜而然後 定 定中却要話頭現前 不可貪定 而忘話頭 忘則落空 反被定迷 無有是處 定中得力易 却要惺惺不昧 忽有一切好惡境界現時 都不要管他 話頭分曉 倏忽境界自淸 起定之時 緩緩動身 護持定力 於動用中 保持得話頭 有疑提撕 不用力 綿綿密密 無有間斷時 工夫漸漸成片 得如澄秋野水 湛湛淸淸 從有風動 並是淸波 到如是時 大悟近矣".

71)「示覺圓上人」,「示惟正上人」,『蒙山法語』.

72)『看話決疑論』(『普照全書』, 91~92쪽).

73)「示聰上人」,『蒙山法語』, "忽然築着磕着 줄地折 爆地斷 洞明自己 捉敗佛祖 得人憎處 又宜見大宗匠 求煅煉 成大法器 不可得少爲足 悟後 若不見人 未免不了後事 其害非一 或於佛祖機 緣上有碍處 是悟淺 未盡玄妙 旣盡玄妙 又要退步 韜晦保養 力量全備 看過藏敎 儒道諸書 消磨多生習氣 淸淨無際 圓明無碍 始可高飛遠擧 庶得光明 盛大 不辱先宗 其或換舊時行履處 未盡 便他常流 更若說時 似悟 對境還迷 出語如醉人 作爲似俗子 機不識隱顯 語不知正邪 撥無因果 極爲大害 先輩正之與邪 大有攘子".

나의 '무자' 화두에만 집중되고, 화두 참구 자체도 선승을 중심으로 정형화된 스타일로 구성된 사상체계를 제시하였던 것에 다름 아니다. 따라서 그러한 성격이 『몽산법어』에 집약되어 있고, 이러한 측면은 일본 불교계에서 성행된 『무문관』과 마찬가지가 아닌가 한다.

다음으로 『禪要』의 간화선 수행론에 대해 살펴보기로 한다. 『선요』는 原妙의 법문을 모아 엮은 책으로, 그의 시자인 指正이 錄하고 洪喬祖가 編한 것이다. 그 체제는 홍교조의 序文과 朱穎遠의 跋文 그리고 본문 29장으로 구성된 1권의 간략한 선적이며, 元貞 원년(1295)에 초간본이 간행되었다.74) 그후 1358년 오군 集雲精舍에서 중간한 판본이 전해진 것은 확실하다. 이 판본은 皇慶 2년(1313)에 『緇門警訓』을 편찬하기도 한 永中이 판각한 중간본이다.

원묘는 元代 임제종의 대표적인 선승으로서, 그의 법맥은 雪巖祖欽(?~1287)－高峰原妙(1238~1295)－中峰明本(1263~1323)으로 이어지면서 원대 선종계를 주도하였다. 원묘는 그의 이름이며, 법호는 高峰, 속성은 徐氏이며, 남송 말기인 1238년 3월 23일 江蘇省 蘇州府 吳江縣에서 출생하였다.75) 그는 어린 시절부터 가부좌하기를 좋아하는 등 출가할 인연이 깊었다고 한다. 그는 16세에 출가하여 처음 天台敎를 익히기도 하였으나, 곧 선종으로 전환하였다.

그는 斷橋妙倫(1201~1261), 조흠 등으로부터 "태어날 때에는 어디에서 오고 죽으면 어느 곳으로 가는가(生從何來 死從何去)" 화두나 '無字' 화두를 받아 참구하였다. 그러다가 斷橋妙倫에게서 받은 "만법이 하나로 돌아가니 하나는 어디로 돌아가는가(萬法歸一 一歸何處)"

---

74) 초간본을 발행한 시기에 대해 李智冠은 『韓國佛敎所依經典硏究』, 보련각, 1969, 112쪽에서 1354년으로 추정하였다. 그러나 이는 序와 跋을 쓴 至元 甲午년의 연호를 착각한 것으로, 1295년에 초간본이 나온 것으로 추정된다. 이에 대해서는 김영선, 「高峰和尙禪要板本稿」, 『서지학연구』 14, 1997 참조.
75) 「行狀」, 『高峰大師語錄』 ; 『新纂大日本續藏經』 70(이하 『속장』으로 줄임), 國書刊行會, 1986, 698~700쪽.

화두를 참구하다가 의심이 일어나 정진하였다. 이후 그는 臨安 龍鬚寺로 들어간 지 5년 후에 함께 잠자던 도반이 목침을 밀쳐 땅에 떨어뜨리는 소리를 듣고서 확연히 크게 깨치게 되었다. 그는 계속 정진하다가 1279년 2월 天目山으로 은거하였다. 그는 천목산 서봉 사자암에서 '死關'을 붙이고, 三關 화두를 통해 선승들의 깨달음을 인가하고 지도하였다.

이상에서 원묘의 생애를 간략하게 살펴보았다. 그러면 『선요』를 통해 그의 간화선 수행론이 어떠한가를 살펴보기로 한다. 그는 학인들이 깨치지 못하는 이유는 의심하지 않기 때문이며, 간절한 생각으로 참된 의심이 나면 공부가 打成一片이 되어 득력하게 될 것이라고 하였다.[76]

산승이 옛날 쌍경사에 있다가 선당에 돌아간 지 한 달도 채 못되어 문득 잠결에 "만법이 하나로 돌아가니 하나는 어디로 돌아가는가?" 화두에 의심이 생겼다. 이로부터 문득 疑情이 단박에 생기어 잠자는 것도 잊고, 끼니도 잊었으며, 동서도 분간하지 못하였으며, 밤낮도 구별하지 못하였고, 자리를 펴거나 발우를 펴거나 대소변을 보거나, 그 밖에 한번 움직이거나 고요히 있거나 말하거나 침묵함에 이르기까지 전부가 "하나는 어디로 돌아가는가?"할 뿐이요, 털끝만치도 다른 생각이 없었다. 일부러 조금 다른 생각을 내려 하여도 낼 수가 없었다. 마치 못을 박고 아교로 붙인 것처럼 흔들어도 움직이지 않았다. 비록 사람들이 많이 모인 가운데 있어도 한 사람도 없는 것과 같았다. 아침에서 저녁까지, 저녁에서 아침까지 맑고 고요하며 우뚝하고 드높아서 순전히 맑아 티 한 점 없고 한 생각이 만년이라 경계도 고요하고 나도 잊었으니 마치 천치와 같고 바보와 같았었다.

…… 그리하여 이 '무자' 화두에는 잠깐 동안이라도 힘을 얻어 일념을 이루지 못했다. 친히 깨달은 후, 그 병의 근원을 살펴보았더니 별다른 까닭이 없고 다만 의정 속에서 공부를 짓지 않은 것뿐이었다. 한결같이 그저 화두를 들어도 들 때에는 있는데, 들지 않으면 문득

---

76)「天目高峰妙禪師示衆」,『禪關策進』.

없으며, 설령 의심을 일으키려 하여도 손을 쓸 곳이 없었으며, 손을 써서 의심이 이루어지더라도 잠시뿐이고 곧 혼침과 산란의 두 가닥을 면하지 못하였다. 이에 공연히 많은 세월만 낭비하고 허다한 고생만 하였으나 조금도 진취는 없었다. '하나는 어디로 돌아가는가?' 화두는 '무자' 화두와는 달라서 우선 의정이 쉽게 생겨 한번 들면 문득 이루어져서 반복하여 생각하거나 일부러 애쓰지 않아도 의심을 내기만 하면 점차 일념이 이루어져서 곧 화두를 든다는 마음까지 없어졌다. 이미 화두를 드는 마음이 없어졌으므로 들 화두도 없어져 온갖 반연을 쉬려 하지 않아도 저절로 쉬어지며 六窓(六根)을 고요하게 하려 하지 않아도 저절로 고요해져서 가는 티끌만큼도 범하지 않고 단박에 無心三昧에 들어갔었다.[77]

다소 길게 인용하였지만, 위의 자료에서 보듯이 원묘는 그의 수행과정에서 여러 가지 화두를 참구하였고, 특히 '무자' 화두를 갖고 거의 3년간 정진하였다. 그럼에도 불구하고 혼침과 산란에서 벗어나지 못하였으니, 그 원인은 疑情을 내지 못했기 때문이었다. 본래 간화선이란 의심을 일으켜, 그것을 타파하는 것이다. 즉 화두를 든다는 것은 화두를 의심해 나가는 것이므로, 의심이 있고 없는 것과 그 강도에 의해 화두 공부가 결정되는 것이다. 그러나 의심은 쉽게 일어나지 않으며, 또

---

77) 「開堂普說」, 『禪要』(『속장』 70권, 703쪽), "山僧昔年在雙徑 歸堂未及一月 忽於睡中 疑着萬法歸——歸何處 自此疑情頓發 廢寢忘餐 東西不辨 晝夜不分 開單展鉢 屙屎放尿 至於一動一靜一語一默 總只是箇一歸何處 更無絲毫異念 亦要起絲毫異念 了不可得 正如釘釘膠粘 卻撼搖不動 雖在稠人廣衆中 如無一人相似 從朝至暮 從暮至朝 澄澄湛湛 卓卓巍巍 純清絶點 一念萬年 境寂人忘 如癡如兀……於者無字上 竟不曾有一餉間 省力成片 自決之後 鞠其病源 別無他故 只爲不在疑情上 做工夫 一味只是擧 擧時卽有 不擧便無 設要起疑 亦無下手處 設使下得手疑得去 只頃刻間 又未免被昏散 打作兩橛 於是空費許多光陰 空喫許多生受 略無些子進趣 一歸何處 却與無字不動 且是疑情易發 一擧便有 不待返覆思惟計較作意 纔有疑情 稍稍成片 便無能爲之心 旣無能爲之心 所思卽忘 致使萬緣 不息而自息 六窓不靜而自靜 不犯纖塵 頓入無心三昧".

한 간혹 의심이 일어났다 하더라도 이를 지속시키기는 더욱 어렵다.

따라서 원묘의 경우에도 처음 의심이 붙지 않아 공부가 진전되지 않았다든지, 스승과 화두를 여러 번 바꾸어 가면서 정진해 나가다가 문득 의심이 일어나게 된 경위라든지, 그 이후 몇 차례에 걸친 깨달음의 기연 등이 『선요』를 통해 드러나고 있다. 그런데 그가 의심을 단박에 일으킨 화두는 '萬法歸一 一歸何處' 화두였다. 이는 '무자' 화두와 달리 의심이 쉽게 나서 저절로 無心三昧에 들어가게 되었던 것이다. 그리하여 원묘는 자신이 스스로 체험한 바에 바탕하고 있는 '만법귀일 일귀하처' 화두를 학인들에게 적극적으로 권하였다.[78] 즉 그는 학인들에게 천편일률적으로 화두를 제시하지 않고, 자신의 실제적인 체험에 입각하여 간화선 수행법을 지도하였던 것이다.

그런데 '만법귀일 일귀하처' 화두가 쉽게 의심을 일으켜, 쉽게 깨달음을 체험한다는 측면이 강조되는 것은 간화선을 보다 대중화하기 위한 방편으로서의 의미를 지닌다고 하겠다. 원묘의 법맥을 계승한 明本의 경우도 '만법귀일 일귀하처' 화두를 기본적인 공안으로 참구하였다.[79] 그러면 공안을 참구할 때에 의심을 내기 위해서는 어떻게 해야 할까. 이에 대해 원묘는 무엇보다도 학인이 간절한 마음이 있어야 한다고 강조한다.[80] 곧 간절한 마음이 있기만 하면 참 의심(眞疑)이 생길 것이며, 당장 번뇌가 끊어지고 혼침과 산란이 모두 제거되어 한 생각도 나지 않고 앞뒤가 끊어지게 될 것이라고 하였다.[81] 아울러 의심은 본래 믿음을 기반으로 하여 일어난다고 하였다. 원묘는 화두 참구는 무엇보다도 믿음을 바탕으로 삼아 의심을 일으켜야 한다고 강조하였다. 그리고 큰 믿음을 내고 큰 의심을 일으켜, 의심하고 의심하여 그

---

78) 원묘가 『禪要』에서 '萬法歸一 一歸何處' 화두를 강조한 것은 이밖에도 「示信翁居士」, 「示衆」, 「示衆」 등에서 확인할 수 있다.

79) 『天目中峯和尙廣錄』 권5.

80) 「示衆」, 『禪要』(『속장』 70권, 708~709쪽).

81) 「示衆」, 『禪要』(『속장』 70권, 710쪽).

자체에 집중하게 되면 의심덩어리가 타파되어 깨달음의 경지를 체험하게 된다는 것이다.[82]

아울러 이러한 견성의 경지에 이르기 위해서는 분연히 발심할 것을 강조하였다. 앞서 살펴본 바와 같이 원묘는 처음 참선에 입문할 때에 이미 3년이라는 기한으로 목숨을 걸고 정진하였던 것이다. 그리하여 원묘는 간화선 수행의 기본적인 요건으로써 공부 三要說을 제시하였다.[83] 공부 삼요설은 大信根, 大憤志, 大疑情으로서 화두 참구의 기본 지침이었다. 즉 신심이 크면 큰 의정을 내고, 의정이 크면 크게 깨닫는다는 것이다. 이와 같이 의심을 일으켜 주는 화두를 제시하고, 공부의 과정에서 납자로 하여금 올바른 방향으로 나아가도록 지도해주는 역할을 하는 이가 바로 선지식이다. 그러므로 원묘가 학인에게 선지식인 본분종사를 만나지 못하여, 오랫동안 참구하고도 깨닫지 못하거나, 공부가 잘못되는 병폐를 지적하고,[84] 반드시 올바른 스승의 지도를 받아야 한다고 강조하였다.

이상에서 『선요』에서 드러나고 있는 원묘의 간화선이 어떤 사상적 경향을 갖고 있는가에 대해 살펴보았다. 『선요』가 갖는 특성은 다음과

---

82) 「示信翁居士洪上舍」, 『禪要』(『속장』 70권, 706~707쪽), "大抵參禪 不分緇素 但只要一箇決定信字……山僧由是憮之 將箇省力易修曾驗底話頭 兩手分付萬法歸一一歸何處 決能便恁麼信去 便恁麼疑去 須知疑 以信爲體 悟以疑爲用 信有十分 疑有十分 疑得十分 悟得十分……直欲發大信起大疑 疑來疑去 一念萬年 萬年一念 的的要見者一法子落着 如與人 結了生死冤讎相似 心憤憤地即欲便如一刀兩段 縱於造次顚沛之際 皆是猛利着鞭之時節 若到不疑自疑 寤寐無失 有眼如盲 有耳如聾 不墮見聞窠臼 猶是能所未忘 偸心未息 切宜精進中 倍加精進 直教行不知行 坐不知坐 東西不辨 南北不分 不見有一法可當情 如箇無孔鐵鎚相似 能疑所疑 內心外境 雙忘雙泯 無無亦無".

83) 「示衆」, 『禪要』(『속장』 70권, 708쪽), "若謂着實參禪 決須具足三要 第一要 有大信根 明知此事 如靠一座須彌山 第二要 有大憤志 如遇殺父冤讎 直欲便與一刀兩段 第三要 有大疑情 如暗地做了一 件極事 正在欲露未露之時".

84) 「示理通上人」, 『禪要』(『속장』 70권, 708쪽).

같이 요약할 수 있다. 첫째, 간화선을 보다 쉽게 접근할 수 있는, 다시 말해 간화선을 대중적으로 확산시킬 수 있는 선서로서의 의미를 갖고 있다. 간화선은 의심이 생명이고 화두를 참구할 때에 의심이 쉽게 일어나야 하는데, 그것이 쉽지 않다는 문제점이 있다. 그런데 『선요』를 통해 원묘는 의심을 쉽게 제기할 수 있는 자신의 수행 경험을 통해 납자들에게 이러한 문제에 대해 친절하고 자세하게 그 방법과 방향에 대해 제시하고 있는 것이다. 둘째, 『선요』는 무엇보다도 전체적인 양이 대단히 소략하기 때문에 납자들에게 쉽게 읽힐 수 있는 장점이 있다. 『선요』는 대혜의 『大慧書』나 무문혜개의 『無門關』에서 체계화된 간화선의 실천방법을 매뉴얼화하여 쉽게 제시함으로써 대중화하고자 한 것이라고 할 수 있다.

### 2) 『蒙山法語』, 『禪要』의 수용과정과 간화선의 확산

이상에서 『蒙山法語』, 『禪要』의 간화선 수행방법론과 그 사상적 특징이 무엇인가에 대해 살펴보았다. 그러면 이러한 새로운 선적이 고려 사상계에 어떠한 과정을 통해, 누구에 의해 수용되고 있었는지, 나아가 고려선종계에 미친 사상적 영향이 어떻게 드러나고 있는지 살펴보기로 한다.

먼저 이들 새로운 선적의 수용은 원대 선종계와 고려사상계의 직, 간접적인 교류를 통해 이루어지고 있었다. 가령 大德 원년(1297) 4월 12일 몽산이 李承休에게 법어를 보낸 서신에서 '法乳旁流東國'이라 하여 고려 선승들과의 사이에 서신 왕래가 빈번하였음을 알 수 있다. 이러한 면은 당시 중국 자료에서도 확인된다. 즉 張雨가 몽산에게 증여한 시문에서 몽산의 사상적 영향력이 고려에 미치고 있음을 간략하게 언급하고 있다.[85] 그러면 먼저 고려 사상계와 몽산과의 교류에 대해

---

85) 「贈別休休庵了堂上人」(顧瑛 編, 『草堂雅集』 5) ; 張東翼, 앞의 책, 335쪽 참

살펴보기로 한다.

　修禪社 10世인 慧鑑國師 萬恒(1249~1319)은 몽산에게 그의 글과 게를 보내어 찬탄을 받았고, 아울러 古潭이라는 아호를 받았다.[86] 이는 만항이 간접적으로 몽산에게 인가를 받았던 것으로 생각된다. 한편 一然을 계승한 寶鑑國師 混丘(1250~1322)는 몽산이 보낸 '無極說'의 의미를 터득하여 스스로 호를 無極老人이라 하였다.[87] 動安居士 李承休는 大德 元年(1297) 4월 12일 인편을 통해 몽산이 보낸 법어를 받았다.[88] 그 내용은 『몽산법어』의 요지로 보이며, 이승휴는 몽산과 교류를 할 만큼 화두 참구에 정진했던 것으로 보인다.

　이와 같이 몽산은 그의 생존시에 고려사상계와 교류관계를 갖고 있었다. 그런데 이러한 간접적인 교류 외에 직접적인 교류 관계를 보여주는 자료가 근래에 발견되었다. 즉 최근에 공개된 『諸經撮要』 필사본에 있는 「法文景致」를 통해 고려 선승들이 몽산을 직접 찾아가 선법을 구한 사실이 확인된다.[89] 이에 의하면 忠烈王 21년(1295) 겨울에 고려에서 了庵元明 장로와 覺圓, 覺性, 妙孚上人 등 8명이 몽산을 찾아왔으며, 다음 해 여름에 4명이 돌아갔다. 이어 大德 원년(1297) 2월 2일 忠烈王의 공주 靖寧院公主 妙智, 明順院公主 妙惠와 大禪師 混丘, 金方慶, 韓康, 廉承益, 金昕, 李混, 朴卿, 柳祛 등이 몽산이 주석하고 있던 休休庵을 방문하였다. 몽산은 그를 찾아온 선승들에게 미혹을 일거에 변화시켜 깨달음을 얻게 하는 세 가지 어구인 三轉語를 내려

---

　　조.

86) 李齊賢 撰, 「海東曹溪山修禪社第十世別傳宗主重續祖燈妙明尊者贈諡慧鑑國師碑銘幷序」, 『益齋集』.

87) 李齊賢, 「有元高麗國曹溪宗慈氏山瑩源寺寶鑑國師碑銘幷序」, 『東文選』 권118, "中吳蒙山異禪師 嘗作無極說 附海舶 以寄之 師默領其意 自號無極老人".

88) 「上蒙山和尙謝賜法語」, 「和尙所寄法語」, 『動安居士集』(『문집』 2, 390~391쪽).

89) 이에 대해서는 南權熙, 앞의 논문을 참조.

입문을 허락하였다.[90]

　이상에서 몽산과 고려사상계와의 직·간접적인 교류관계를 간략하게 살펴보았다. 특히 이승휴가 몽산과의 교류를 통해 그의 법어를 받았으며, 이는 현존『몽산법어』의 내용과 같은 것이었다. 따라서『몽산법어』는 몽산 생존시에 이미 고려에 전래되었던 것이다. 이는 몽산의 법맥을 계승한 鐵山紹瓊이 고려사상계와 교류하였던 면을 통해서도 알 수 있다.

　소경은 18세에 출가하였으며, 본래 雪巖祖欽의 문하에서 '무자' 화두를 참구하였다. 그러다가 그는 高峰原妙의 지도를 받아 화두에 대한 의심만이 홀로 드러나는 경지를 체험하기도 하였다. 이후 소경은 몽산의 가르침을 통해 마침내 깨달음을 성취하였다.[91] 그는 大德 8년(1304)에 修禪社의 圓明國師 冲鑑(1275~1339)의 초청을 받아 고려에 들어와서 3년간 머물렀다.[92] 그는 忠烈王의 환대를 받아 壽寧宮에서 법문하였으며,[93] 충렬왕과 淑昌院妃에게 菩薩戒를 주었다.[94] 왕실뿐만 아니라 사족의 경우에도 그에게 대승계를 받았으며, 權㫆의 경우 그에게 출가까지 하였다.[95] 그는 고려 왕실의 극진한 예우를 받으며, 檜巖寺, 금강산 楡岾寺 등 국내의 여러 사찰을 유람하였으며, 고려판

---

90) 삼전어는『白雲和尙語錄』(『한불전』6, 643쪽)에 인용되어 있다.

91)「鐵山瓊禪師普說」,『禪關策進』(『선장』38, 440~443쪽).

92) 危素,「普光寺重創碑」,『新增東國輿地勝覽』권17 佛宇조.
　　허홍식,「1306년 高麗國大藏移安記」,『高麗佛敎史硏究』, 一潮閣, 1986에서 위 비문의 '祝髮於禪源寺 禮慈悟國師'라는 구절에서 자오국사는 慈眞圓悟國師 天英으로 보고, 충감을 천영의 제자로 추정하고 있다. 뚜렷한 자료가 없어 단정짓기 어렵지만, 몽산, 철산 등과 교류한 관계를 통해 충감이 수선사 출신일 것으로 생각된다.

93)『高麗史』권32, 忠烈王 30년 7월 己卯.
　　『高麗史』권32, 忠烈王 30년 8월 丁亥.

94)『高麗史』권104, 韓希愈傳.

95)『高麗史』권107,「權㫆傳」,「權㫆墓誌銘」; 金龍善,『高麗墓誌銘集成』, 한림대학교 출판부, 1993, 428쪽.

대장경을 인출하여 중국으로 보내는 등 다양한 행적을 남겼다.

이상에서 몽산과 그를 계승한 소경이 고려사상계와 폭넓은 교류 관계를 갖고 있음을 확인하였다. 따라서 『몽산법어』는 몽산 생존시에 이미 고려사상계에 도입되었던 것이다. 그런데 몽산이 주로 활동하였던 남송말, 원대 임제종의 주된 흐름은 雪巖祖欽-高峰原妙-中峰明本 등으로 이어지면서 주도되고 있었고, 일본 선종계의 경우 기본적인 공안선의 선적으로서 『無門關』이 성행되고 있었다. 따라서 중국, 일본 선종계와 달리 고려 선종계에서만 유독 『몽산법어』가 성행된 이유는 무엇이었을까. 아울러 고려사상계에서 『몽산법어』를 수용한 주체는 누구였을까.

이에 대해 명확하게 설명해줄 수 있는 자료가 없는 상태에서 한 마디로 단정할 수 없지만, 몽산, 소경 등과의 직·간접적인 교류에서 수선사가 주도적인 역할을 하였다는 사실은 주목된다. 그러면 수선사가 이들과의 교류를 주도한 이유는 무엇이며, 이를 통해 수선사의 사상적 방향성을 어떻게 표방하고 전개하였을까. 아울러 수선사를 중심으로 한 당시 선종계에서 몽산이 표방한 새로운 간화선법을 수용하는 것에 대해 어떻게 평가해야 할까. 이러한 문제와 관련하여 먼저 당시 수선사의 사정을 통해 문제의 실마리를 풀어보기로 한다.

1260년대 이후 一然의 迦智山門이 불교계를 주도해 나가면서 수선사는 침체기에 접어들게 된다. 圓鑑國師 冲止(1226~1293) 이후 수선사는 조락하는 모습이 엿보이면서, 사상계의 주도권을 상실하고 사세가 약화되었다. 당시의 상황은 충지의 비가 그의 사후 22년 만에 세워지고, 수선사의 7세 慈靜國師, 8세 慈覺國師, 9세 湛堂國師의 경우 그 이름만이 「國師殿幀額」과 「松廣寺嗣院事蹟碑」에 나타날 뿐인 데서 잘 드러나고 있다.96)

---

96) 慈覺國師의 경우 覺眞國師 復丘의 비문 중에 제2의 스승이라고 간략히 언급되어 있다.

　　이러한 상황에서 수선사의 사세를 어느 정도 회복하게 되는 것이 10
세인 慧鑑國師 萬恒代라고 할 수 있다. 만항은 새로운 선법을 주창하
기 위해 다양한 노력을 기울였다. 즉 德異本『六祖壇經』은 중국에서
1290년에 간행되는데, 몽산이 1298년 상인을 통해 만항에게 보냈다. 만
항은 1300년에 처음으로 덕이본을 간행하였다. 그런데 <표 3>에서 볼
수 있듯이 한국불교계에서 덕이본 유입 이전에 3차례나『육조단경』이
간행되었음에도 불구하고, 이후『육조단경』의 판본은 거의 德異本 일
색이었다.97) 본래 덕이본은 11세기 간화선 전환기에 편찬된 契嵩本 계
통의 판본이라 할 수 있다.98) 따라서 만항이 몽산과의 교류를 통해 덕
이본『육조단경』이나『몽산법어』등 새로운 선적을 수용하였던 것은
적극적으로 한 단계 진전된 간화선법을 받아들이려 했던 노력의 일환
이었던 것이다. 그리고 이를 통해 쇠퇴해진 수선사의 선풍을 다시 일
으키고자 했던 것으로 생각된다.

<표 3> 고려후기『六祖壇經』의 간행 일람99)

| 간행연도 | 판 본 | 관련사항 | 비고 |
| --- | --- | --- | --- |
| 1207 | 고본 | 知訥 跋文 | |
| 1214 | 高麗古本 | 崔忠獻의 壽福을 빌기 위해 간행 | |
| 1256 | | 安其 跋文 | |
| 1300 | 德異本 | 萬恒 跋文 | 明宗13년(1558) 靑龍寺刊本 |
| 1357(?) | 德異本 | 橡紙金泥筆寫本,『圓覺經』뒷면에 필사 | 호림박물관 소장 |
| 1370 | 德異本 | 南原歸正禪寺에서 간행한 木版本 | 연세대 소장 |

---

97) 후술하듯이『佛祖三經』에 포함되어 고려말이래 간행된『潙山警策』에서 모
　　두 1286년 몽산이 쓴 序文을 수록하고 있으므로, 몽산의 사상적 영향력을 짐
　　작하게 한다.『불조삼경』의 간행 사항에 대해서는 朴相國 編著,『全國寺刹所
　　藏木板集』, 문화재관리국, 1987, 477쪽을 참고하기 바란다.
98) 印鏡,「普照引用文을 통해서 본『法寶記壇經』의 性格」,『普照思想』 11,
　　1998 참조.
99) 朴相國,「現存古本을 통해 본「六祖大師法寶壇經」의 流通」,『書誌學硏究』
　　4, 1989을 참고하여 작성하였다.

만항의 이러한 노력에 의해 그의 문도는 700명에 이르게 되고, 사대부로서 제자가 되어 입사한 자가 이루 헤아릴 수 없었다고 한다. 아울러 忠宣王 5년(1313) 永安宮에서 禪敎 兩宗의 승려들을 모아 佛法을 강론할 때에 만항의 강론이 좌중을 압도하여 충선왕이 妙明尊者라는 법호를 하사할 정도였다. 따라서 만항 대에 수선사의 사세가 어느 정도 회복되었던 것이다. 그리하여 이를 기반으로 하여 공민왕대 이후에는 수선사의 교단세력이 새롭게 부각되고 있었다.

恭愍王 원년(1352)에 수선사 13세인 覺眞國師 復丘(1270~1355)가 王師로 책봉되었다. 복구는 月南寺와 松廣寺에서 40여 년간 주석하면서 지눌의 전통을 계승하고 있었으며, 그 문하에 천여 명이 있을 정도였다.[100] 또한 나옹이 공민왕 20년(1371) 송광사 주지로 임명되었고, 그의 제자인 幻庵混修(1320~1392)도 禑王 원년(1375) 나옹의 뒤를 이어 송광사 주지로 임명되었다.[101] 또 無學自超(1327~1405)의 경우 나옹의 법맥을 이었지만, 18세 때에 만항을 계승한 小止禪師에게 출가하였으므로 본래 수선사 계통이었던 것으로 보인다.[102]

따라서 수선사가 13세기 말 이래 만항, 충감 대에 몽산, 소경 등 중국 임제종과의 직·간접적인 교류를 통해서 덕이본『六祖壇經』,『蒙山法語』등 새로운 선적을 적극적으로 수용하여 간화선법을 받아들였으며, 이후 14세기 선종계에서 '무자' 화두 위주의 간화선이 성행하게 되었던 것이다. 그러므로 14세기 중반 이후 수선사의 사격이 현저히 높아지면서 새롭게 대두된 배경에는 이와 같이 당시 선종계의 새로운 간화선풍을 주도하게 된 것에서 연유한다고 하겠다.

이상에서 살펴본 바와 같이『몽산법어』의 수용은 수선사가 불교계

---

100) 李達衷 撰,「王師大曹溪宗師一邛正令雷音辯海弘眞廣濟都大禪師覺儼尊者贈諡覺眞國師碑銘幷序」,『東文選』권118.
101) 權近 撰,「有明朝鮮國普覺國師碑銘幷序」,『陽村集』권37(『문집』7, 328~331쪽).
102) 卞季良 撰,「檜巖寺妙嚴尊者塔銘」,『東文選』권119.

에서 주도권을 상실하고 사세마저 위축된 상황에서 사격을 새롭게 부각하기 위한 단계에서 새로운 방향성을 갖기 위해 간화선법의 최고 단계에 있던 '無字' 화두 위주의 수행법을 제시한 『몽산법어』를 적극적으로 수용했던 것으로 생각된다. 그리하여 중국, 일본 불교계와 달리 고려사상계에서는 『몽산법어』가 성행되었던 것이다.103)

다음으로 『禪要』의 수용과정에 대해 살펴보기로 한다. 『선요』가 고려에 전해지게 된 계기는 고려의 승려들이 원에 들어가 원묘나 그의 제자인 中峰明本에게 가르침을 받으면서 비롯되었으며, 이들 승려가 귀국하여 국내에 유포한 것으로 추정된다.104) 이는 특히 明本과 忠宣王 및 고려의 사대부, 승려들과의 교류를 통해 구체적으로 살펴볼 수 있다. 1319년 3월에 忠宣王은 江浙 지방을 유력하면서 慶元路 定海縣에 있는 觀音道場인 寶陁山을 참배한 후 西天目山 幻住庵에 주석하고 있던 명본을 방문하였다.

충선왕은 이미 1313년경에 명본의 존재를 알고, 參軍 洪瀹과 奇長老를 파견하여 그에게 서신과 예물을 보내어 만나기를 기약하였다. 충선왕이 그를 방문하였을 때, 제자의 예로 받드니 명본이 크게 감격하였다고 한다. 충선왕의 청에 따라 명본은 勝光, 眞際라는 법명과 법호를 내렸고, 충선왕은 사자암 아래에 眞際亭이라는 정자를 세우고 이를 기록하였다고 한다.105) 또한 충선왕이 환주암을 방문한 다음날 명본이 師子正宗禪寺에서 왕을 위시한 宣政院使, 平章相國, 王子, 그리고 宰相·尙書·侍郎·宣使 등에게 행한 법어에서 스승 원묘가 중시하였던 '萬法歸一 一歸何處' 화두를 거론하며 설법하였다. 아울러 명본은

---

103) 駒澤大學 圖書館 編, 『新纂禪籍目錄』, 1962, 472~475쪽 참조.
　　특히 일본 불교계의 경우 수십 종의 『無門關』 주석서가 간행되었음을 확인할 수 있다.
104) 黑田亮, 앞의 책, 134쪽.
105) 「示衆」, 『天目中峰和尙廣錄』 1 上(『佛藏』 73).
　　張東翼, 앞의 책, 147~152쪽.

고려의 승려인 收·樞·空·昭·聰 등의 다섯 장로에게 내린 법어에서도 화두를 참구함에 大信心과 大疑情을 강조하였다.106)

이상에서 고려의 선승들이 명본에게 직접 가르침을 받았던 사실을 통해 원묘의 사상적 영향력을 간접적으로 확인할 수 있었다. 그런데 앞서 살펴본 바와 같이 고려 불교계에서는 원대 임제종과의 직·간접적인 교류를 다양하게 전개하고 있었다. 따라서 이러한 교류를 통해 『선요』는 고려 불교계에 일찍부터 수용될 수 있었을 것으로 생각된다. 그러면 이들과의 교유를 통해 『선요』를 수용한 주체는 누구였을까. 현재 이와 관련된 기록이나 자료가 없기 때문에 무어라 단정적으로 설명하기가 곤란하다. 그러나 이에 대해서는 먼저 소경의 행적이 하나의 실마리가 될 수 있을 것으로 생각된다.

소경은 몽산의 법맥을 계승하였지만, 그의 수행과정에서 다른 선승의 지도를 받기도 하였다. 즉 그는 한때 雪巖祖欽의 문하에서 '무자' 화두를 참구하였다. 또한 그는 원묘의 지도를 받아 화두에 대한 의심만이 홀로 드러나는 경지를 체험하기도 하였다.107) 앞에서 설명한 바와 같이 원대의 임제종은 설암조흠-고봉원묘-중봉명본으로 이어지는 계열이 주도하였다. 따라서 소경이 조흠과 원묘의 지도를 받았으므로 당시 대표적인 선승이었던 원묘의 어록인 『선요』의 존재를 모를 리가 없었을 것이다.

그러므로 1295년 초간본이 나온 『선요』는 1304년 소경이 고려를 방문하였을 때에 전래되었을 것으로 추측된다. 그런데 소경이 고려로 건너오게 된 계기는 바로 수선사의 충감에 의한 직접적인 초청이었다. 그렇다면 『선요』의 수용과 수선사는 어떤 관련성이 있을까. 이에 대해서는 직접적인 기록이 없기 때문에 단정적으로 설명할 수 없지만, 앞

---

106) 「示高麗收樞空昭聰五長老」, 『中峰廣錄』 4上 法語(『佛藏』 73권, 853~855쪽).
107) 「鐵山瓊禪師普說」, 『禪關策進』.

서 살펴 본 바와 같이 당시 수선사의 동향과 관련되는 것으로 생각된다. 즉 일연의 가지산문이 부각되면서 쇠퇴하였던 수선사가 만항, 충감대에 이르러 수선사의 사세를 회복하기 위하여 새로운 간화선법을 수용하는 과정에서 덕이본『육조단경』,『몽산법어』등과『선요』에 주목한 것이 아닌가 생각된다. 따라서『선요』는 원묘를 계승한 명본과의 사상적 교류과정이나, 수선사의 새로운 간화선법의 도입 등 다양한 경로를 통해 수용되었던 것으로 생각된다.

이상에서『蒙山法語』,『禪要』의 수용과정과 그 의미에 대해서 살펴보았다.『몽산법어』와『선요』는 남송, 원대 불교계에서 간화선이 정형화되고 체계화된 '無字' 화두 위주의 참구법과 보다 쉽고 대중화된 화두 참구법을 담은 선적이라 할 수 있다. 따라서 고려 선종계는 이들 선적의 수용을 통해 간화선을 체계적이고 대중적으로 확산시킬 수 있는 계기를 마련하였고, 14세기 전반기를 지나면서 간화선이 당시 사상계에서 성행할 수 있는 기반을 마련하였던 것이다.

# 제3장 高麗末 看話禪의 성행

## 1. 선종 절대화 경향의 대두

원 간섭기 고려 선종계에서 확산되었던 간화선의 흐름은 고려말에 이르러 마침내 불교계 전반에 걸쳐 주도적인 사상의 흐름으로 정착하게 되었다. 이러한 경향은 선종이 명실상부하게 고려 불교의 중심적인 교단으로 확고하게 자리 잡았을 뿐만 아니라 사상적으로 정토신앙을 선의 입장에서 수용하는 유심정토설이 본격적으로 등장하기에 이르렀고, 나아가 사대부 일반에까지 간화선은 성행되고 있었다. 그러면 먼저 고려말 간화선이 성행하는 양상과 그 사상적 경향에 대해 당시 대표적인 선승이었던 太古普愚와 懶翁惠勤을 중심으로 살펴보기로 한다.

普愚의 원래 이름은 普虛인데, 號는 太古, 속성은 洪氏로서 洪州人이며, 아버지의 휘는 延이고 대대로 楊根 사람이었다.[1] 그는 13세에 檜巖寺 廣智禪師에게 귀의하여 출가하였으며, 곧 迦智山叢林으로 가서 수행하였다. 그런데 19세 때에 '萬法歸一 一歸何處' 화두를 참구하였던 만큼 그는 출가 후 비교적 이른 시기에 간화선에 입문했던 것으

---

1) 李穡 撰, 「高麗國國師大曹溪嗣祖傳佛心印行解妙嚴悲智圓融贊理王化扶宗樹敎大願普濟一國大宗師摩訶悉多羅利雄尊者諡圓證塔銘幷序」, 『朝鮮金石總覽』上(이하 『금석』으로 줄임), 525~529쪽 ; 「行狀」, 『太古錄』(『韓國佛敎全書』(이하 『한불전』으로 줄임) 6, 695~700쪽). 이하 보우에 대한 서술은 위의 비문과 행장을 토대로 작성하였다.

로 보인다. 그러나 그는 26세 때에 華嚴選科에 합격할 만큼 『華嚴經』에 대한 이해도 깊었음을 알 수 있다. 그는 경전을 두루 연구하여 그 깊은 뜻을 알았으나, 교학의 한계를 느끼고 다시 참선 수행으로 돌아가게 되었다. 그리하여 1333년 甘露寺에서 첫 번째 깨달음을 체험하게 된다. 이때 그가 憤心을 내어 한탄하되, "성질이 나약하고 게을러 불법 대사를 성취하지 못할 바에는 차라리 고행하다가 죽느니만 못하다."하고, 다시 결심하고는 단정히 앉아 정진하다가 7일 후에 갑자기 깨치게 되었다고 한다. 그런데 여기서 그가 분심을 내어 깨치게 된 사연은 『禪要』三要說의 大憤心을 연상하게 한다.

보우의 두 번째 깨달음은 1337년 佛脚寺에서 『圓覺經』을 읽다가 "모두가 다 사라져 버리면 그것을 不動이라 한다"는 데에 이르러 모든 知解가 없어지는 체험을 하게 된다. 이어 그는 1338년 蔡洪哲의 栴檀園에서 '無字' 話頭를 참구하던 중에 세 번째 깨달음을 이루게 된다. 이어 보우는 1,700공안을 참구하다가 '巖頭密啓處'에 이르러 네 번째 깨달음을 이루었으며, 이때 그의 나이 38세 때였다. 이후 그는 1346년 원에 갔는데, 그 목적은 명분상으로는 중국 선승들에게 인가를 받기 위한 것으로 표방되고 있으나, 후술하듯이 실은 당시 선종계의 경향과 깊이 관련된다.

이상에서 간략하게 살펴본 보우의 행적을 통해 보우의 사상적 경향은 간화선으로 일관하고 있음을 알 수 있다.[2] 이러한 면은 보우의 어

---

2) 崔柄憲, 「太古普愚의 佛敎史的 位置」, 『韓國文化』 7, 1986에서 특히 지눌과 보우를 비교하면서, 지눌이 간화선의 철학적인 기초를 마련하기 위하여 知解와 교학적인 면을 적극적으로 도입하고 있는 데 반해, 보우는 선의 지적 이해를 철저하게 배격하고 '무자' 화두의 참구만을 주장함으로써 고려불교사의 기본적인 과제였던 선교통합 사상의 수립이라는 면에서 지눌에 비해 후퇴하였다고 평가하였다. 이와 같이 간화선의 발전이라는 점에서 지눌·혜심 단계보다 보우의 불교사상이 약화되었거나 후퇴하였다는 평가는 간화선에 대한 오해에서 비롯된 것으로 생각된다. 즉 보우가 '무자' 화두 일변도로 나아간다든지, 선의 지적 이해를 배격하는 것은 대혜 이래의 화두 참구법을 기본적으로

록을 통해 구체적으로 확인할 수 있다.

　　법좌에 올라 중이 趙州에게 "개에게도 불성이 있습니까"라고 물으
니 조주가 "없다"라고 한 話頭를 들었다. 그 "없다"라는 글자는 마치
한 알의 還丹을 쇠에 대면 쇠가 금이 되는 것과 같아서, 그것을 들기
만 하면 3세 부처의 면목을 뒤집어낸다. 그대들은 그 말을 믿을 수 있
겠는가. 만일 믿을 수 없으면 이 큰 疑心 밑에서, 마치 만 길 벼랑에
서 떨어질 때처럼 몸과 마음을 모두 놓아버리고, 죽은 사람처럼 아무
헤아림도 생각도 없어야 한다. "이럴까 저럴까"하는 생각을 아주 버
리고 또렷하게 "없다"라는 話頭만을 들되, 하루 24시간 行住坐臥하
는 중에 다만 화두를 목숨으로 삼아야 한다. 언제나 몽매하지 않게
때때로 단속하며 화두를 들어 눈앞에 잡아두되, 마치 닭이 알을 품었
을 때 따스한 기운을 유지하듯 고양이가 쥐를 노릴 때 몸과 마음을
움직이지 않고 잠깐도 눈을 떼지 않듯 하여, 몸과 마음이 있는지 없
는지를 느끼지 못해야 한다.

　　그리하여 心眼話頭를 한 곳에 매어두고 다만 뚜렷하고 분명하며
분명하고 또렷하게 치밀히 참구해야 한다. 비유하면 어린애가 어머니
를 생각하듯, 주린 사람이 밥을 생각하듯, 목마른 사람이 물을 생각하
듯 하여, 그만두려 하여도 그만둘 수 없이 생각나고 또 생각날 것이
니, 이것이 어찌 애를 써서 되는 일이겠는가.

　　만일 이런 진실한 공부를 쌓으면 곧 힘이 덜리는 곳에 이르게 되니,
그곳이 바로 힘을 얻는 곳이기도 하다. 화두가 저절로 성숙하여 한
덩이가 되어, 몸과 마음이 단박 비어 움직이지 않고 마음가는 곳이
없어질 것이다. 거기서는 다만 그 한 사람뿐인데, 그 한 사람이 다른
생각을 일으키면 결정코 그림자에 홀릴 것이다. 부디 털끝만큼도 다

---

계승한 것이며, 정형화된 스타일로 간화선을 표방한 것이라 할 수 있다. 아울
러 본고에서 검토한 바와 같이 지눌 단계의 사상적 과제와 보우 단계의 그것
은 다른 측면이 있고, 결사나 선교통합이라는 잣대로 비교하는 것은 고려후
기 선종사의 흐름을 단선화할 우려가 있다고 하겠다. 다만 보우의 정치, 사회
적 행적에 대한 최교수의 분석은 필자 역시 공감하는 바이다.

른 생각을 일으키지 말고, "그 본래면목은 어떤 것인가" 또 "조주가 없다고 말한 뜻은 무엇인가"를 잘 돌아보아 이 말 끝에 무명을 쳐부수면, 물을 마시는 사람이 차고 따뜻함을 저절로 아는 것과 같이 될 것이다. 그래도 깨치지 못하거든 다시 마음을 붙여 반드시 화두를 끊어지지 않게 하되 의심이 있는지 없는지 재미가 있는지 없는지를 생각하지 말고, 바로 큰 의심으로 화두를 들어 또렷하게 잊지 않고 항상 맞서야 한다. 다닐 때에도 그렇게만 하고 앉았을 때에도 그렇게만 하며, 죽을 먹거나 밥을 먹을 때에도 그렇게만 하고 남과 이야기할 때에도 그렇게만 하여, 語默動靜에 모두 그렇게만 하면 성취하지 못할 것이 없을 것이다.3)

위의 글에서 알 수 있듯이 보우는 '무자' 화두를 중시하여,4) 큰 의심으로 몸과 마음을 모두 놓아버리고, '이럴까 저럴까'하는 생각을 아주 버리고 또렷하게 '없다'라는 화두만 들되, 하루 24시간 行住坐臥하는

---

3) 「示衆」, 『太古和尙語錄』(『한불전』 6, 676~677쪽), "陞座 擧僧問趙州 狗子還有佛性也無 州云無 這箇無字 如一粒還丹相似 點鐵卽成金 才擧箇無字 三世諸佛面目 掀翻出來 儞等諸人 還肯也無 若未肯信 於此大疑之下放下身心 如墮萬仞崖下時相似 無計較沒商量 如大死人相似 放捨如何若何之念 單單提箇無字 於十二時中四威儀內 只與話頭爲命根 常常不昧 時時檢察 提撕話頭 帖在眼前 如鷄抱卵 使暖氣相續 如猫捕鼠 身心不動 目不暫捨 不覺身心 有之與無 心眼話頭 攝在一處 但伊麼惺惺歷歷 歷歷惺惺 密密叅詳 譬如嬰兒憶母相似 如飢思食 如渴思水 休而不休 思復深思 豈是做作底心也 若如此眞實用功 則便到省力處 此是得力處也 話頭自然純熟 打成一片 身心忽空 凝然不動 心無所之 這裏只是箇當人 當人若起他念則決定被影子惑矣 千萬切忌絲毫異念 正好回看渠河面目 又趙州道無意作麼生 卽此言下 打破無明 則如人飮水 冷暖自知 若透不得 則更着精彩 只要話頭 聯綿不斷 不論有疑無疑有味無味 卽此大疑之下 提撕話頭 單單不昧 捱來捱去 行也但伊麼 坐也但伊麼 喫粥喫飯時但伊麼 對人打話時但伊麼 一切施爲動靜境上 皆悉如之 則無有不辨矣".

4) 보우가 '무자' 화두를 중시하는 면은 다음의 글에서도 확인된다. 「示無際居士張海院使」, 「示思齊居士」, 「示廉政堂興邦」, 「示無能居士朴相公成亮」, 「答湛堂淑長老」, 「示紹禪人」, 「鐵牛」, 「一門」.

중에 다만 화두를 목숨으로 삼아 치밀히 참구할 것을 강조하였다. 이러한 화두 참구법은 학인에게 친절하면서도 구체적인 수행과정을 확고하게 받아들일 수 있도록 한 내용이라고 할 만하다.

그런데 보우가 제시한 화두 참구법의 내용은 기본적으로 대혜가 제시했던 간화선 수행론을 충실히 계승한 것이며, 정형화된 스타일로 '무자' 화두를 제시하는 경향은 『몽산법어』의 영향으로 보인다. 특히 보우가 화두 참구에서 의심을 보다 강조하면서 "큰 의심이 있는 곳에 커다란 깨달음이 있다"고 한 표현은 『몽산법어』에서 인용한 것이므로 그 사상적 영향을 단적으로 알 수 있다. 이러한 면은 다음의 글에서도 잘 드러난다.

　　妄念이 일어나고 망념이 사라지는 것을 生死라 하는데, 생사하는 그 순간 반드시 힘을 다해 화두를 드십시오. 화두가 순일해지면 번뇌 망념이 일어나고 사라짐이 없어지는데, 일어나고 사라짐이 없어진 그 곳을 '寂'이라 합니다. 이 고요함 속에서 화두가 없으면 그것을 無記라 하며, 고요함 속에서도 화두에 몽매하지 않으면 그것을 靈知라 합니다. …… 몸과 마음이 화두와 한 덩이가 되어 의지하는 곳이 없고, 마음 갈 곳이 없을 것입니다. …… 조주가 '없다'고 말한 뜻이 무엇인가 하고 완전히 붙들면 힘을 쓸 필요도 없어져, 마치 물을 마시는 사람이 차고 따뜻함을 저절로 아는 것과 같아서, 천만 가지 의심이 한꺼번에 뚫릴 것입니다. …… 깨친 뒤에는 부디 진짜 종장을 찾아뵙고 마지막 인가를 받아야 합니다. 만일 그런 종사를 만나지 못하면 열이면 열, 모두 마구니가 될 것이니, 조심하기를 진심으로 바랍니다.5)

---

5) 「答方山居士吳提學倕」, 『太古和尙語錄』(『한불전』 6, 678쪽), "念起念滅 謂之生死 當生死之際 須盡力提起話頭 話頭純一 則起滅卽盡 起滅盡處 謂之寂 寂中無話頭 謂之無記 寂中不昧話頭 謂之靈知 卽此空寂靈知 無壞無雜……千疑萬疑 一時透了也……悟後須見本色宗匠 決擇究竟 若不見宗師 則十箇五雙 成魔去也".

위의 글에서 드러나듯이 대개 화두를 참구할 때 가장 금기시하는 것은 일체의 사량분별, 즉 알음알이를 내는 것이지만, 반대로 沒自覺에 떨어진 無記에 빠지는 것도 경계한다. 보우는 마음이 생겼다가 사라지는 사량분별심을 끊으면 고요한 단계에 나아가게 되는데, 그러한 상태에서 화두를 지속적으로 들고 있지 못하면 無記에 빠지게 된다고 경계한 것이다.

아울러 보우는 깨친 후에는 반드시 본분 종사, 즉 조사로부터의 인가를 받기를 강조하였다.[6] 이러한 면은 그 자신이 직접 깨달음을 이루고 난 후인 1347년에 원에 들어가 石屋淸珙으로부터 인가를 받았던 경험과 무관하지 않을 것이다. 그런데 깨달은 이후에 선지식으로부터 인가를 받아야 한다고 항상 강조하였던 것은 『몽산법어』, 『선요』에서 깨달은 후에는 반드시 본분 종사를 찾아가 인가를 얻도록 한 것에서 연유한다고 할 수 있다. 따라서 보우가 '무자' 화두를 위주로 참구하며, 기본적으로 의심을 강조한다든지 깨달은 후에 원에 들어가 선지식으로부터 인가를 받음으로써 법통을 전수받았던 행적 등은 모두 『몽산법어』, 『선요』의 사상적 영향과 깊은 관련을 갖고 있었다.[7]

懶翁은 본래 이름이 元慧이고 법명은 惠勤이며, 왕사로서 普濟尊者라는 존칭을 사용하였다.[8] 그는 功德山 妙寂菴의 了然禪師에게 출가하여 4년간 머물렀으며, 다시 檜巖寺에서 4년간 정진한 후에 깨달음을 얻게 되었다. 그 역시 보우와 마찬가지로 원에 들어가 지공, 평산처럼 등 많은 본색종사의 인가를 받았다. 그러면 나옹의 간화선 수행론에

---

6) 『太古和尙語錄』에서 나타난 자료를 제시하면 다음과 같다.
　「答無際居士張海院使」, 「示思齊居士」, 「示廉政堂興邦」, 「示無能居士朴相公成亮」, 「示眞禪人」, 「示宜禪人」, 「示文禪人」, 「示紹禪人」, 「示安山郡夫人妙幢」, 「參禪銘」, 「雪崖」.

7) 보우가 「雜華三昧歌」, 『太古和尙語錄』 卷上(『한불전』 6, 683쪽)에 蒙山을 직접 거명한 경우도 있다.

8) 李穡 撰, 「高麗國王師大曹溪宗師禪敎都摠攝勤修本智重興祖風福國祐世普濟尊者諡禪覺塔銘幷序」, 『금석』 上, 498~502쪽.

대해 검토해 보기로 한다.

중요한 것은 그 당사자가 그 자리에서 당장 깨닫는 길뿐이다. 그러므로 선배 큰스님들은 그대들이 그대로 당장 깨달으려 하지 않기 때문에, 부득이하게 방편을 드리워 그대들에게 아무 의미도 없는 그 話頭를 참구하게 한 것이다. 가령 예를 들면 어떤 승려가 趙州에게 "개에도 불성이 있습니까?"하고 물었을 때 조주는 "없다"하였으니, 그것은 벌써 있는 그대로 드러낸 것이다. 그대들이 깨닫지 못하기 때문에 부득이 죽은 말을 고치는 의사처럼 그대들에게 구구하게 無라는 것을 가르치되, 먼저 四大·五蘊·六根·六塵과 나아가서는 有情·無情 등 모두를 하나의 無字로 만들어 한결같이 그것을 들게 한 것이다. 그리하여 다니면서도 그것을 들고, 앉거나 눕거나 자거나 밥을 먹는 등 어디서나 그것을 들되, 끊임없이 빈틈없이 한 덩이로 만들게 한 것이다. 바늘도 갈구리도 들어가지 않고 은산철벽과 같아 모르는 결에 한 번 부딪쳐 자기에게 있는 그 하나를 뚫으면, 깨닫기를 기다리지 않고 저절로 환히 알게 되는 것이다.9)

위의 글에서 드러나듯이 나옹은 바로 지금 여기에서 당사자가 스스로 단박에 깨달을 것을 강조하였다. 화두를 참구하는 것은 결국 스스로 당장에 깨닫기 위한 것이라는 지적이다. 그리고 일상적인 가운데 한결같이 의심에 집중하여 하나의 화두만을 참구하다 보면 저절로 깨치게 된다는 가르침은 역시 대혜 간화선을 기본적으로 계승하는 것이며, '무자' 화두를 중시하는 경향은 『몽산법어』의 영향을 짐작하게 한

---

9) 「普說」, 『懶翁和尚語錄』(『한불전』 6, 715~716쪽), "只貴當人 直下承當便了 前輩尊宿 爲你不肯直下承當 不得已而曲垂方便 敎你叅个 無義味話 只如僧問趙州 狗子還有佛性也無 州云無 早是和盤托出 你不得能領略 不得已而如死馬醫 又敎你草草捏一个無字 先將四大五蘊六根六塵 乃至目前所見山河大地明暗色空 森羅萬象情無情等 都盧幷作一箇無字 一據據起 行也恁麼據 乃至坐臥睡夢喫飯一切處 只如此據 綿綿密密 無閒無斷 打成一片 針劄不入 銀山鐵壁相似 不知不覺 一拶拶透 自己一着子 不待承當而自然分曉矣".

178

다.

가령 그의 「工夫十節目」이 몽산의 「無字十節目」을 본딴 것이며, 몽산의 「休休庵主坐禪文」을 중시하는 것도 몽산의 사상적 영향력을 보여주는 것이다.[10] 또한 그는 깨달은 후에 원에 들어가, 1350년 4월 休休庵에서 여름 안거를 지내기도 하였다. 따라서 일반적으로 나옹의 경우 指空이나 平山處林의 법맥을 계승한 사실에 대해서만 주로 강조하고 있지만, 실제로는 그가 몽산으로부터 사상적 영향을 적지 않게 받았던 것이다.

> 妄念이 일어나고 망념이 없어지는 것을 生死라 하는데, 생사하는 그 순간 순간에 부디 힘을 다해 화두를 들어라. 화두가 순일하면 생멸이 없어지는데 생멸이 없어진 그 곳을 신령함이라 한다. 신령함 가운데 화두가 사라지면 그것을 無記라 하고, 신령함 가운데 화두에 몽매하지 않으면 그것을 신령함이라 한다. 즉 이 텅비고 고요하며 신령스럽게 아는 것은 무너지지도 않고 잡된 것도 아니니, 이렇게 공부하면 멀지않아 이루어질 것이다.[11]

위의 글에서 보듯이 나옹은 화두를 참구할 때에 중단하지 말아야 하며, 공부가 진척이 없다고 해서 한 번 잡은 화두를 쉽게 바꾸지 말고, 혼침·무기·완공에 빠지지 않기 위해서는 화두를 들 것을 강조한다. 아울러 그는 화두를 드는 것이 순일해져 생멸이 없는 상태를 신령하다고 하는데, 그 신령한 상태에서 화두가 사라지는 것을 무기라고 하였다. 이는 앞에서 본 바와 같이 보우가 사량분별심과 함께 반대로 아무 생각도 없는 무기에 빠지는 것을 경계하는 것과 같은 의미라 하겠다.

---

10) 「工夫十節目」, 「行狀」, 『懶翁和尙語錄』(『한불전』 6, 722쪽, 703~709쪽).

11) 「示覺悟禪人」, 『懶翁和尙語錄』(『한불전』 6, 727쪽), "念起念滅 謂之生死 當生死之際 須盡力提起話頭 話頭純一則起滅卽盡起滅盡處爲靈 靈中無話頭則謂之無記 靈中不昧話頭則謂之靈 卽此空寂靈知 無壞無雜 如是用功 不日成功".

그런데 나옹은 '무자' 화두를 기본적으로 중시하지만,12) '萬法歸— —
歸何處' 화두를 제시하기도 하였다.

　　본래 參究하던 화두를 한 번 들면 늘 들되, "모든 법이 하나로 돌아
가는데 그 하나는 어디로 돌아가는가?"라든가, "어떤 것이 본래 면목
인가?"라든가, "어떤 것이 나의 본성인가?"라든가 하라. 혹은 어떤 스
님이 趙州에게, "개에게도 불성이 있습니까?"하고 물으니 趙州는 "없
다"하였다. 그 스님이 "꼬물거리는 곤충까지도 모두 불성이 있다고
하였는데 무엇 때문에 개에게는 불성이 없다고 하십니까?"라고 한 화
두를 들어라.
　　이 중에서 마지막 한 구절을 힘을 다해 들어야 한다. 이렇게 계속
들다 보면, 공안이 눈앞에 나타나 들려고 하지 않아도 저절로 들린다.
고요한 데서나 시끄러운 데서나 들지 않아도 저절로 들리는 것이다.
그 경지에 이르겨든 의심을 일으키되 다니거나 서거나 앉거나 눕거나
옷을 입거나 밥을 먹거나 대변을 보거나 소변을 보거나 어디서나 온
몸을 하나의 의심덩이로 만들어야 한다. 계속 의심해가고 계속 부딪
쳐 들어가 몸과 마음을 한 덩어리로 만들어 그것을 분명히 캐 들어가
되, 공안을 놓고 그것을 헤아리거나 어록이나 경전에서 찾으려 하지
말고, 모름지기 단박에 터뜨려야 비로소 제 집에 이르게 될 것이다.13)

　위의 법어에서 알 수 있듯이 나옹은 하나의 화두를 참구하되, 언제
어디서나 화두에 집중하여 온 몸과 마음을 한덩어리로 하여 몰두하다

─────────────

12) 이는 『懶翁錄』의 「普說」, 「示衆」, 「示一珠首座」, 「示得通居士」 등의 법어에
　　서 볼 수 있다.
13) 「示衆」, 『懶翁和尙語錄』(『한불전』 6, 717쪽), "却將本參話頭 —提提起 或萬
　　法歸— —歸何處 或那箇是本來面目 或那箇是我性 或僧問趙州 狗子還有佛
　　性也無 州云無 蠢動含靈 皆有佛性 因甚狗子無佛性 只將末後一句 着力提
　　起 提來提去 公案現前 不提自提 靜中鬧中 不擧自擧 却來這裏 好起疑情 行
　　住坐臥 着衣喫飯 屙屎放尿 於一切處 通身幷作 —箇疑團 疑來疑去 拶來拶
　　去 凝定身心 討箇分曉 不可向公案上卜度 語錄經書上尋覓 直須崒地斷爆地
　　絶 方始到家".

보면 단박에 깨닫게 된다고 강조하였던 것이다. 아울러 나옹이 기본적으로 중시한 화두는 '무자' 화두와 함께 '만법귀일 일귀하처' 화두인데, 이를 통해『선요』를 중시한 면을 볼 수 있다. 또한 나옹이 화두를 참구할 때 決定信을 강조하는 면모는『선요』에서 강조하던 것과 동일한 내용이다.

恭愍王 13년(1364) 眞覺國師 千熙는 원에 들어가 休休庵에서 蒙山의 영정을 모신 眞堂, 곧 影閣에서 放光이 일어나는 영험을 보기도 하였다. 그가 실제 휴휴암에 갔던 것은 평소 禪旨를 참구하다가 小伯山, 金剛山, 五臺山 등 세 곳에서 꿈에 몽산으로부터 의발을 전수받은 것이 계기가 되었다고 한다. 그는 공민왕 19년(1370) 나옹과 함께 廣明寺에서 선교 양종의 납자를 모아 功夫選을 주관하기도 하였다.[14] 천희의 비문에서 보이는 이러한 영험은 종교적인 체험이기에 그 자체에 대해 해석할 필요는 없을 것이다. 다만 그의 행적을 담은 비문에서 굳이 몽산으로부터 의발을 전수받았다는 사실을 보다 강조하고자 하는 의도가 드러난다. 곧 천희의 경우 화엄종 출신이기에 굳이 중국에 들어가 인가를 받아 왔다는 것을 강조하기 위해 몽산을 부각시킨 것은 고려 사상계에서 몽산이 지닌 위상을 단적으로 보여주는 것이 아닌가 한다. 또한 본분 종사를 찾아가 인가를 받기 위해 중국 선종계에 들어갔던 것은 당시 일반적인 경향이었음을 알 수 있다.

이상에서 보우, 나옹 등 대표적인 선승을 통해 고려말의 선종계에서 간화선이 어떠한 경향을 갖고 있는가를 살펴보았다. 그 결과 고려말의 간화선법은 '무자' 화두 위주의 화두 참구법이나, 의심을 강조하는 경향이라든지, 깨달은 이후에는 반드시 선지식으로부터의 인가를 받도록 한 것 등이 그 주된 특징이라고 하겠다. 그리고 보우나 나옹의 경우에서 잘 드러나듯이, 이들이 특정한 스승의 지도를 받지 않고 화두 참구를 하여 견성할 수 있었던 것은『몽산법어』,『선요』등 새로운 선적이

---

14) 李穡 撰,「水原彰聖寺眞覺國師大覺圓照塔碑文」,『금석』上, 529~533쪽.

수용되면서 간화선법이 당시 선종계에 이미 보편화되었음을 반영하는 것이라 하겠다.

이와 함께 <표 4>에서 잘 드러나듯이 14세기 후반에 간행된 선적은 몇 가지 뚜렷한 특징을 보여주고 있다. 첫째, 대혜와 관련된 선적으로서『대혜서』,『선림보훈』등이 중시되고 있다. 이러한 선적들이 간행되고 있는 것은 간화선의 사상적 원류이자 고전으로서 대혜가 저작한 선적이 지속적으로 이어지고 있다는 사실을 보여준다.

둘째,『선요』와 함께 德異本『육조단경』,『佛祖三經』15) 등은 몽산이 편찬하였거나 간행에 관여한 선적이므로 원 간섭기에 수용되고 중시된 사상적 경향이 이어지고 있다. 다른 선적에 비해『佛祖三經』에 대한 연구가 별로 없으므로 간단하게 언급해 두고자 한다. 이는『佛祖三經』전체를 대상으로 한 大洪守遂16)(1072~1147)의 주석서가 효시이며, 특히『佛祖三經』의 성립과 간행과 관련하여 至元 23년(1286) 몽산이 작성한 서문이 모두 있어 주목된다. 그런데 臨濟宗 楊岐派 10세인 몽산이 전대의 조동선승인 수수의 저작을 개판하였던 이유를 생각해보면,『佛祖三經』은 조동종풍이 희박하고,『佛遺敎經註』에는 馬祖와 石革에 의한 문답이 인용되어, 마조의 법손인 위산의 저작에 대한

---

15)『四十二章經』,『佛遺敎經』,『潙山警策』등 세 佛書를 합쳐『佛祖三經』이라고 하며, 그 편성시기 및 편집자에 대하여는 직접적인 자료가 없고 확실하지 않다. 推名宏雄 先生에 의하면, 석존에 의한 成道 후 최초의 示衆이라고 하는『四十二章經』을 석존의 가장 중요한 어록이라고 보고 전문을 담은『寶林傳』이 馬祖 문하의 선승에 의해 편집되었던 燈史이고, 또한『潙山警策』이 馬祖下 3世인 潙山靈祐(771~853)에 의한 저작인 것 등을 고려해 볼 때『佛祖三經』은 潙仰宗 혹은 그 영향을 받았던 선의 흐름에 의해 대략 唐末로부터 五代 무렵에 걸쳐 편성되었던 것이 아닐까 추측되고 있다(推名宏雄,「『佛祖三經註』の成立と諸本」,『印度學佛敎學硏究』제47권 제1호, 1998).

16) 그는 洞山下 9世 즉 曹洞宗 계열의 선승으로서 投子義靑-大洪報恩-大洪守遂로 이어지는 법맥을 계승하고 있다. 그는『佛祖三經』의 註解뿐만 아니라 대승경전류의 간행에도 진력했던 만큼 교학도 중시하였던 인물이다(「大洪山遂禪師塔銘」,『湖北金石志』11(推名宏雄, 위의 논문 28쪽 참조).

<표 4> 14세기 후반 선적 간행 일람17)

| 간행연도 | 書名 | 編·著者 | 관련사항 | 비 고 |
|---|---|---|---|---|
| 1341 | 佛祖三經 | | | 성암문고 |
| 1357 | 人天眼目 | 智昭 | 姜金剛 간행 | 중판, 간송문고 소장 |
| 1357 | 六祖壇經 | 德異 | | 호림박물관, 성암 |
| 1361 | 佛祖三經 | 潙山 | 德異 序文 | |
| 1370 | 六祖壇經 | 德異 | 空默 간행 南原歸正禪寺 | 연세대 |
| 1372 | 景德傳燈錄 | 楊億 | 李穡 序文 | 서울대 |
| 1378 | 禪林寶訓 | 大慧 士珪 | | |
| 1381 | 禪宗永嘉集 | 玄覺 | 覺演 謹誌 | 산기문고 |
| 1384 | 佛祖三經 | 潙山 | 德異 序文 李穡 跋文 | |
| 1387 | 大慧書 | 大慧 | 李穡 跋文 | 간송문고 |
| 1395 | 人天眼目 | 智昭 | 李穡 謹誌 | 동국대, 東洋文庫 |
| 1397 | 註心賦 | 延壽 | 無學 題 | 고려대 |
| 1399 | 禪要 | 原妙 | | 국립중앙도서관, 서울대, 德奇寺판 |

주를 포함하고 있는 것 등에 의해 그 의도가 짐작된다. 원초에 몽산에 의한 초각 이후 본서는 대륙에서 중간되었던 기록은 전혀 없고 한국에 서만 반복해서 간행되었다. 『佛祖三經』과 함께 德異本 『육조단경』, 『몽산법어』, 『몽산육도보설』 등 고려후기 이래 대단히 유행하였던 몽산 관계의 선적류에 공통하는 것이다.

셋째, 13세기 단계에서는 주로 사찰 단위로 간행되었던 것에 비해, 14세기 후반의 선적은 사대부가 서문, 발문을 작성하는 경향이 보편화 되는 등 선적 간행이 사대부와 깊은 관련을 갖는 양상을 보이고 있다. 이러한 경향은 간화선이 사대부 계층에 깊이 뿌리를 내리고 있고, 그 것은 간화선에 대한 수요가 선문만이 아니라 사대부가 갖는 비중이 작 지 않으며, 나아가 그 사상적 영향이 적지 않음을 반영하는 것이라 하

---

17) 이 표는 尹炳泰 편, 「韓國書誌年表」, 한국도서관협회, 1972 및 각 대학의 고 서록록, 駒澤大學 편, 『新纂禪籍目錄』을 참고하여 작성하였다.

겠다.

넷째, 『護法論』, 『人天眼目』, 『禪林寶訓』, 『心賦』 등은 모두 중국, 한국, 일본에서 공통적으로 많이 간행되었던 선적이다.[18] 이러한 경향은 당시 원대 출판문화의 상황과도 깊이 관련되어 흥미 깊다. 즉 앞서 언급한 바와 같이 원조의 적극적인 문화정책에 의해 강남 지역을 중심으로 하는 출판문화가 성행되며, 동시에 고려와 일본까지 포함한 동아시아에서 인적, 물적 교류가 사상 유례를 보기 힘들 정도로 일대 성황을 이루고 있었다. 그러한 교류의 흔적을 특히 사상, 문화의 측면에서 오늘날까지 잘 보여주는 실물이 바로 출판문화를 통해 간행되어 남아 있는 원판, 고려판, 오산판 등의 판본이며, 그 가운데 선적의 중요성은 두 말할 필요가 없다. 따라서 위의 판본이 고려판으로서 남아 있다는 것은 당시 동아시아를 중심으로 하는 문화교류의 양상이 고려에서 어떻게 수용되고 있었는가를 단적으로 보여주는 실물이라 하겠다.

이상에서 고려말 선종계에서 간행된 선적을 중심으로 사상적 동향에 대해 살펴보았다. 이를 통해 고려말 선종계에서 간화선이 성행되는 양상과 관련하여 일반적인 선적에 대한 관심보다는 『대혜서』, 『몽산법어』, 『선요』 등 간화선에 관련된 선적을 중심으로 간행되는 특징을 확인할 수 있다.[19] 아울러 이러한 선적의 간행에 사대부가 관여하고, 깊은 관심을 표명할 정도로 사대부 계층에서 간화선이 폭넓게 수용된 양상을 볼 수 있다. 또한 동아시아 전체적으로 성행된 선적의 경향이 확인된다는 사실도 주목되는데, 이는 앞으로 동아시아 선종사라는 차원

---

18) 推名宏雄, 「宋元版禪籍と五山版」, 『斯道文庫論集』 38, 2004.

19) 이러한 경향은 최근 발견된 『三家錄』에 의해서도 잘 드러난다. 대혜의 서장, 원묘의 어록, 그리고 몽산의 법어 등을 묶어 宋三家錄이라고 편찬하여 간행된 것이다. 奇若冲이 쓴 誌의 내용은 그다지 신빙성이 없는 것으로 보이지만, 조선시대에 편집되고 간행된 것이 아닌가 한다. 다만 대혜, 원묘, 몽산의 선적이 모두 한국불교계에서 중시되고 있었던 측면을 잘 드러내 준다는 측점에서 의미가 있다고 하겠다.

에서 검토되어야 할 연구 과제라고 하겠다.

이상에서 고려말 선종계에서 간화선이 어떻게 전개되었는가를 살펴보았다. 보우에게 잘 드러나듯이 고려말 선종계에서 '무자' 화두를 기본적으로 참구하면서 시종일관 의심을 강조하였다. 또한 고려말 선승들은 깨달은 후에는 반드시 본색종사라는 선지식의 인가를 받아야 한다고 재삼 강조하였다. 깨친 후에 본색종사를 찾아가 다시 인가를 받는다는 것은 당시의 시대적 상황, 즉 원을 중심으로 한 국제적인 문화 교류라든지 선종의 본고장에 대한 동경 등과 무관하지 않을 것이나, 기본적으로는 그러한 경향이 어떠한 사상적 맥락에서 제기되었는가도 염두에 두어야 할 것으로 생각된다. 그러한 측면에서 위에서 언급한 양상과 관련된 이론적 근거를 주로 담고 있는 선적은 『몽산법어』, 『선요』가 대표적인 것이다. 다시 말하면 원 간섭기 단계에서 이러한 선적이 고려선종계에 수용되고 정착됨으로써 고려말 간화선이 성행될 수 있는 사상적 기반이 형성되었다고 하겠다.

따라서 이러한 사상적 흐름을 고려한다면 고려말 선사상의 동향을 흔히 임제선의 수입 또는 수용이라고 지적하는 것은 선종사의 전체적인 흐름을 감안하지 않은 것이라 할 수 있다. 아울러 후대적인 관념을 고려하지 않고 법통론의 시각으로만 바라보거나 특정한 시기의 선사상을 절대화하여 평가하는 태도는 지양되어야 할 것으로 생각된다.[20]

다음으로 고려말 불교계에서 주목되는 양상으로서는 唯心淨土說의 확산을 들 수 있다. 이에 대해 검토해 보고, 그 사상적 의미가 무엇인

---

[20] 실제 법통이라는 용어를 절대시하는 풍토는 학문적인 입장이라기보다 신학적 입장에 가까운 발상에 지나지 않는다고 생각한다. 본고에서 지적한 바와 같이 원대라는 세계적인 규모의 사상, 문화의 교류라는 역사적 배경이나 당시 사대부까지 포함하여 지식인이라면 누구라도 원에 가고자 하는 문화적 풍토를 감안하여야 할 것이다. 나아가 당시 선승들의 경쟁적인 入元과 인가를 받아오던 현상은 긍정적인 측면도 있겠지만, 당시 현실적인 측면에서는 좀 거칠게 얘기해서 최근 미국의 유명 대학 학위가 출세를 보장해주는 풍토와 다를 바 없는 게 아닌가 한다.

지에 대해 언급하기로 한다.

　　방편이 많지만 요점을 말하면, "마음이 바로 淨土라는 것과 자기
성품이 阿彌陀佛이라는 것으로서, 마음이 깨끗하면 불토가 깨끗하고
본성이 나타나면 佛身이 나타난다"하였으니 바로 이것을 두고 말한
것입니다. 아미타불의 깨끗하고 묘한 法身은 일체 중생들의 마음에
두루 있습니다. 그러므로 "마음과 부처와 중생, 이 셋은 차별이 없다"
하였고, 또 "마음이 곧 부처요 부처가 곧 마음이다. 마음 밖에 부처가
없고 부처 밖에 마음이 없다" 하였습니다. 만일 상공이 진실로 염불
하려면, 그저 자성미타를 그대로 생각하되, 24시간 무엇을 하든지 간
에 아미타불의 이름을 마음속과 눈앞에 두어야 합니다. 마음과 눈과
부처님의 이름을 한 덩이로 만들어 마음 마음에 계속하고 생각 생각
에 어둡지 않게 하며, 때로는 "생각하는 이것이 무엇인가"하고 자세
히 돌이켜보아 오랫동안 계속해야 합니다. 그러면 갑자기 생각이 끊
어지고 아미타불의 참 몸이 앞에 우뚝 나타날 것이니, 그때서야 비로
소 "본래부터 움직이지 않는 것을 부처라 한다"고 확실히 말할 수 있
습니다.[21]

　위의 글은 보우가 낙암거사에게 염불 수행의 요체에 대해 설법하고
있는 내용이다. 그런데 보우는 아미타불의 개념을 아예 선적인 측면에
서 정의한 후에 "마음이 깨끗하면 불토가 깨끗하고 본성이 나타나면
불신이 나타난다."라고 하여 철저하게 '唯心淨土 自性彌陀'의 정토관
을 설하고 있다. 그리하여 보우는 아미타불을 염하더라도 사후의 극락

---

21)「示樂庵居士念佛略要」,『太古和尙語錄』(『한불전』6, 679쪽), "方便雖多 以
　　要言之 則唯心淨土自性彌陀 心淨則佛土淨 性現卽佛身現 正謂此耳 阿彌陀
　　佛 淨妙法身 偏在一切衆生心地 故云心佛及衆生 是三無差別 亦云心卽佛
　　佛卽心 心外無佛 佛外無心 若相公 眞實念佛 但直下 念自性彌陀 十二時中
　　四威儀內 以阿彌陀佛名字 帖在心頭眼前 心眼佛名 打成一片 心心相續 念
　　念不昧 時或密密返觀念者是誰 久久成功 則忽爾之間 心念斷絶 阿彌陀佛眞
　　體 卓爾現前 當是時也 方信道 舊來不動名爲佛".

왕생을 권하는 것이 아니라 자성에서 미타를 찾는 수행을 권하고 있다. 다음의 글에서 이러한 면은 다시 한 번 확인된다.

> 아미타불의 이름을 마음속에 두어 언제나 잊지 않고, 생각 생각에 틈이 없이 간절히 참구하십시오. 그리하여 생각과 뜻이 다하거든 "생각하는 이것이 무엇인가"를 돌이켜 관찰하고, "또 이렇게 돌이켜보는 이것은 무엇인가"하고 관찰하십시오. 이렇게 자세히 참구하고 또 자세히 참구하여, 이 마음이 갑자기 끊어지면 자성미타가 앞에 우뚝 나타나리니 힘쓰고 힘쓰십시오.[22]

위의 글에서 잘 드러나듯이 보우는 아미타불을 염송하는 정토신앙의 본래적인 수행법이 아니라 아미타불을 염송하는 주체가 무엇인가를 아예 공안으로 삼아 참구하고, 그러한 참구의 결과 자성미타가 드러난다고 제시함으로써 철두철미하게 화두 참구법과 동일한 방법론을 구사하고 있다. 그런데 이와 같이 보우가 표방한 유심정토설은 그 자신만이 주장한 독특한 것이라기보다 당시 선종계에서 일반적으로 성행되고 있었다. 그것은 다음의 글에서 드러나듯이 나옹의 경우에도 드러나고 있다.

> 그리하여 하루 24시간 옷 입고 밥 먹고 말하고 문답하는 등 어디서 무엇을 하든지 항상 아미타불을 간절히 생각하여라. 끊이지 않고 생각하며 쉬지 않고 기억하여 생각하지 않아도 저절로 생각나는 경지에 이르면, 나를 기다리는 마음에서 벗어날 뿐 아니라 육도에서 헤매는 고통을 면할 수 있을 것이다.[23]

---

22) 「示白忠居士」, 『太古和尙語錄』(『한불전』 6, 680쪽), "阿彌陀佛名 當在心頭 常常不昧 念念無間 切切叅思 若思盡意窮 則返觀念者是誰又觀能恁麽 返觀者又是阿誰 如是密密叅詳 密密叅詳 此心忽然斷絶 卽自性彌陀卓爾現前 勉之勉之".

23) 「答妹氏書」, 『懶翁和尙語錄』(『한불전』 6, 727~728쪽), "常常二六時中 着衣

　　自性인 아미타불 어느 곳에 있는가.
　　언제나 생각 생각 부디 잊지 말지니
　　갑자기 하루아침에 생각조차 잊으면
　　물건마다 일마다 감출 것이 없어라.[24]

　위의 글에서 알 수 있듯이 나옹은 육도 윤회에서 벗어나기 위해 아미타불을 염할 것을 권한다. 그런데 그는 아미타불이 다른 곳에 있는 부처가 아니라 자기 마음 속에 자리 잡고 있는 부처라고 하였다. 곧 정토신앙에서 설하고 있는 대상으로서의 아미타불이 아닌 중생이 미혹한 마음을 벗어나기만 하면 늘 현전하는 부처인 自性의 아미타불을 가리킨 것이다. 그런데 그가 염불 수행에 대한 방법론을 제시하면서 "모든 행위가 아미타불을 염하는 것으로 모아지고 이것이 계속되어 자기가 염하지 않았는데도 저절로 염하는 경지에까지 이른다."라고 한 것은 화두를 들어서 의심덩어리가 의심을 하지 않더라도 의심이 되는 경지에 이르는 것과 같은 차원을 제시한 것이다. 따라서 보우나 나옹은 모두 간화선의 입장에서 유심정토설을 수용하고 있는 것이다.
　그런데 나옹의 경우에는 일반적인 정토신앙에서 제시하던 稱名念佛도 수용하고 있다.[25] 즉 그는 선수행과 정토수행을 아무런 갈등 없이 함께 수용하였던 것이다. 이런 면은 「西往歌」, 「僧元歌」 등을 통해 정토신앙을 적극적으로 수용하고 있음에서 다시 한 번 확인할 수 있다. 다만 이러한 칭명염불을 통한 극락왕생의 희구는 기본적으로 일반민을 중심으로 한 재가 신도들을 대상으로 한 것이며, 출가 수행자까지 적용한 것으로 보이지는 않는다. 어떻든 보우, 나옹 등 간화선 일변도

---

　喫飯 語言相問 小作所爲 於一切處 至念阿彌陀佛 念來念去持來持去 到於不念自念之地 則能免待我之心 亦免枉被六道輪廻之苦".
24) 「示諸念佛人」, 『懶翁和尙語錄』(『한불전』 6, 743쪽), "自性彌陀何處在 時時念念不須忘 驀然一日如忘境 物物頭頭不覆藏".
25) 「示李尙書」, 『懶翁和尙語錄』(『한불전』 6, 742쪽).

의 경향으로 나아갔던 고려말의 단계에서 정토신앙을 수용하는 양상에 대해 어떤 평가를 내릴 수 있을까.

우선 선과 정토의 관계는 초기의 선종 문헌이 서방왕생을 엄격하게 비판하고 있는 것처럼 본래 정토교의 타력사상은 선의 근간을 이루는 견성성불설과 양립하기 어려운 것이다. 그런데 오대말 송초에 이르러 활동한 法眼宗의 永明延壽(904~975)가 禪淨雙修를 제기하고, 그것이 염불선으로서 널리 확산되게 되었다. 그런데 이와 같이 선종의 입장에서 염불선이 제시되는 것은 그 나름의 이유가 있었다. 흔히 중국에 있어서 불교가 승단을 떠나, 서민에까지 완전히 깊이 뿌리를 내린 것은 역시 송대라고 평가되고 있다. 서민적인 불교와 서민출신의 교단불교는 그 이전에도 존재했지만, 교단 자체가 변모하고, 사대부 이외에도 많은 신자를 갖는 것은 송대이며, 그것은 제1장 1절에서 개관한 바와 같이 송이라는 시대적 성격과도 무관하지 않다. 아울러 송대에 선이 일반화되었다고 하더라도 실제로는 교단과 사대부를 제외한 농민과 상인을 비롯한 일반민에게까지 선이 쉽게 확산되지는 않았다. 따라서 선종이 그 사회적 기반을 확대하기 위해서는 일반민에 대한 접근을 고려하지 않을 수 없었고, 결국 그러한 현실적인 요구에 의해 禪淨雙修나 염불선 등의 논리가 제시되었던 것이다. 또한 정토교가 사회에 뿌리내리고 있던 상황도 고려하지 않을 수 없었다. 당시 정토사상은 선종만이 아니라 천태종, 율종 등 종파를 넘어서 널리 수용되고 있었는데, 선종도 그러한 현실을 무시할 수 없었던 것이다.

그런데 간화선이 성행되던 단계에 이르러 정토신앙이 적극적으로 선양되고 수용되었던 것은 中峰明本 이후라고 할 수 있다. 앞서 살펴본 바와 같이 명본은 원대 임제종의 법맥에서 원묘를 계승하였으며, 원대의 대표적인 선승이었다. 그는 항상 '선은 정토의 선이며, 淨은 선의 정토'임을 주장하고, 「懷淨土詩」 108수를 지었으며, 「勸念阿彌陀佛偈」와 「懷淨土」 10수를 지었다. 명본을 계승한 天如惟則은 『淨土或

門』1권을 저술하여, 당시 선가의 폐단을 지적하면서 禪淨合行을 주장
하였다.[26] 즉 원대 임제종은 간화선을 표방하면서도 적극적으로 정토
신앙을 수용하였던 것이다. 그러므로 14세기 단계에서 보우, 나옹 등이
유심정토설을 중심으로 정토신앙을 수용하였던 것은 원대 선종계의
영향과 무관하지 않은 것으로 생각된다.

물론 고려불교계에서도 지눌 이후 정토신앙을 수용한 면은 확인된
다.[27] 그러나 혜심 이후 수선사는 본격적으로 간화선을 주창하면서도
유심정토관이 확산되지 않았던 것으로 보인다. 따라서 유심정토설을
중심으로 정토신앙을 본격적으로 수용하였던 것은 고려말 보우, 나옹
단계 이후라고 할 수 있다.

그렇다면 당시 선승들이 唯心淨土說을 표방한다든지, 臨濟禪 法統
說을 강하게 제기하는 것은 어떠한 사상적 맥락에서 이해해야 할까.
이에 대해 필자는 이러한 경향을 단적으로 선종 절대화 경향의 표방이
라고 규정하고자 한다. 다시 말해 고려불교계에서 화엄종, 천태종, 법
상종 등의 다양한 종파와 함께 존재하던 선종이 고려말에 이르러 불교
계의 주도권을 장악하면서 스스로의 우월성과 정당성을 주장하기 위
한 의도에서 표방한 슬로건이라고 할 수 있다. 당시 보우, 나옹 등 고
려말의 선승들이 국내에서 이미 견성을 이루었음에도 불구하고 굳이
중국 선승으로부터 인가를 받기 위해 일종의 유행처럼 원에 다녀왔던
것은 중국 임제선의 법통을 전수받았음을 강조하고, 이를 통해 다른
종파에 대한 우월성과 정통성을 표방하고자 하는 의도가 깔려 있었던
것이다.

그렇다면 고려말의 선승들이 표방한 선종 절대화의 경향은 당시 시
대적 상황과 관련하여 어떠한 의미를 가질까. 이러한 문제는 고려말
불교사의 흐름과 관련하여 불교의 사회적, 사상적 기능이 어떻게 표방

---

26) 望月信亨, 이태원 역, 『中國淨土敎理史』, 운주사, 1997, 449~465쪽 참조.
27) 高翊晋, 「普照禪派의 淨土思想受容」, 『佛敎學報』 23, 1986.

되는가와 밀접하게 관련된다. 원 간섭기 이후 기존의 불교계는 크게
두 가지 경향을 띠고 있었다. 하나는 원 간섭기라는 정치적 현실 속에
타협하고 안주하려는 경향이며, 다른 하나는 13세기 신앙결사의 계통
을 계승하면서 당시의 보수적 성격을 비판하려는 경향으로 크게 나누
어진다.[28] 후자의 경우를 대표하는 승려로서 백련사 계통의 사상적 경
향을 계승한 雲默無寄를 들 수 있다. 그는 당시 권문세족과 정치적, 경
제적으로 결탁하고 있던 불교의 보수적 경향을 통렬하게 비판하고 이
들의 민중에 대한 각성을 촉구하였다. 그러나 이러한 경향은 당시 사
회와 불교계의 모순과 문제를 본질적인 측면에서 해결하기보다는 불
교의 사회적 기능 중, 실천신앙적인 측면과 공덕신앙만을 지나치게 강
조하는 한계성을 갖고 있었다. 따라서 당시 사회의 모든 모순을 극복
할 수 있는 이념적 기반과 그 추진세력의 결집이 불교계 자체에서 구
축되기는 불가능하였던 것이다.

전자의 경우 가지산문, 묘련사 계통, 법상종 등을 들 수 있으며, 이
들은 당시의 정치, 사회구조 속에서 대두한 보수적인 정치세력과 결탁
하고 있었으며, 이는 고려사회가 해체되어 가는 과정에서 불교의 사회
적 기능이 축소되고 있는 단면을 보여 주는 것이라 할 수 있다. 따라서
불교계 내에서 보수적인 세력이든, 진보적인 세력이든 불교의 사회적
기능이 축소됨으로써 불교가 당시 사회를 주도해 나갈 수 있는 이념적
기반을 스스로 상실하였던 것이라 할 수 있다.

이러한 상황에서 불교계를 주도하였던 선종 절대화의 경향은 간화
선 일변도의 경향으로 나아감으로써 결국 수행 방법론의 다양성을 상
실하는 폐단을 가져왔다. 나아가 이러한 경향은 불교의 새로운 단계로
의 발전을 기대하기 어렵게 만들고, 당시 주자학이 수용되면서 척불론
이 제기되는 상황에서 불교계가 현실적인 대응을 제대로 할 수 없는
한계를 노출했던 것이다. 이러한 선종 절대화의 경향은 조선초기의 불

---

28) 蔡尙植, 『高麗後期佛敎史硏究』, 일조각, 1991 참조.

교계에서도 이어지고 있었던 것으로 보인다.

> 무엇을 천당이라고 부르는가. 무엇을 불찰이라고 부르는가. 마음이 편안하고 한가하면 그것이 천당이고, 마음이 깨끗하면 그것이 불찰이다.[29]

> 금강의 몸 사물마다 원만히 이루어져 있고, 무량수불이 사람마다 갖추어져 있다. …… 금강의 몸이 다른 것에서 오는 것이 아니고, 무량수불이 또한 밖에서 오는 것이 아니다. 그렇지만 비록 이러하더라도 무엇을 금강의 몸이라 부르고, 무엇을 무량수불이라 부를 것인가. …… 한 생각 기틀을 돌리면 바로 그것이다.[30]

위의 글은 고려말 조선초의 대표적인 선승이었던 己和의 글이다. 위의 글에서 잘 드러나듯이 그는 타력신앙으로서의 정토신앙을 인정하지 않았다. 즉 그는 대상세계에 실재하는 아미타불이나 극락정토를 인정하지 않으며, 모두 마음에 달린 것으로 보고 있다. 따라서 기화의 정토신앙에 대한 입장은 선종의 자성미타 유심정토설에 입각해 있었던 것이다. 그러므로 그는 사후세계의 하나로 설명하는 천당이나 지옥이 객관적 실재가 아니라 업에 따른 감응이라고 보았다. 즉 천당과 지옥이 공간적으로 실재하며, 업에 따라 그곳에 가는 것이 아니라, 마음의 처하는 상태를 의미하는 것이라고 하였으며, 정토와 마찬가지로 마음이 지어내는 것이라고 보았던 것이다.

다만 그는 중생교화의 효용성을 갖고 있는 가르침이라면 존재할 가치가 있다고 보고, 불교 옹호론을 전개하는 과정에서 불교적인 인과응

---

29) 「葬畢後下語」, 『涵虛堂得通和尙語錄』(『한불전』 7, 235쪽, 이하 『함허당어록』으로 줄임), "喚什麼作天堂 喚什麼作佛刹 安閑是天堂 心淨是佛刹".

30) 「爲奉寧君仙駕下語」, 『함허당어록』(『한불전』 7, 228~229쪽), "金剛身物物圓成 無量壽人人具足……金剛身匪從他得 無量壽亦匪外來 然雖如是 喚什麼作金剛身 喚什麼作無量壽……一念回機 直下便是".

192

보설의 사회적 효용을 불교의 존재당위성 가운데 하나로 들고 있다. 따라서 천당과 지옥의 가르침이나 정토신앙에 대해서도 이러한 방편설에 입각하여 제기하기도 하였다. 즉 그는 염불의 효험을 인정하고 이를 통해서 극락왕생을 인정하기도 하였다.[31] 그리하여 그는 「彌陀經贊」,[32] 「彌陀贊」,[33] 「安養贊」[34] 등을 찬술한 데서도 정토신앙에 대한 긍정적인 태도를 확인할 수 있다.

그러나 앞서 살펴본 바와 같이 그는 정토신앙에 대한 그의 이해나 인식은 궁극적으로 '화두를 참구하는 선수행을 통해서도 자성미타를 보고 유심정토를 통달할 수 있다'[35]고 한 것에서 알 수 있듯이 선종의 입장에서 정토신앙을 수용하였다. 결국 이러한 기화의 태도는 앞서 살펴본 바와 같이 고려말 태고보우 등과 마찬가지로 선종 절대화의 경향에서 벗어나지 않는 것이라 하겠다. 따라서 고려말 조선초의 불교계는 선종 절대화의 방향으로 나아감으로써 현실적인 대응력을 약화시키고, 주자성리학에 대응할 수 있는 사상적 기반을 제시하지 못하는 내적인 모순과 한계를 드러내게 되었던 것이다. 이러한 불교계 내부의 사상적 한계나 현실적 기반의 약화는 결국 불교가 사회를 주도할 수 있는 사상체계로서의 위치를 스스로 잃어버리고 주자학으로 전환되어가는 시대적 조류에 대응할 수 없게 되었던 것이라고 할 수 있다.

## 2. 선승들의 현실인식과 그 한계

앞서 고려말 선종 절대화의 경향이 대두함으로써 불교가 몰락해 갈

---

31) 「送魂下語」, 『함허당어록』(『한불전』 7, 231쪽).

32) 『함허당어록』(『한불전』 7, 243쪽).

33) 『함허당어록』(『한불전』 7, 241쪽).

34) 『함허당어록』(『한불전』 7, 242쪽).

35) 「爲尙愚上菴和尙下語」, 『함허당어록』(『한불전』 7, 234쪽).

수밖에 없는 내부적, 사상적 이유에 대해 검토해 보았다. 그런데 이러한 불교의 한계는 사상 그 자체만이 아니라 당시 불교를 주도하였던 선승들의 현실인식에서도 드러나고 있었다. 따라서 여기서는 주자학이라는 새로운 사상체계가 수용되는 과정에서 불교의 대응이 어떠하였는가 라는 측면에서 선승들의 현실인식을 통해 다루어 보고자 한다.[36]

당시 주자학을 수용하던 사대부는 사회개혁을 표방하면서, 특히 불교계의 현실적인 모순에 대해서도 비판하였는데, 이에 대해 당시의 선승들은 불교계의 사회적 현실이나 나아가 당시 정치, 사회적 상황에 대해 어떠한 현실인식을 갖고 있었을까. 아울러 그것이 13세기 단계의 선승들이 갖고 있던 현실인식과는 어떠한 차이가 있을까. 이러한 문제를 해명해 줄 수 있는 관련 자료가 부족한 실정이지만, 당시 대표적인 선승이었던 보우의 행적과 현실인식에 관련된 문제가 특히 주목된다.

보우는 완전한 견성을 이룬 후에 채홍철의 아들인 蔡河中과 金文貴 등의 후원으로 삼각산 重興寺에서 주석하였다. 보우는 중흥사 태고암에 머물면서 쇠락해 가던 사원을 크게 중수하고 토지와 田莊을 넓게 개간하였고, 대중을 모아 총림을 형성하였다. 46세가 되던 해에 보우는 원의 연경으로 갔는데, 원 順帝의 청에 의해 태자의 생일날『般若經』을 강설하였다. 그런데 이때는 보우가 원의 선승들에게 인가를 받기 전이었다. 따라서 원 불교계에 그렇게 알려지지 않았던 보우가 원 황실에서 커다란 예우를 받았던 것은 그의 후원자였던 채하중 등의 역할이 작용하였을 것으로 생각된다.[37]

---

36) 邊東明,「高麗後期 性理學의 受容과 僧侶의 儒佛觀」,『國史館論叢』71, 1996에서 성리학 수용을 전후하여 승려들의 유교에 대한 인식이 불교지상주의적 입장에서 유불병존론으로 전환되었다고 하였다. 그러나 불교지상주의적 입장에서 유교의 존재가치를 부정하는 것으로 파악하는 것은 사실과 거리가 있으며, 유불대립적인 시각의 연장이라는 한계를 벗어나지 못하고 있다. 또한 고려말 선승들이 주자학에 대해 어떻게 대응하였는가라는 문제를 사대부의 척불론에 대한 반응이라는 한정된 영역에서만 다루고 있다.

37) 劉瑩淑,「圓證國師 普愚와 恭愍王의 改革政治」,『韓國史論』20, 1990.

그런데 보우를 후원하였던 이들의 정치적 성향은 어떠하였을까. 먼저 채홍철은 忠宣王, 忠肅王 대에 宰相을 비롯한 고위 관직을 두루 역임하였다. 그는 권세를 이용하여 뇌물을 받고 전민을 취하여 거대한 부를 축적하였다. 그는 中庵居士라 자칭하고, 전단원에 선승들을 초청하여 수선하게 할 만큼 불교에 심취한 인물이지만 권세가에 지나지 않았던 것이다.[38]

한편 채하중은 채홍철의 妾婢의 소생이었다. 그는 원에서 5품의 벼슬을 지내기도 한 대표적인 부원세력으로서 충숙왕 때 護軍이 되어 瀋陽王을 옹위하여 왕권을 탈취하기 위해 충숙왕을 참소하였다. 귀국한 후에도 원의 사신 金家奴와 함께 원이 심양왕을 고려 국왕으로 책봉했다고 하여 정국을 혼란시키기도 하였다. 결국 그는 공민왕 5년(1356) 부원세력으로 지목되어 순천에 유배되었다가 다음해에 대역죄로 몰려 죽었다.[39] 김문귀는 충숙왕 8년(1321) 채하중이 심양왕을 옹위하고자 할 때에 權漢功, 채홍철 등과 함께 연좌되어 순군옥에 갇혔으며, 충혜왕 초년에 密直使로 있을 때 불공정한 일이 드러나 加羅山防禦所에 杖流되었다.

따라서 보우가 30대 후반에서 40대 전반까지 수행과정에 이어 중흥사에 주석한다든지, 元에 들어가는 등 일련의 행적에서 현실적으로 최대의 후원자는 부원세력이었으며, 대원황제를 위해 축원하는 등 그 역시 부원세력과 마찬가지 입장을 갖고 있었던 것이다. 그런데 보우의 이러한 정치지향적인 성향은 공민왕과의 만남을 통해 더욱 표면화되는 모습을 보여주고 있다. 공민왕 원년 5월에 보우는 공민왕의 부름을 받고 그에게 정치적 자문을 하였다.

"군주의 도는 교화를 닦아 밝힘에 있지 반드시 부처를 믿는데 있지

---


38) 『高麗史』 권108, 蔡洪哲傳.
39) 『高麗史』 권125, 蔡河中傳.

않습니다. 만약 국가를 다스리지 못하면 비록 부처를 지극히 받들어도 무슨 공덕이 있겠습니까. 그래도 하시겠다면 다만 太祖가 설치한 寺社를 수리하는데 그치고 새로 창건하지 마십시오.”라 하였다. 또 이르기를 “군왕이 邪를 버리고 正을 등용한다면 나라를 다스림이 어렵지 않을 것입니다.”고 하니, 왕이 이르기를 “내가 邪와 正을 알지 못하는 것이 아니라 다만 그들이 나를 원에 따라가 모두 근로하였기 때문에 가볍게 버리지 않을 뿐이다.”라고 하였다.[40]

위의 글에서 알 수 있듯이 보우는 공민왕에게 적극적으로 정치적인 방향성을 제시하고 있는 것으로 드러난다. 그런데 공민왕이 보우에게 정치적 자문을 받고 있던 시점은 왕이 즉위 후 反元的인 개혁정치를 표방하고자 할 즈음이었다. 이 무렵 공민왕은 李衍宗의 건의를 받고 辮髮과 胡服을 폐지하였고, 政房을 혁파하였다. 바로 이러한 시기에 공민왕은 보우를 불러 정치적 자문을 하였던 것이다. 이에 보우는 삿된 무리를 제거하라고 권고하였는데, 이는 곧 대표적 부원세력이었던 趙日新의 제거로 나타났다.[41]

그러다가 공민왕은 동왕 5년 다시 반원적인 개혁정치를 본격적으로 전개하였다. 그런데 이 무렵 보우는 다시 공민왕의 정치적 자문을 받게 된다. 그 해 2월에 공민왕은 보우를 內佛堂에 불러 飯僧을 하고, 3월에는 奉恩寺에서 개당법회를 열었다. 4월에는 보우를 王師로 삼고 그를 위해 廣明寺에 圓融府를 설치하였다. 5월에는 왕이 봉은사에 행차하여 보우의 설법을 들었으며, 다시 內殿에서 飯僧하였다. 이어 康安殿에서 鎭兵道場을 베풀었다. 이러한 일련의 사실에서 주목되는 것은 공민왕이 그 해 2월에서 5월 사이에 무려 6~7회의 접촉을 하였다

---

40) 『高麗史』 권38, 恭愍王 元年 5월 丁丑 ; 『高麗史節要』 권26, 恭愍王 元年 5월, “爲君之道 在修明敎化 不必信佛 若不能理國家 雖致勤於佛有何功德 無已則但修 太祖所置寺社 愼勿新創 又曰君王去邪用正 則爲國不難矣 王曰予非不知邪正 但念 其從我于元 皆效勤勞 故不能輕去耳”.

41) 劉塋淑, 앞의 논문 참조.

는 사실이다. 이러한 빈번한 만남을 통해 공민왕은 그가 실행에 옮길 개혁 방안에 대해 나름대로의 정치적 자문을 받고자 하였던 것이 아닌가 한다.

그런데 봉은사의 축성도량은 표면상 원 황실을 위해 축수하는 것을 표방함으로써 공민왕이 과감한 반원정책을 실시하기에 앞서 고려가 원에 우호적이라는 것을 보이기 위한 의도에서 개설된 것이며, 그런 점에서 보우는 적격이었던 것이다. 한편 같은 해 5월에 강안전과 여러 사찰에서 동시에 고려의 승전을 기원하는 국가적인 진병도량을 개설하였던 것은 본격적인 反元 군사작전을 개시하기 위한 것이었다. 그런데 그 해 4월에 공민왕이 국가 통치의 방향에 대한 정치적 자문을 구하자, 보우는 여러 가지 정책을 제시하였다. 이러한 면은 다음의 글에서 볼 수 있다.

"나라를 다스리는 일은 어떻습니까."
"왕의 거룩하고 인자한 그 마음이 바로 모든 교화의 근본이자 다스림의 근원이니, 빛을 돌이켜 마음을 비추어 보십시오. 그리고 시절의 폐단과 운수의 변화를 살피지 않아서는 안 될 것입니다. 옛날 祖聖께서 3국을 통일하여 한 나라를 만들어 후손을 복되게 한 것은 불법의 힘이었습니다. 그러므로 500의 선찰을 지어 조사의 도를 넓히고 드날리니 용천이 도왔고 불조가 보호하였습니다. 어떤 이는 말하기를, "이 서울은 三陽의 땅인데 선은 하나의 근본이 된다. 그것이 양의 덕에 배합하면 九가 삼양의 수가 되기 때문에 九祖의 도로써 도울 수 있다. 구산의 참학들이 각각 무리를 지어 규칙적으로 모여 복을 넓히는 명당자리에 모두 모여 큰 뜻을 널리 펴면 하늘에서 상서가 내리고 땅에서 복이 생기리라"하였는데, 뒤에 그 말처럼 번성하였습니다.
그러나 지금 九山의 선객들은 각각 그 문중을 등에 업고 피차의 우열을 따지며 심히 싸우다가, 요즘에는 도문으로써 더하여 창과 방패를 쥐고 울타리를 만들어, 그로 말미암아 화합을 해치고 정도를 깨뜨립니다. …… 또 九는 老陽이요, 一은 初陽이라 하는데, 늙으면 쇠하는 것은 당연한 이치입니다. 또 도읍을 세울 때부터 구산으로 내려온 지가 오래되었으니, 이제 처음으로 돌아가 新陽을 만든다면 좀 나을 것입니다. 이것이 운수의 변화라는 것입니다."42)

위의 자료에서 보듯이 보우가 공민왕에게 건의한 정책은 한양으로 천도할 것과 구산선문을 통합하자는 것이었다. 첫째, 한양천도 문제에 대해 보우는 한양으로 천도하면 36국이 來朝할 것이라고 주장하였다. 이에 공민왕은 한양에 궁궐을 크게 짓기 시작함으로써 한양 천도를 모색하였다. 그런데 보우가 풍수적인 참설로 한양천도론을 제기한 것은 당시 尹澤이 비판한 바와 같이 고려 중기 묘청의 西京遷都論과 같이 다분히 비불교적이고 비합리적인 방향 제시에 그친 것이었다.43) 그럼 에도 공민왕은 동왕 8년 홍건적의 침략으로 무산되기 전까지 대역사를 벌였는데, 여기에는 다분히 정치적 의도가 깔려 있었다고 보인다. 그것은 공민왕이 개경에서의 두 차례 정변과 원의 압력이라는 내외의 문제를 해결하기 위해 강행한 하나의 개혁정책이었다고 볼 수 있다. 따라서 보우가 한양으로 천도할 것을 건의한 것은 역시 단순히 풍수적인 논리에 입각한 것만이 아닌 고도의 정치적 감각을 갖고 표방한 것이 아닌가 한다.

둘째, 보우는 당시 구산선문의 파벌 싸움을 비판한 다음, 이어 구산을 일문으로 통합할 것을 주장하였다. 아울러『百丈淸規』의 도입과 오

---

42)「行狀」,『太古和尙語錄』(『한불전』6, 698쪽), "玄陵曰 爲國何如 師曰只這睿
聖仁慈之心 是萬化之本 出治之原 請廻光一鑑 而又時之蔽數之變 又不可不
察 昔祖聖 會三歸一 垂裕後昆者 賴佛法之力也 是故開半千禪刹 弘揚祖道
龍天祐之 祖佛加之 或曰本京是三陽之地 禪爲一本 配陽之德而九爲三陽之
數故 以九祖之道 可以裨之 若夫九山衆學 各作其隊 規令演福明堂之地 敷
暢厥猷 則天祥降 地賑生矣 你後如其言尙矣 雖然今也 九山禪流 各負其門
以爲彼劣我優 鬩鬪滋甚 近者盆之以道門 持矛盾作藩籬 繇是傷和敗正……
而九爲老陽 一爲初陽 老而衰也 理之常而又立都之時 九山之來旣久 不如反
其初爲新陽之爲愈也 此數之變也".
43)『高麗史』권106, 尹澤傳.

198

교의 법이 널리 선양되기를 건의하였다. 그런데 그가 구산선문 통합의 논리적 근거로서 음양설에 입각하여 제시하는 것은 선사라는 그의 입장을 고려한다면 비불교적인 논리인데다가 전체 불교교단의 문제로 확대하여 개혁적인 방향을 갖지도 못한 것이었다. 따라서 보우의 불교계 개혁은 근본적인 한계를 갖고 있었다.

즉 보우가 구산선문을 통합할 것을 건의하자 이에 공민왕은 廣明寺에 圓融府를 설치하였다. 원융부는44) 왕사인 보우를 보좌하는 기구로서 이를 통해 그는 선종은 물론이고 교종의 사원을 망라하는 불교계의 주지 임명권을 장악하였던 것이다. 그리하여 현실적인 이해관계에 따라 승려들이 몰려다니던 부조리한 양상이 나타나게 되었다.45) 따라서 보우의 불교계 장악이 갖는 의미는 대단히 부정적인 것이라 하겠다.

그런데 앞의 인용문에서 보우가 공민왕에게 치국의 도리를 설명하는 논리 가운데 불교적인 논리만을 제시하지 않고, 오히려 왕도정치를 강조하는 등 비불교적 경향, 바꾸어 말하면 유교적인 논리를 구사하고 있다.

> 국가에 일이 있을 때에는 불법의 힘을 의지해야 비로소 그 삿됨을 누를 수 있으니 그러므로 먼저 불법의 일을 바로 해야 한다. 도가 있는 이를 상 주어 가람을 맡아 대중을 거느리고 부지런히 수행하여 국가를 복되고 이롭게 해야 하니, 이것이 바로 선왕께서 행한 법이자 왕정의 기본이다. …… 어질고 착한 이를 상주고 간사하고 아첨하는 이를 벌주면, 누가 충성하지 않고 누가 효도하지 않으며, 누가 무도하고 누가 배우지 않으며, 누가 자기의 덕을 닦지 않겠는가.46)

---

44) 원융부는 그 최고 책임자가 정3품의 左右司尹이었으며, 그 아래 丞, 舍人, 注簿, 左右寶馬陪, 指諭, 行首 등의 官屬을 두었던 관료기구였다(『高麗史』 권38, 恭愍王 5년 4월 癸酉).

45) 『高麗史』 권39 恭愍王 5年 5月 乙酉, "時僧徒求住寺者 皆附愚干請 王曰自今禪敎宗門寺社住持聽師注擬 寡人但下除目爾 於是僧徒爭爲門徒 不可勝計".

　　부처님께서 말씀하시기를, "거닐거나 앉거나 눕거나 항상 그 가운데 있다"하시고, 요순은 "진실로 그 중용을 잡아 하지 않아도 천하가 잘 다스려진다."고 하였습니다. 요순이 어찌 성인이 아니며 불조가 어찌 별다른 사람이겠습니까. 다만 이 마음이란 것을 밝혔을 뿐입니다. 그러므로 지금까지 불조는 문자를 세우지 않고 언어를 세우지 않고, 다만 마음으로 마음을 전했을 뿐, 다른 법이 없었던 것입니다. 만일 이 마음 밖에 따로 어떤 법이 있다고 하면 그것은 마구니의 말이요, 부처님의 말씀이 아닙니다. 그러므로 이 마음이란 범부가 망령되이 내는 분별심이 아니며, 고요하여 움직이지 않는 바로 그 사람의 마음입니다.47)


　　위의 글에서 보우는 불교의 '以心傳心'과 『書經』의 '允執厥中'을 연결지어 유교와 불교의 공통점을 모색하고 있다. 보우는 불교와 유교 모두가 心學이며, 마음을 제대로 공부하고 실천할 수 있는 사람이 성인이라고 하였다. 그런데 中이란 마음이 발하지 않은 본래적인 상태를 의미하며, 이 상태를 잘 살피고 지켜야 性을 회복할 수 있고, 性에 바탕할 때 요순과 같은 이상적인 정치를 이룰 수 있다는 것이다. 따라서 보우가 공민왕에게 행한 법문은 주자학의 정치사상과 불교를 결합시키고 있음을 보여준다. 그러면 보우가 이러한 사상적 경향을 표방하는 것과 그의 선사상과는 어떠한 관련이 있을까?

---

46) 「至正十七年丁酉正月十五日王宮鎭兵上堂」, 『太古和尙語錄』(『한불전』 6, 675쪽), "國家有事 則須憑佛法之力 乃鎭其僑 是以先須正其佛法中事 賞其有道者 主於伽藍 領衆勤修 福利邦家 此乃先王之行法 王政之始也……賞賢良而罰邪佞 則人誰不忠 人誰不孝 人誰無道 人誰不學 人誰不修己德也哉".
47) 「玄陵請心要」, 『太古和尙語錄』(『한불전』 6, 677쪽), "佛言經行及坐臥 常在於其中 堯舜亦曰 允執厥中 無爲而天下大治 堯舜豈非聖人乎 佛祖豈異人乎 只明得箇此心 故從上以來 佛佛祖祖 不立文字 不立語言 但以心傳心 更無別法 若此心外 別有一法 便是魔說 元非佛語 所以名此心者 非是凡夫妄生分別之心 正是當人寂然不動底心也".

삼간다는 뜻은 무엇을 가리키는 말인가. 그것은 반드시 조심스럽고 독실한 군자의 말과 행실에서 온 것이리라. 말을 삼가면 말이 천하에 가득해도 허물이 적을 것이요, 행실을 삼가면 행실이 천하에 가득해도 후회가 적을 것이다. 그러므로 군자가 말과 행실을 삼가면 어찌 허물이 적고 후회가 적을 뿐이겠는가. 한 마디 말과 한 가지 행실은 모두 천하와 국가에 만년토록 큰 벼리와 큰 법이 될 것이다.[48]

이치란 천하 국가의 큰 벼리이다. 성인은 그것으로 세상 사람을 편하게 하고 사람도 그 덕의 교화를 받아 모두 본연의 선으로 돌아간다. 그것은 이른바 순박한 바람이 천하에 두루 불면 눕지 않는 풀이 없다는 것이다.[49]

위의 글에서 보우는 군자가 말과 행실을 삼가야 한다고 강조한다든지, 理 자체에 대한 개념을 풀이할 정도로 그는 당시의 주자학에 대한 이해까지 포괄하고 있었던 것이다. 이러한 논리는 물론 그가 불교의 六度萬行과 유교의 三綱五常을 동일한 차원으로 파악하는[50] 등 유불일치적인 경향을 갖고 있었던 것에서 연유한다고 하겠다. 나아가 그는 乳禪人에게 주는 법어에서 정진하여 깨달음을 얻는 궁극적인 것을 아예 無極이라고 표현하고 있다.[51] 따라서 보우의 경우 유교적 이해에 대한 기반에서 한 단계 더 나아가 유불일치적인 성향을 갖고 있었던

---

48) 「愼齋」, 『太古和尙語錄』(『한불전』 6, 687쪽), "愼之義 指何而言耶 必由君子 謹篤 言行之謂歟 愼言則言滿天下而寡尤 愼行則行 滿天下而寡悔 是以君子 愼其言行 則何獨寡心寡悔而已 一言一行 無非天下國家 萬歲之大經大法也 今安相公 以其號愼齋需語".

49) 「理菴」, 『太古和尙語錄』(『한불전』 6, 687쪽), "理也者 天下國家之大經也 聖人以之 而安天下之人物 人物亦化其德而咸歸于本然之善 此其淳風 吹徧天下 草無不偃者也".

50) 「至正十六年丙申三月初六日 上堂」, 『太古和尙語錄』(『한불전』 6, 673).

51) 「示乳禪人」, 『太古和尙語錄』(『한불전』 6, 682쪽), "汝旣依吾斷髮根 此生須 報四深恩 若非精進修行力 何以明心徹無極".

것이다. 그런데 보우가 갖고 있는 이러한 유교적 경향은 개인적인 성
향에 국한된 것이 아니라 어느 정도 일반화된 것이 아닌가 한다.

이 마음은 항상 눈앞에 있지만 보아도 보이지 않고 들어도 들리지
않으며, 마음을 먹고 구하는데 구할수록 더욱 멀어지는 것입니다. 顔
子의 말에 "우러러볼수록 더욱 높고 뚫을수록 더욱 단단하며, 바라볼
때는 앞에 있더니 어느 새 뒤에 있다"한 것이 바로 그 도리인 것입니
다.52)

위의 글에서 나옹은 『대학』의 구절을 인용하면서 깨달음의 세계를
표현하고 있다. 경한의 경우에도 불교에서 인간의 오래된 망습을 제거
하고 얻은 수행의 경지는 유교에서 지향하는 도와 별반 다를 바가 없
다고 주장하기도 하였다.53) 이러한 경향은 수선사 계통이나 원 간섭기
일연 등 선승들이 갖고 있던 경향을 계승한 것으로, 가령 南山宗의 木
軒 丘公이 그의 문도에게 승려들이 생산에 종사하지 않으면서도 생활
할 수 있는 것은 국가와 단월의 은혜임을 강조하였던 것에서 알 수 있
듯이 특정 종파에 그치지 않고 불교계 일반으로 확산되었던 것으로 생
각된다.54)

이상에서 고려말 불교가 유교적 가치관, 세계관의 영향을 받아 세속
화하는 경향에 대해 살펴보았다. 그리하여 불교가 서서히 그 사회적
영향력을 상실하게 되었고, 이러한 자기 정체성의 상실은 사상적인 주

---

52) 「自炎日趙尙書請普說」, 『懶翁和尙語錄』(『한불전』 6, 714쪽), "此心常在目前
    視之不見 聽之不聞 着意求之 轉求轉遠 顔子有云 仰之彌高 鑽之彌堅 瞻之
    在前 忽然在後 便是這箇道理".
53) 「因筆不覺葛藤如許示同菴二三兄弟」, 『白雲和尙語錄』 上(『한불전』 6, 655
    쪽).
54) 「重修開國律寺記」, 『益齋亂藁』 권6(『문집』 2, 552쪽), "集衆而告曰 吾儕寓
    跡王土 不桑不稼 衣足以禦寒暑 食足以度朝暮 吾君之賜 吾相之施 亦已至
    矣".

류가 불교에서 주자학으로 전환되는 요인의 하나가 되었던 것이다. 이와 관련하여 주자학이 수용되면서 사대부에 의해 불교 비판론이 제기되는 상황에서 불교계의 대응논리는 어떠하였을까.

이러한 문제에 대응하려는 움직임은 주로 불교 옹호론을 담고 있는 전적을 간행하거나, 적극적으로 사대부의 불교 비판론에 대응하려는 형태로 나타났다. 전자의 경우 禑王 5년(1379)에 나옹의 법맥을 계승하였던 幻庵混修(1320~1392)가 제자인 僧俊에게 명하여 忠州 靑龍寺에서 『護法論』을 간행하였던 것을 들 수 있다.55) 『호법론』은 北宋 徽宗代에 宰相을 역임하였던 張商英이 저술한 것이다. 이는 북송대에 이르러 도학이 발흥하면서 불교 배척론이 제기되자 이에 대응하는 논리로서 출현한 것이었다. 장상영은 유교가 피부의 질환을 고치고, 도교가 핏줄의 질환을 고치며, 불교는 뼛속의 질환을 고치는 것이므로 삼교는 각각 서로 의존해야 비로소 일관된다고 하면서 유불조화론을 표방하였던 것이다.56) 이러한 유불조화론을 표방한 『호법론』이 혼수 계열에 의해 간행된 것은 당시 사대부에 의해 척불론이 제기되는 것에 대한 대응논리로 볼 수 있다. 그러나 제1장에서 서술한 바와 같이 『호법론』을 비롯한 문헌이 담고 있는 논리는 유불일치론이나 사회적 기능과 역할의 차이를 거론하는 차원에 그친 것이었고, 본질적으로 새롭게 형성되고 있던 도학의 사상적 변화에 대응하기에는 근본적으로 한계를 갖고 있었다.

한편 이러한 중국 불교계의 논리가 담긴 문헌이 아니라 고려불교계 자체에서 척불론에 대응하고자 하는 차원에서 제시되기도 하였다. 己和의 『顯正論』이 그 대표적인 문헌이다.57) 주지하듯이 涵虛堂 得通己

---

55) 李穡, 「跋護法論」, 『牧隱文藁』 13(『문집』 5, 112쪽).

56) 구보타 료온 지음, 최준식 옮김, 『中國儒佛道 三敎의 만남』, 민족사, 1990, 207쪽.

57) 『顯正論』과 함께 대표적인 호불론 관계 저술인 『儒釋質疑論』이 존재하지만, 이를 기화의 저술로 보기에는 문제가 있기 때문에 이에 대한 검토는 제외하

和(1376~1433)는 여말선초의 대표적인 선승으로서 懶翁-無學의 법맥을 계승하였다. 『현정론』은 14개의 문답으로 이루어져 있는데, 그 전체적인 내용은 불교의 사회적, 역사적 문제에 대한 것과 불교의 교리적 진실성에 대한 문제이다.

전자의 경우는 먼저 승려들이 생산 활동을 하지 않으면서 남에게 보시를 권하여 보응을 운운하는 것은 잘못이라는 주장에 대해 기화는 유교도 보응을 말하고 있으며, 사람이 죽으면 몸은 없어지지만 영혼은 남아서 남에게 재물을 베풀면 효험을 누린다고 주장하였다.[58] 또 승려들이 생산에 종사하지 않는다는 비판에 대해 기화는 승려의 임무가 진리를 널리 펴서 지혜의 종자가 끊어지지 않도록 하는 것이라고 하는 역할론의 차별성을 지적한다.[59]

또한 기화는 유교와 불교의 차별성을 거론하면서 불교를 비판하는 논리에 대응하였다. 가령 불교가 변방의 가르침이라는 비판에 대해 기화는 인도에서 보면 중국이 변방이라고 반박하였다.[60] 이러한 식의 논리는 고기를 먹거나 사용하지 않는 것에 대해 기화가 불교의 불살생 계율로서 설명한다든지,[61] 술이 정신을 어지럽게 하고 덕을 그르치는 근본이라고 비판한데서 잘 드러난다.[62] 또한 불교의 장례법인 화장에 대한 논의에 대해 기화는 육체와 영혼의 논리에 입각하여 인간의 육신을 집에 비유하고 영혼을 그 집에 사는 주인에 비유하여, 사람이 죽으면 영혼이 육신을 떠나버린다고 하였다.[63] 이외에도 불교가 중국에 들어오고 나서 기근이나 전염병이 점점 늘어난다고 지적한 것에 대해 기

---

기로 한다. 이에 대해서는 다음의 글을 참조하기 바란다.

金煐泰, 『韓國佛敎古典名著의 世界』, 민족사, 1994, 293~296쪽.

58) 『顯正論』(『한불전』 7, 221~222쪽).

59) 『顯正論』(『한불전』 7, 224쪽).

60) 『顯正論』(『한불전』 7, 223쪽).

61) 『顯正論』(『한불전』 7, 219~220쪽).

62) 『顯正論』(『한불전』 7, 220~221쪽).

63) 『顯正論』(『한불전』 7, 222~223쪽).

화는 공자와 같은 성인도 굶은 적이 있고, 안연과 같은 아성도 요절하는 수가 있듯이, 재앙이나 복덕은 중생들의 업에 따라 정해진다고 설명하였다.[64] 당시 승려들의 타락에 대해 기화는 승려들의 행실에 잘못이 있다고 해서 불교의 가르침을 부정할 수는 없다고 호소하였다.[65]

한편, 불교 자체의 교리나 논리에 대한 비판에 대해서는 주로 유교와 불교가 마찬가지라는 유불조화론적인 입장을 드러내고 있다. 가령 불교가 허황되고 고원하여 자신을 수행하고 남을 다스리는데 아무런 도움이 되지 못한다는 비판에 대해 기화는 불교 경전 어디에도 허황된 이야기는 쓰여 있지 않다고 반박하고, 성인의 마음은 모두 같기 때문에 불교도 유교와 마찬가지로 실질을 숭상한다고 주장하였다.[66] 또한 유교가 영혼의 소멸을 주장한 것에 대해 기화는 사람이 죽으면 육체의 일부인 심장(肉團心)은 썩어 없어지지만, 참된 마음(堅實心)은 죽더라도 없어지지 않는다고 하였다.[67] 물론 이러한 논리는 圭峰宗密이 구사하던 것으로서 중국화된 불교사상이라고 할 수 있다. 그런데 이러한 영혼불멸사상은 인과응보 사상과 연결되어 인간을 운명론적으로 이해하게 되고, 그 결과 현실의 문제를 전생의 시간 속으로 영원히 소멸시킴으로써 인간의 주체성을 잠재우는 문제점을 갖고 있다.

한편 불교에서 과거, 현재, 미래의 삼세를 말하지만 유교에서는 태어나는 것이 시작이고 죽으면 끝이라는 문제를 제기하는 것에 대해 기화는 밤낮이 끊임없이 바뀌듯이 밤의 이전에는 낮이 있고, 낮이 지나면 다시 밤이 오듯이 과거, 현재, 미래도 이와 같다고 하였다.[68] 또 불교에서 혼인을 하지 않고 인륜을 저버리고 후사를 끊는 행위를 不孝라고 비판하는 것에 대해 기화는 애욕이 윤회의 근본이므로 윤회에서 벗어

---

64) 『顯正論』(『한불전』 7, 223~224쪽).
65) 『顯正論』(『한불전』 7, 224쪽).
66) 『顯正論』(『한불전』 7, 224~225쪽).
67) 『顯正論』(『한불전』 7, 222~223쪽).
68) 『顯正論』(『한불전』 7, 222~223쪽).

나려면 무엇보다 애욕을 끊어야 한다고 강조한다. 애욕을 끊어 윤회에
서 벗어난 뒤에 부모를 괴로움의 바다에서 피안으로 건네주는 것이 진
정한 효라는 입장을 제기한다.69) 이러한 문답을 통해 기화 자신은 중
국의 전통적인 효의 논리를 수용하고 있음을 알 수 있다. 단지 유교와
는 다른 차원의 효를 말하는 정도이지, 효의 이념에 정면으로 맞서지
는 않는다.

충의 논리에 대한 문제에 대해서 기화는 군신의 관계를 인정하고 그
사이의 덕목으로 충을 수용하였다. 이러한 논리 역시 중국 불교계에서
이미 유교의 입장에서 변용한 것이었다.70) 마지막으로 유교와 도교와
불교의 차이점에 대해 기화는 유교를 感과 通의 개념으로, 불교를 寂
과 照의 개념으로, 도교를 無爲와 無不爲의 개념으로 정리하고, 삼교
가 결국에는 서로 모순 되지 않고 서로 통한다고 주장하였다.71)

기화는 불교가 갖는 세속적인 윤리도덕 차원에서의 긍정적인 역할
을 주장하였다. 즉 불교는 궁극적인 깨달음을 지향하지만, 세속적인 다
스림을 외면하지 않으며, 오히려 진리에 따른 통치를 주장한다. 그것은
세속적인 통치 자체가 목적이 아니라 이를 바탕으로 모든 중생을 궁극
적인 깨달음으로 이끌고자 하기 때문이라고 하였다.72) 나아가 기화는
성인만이 덕과 예로써 다스릴 수 있다고 하면서 성인인 부처의 교화는
유교의 이상인 禮治, 德治와 다르지 않다고 규정하였다. 그런데 유교
는 현실적으로 이를 모두 실현할 수 없고, 政刑이라는 보조수단을 사
용하는데, 이는 상과 벌로써 백성을 다스리는 것을 말한다. 그러나 상
과 벌은 다만 겉으로만 복종할 뿐 진정한 교화에까지 이르지는 못한
다. 이에 비해 불교는 인과응보의 법칙으로 교화하기 때문에 心服할
수밖에 없다는 것이 기화의 주장이다. 따라서 불교나 유교 모두 백성

---


69)『顯正論』(『한불전』7, 218쪽).
70)『顯正論』(『한불전』7, 219쪽).
71)『顯正論』(『한불전』7, 225쪽).
72)『顯正論』(『한불전』7, 218쪽).

을 잘 다스리고자 하는 목적에 부합하는 유용한 기능을 갖고 있다고 하면서 불교의 존재 당위성을 제시하고 있다.

이상에서 『현정론』을 통해 기화가 성리학의 불교 비판에 대해 어떻게 이해하고 대응하였는가에 대해 살펴보았다. 그런데 유교와 불교간의 상호 대응은 六朝 이후 중국사상계에서 도교까지 포괄하여 폭넓게 논의되었던 주제이다. 즉 삼교 논쟁의 시원은 이미 중국에서 마련되었던 것이고, 그 논법도 거의 중국에서 온 것이다. 물론 불살생과 계율과 결부된 육식의 문제에 대한 기화의 반응은 중국의 그것과 다른 점이 있기는 하지만, 그것도 혜원의 결사조직에서 이미 거론되었던 문제이다. 그 나머지는 거의 모두 『牟子理惑論』에서 거론된 문제이다. 『모자이혹론』은 삼교 논의가 나올 때마다 불교 측에서 전가의 보도처럼 휘두르는 문헌이 되었다. 따라서 기화의 이론은 대부분 『모자이혹론』의 범위를 벗어나지 못하고 있다.[73]

나아가 기화의 논의는 유교의 윤리의식이나 가치체계를 그대로 수용하면서 불교를 거기에 끼워 맞추려고 한 점이 두드러지게 나타난다. 그리고 현실세계에서 일어나고 있는 인간의 문제를 인과응보설이나 삼세윤회설로 설명한 결과, 현실의 문제를 설명하고 해석할 수 있는 논의의 기반을 영겁의 시간 속으로 분산시키고만 결과를 가져왔다. 따라서 『현정론』이 고려말 불교계에서 주자학에 대응하는 논리나 인식을 집약하고 있지만, 그것이 주자학에 대응하기에는 근본적인 한계를 갖고 있었다.

---

73) 신규탁, 「함허득통에 나타난 불교윤리와 유교윤리의 충돌」, 『동방학지』 95, 1997.

## 3. 士大夫의 간화선 이해와 실천

### 1) 사대부의 불교계 교유와 불교관

고려말 신홍유신으로 등장한 사대부는 원 간섭기 이후 누적된 사회적 모순을 개혁하고자 하였으며, 그 이념적인 기반으로서 주자학이라는 새로운 사상체계를 수용하였다. 종래 주자학의 수용과정에 대해서는 元代 유학자들과의 교유 관계를 통한 수용이 특히 주목되었다.[74] 그러나 기존의 연구는 문인간의 교류 관계 자체에 치중됨으로써, 원대 사상사의 흐름에 대한 구체적인 검토가 수반되지 않고 있다는 문제점과 함께 고려사상계에 있어서 새로운 사상체계를 수용할 수 있는 사상적 기반이 무엇인가에 대한 고려가 부족했던 것이 아닌가 한다. 이러한 문제와 관련하여 생각할 때 먼저 당시의 시대적, 문화적 상황을 고려해 볼 필요가 있다. 즉 주자학은 기존의 유학과는 질적으로 다른 사상체계인데다가, 무신집권기 이후 고려 유학은 부용적, 보수적 한계를 벗어나지 못하였다. 따라서 유학계 자체적으로 새로운 사상체계로서 주자학을 이해하고, 수용할 수 있는 내적 기반을 형성할 수 없는 한계가 일정하게 존재하였다고 할 수 있다. 그렇다면 이러한 상황에서 고도의 철학체계를 갖고 있는 주자학을 이해하고, 수용할 수 있는 사상적 기반은 무엇이었을까.

---

74) 金庠基, 「李益齋의 在元生涯에 대하여」, 『大東文化硏究』 1, 1963.
　　鄭玉子, 「麗末 朱子性理學의 導入에 대한 試考」, 『震檀學報』 51, 1981.
　　文喆永, 「麗末 新興士大夫들의 新儒學 受容과 그 特徵」, 『韓國文化』 3, 1982.
　　周采赫, 「元 萬卷堂의 設置와 高麗儒者」, 『孫寶基博士停年記念論叢』, 1988.
　　高惠玲, 「稼亭 李穀과 元 士大夫의 交遊」, 『民族史의 展開와 그 文化』 上, 1990.
　　朴現圭, 「李齊賢과 元 文士들과의 交遊攷」, 『嶠南漢文學』 3, 1990.
　　張東翼, 「麗·元 文人의 交遊 - 性理學 導入期 高麗文人의 學問的 基盤 檢討를 위해 - 」, 『國史館論叢』 31, 1992.

주지하듯이 고려사상계를 주도한 것은 불교였으며, 특히 고려말에 이르러서는 선사상이 성행하였다. 따라서 송대 사상계에서 주자학이 형성되는 과정에서 노장사상이나 불교, 특히 선사상의 영향이 적지 않았던 것을 고려한다면, 고려말 주자학의 수용과정에 대한 이해 역시 당시 주도적인 사상체계였던 선사상과 어떻게 관련되는지, 사상적인 상호 대응 관계는 어떠한가에 대해 검토할 필요가 있다고 하겠다. 이러한 문제인식에 따라 이 장에서는 사대부의 불교 이해가 주자학의 수용과 어떻게 연관되는가에 대해 살펴보고자 한다. 먼저 여기서는 고려말의 사대부가 불교계와 어떠한 교유 관계를 갖고 있으며, 불교에 대한 관점과 이해가 어떠한가에 대해 살펴보고자 한다.

고려사회는 사회구조 자체가 불교와 융합된 체제였다.[75] 따라서 불교는 모든 계층을 막론하고 생활에 깊은 영향을 미쳤는데, 특히 지배층과는 더욱 밀착된 관계였다. 당시 지배층의 삶은 태어날 때부터 죽을 때까지 불교와 깊은 관련을 갖고 있었다. 왕실이나 지배층의 가문에서는 아들 중 1명이 출가하는 경우가 흔했고, 어릴 때부터 독서하고 수학하는 장소로서 사원이 일상적으로 활용되었다. 지배층 문인들은 불교에 심취하여, 居士로서 수행과 교학연구에 몰두하여 승려에 못지 않았다. 사후의 장례는 불교식 화장법이 성행하였고, 사원에서 제례를 실시하였다.

이와 같이 지배층의 일상생활과 불교가 밀접한 관계를 갖고 있었던 것은 고려말 사대부의 경우에도 마찬가지였다. 가령 권근의 가문은 고려말의 대표적인 세족으로서 일찍부터 성리학의 수용과 밀접한 관계가 있으면서 아울러 불교와 깊은 관계를 지니고 있었다. 그의 고조부인 權咺은 불교를 깊이 믿어 일상생활에서도 청정한 수행 생활을 하였으며 스스로 夢菴居士라 하고, 紹瓊에게 귀의하였다.[76] 『朱子四書集

---

75) 許興植, 「佛敎와 融合된 社會構造」, 『高麗佛敎史硏究』, 一潮閣, 1986 참조.
76) 『高麗史』 권107, 權咺傳.

註』를 간행하여 성리학 수용에 적극적이었던 權溥의 경우에도 그의 아들이 출가하였던 만큼 불교와의 인연이 없지 않다.[77] 또한 권근의 부친인 權僖는 太宗代에 五臺山의 觀音庵을 중창하였으며,[78] 伯兄인 權和도 임종 무렵에『법화경』을 간행하여 주기를 당부할 정도로 신심이 깊었으며,[79] 그의 仲兄 二己는 都僧統까지 오른 華嚴宗의 승려였다.[80]

이와 같이 사대부는 불교와 밀접한 관계를 갖고 있었기 때문에 승려들과 다양하게 교유하였다. 가령 李穡(1328~1396)은 8세 때에 韓山에 있는 崇政寺에서 독서를 하였으며,[81] 16, 7세 때에는 선비 18인과 함께 懶殘子, 混修 등과 교유하면서 結契를 하였다.[82] 이색은 이들 승려들과 교유하면서 차와 술을 즐기며 담소를 나눈다든지, 시를 논하고[83] 賞蓮을 함께 하는[84] 등 고려시기 사대부와 승려들이 교유하는 전형적인 모습을 잘 드러내고 있다.

그런데 사대부는 다양한 종파의 승려들과 교유하였지만, 주로 선승들과 밀접한 관계를 갖고 있었다. 아울러 이러한 교유관계에서 이색 계열의 사대부와 나옹 계열의 선승들과의 밀접한 관계는 특히 주목된

---

77) 『高麗史』 권107, 權咀傳 附溥.
78) 「神勒寺大藏閣記」, 『금석』 上, 508쪽.
　　「五臺山觀音庵重創記」, 『陽村集』 권14(『문집』 7, 152쪽).
79) 「妙法蓮華經跋」, 『陽村集』 권22(『문집』 7, 225~226쪽).
80) 『太宗實錄』 권10, 太宗 5년 12월 辛巳.
81) 李穡, 「白氏傳」, 『東文選』 권100.
82) 李穡, 「幻菴記」, 『東文選』 권74 ;「贈休上人序」, 『東文選』 권87 ;「白氏傳」, 『東文選』 권100.
83) 「懶殘子携崔拙翁選東人詩質問所疑穡喜其志學也不衰吟成一首」, 『牧隱詩藁』 권21(『문집』 4, 284쪽).
84) 「雨中忽有賞蓮之興難於上馬吟得三首」, 『牧隱詩藁』 권17(『문집』 4, 203쪽).
　　「賞蓮坐久……」, 『牧隱詩藁』 권18(『문집』 4, 216~217쪽).
　　「兒子言天台判事欲邀僕再賞蓮喜而志之」, 『牧隱詩藁』 권18(『문집』 4, 219쪽).

210

다. 가령 이색의 경우 100여 명이 넘는 다양한 선승들과 교유하였는데, 그들은 거의 대부분 懶翁의 문도들이었다.[85] 이색과 나옹과의 관계는 나옹이 갑작스럽게 입적한 후 스스로 기쁜 마음으로 짓는다고 하면서,[86] 무려 8개의 비문을 작성한다든지,[87] 아울러 후술하듯이 나옹의 문도들과 교유하면서 나옹의 선적 경지를 흠모하거나, 그의 선사상을 거론하면서 문도들과 담론하던 것에서 잘 드러나고 있다. 이색이 당대 최고의 선승이었던 보우보다 나옹과 밀접한 관계를 가졌던 것은 보우와 같이 현실적이고 대단히 세속적인 경향보다 나옹과 같이 출세간적인 수행에 충실한 경향을 보다 선호한 것이 아닌가 한다.

한편 척불론을 표방하였던 사대부의 경우에도 불교계와의 다양한 교유관계를 볼 수 있다. 가령 鄭道傳(1342~1398)의 경우 역성혁명을 주도하던 이전 시기에 불교계와 다양하게 교유하였고, 불교사상에 대해서도 폭넓게 이해하고 있었다. 아울러 그가 親明外交를 주창하여 羅州 會津縣에 유배되는 불우한 시기에 그는 승려들에게 물질적인 도움을 받았으며,[88] 사원이 정신적 위안처가 되기도 하였다.[89] 권근의 경우에도 昌王 초기 이숭인의 무죄를 주장하면서 趙浚을 공격하다가, 牛峰으로 유배되었을 때에[90] 승려들의 현실적인 도움을 받았으며,[91] 선승들의 맑은 생활을 동경하여 세속적인 번뇌와 내면세계의 정화를 기대하기도 하였다.[92]

---


85) 趙明濟, 「牧隱李穡의 佛敎認識」, 『韓國文化硏究』 6, 부산대 한국민족문화연구소, 1993 참조.
86) 李穡, 「澄泉軒記」, 『東文選』 권74.
87) 「金剛山潤筆菴記」, 『牧隱文藁』 권2(『문집』 5, 13~14쪽).
88) 「信長老以古印社主命來惠白粲臨別贈詩」, 『三峯集』 권2(『문집』 5, 313쪽).
89) 「登湧珍寺克復樓」, 『三峯集』 권2(『문집』 5, 313쪽).
90) 『高麗史』 권115, 李崇仁傳.
91) 「次雲巖禪老詩韻省敏」, 『陽村集』 권9(『문집』 7, 108쪽).
　　「送金陽圭公移錫七長寺詩幷序」, 『陽村集』 권7(『문집』 7, 77쪽).
　　「送神印宗玉明上人」, 『陽村集』 권7(『문집』 7, 85쪽).
　　「送明上人詩序」, 『陽村集』 권17(『문집』 7, 176쪽).

정도전의 경우 易姓革命을 추진하기 전까지는 불교 자체에 대해서도 비판적이지 않았다. 가령 그가 우왕 원년에 저술한『心問·天答』은 척불론을 담고 있는 것이 아니라 反功利를 주창하였던 것이며, 恭讓王 3년(1391)에 척불상소를 올린 것은 성리학적 명분을 가지고 공양왕을 공격하여 왕의 권위를 점진적으로 실추시키고, 역성혁명의 명분을 확보하려는 정치적인 계산에서 나온 것이었다.[93] 나아가 그가 태조 3년 (1394)에 저술한『心氣理篇』은 도교와 불교를 비판하면서 성리학의 우월성을 인정하려는 논리를 펴고 있지만, 전체적으로는 儒佛道 三敎 一致的인 경향을 드러내고 있다.[94] 이론적인 측면에서 배불론을 정리한『佛氏雜辨』은 태조 7년(1398) 여름에 그가 죽기 직전에 저술한 것이며,[95] 불교가 갖고 있는 사회경제적 폐단을 시정하려는 측면도 있지만, 직접적으로는 태조 이성계의 숭불과 깊은 함수관계를 갖고 있었던 것으로 보인다.[96]

權近의 경우에도 정치적, 현실적 상황에 따라 불교에 우호적인 모습

---

92)「次雲巖禪老詩韻省敏」,『陽村集』권9(『문집』7, 108쪽), "塵土難成物外遊 遙思禪榻幾回頭……".
　　「送僧遊方己丑五月作」,『陽村集』권10(『문집』7, 120쪽), "……皎月分江寧 有碍 閑雲出岫自無求 自慚蔽塞如墻面 長臥幽齋已白頭".
　　「送僧之伽倻山」,『陽村集』권10(『문집』7, 112쪽), "……今日送師空悵望 此 身何日脫名韁".

93) 李廷柱, 앞의 논문, 75~135쪽 참조.

94) 韓永愚,『鄭道傳思想의 硏究』(개정판), 서울대 출판부, 1983, 제1장 참조.
　　이러한 경향은「無說山人克復樓記後說」,『三峯集』권4에서도 볼 수 있으며, 無說山人의 제자인 祖明上人의 의리를 찬탄한「贈祖明上人詩序」,『三峯集』권3(『문집』5, 335쪽)에서도 드러나고 있다.

95) 정도전의 배불론은 불교를 비판하면서도 비판의 대상이 되는 부분에 대해 제대로 이해하지 못하였고, 불교의 특정 개념을 자의적으로 해석하거나, 심지어 유가 경전을 인용할 때에도 자신의 주장을 관철하기 위하여 임의로 일정 부분을 빼버리는 등 객관성에 문제가 있다(李鍾益,「鄭道傳의 闢佛論 批判」, 『佛敎學報』9, 1971 참조).

96) 韓永愚, 앞의 책, 46~48쪽 참조.

212

을 보이거나, 그 반대로 척불론을 주장하는 등 대단히 이중적인 모습을 볼 수 있다. 즉 그는 조선왕조에 출사하는 과정에서 정치적 입지가 취약했기 때문에 불교를 다각적으로 활용하였다. 가령 그는 이성계와 밀착된 神照에게 접근하기 위해 공양왕 4년(1392) 2월 萬義寺 법회에 자발적으로 참석하고 「水原萬義寺祝上華嚴法會衆目記」를 짓는다든지, 태조 2년(1393) 4월 「演福寺塔重創記」를 작성하였다.[97] 권근이 당시 불교에 비판적인 분위기에도 불구하고 이에 대한 기문을 작성한 것은 태조에 대한 적극적인 충성의 표현이었던 것이다.

다음으로 당시 척불론에서 제기한 사원경제의 모순에 대해 사대부의 입장과 견해가 어떠하였는가에 대해 살펴보기로 한다. 고려말 사원경제의 폐단에 대해서는 이색이 일찍이 공민왕 원년(1352)에 시폐의 개혁을 요구하는 상소문에서 이미 사원경제의 모순과 그 개혁책을 제기하는 등 당시 개혁을 요구하는 사대부의 공통된 견해였다. 그 주된 골자는 당시 남설된 사찰을 철거하고, 도첩이 없는 승려는 곧 군대에 편입시켜 양민이 함부로 출가하지 못하도록 하자는 것이었다.[98]

그러나 당시 사대부가 제기한 주장은 불교 교단의 현실적으로 드러낸 사회적 폐단에 대한 지적과 그 개혁방안에 한정된 것으로서, 교단 자체를 부정하지도 않았고, 오히려 불교 본래의 의미로 돌아갈 것을 적극적으로 제시하였다.[99] 권근은 불교의 인과화복의 설이나 각종 불사를 긍정적으로 이해한다든지,[100] 院을 통한 적선 행위를 찬탄한 데

---


97) 「水原萬義寺祝上華嚴法會衆目記」, 『陽村集』 권12(『문집』 7, 132~133쪽).

98) 『高麗史』 권115, 李穡傳 참조.

99) 李穡, 「古巖記」, 『東文選』 권75, "飽食佚居 不知其所由來者 妄人焉而已耳……上人旣毀形矣 然不忍藏其名 則於世敎 非漠然無心者也 故引黃帝大禹之事 以發其一端 而終之以其敎 上人其自擇焉 上人之所居 誰之力歟 上人之所食誰之力歟".

100) 權近, 「貞陵願堂曹溪宗本社興天社造成記」, 『東文選』 권78, "若夫崇佛建寺 果報之勝 隨所願欲 莫不響應 普利人天 饒益無垠 如佛所說 豈臣言語文詞所能形容 故不及".

서[101] 드러나듯이 불교의 사회적 기능을 인정하였다. 그는 양의 무제와 달마의 대화에서 유래한 '無功德'의 본래 의미도 정확하게 이해하고 있으며, 나아가 민을 번거롭게 하지 않고 종교적 열정에서 우러나온 순수한 신앙행위를 긍정적으로 파악하였다.[102]

따라서 고려말 사대부의 불교 비판론은 불교 교단이 현실적으로 초래하였던 사회경제적 모순을 지적하고 비판하는데 그쳤으며, 오히려 이색, 권근의 경우에서 볼 수 있듯이 각종 불사를 긍정적으로 바라본다든지, 순수한 종교적 열정에서 우러나온 신앙행위라는 관점에서 파악하기도 하였다. 이러한 경향은 사실상 조선 초까지 지속되었던 것으로 보인다. 조선 초기에 유교적인 정치가 강화되면서 불교의 사회적 기능이 축소되었지만, 불교의 신앙과 의례는 여전히 성행되었다. 그것은 유교 자체가 천재지변에 대한 대응이나 사후의 명복을 비는 종교적 욕구를 충족시킬 수 없었기 때문이며, 결국 불교가 담당할 수밖에 없었던 현실에서 기인한다고 하겠다.

따라서 조선 초기에 주자학적 정치이념이 강조되더라도 불교가 배제되거나 부정되지는 않았던 것이다. 가령 사원경제의 모순에 대한 문제도 주자학 수용 이전부터 있었던 현상이며, 주로 국가의 재정 문제를 중심으로 한 사회적 폐단에 대한 지적이나 비판이 종종 제기되었던 것이다. 그러므로 여말선초 척불운동의 본질적 계기는 주자학 수용에 의한 사상적 갈등보다 신왕조 개창을 둘러싼 정치, 경제적 이해관계에 있다고 볼 수 있으며, 나아가 신왕조 개창 이후에도 불교가 전승되고 있으므로 본격적인 排佛論이 제기된 것이 아니라 抑佛論의 차원에서 이해해야 할 것이다.[103]

---

101) 「犬灘院樓記」, 『陽村集』 권12(『문집』 7, 140~141쪽) ; 「德方院記」, 『陽村集』 권13(『문집』 7, 144쪽) ; 「廣灘院記」, 『陽村集』 권13(『문집』 7, 144~145쪽).

102) 權近, 「演福寺塔重創記」, 『東文選』 권78, "佛氏之道以慈悲喜捨爲德 以報應不差爲驗……然梁達摩答武帝造寺造塔之問以爲片無功德　盖爲武帝不修心而費財力發也　今則不出編戶　力不煩農民　其爲功德　豈易量哉".

214

종래 사원경제에 대한 연구는 조선초기에 불교가 주자학적 이념에 의해 국가로부터 축소되어 가는 모습만을 강조하였다. 그러나 여말선초의 억불시책은 불교의 세속권에 대한 통제였으며, 寺社 革去, 寺社民田의 삭감과 屬公 등을 통해 추구하였던 궁극적인 목적은 왕조 개창기에 시급히 요구되던 인적, 물적인 국가재원의 충당에 있었던 것이다. 즉 억불론은 신왕조의 현실적인 요구에 의해 정치적으로 진행된 것이었을 뿐 사상적인 논쟁을 통해 표출된 것은 아니었던 것이다.[104] 실제로 조선전기의 사원은 職田制가 쇠퇴해 가던 성종 15년 당시까지 무려 1만여 결의 收租地가 지급되었고, 사유지도 분급되는 등 국가적 토지제도와 왕권의 보호 하에서 경제적 특권을 향유하고 있을 정도였다.[105]

한편 이러한 사원경제의 폐단에 대한 지적과 함께 당시 사대부의 불교비판론에서 흔히 제기된 것은 출가하는 행위가 불효이고 윤리를 헤친다고 하는 인식이었다. 그런데 이색의 경우 기복을 명분으로 지나치게 사치스럽거나 백성을 괴롭히지 않고, 불사를 하여 선조와 국왕에게 충과 효를 다하는 것이라면 무방하다고 주장하였다.[106] 권근 역시 사

---

103) 韓㳓劤, 『儒敎政治와 佛敎 - 麗末鮮初 對佛敎施策』, 一潮閣, 1993 참조.
　　　최근 金勳埴, 「麗末鮮初 儒佛交替와 朱子學의 定着 - 社會倫理의 변화를 중심으로」, 『金容燮敎授停年紀念 韓國古代·中世의 支配體制와 農民』, 지식산업사, 1997에서 여말선초 사회윤리의 변화를 추적하여 유불교체는 恩思想에서 義사상으로의 변화이며, 그것이 16세기에 이르러서야 주자학에 입각한 사회사상으로 확립된다는 지적에 의해서도 뒷받침되고 있다.
104) 이규대, 「朝鮮初期 佛敎의 社會的 實態 - 嶺東地方 寺院을 中心으로 -」, 『國史館論叢』56, 1994.
　　　金燉, 「朝鮮初期 儒生層의 動向과 그 성격」, 『歷史敎育』61, 1997.
105) 宋洙煥, 「朝鮮前期의 寺院田 - 王室關聯 寺院田을 中心으로 -」, 『韓國史硏究』79, 1992 참조.
106) 李穡, 「眞宗寺記」, 『東文選』권72, "孝盖理本 撫下仁 事上忠 皆於是乎出 則爲是寺 以繼先志 以報上恩 其道固當然矣 豈與夫眩禍福之說 仮祝釐之名 極侈與麗 傷財病民者比哉".

대부가 절을 짓고 경전을 인출하는 것을 부모에 대한 효의 실천으로서 궁정적으로 보았다.107) 그는 효를 인간 도리의 제일로 삼는 것은 유불도 삼교가 마찬가지라고 하였다.108) 이색은 『父母恩重經』,『盂蘭盆經』등 불교적인 효의 윤리를 강조하는 경전에 대해 이해하였으며, 그 실천적 공덕신앙까지 긍정적으로 받아들였다. 그는 매년 7월 15일에 부모를 비롯한 조상의 명복을 비는 행사인 盂蘭盆會에 참여하였다.109)

　　나아가 사대부는 불교신앙에 대해서도 긍정적인 입장을 갖고 귀의하였다. 가령 이색은 觀音信仰, 彌勒信仰, 地藏信仰 등 다양한 신앙에 대해 이해하고 관심을 갖고 있었지만, 그가 일찍이 洪永通, 李茂方 등과 함께 南神寺에서 白蓮會를 결성하였던 데서 알 수 있듯이,110) 특히 정토신앙에 깊이 귀의하였다.111) 권근의 경우에도 특히 내세기복적인 法華信仰에 귀의하여,『법화경』의 공덕에 대해 언어로 형용할 수 없다고 찬탄하였다.112) 그런데 이색은 서방극락의 설을 듣는 것이 참선하여 무념의 경지에 이르는 것과 같지 못하다고 한 데서 잘 드러나듯이 타력신앙적인 측면보다는 유심정토적인 입장을 갖고 있었다.113) 이는

---

107) 「四佛山彌勒庵重創記」,『陽村集』권11(『문집』7, 125쪽), “嗚呼 世俗事親 苟營喪葬而已爾 白公能盡制 而猶慊然 乃於避寇播蕩之餘 創寺印經 以圖悠久無窮之利 愼終追遠之孝 可謂加於人一等矣”.

108) 「金書妙法蓮華經跋」,『陽村集』권22(『문집』7, 227쪽), “臣近竊惟 人道之大 莫善於孝 三敎雖殊 莫不以此爲重 一也”.

109) 「朝雨」,『牧隱詩藁』권24(『문집』4, 339쪽) ; 「盂秋望日記事有感」,『牧隱詩藁』권35(『문집』4, 517쪽).

110) 『高麗史』권115, 李穡傳 ; 「赴白蓮會歸而有感」,『牧隱詩藁』권31(『문집』4, 454쪽) ; 「白蓮會罷留朴令公作中秋過午夜就枕天未明公去吾方醻不之知也曉起吟」,『牧隱詩藁』권35(『문집』4, 510쪽).

111) 李穡, 「報法寺記」,『東文選』권75, “尊經則三乘之敎海 達于方寸之內 念佛則九品之樂國 在於跬步之間 所以脫舊蕤增新福 以澤及於物者 又何疑乎”.

112) 「別願法華經跋語」,『陽村集』권22(『문집』7, 220~221쪽), “若夫蓮經微妙之旨 聞者卽獲受記 以證佛果 故其功德之勝 非可以言語形容 臣奚庸焉”.

113) 「卽事」,『牧隱詩藁』권16(『문집』4, 197쪽), “聞說西方極樂堂 不如無念坐繩床”.

216

당시 선승들의 唯心淨土說로부터 영향을 받았던 것이 아닌가 한다.

나아가 사대부는 종교적인 영험을 신앙적인 입장에서 이해하기도 하였다. 崔伯淸의 아내인 김씨가 시주하여 오대산 上院寺를 중창하였는데, 어느 날 밤에 僧堂이 저절로 밝아지는 이적이 일어난 것에 대해 이색은 김씨의 지극한 정성과 부처의 신령스러움에 의한 것이라고 하였다.114) 따라서 怪力亂神과 같은 비합리적인 측면을 멀리하는 유학자의 입장과 달리 이색이 보이는 태도는 종교적 신비현상을 긍정적으로 받아들일 만큼 불교에 신앙적으로 심취했던 것이다. 나아가 그는 당시 척불론에 대항하기 위해 간행한 『護法論』의 발문을 작성하였으며, 『호법론』이 세상에 성행하는 것은 당연하다고 표현할 정도였다.115) 이는 儒宗의 위치에 있었던 이색이 현실적인 비난을 무릅쓰고 불교를 옹호하는 입장을 적극적으로 표방하였음을 보여준다.116) 이러한 면모는 이색이 우왕 7년(1381)에 대장경을 간행한 사실에서도 잘 드러난다.117)

이상에서 살펴본 바와 같이 고려말 사대부는 불교계와 다양하게 교유하고, 신앙적으로 불교를 수용하였다. 또한 사대부는 유교와 불교에 대한 관계에 대해 유불조화론적 경향을 표방하였다. 이러한 경향은 유불도 삼교의 교류를 이상적인 것으로 설정하고 있는 虎溪三笑에 관한 고사를 자주 거론한다든지,118) 韓愈와 文暢과의 교유를 긍정적으로 인

---

114) 李穡, 「五臺上院寺僧堂記」, 『東文選』 권75, "穡亦驚嘆曰 有是事哉 吾未之前聞也 夫燈燭也有炷矣 有油蠟矣 然必有火 而後光明出焉 今也不火而自明 非佛之靈 何以致之哉".

115) 李穡, 「跋護法論」, 『東文選』 권102, "然喜闢韓歐氏 韓歐氏 吾所師也 吾實駭焉 雖然五濁惡世 爲善未必福 爲惡未必禍 非佛 何所歸哉 嗚呼 護法論 宜其盛行於世也".

116) 恭讓王 원년(1391)에 吳思忠, 趙璞 등이 상소하여 이색이 儒宗으로서 부처에 아첨하고, 거국적으로 쟁론을 일으키고 풍속을 그릇되게 한 과오를 범했다는 비난을 하였다.

    『高麗史』 권115, 李穡傳 ; 『太宗實錄』 권21, 太宗 11년 6월 戊午조.

117) 李穡 撰, 「神勒寺大藏閣記」, 『금석』 上, 507~512쪽 참조.

118) 「中秋法王寺翫月二首」, 『陽村集』 권3(『문집』 7, 31쪽).

용하는 것에서 잘 드러나고 있다.119) 이러한 사대부의 인식이 논리적
으로 잘 드러나는 것이 다음의 글이다.

　여여거사는 삼교일리론에서 이렇게 말하였다. "세 성인은 함께 나
서 두루함이 있으니 바른 가르침으로 주장을 삼는다. 유교는 窮理盡
性을 가르쳤고, 불교는 明心見性을 가르쳤고, 도교는 修眞鍊性을 가
르쳤다. 齊家治身과 致君澤民을 말한다면 이는 유자에게 남는 일이
다. 만약 嗇精養身과 飛仙上昇을 말한다면 이는 도가의 자취이다. 越
死超生과 自利利他를 말한다면 이는 석가의 방편이 될 것이다. 그
다하는 곳을 요약하면 처음부터 하나이다."라고 하였다. 이로써 본다
면 세 성인이 가르침을 베푼 것은 오로지 치성으로 하였으니 이른바
진성, 연성, 견성의 도가 조금 다르긴 하지만, 그 지극하고 맑고 밝은
곳으로 돌아가면 모두 하나의 성이니 무슨 막힘이 있겠는가. 다만 세
성인에게는 각각 문호가 있어, 뒤의 문도들이 각각 종지에 의거해서
모두 자기를 옳게 여기고 남을 그르게 여기는 마음으로 속이고 헐뜯
으니, 세 사람의 가슴 속에 삼교의 성이 밝게 있음을 알지 못하는 것
이다. 이는 나귀 탄 사람이 다른 나귀를 탄 사람을 보고 웃는 격이니
참으로 안타깝다. 그래서 네 절구를 지어 거사의 뜻을 잇는다.120)

---

119) 「送明大選」, 『陽村集』 권3(『문집』 7, 38쪽), "……但以寡塵累 時焉相往還 淵
明友惠遠 文暢能識韓 逍遙形骸外 詩酒成長閑……何當吾亦逝 芋火尋懶殘
振衣上岩壑 雲月同盤桓".
120) 「三敎一理幷序」, 『耘谷行錄』 권3(『문집』 6, 174~175쪽), "如如居士三敎一
理論云 三聖人同生有周 主盟正敎 儒敎敎以窮理盡性 釋敎以明心見性 道敎
敎以修眞鍊性 若曰齊家治身 致君澤民 此特儒者之餘事 若曰嗇精養神 飛仙
上昇 此特道家之祖迹 若曰越死超生 自利利人 此特釋氏之筌蹄矣 要其極處
未始不一 由此觀之 三聖人之設敎 專以治性 所謂盡之鍊之見之之道雖有小
異 歸其至極廓然瑩澈之處 皆同一性 何有所窒礙哉 但以三聖人各有門戶 門
之後徒各據宗旨 皆以是巳非人之心互相訕謷 殊不知各人胸中 三敎之性明
然其在也 騎驢者笑他騎驢 良可惜哉 因寫四絶 以繼居士之志云".
"儒 格物修身窮理玄 盡心知性又知天 從玆可贊乾坤化 霽月光風共洒然".
"道 衆玅之門玄又玄 眞機神化應乎天 精修直到希夷地 水色山光共寂然".
"釋 一性圓融具十玄 法周沙界氣衝天 只這眞體如何說 碧海氷輪共湛然".

먼저 위의 글에서 원천석이 인용한 여여거사란 누구를 가리키는 것일까. 최근, 국내를 비롯하여 중국과 일본에도 그의 어록이 남아 있음이 확인되고 있다.[121) 여여거사는 남송말 원초기에 활동한 顔丙을 가리키며, 그는 대혜종고의 제자인 可庵慧然의 法嗣일 만큼 간화선을 통해 인가를 받은 선지식이기도 하다.[122) 가암은 『大慧語錄』, 『大慧普說』, 『大慧書』 등의 編者이기도 하며, 대혜 문하의 중진이다.

안병의 어록으로는 현재 『如如居士語錄』(이하 『여여록』이라 함), 『重刊增廣如如居士三敎大全語錄』(이하 『대전어록』이라 함)가 전하고 있다. 『여여록』은 全7集으로 구성되어 있는데, 甲集과 乙集은 서문에 의해 紹熙 5년(1194)에 간행되었던 것을 알 수 있다. 庚集은 別集으로서 嘉定 5년(1212)에 편집, 간행되었다. 『대전어록』은 明初의 洪武 19년(1386)에 간행되었다. 이들 어록에서 대단히 주목되는 것은, 『여여록』丁集의 내용이 모두 頌儒敎門, 頌道敎門, 頌釋敎門이고, 『대전어록』卷上에는 三敎一致理論과 儒敎五十頌, 道敎五十頌, 釋敎一百則公案 등을 통해 드러나고 있는 바와 같이 삼교일치론에 입각한 논리이다.

이러한 자료를 통해 안병이 제시하는 삼교일치론의 내용은 어떠한 것일까. 「삼교일치이론」에서 그는 유교의 '齊家治身, 致君澤民'이나 도교의 '嗇精養身, 飛仙上昇'이나 불교의 '越死超生, 自利利他'도 결국은 二義的인 방편에 지나지 않는 것이라고 한다. 따라서 삼교란 임시로 이름을 세운 것이고, 본래는 각인의 흉중에 혼연하여 하나인 것이

---

"會三歸一 三敎宗風本不差 較非爭是亂如 一般是性俱無礙 何釋何儒何道耶".

121) 趙明濟, 「高麗末 儒佛一致說의 思想的 傾向과 그 意義」, 『民族文化論叢』 27, 2003.

122) 안병은 대혜의 법맥을 계승한 인물이라는 점에서 주목되며, 아울러 그가 대부분의 생애를 福建 지역에서 보냈다는 것도 흥미 깊다. 주지하듯이 주희도 복건 출신이나, 주희가 불교에서 유교로 전향했다고 한다면, 안병은 유교에서 불교로 전향했다고 할 만큼 상반된 길을 걸었다.

라고 한다. 또한 이치만을 설하는 것이 아니라 결국은 실천하지 않으면 안 된다고 강조하면서, 장구성이 대혜를 만나 格物의 뜻에 대해 논한 것을 인용하면서 방편으로서 삼교의 구별을 세우는 것도 부정한다.

그런데 안병의 삼교일치론이 주목되는 것은, 이전의 중국불교에서 제기된 논리가 대부분 이론적인 것에 비해 안병의 그것은 보다 현실적이고 실천에 중점이 두어져 있다는 것이다. 그것은 그의 法祖父에 해당하는 대혜의 영향이 크게 작용하였기 때문이다. 그런데 대혜의 사상적 영향력이 대부분 사대부에게 미쳤던 것에 비해, 안병은 사대부 이외의 다양한 계층, 특히 서민층에게까지 관심의 대상이 미쳤다는 것은 대단히 주목된다. 이러한 면은 물론 안병의 선사상의 특징이 상대가 놓인 사회적 입장과 그 육체적 조건을 배려했던 것과 밀접한 관련이 있기 때문이다.

그러면 위의 글에서 원천석이 안병의 「三敎一致理論」을 인용하여 제기하고자 하는 문제인식은 무엇일까. 위의 글을 통해 그는 삼교의 사상에 대해 유교가 窮理盡性, 불교가 明心見性, 도교가 修眞鍊性으로 각각 요약되며, 세 성인이 펼친 가르침은 오로지 본성을 다스리는 데 있는 것으로 이해하였다. 다만 문하의 계승자들이 각자의 종지에 의거하여, 모두 자신은 옳고 남은 그르다는 마음으로 서로를 헐뜯고 비방할 뿐이지, 그 근본적인 가르침은 동일하다는 것이다.

즉 원천석은 유교, 불교, 도교가 지향하는 바는 궁극적으로 동일한 것이며, 그것을 교단적인 입장에서 상호 비방하거나 서로의 도에 대해서 올바로 이해하지 못하는 폐단을 지적하였다.[123] 이는 당시 사상적인 대립을 염두에 두고 이러한 삼교일치적인 입장을 드러낸 것이다. 다만 그의 글에서는 이러한 삼교일치를 주장하면서도 그 기본적인 시

---

123) 李達衷도 『나옹어록』의 발문에서 유교와 불교의 가르침이나 그 실천이 지향하는 바는 일치하며, 서로 상대를 비난하는 것은 스스로를 부정하는 것이며, 그 근본적인 이치를 모르기 때문이라고 비판하였다(李達衷, 「懶翁和尙語錄跋文」, 『한불전』 6, 729쪽).

각은 불교를 본위에 두고 전개하고 있는 점은 주목된다. 나아가 그가 이러한 삼교일치를 주장하는 것 자체가 상대적으로 불교를 옹호하고자 하는 입장이 기본적으로 깔려 있는 것이다. 아울러 안병의 어록이 중국, 일본 선종계에서는 그다지 널리 읽히지 않았던 점을 고려해 볼 때에 고려사상계에서 주목된 이유는 무엇일까. 그것은 고려말 유불관계의 새로운 변화에 대응하기 위해 불교에 호의적이었던 사대부계층에서 불교비판론에 대응하기 위한 논리를 표방하기 위한 것에서 출발하는 것이며, 이는 달리 말하면 삼교일치론에 대한 공감대나 인식이 공유되고 있었던 것을 반영하는 것이라 할 수 있다.

따라서 당시 불교 비판론에 못지않게 사대부의 내부에서는 유불일치론적인 입장이 적지 않았음을 반영하는 것이 아닌가 한다. 나아가 안병의 선사상적 입장은 대혜에 의해 제기된 강한 실천적 경향과 관련이 있고, 무엇보다도 간화선을 선승만이 아니라 사회의 다양한 계층에까지 확산시키는 데에 관심을 갖고 있었던 점을 고려해 볼 때 고려말 간화선을 중심으로 한 선의 확산과 관련하여 적지 않은 시사점을 보여주고 있다.

이상에서 살펴본 바와 같이 고려말 사대부는 불교계가 갖고 있는 현실적 모순과 폐단에 대해서는 사원경제에 대한 문제를 중심으로 당시의 시대적 과제로서 인식하고 있었으나, 주자학에서 제기하는 바와 같은 이단 비판론에 입각한 차원에서의 문제제기는 일반화되지 않았다고 할 수 있다. 오히려 불교와의 교유나 불교에 대한 이해를 바탕으로 유불일치적인 경향이 넓게 공유되고 있었고, 그러한 인식이 서서히 제기되고 있던 불교 비판론에 대응하기 위한 차원에서 불교계와 공감을 갖고 추진되기도 하였다.

## 2) 사대부의 간화선 이해의 기반과 실천

앞서 살펴본 바와 같이 사대부는 선승들과 다양하고 깊이 교유하였다. 그런데 사대부는 단순히 불교계와의 교유 차원에 그친 것이 아니라 선사상에 대한 이해와 실천을 통해 일정한 경지를 체현하고 있었다. 그러면 먼저 사대부의 선사상에 대한 이론적 기반이 무엇이며, 그 이해 수준이 어떠한가에 대해 살펴보고자 한다.

당시 사대부의 선사상에 대한 이론적인 기반은 선종의 소의경전이라 할 수 있는『금강경』,『원각경』등과 함께 특히『楞嚴經』이 중시되었다. 가령 이색은『능엄경』권1에서 아난이 마등가녀의 유혹에 빠지는 경우를 인용하여 시를 짓거나,[124] ‘七處證心’을 인용한다든지,[125] 宗海에게 一漚라는 호를 지어주고,『능엄경』을 통해 體用의 논리로서 해석해 주기도 하였다.[126]

당시 사대부가『능엄경』을 애독하였던 사례는 李集, 鄭樞,[127] 權近,[128] 李崇仁,[129] 朴翊,[130] 成石璘,[131] 元天錫[132] 등 폭넓게 확인된다. 아울러 사대부 계층에서는 楞嚴會를 결성하여 경전을 함께 연구한다든지,[133] 鄭夢周가 정도전으로부터 깊은 우려를 들을 정도로『능엄경』에 심취했던 경우에서[134] 잘 드러나듯이『능엄경』은 사대부 계층에서 널리 성행되었다. 정도전의 경우에도『佛氏雜辨』에서 불교철학

---

124) 「訪僧不遇」,『牧隱詩藁』권3(『문집』3, 547쪽) ; 「次倫絶磵韻」,『牧隱詩藁』
　　권9(『문집』4, 64쪽).
125) 「有懷光巖」,『牧隱詩藁』권23(『문집』4, 309쪽).
126) 李穡,「贈一漚上人序」,『東文選』권87.
127) 「從幻庵長老借楞嚴經仍以敍懷」,『圓齋藁』卷上(『문집』5, 198쪽).
128) 「送息庵遊方」,『陽村集』권4(『문집』7, 43쪽) ; 「題一漚上人詩卷」,『陽村集』
　　권10(『문집』7, 114쪽).
129) 「寄深源長老」,『陶隱集』권3(『문집』6, 578쪽).
130) 「贈上人」,『松隱集』권1(『문집』5, 229쪽) ; 「行狀」,『松隱集』권3 부록(『문
　　집』5, 237~240쪽).
131) 「次韻寄趙判事云仡」,『獨谷集』卷上(『문집』6, 67쪽).
132) 「題趙奉善所述契內同發願十詠卷後二首」,『耘谷行錄』권3(『문집』5, 237~
　　240쪽).
133) 「九日敍懷三首呈牧隱」,『遁村雜詠』(『문집』3, 346쪽).
134) 「上鄭達可書」,『三峯集』권3(『문집』5, 328~329쪽).

222

에 대한 비판을 전개하면서 불교경전 중에서 특히 『원각경』과 함께 『능엄경』을 가장 많이 인용하였다. 이는 그가 『능엄경』을 통해 불교의 사상체계를 이해하였으며, 또한 『능엄경』이 당시 사상계에서 널리 성행했던 사실을 반증하는 것이라 하겠다.[135]

그런데 『능엄경』이 고려말 사대부 계층에서 다양하게 확산될 수 있었던 것은 주로 나옹과 그 문도들의 사상적 경향과 일정한 연관이 있는 것으로 보인다. 고려말 선종계에서 『능엄경』은 보우, 景閑 등도 언급하고 있지만, 나옹 계열에서 특히 중시하였다.[136] 나옹은 『능엄경』의 핵심인 耳根圓通을 중시하였고,[137] 그의 법맥을 계승하였던 幻庵混修(1320~1392),[138] 無學自超(1327~1405)[139] 등과 正智國師 智泉(1324~1395)[140] 등이 『능엄경』을 통해 견성하였다.

한편 사대부는 다양한 禪籍을 통해 선사상에 대한 본격적인 이해를 갖고 있었다. 당시 사대부가 관심을 갖고 접했던 선적은 『六祖壇經』,[141] 『傳燈錄』,[142] 『祖派圖』,[143] 『宗鏡錄』,[144] 『證道歌』,[145] 『黃蘗

135) 「佛氏心性之辨」, 『三峯集』 권9(『문집』 5, 449~450쪽).
136) 趙明濟, 「14세기 고려사상계의 楞嚴經 성행과 그 사상적 성격」, 『가산학보』 5, 1996 참조.
137) 『懶翁和尙歌頌』(『한불전』 6, 737쪽) ; 「和圓定國師頌」, 「禮江南洛伽窟」, 「禮普德窟觀音」, 「題東海國島」, 「題東海寶陀窟」, 「頌聲不是聲色不是色」, 「讚觀音」, 『懶翁和尙歌頌』(『한불전』 6, 744~746쪽).
138) 「有明朝鮮國普覺國師碑銘幷序」, 『陽村集』 권37(『문집』 7, 328~331쪽).
139) 卞季良 撰, 「妙嚴尊者塔銘」, 『東文選』 권121.
140) 「追贈正智國師碑銘並序」, 『陽村集』 권38(『문집』 7, 334~335쪽).
141) 「曹溪拈頌跋」, 『陽村集』 권22(『문집』 7, 222쪽) ; 「有明朝鮮國普覺國師碑銘幷序」, 『陽村集』 권37(『문집』 7, 328~331쪽).
142) 李穡, 「傳燈錄序」, 『東文選』 권86.
143) 李穡, 「送絶傳上人序」, 『東文選』 권87 ; 「祖師宗派圖」, 『牧隱詩藁』 권20(『문집』 4, 254쪽) ; 「自寬」, 『牧隱詩藁』 권22(『문집』 4, 294쪽).
144) 李穡, 「送玆上人序」, 『東文選』 권87.
145) 李穡, 「書證道歌後」, 『東文選』 권102 ; 「達空首座問答法語序」, 『陽村集』 권17(『문집』 7, 183쪽).

語錄』,146) 『十牛圖頌』,147) 『禪門拈頌』,148) 『大慧書』149) 등 다양하게
확인할 수 있다. 사대부는 다양한 선적에 대한 이해를 통해 시문에서
禪旨를 자유롭고 다양하게 구사하고 활용하였다. 가령 『十牛圖』에서
인용한 息牧이란 壽允의 호에 대해 찬을 짓는다든지,150) 선문에서 자
주 인용되는 不立文字, 直指人心, 拈華微笑 등의 禪話나151) 선종의
초조인 달마에 대한 고사,152) 2조 혜가와의 선문답에 대한 고사,153) 馬
祖의 득도에 연관된 고사,154) 月印千江의 의미에 대한 이해155) 등 선
종 일반의 기연에 대해 풍부한 지식을 갖고 있었다.

나아가 이와 같이 다양한 선적에 대한 관심과 이해를 바탕으로, 사
대부는 직접 참선수행을 실천하였다. 가령 이색은 평생 참선을 하였으
며,156) 깨달음의 경지를 피력하기도 하였다.157) 그런데 사대부가 지향
하는 선사상에 대한 관심은 주로 간화선이었다. 사대부는 '庭前栢樹
子',158) '祖師西來意',159) '喫茶去',160) '前三三 後三三' 화두,161) '무자'

---

146) 李穡, 「跋黃蘗語錄」, 『東文選』 권102.
147) 李穡, 「雪牛說」, 『東文選』 권97.
148) 「曹溪拈頌跋」, 『陽村集』 권22(『문집』 7, 222쪽).
149) 『大慧書』 「跋文」.
150) 李穡, 「息牧叟贊」, 『東文選』 권51.
151) 李穡, 「平心堂記」, 『東文選』 권75 ; 「仲英說」, 『東文選』 권97.
152) 李穡, 「天寶山檜巖寺修造記」, 『東文選』 권73 ; 「同來僧渡溪墜馬失隻履戱作」,
    『牧隱詩藁』 권2(『문집』 3, 528쪽).
153) 李穡, 「三與銘」, 『東文選』 권49 ; 「宅主隨喜寶盖而歸」, 『牧隱詩藁』 권20(『문
    집』 4, 254쪽).
154) 「曹溪拈頌跋」, 『陽村集』 권22(『문집』 7, 222쪽).
155) 「題覺庵竹月軒」, 『陽村集』 권4(『문집』 7, 43쪽) ; 「月江記」, 『陽村集』 권14
    (『문집』 7, 158쪽) ; 「淮月軒記」, 『東文選』 권78.
156) 「題曹山禪師詩卷」, 『牧隱詩藁』 권3(『문집』 3, 546~547쪽), "……吾生愛禪
    寂……借師坐具地 庶以求心安".
    「初七日途中」, 『牧隱詩藁』 권35(『문집』 4, 499쪽), "……廟堂賴有知音在 別
    墅安居學坐禪".
157) 「自寬」, 『牧隱詩藁』 권22(『문집』 4, 294쪽), "……安心憑直指……金剛在吾心
    心與境何異……名掛祖師圖……般若在吾心".

화두162) 등 다양한 공안을 이해하고, 직접 화두 참구를 하였다.163) 사대부는 그들이 교유하던 선승들에게 화두 참구를 지도 받으면서 간화선을 실천하였다. 가령 이숭인이 隱峯上人에게 화두를 청한다든지,164) 鄭夢周(1337~1392)가 젊은 시절에 친구인 金仲賢과 함께 보우를 찾을 만큼,165) 간화선에 대해 깊은 관심을 갖고 있었다. 특히 이색의 경우 일상적으로 화두 참구에 집중하였던 면모를 볼 수 있다.166) 그러면 사대부가 화두 참구를 어떻게 하였으며, 그 경지는 어떠하였는가에 대해 살펴보기로 한다.

전에 산매화를 보냈을 때 선물을 주시고 또 회답에 '무자' 화두를 드신다 하니, 산승은 상국께서 일찍부터 '무자'를 참구하였기 때문에

---

158) 「答竹磵禪師」, 『牧隱詩藁』 권3(『문집』 3, 552쪽) ; 「憶山寺」, 『牧隱詩藁』 권11(『문집』 4, 102쪽) ; 「神勒珠師以團扇見遺」, 『牧隱詩藁』 권17(『문집』 4, 200쪽) ; 「野寺」, 『惕若齋學吟集』 卷上(『문집』 6, 15쪽) ; 「贈柏庭禪師」, 『陽村集』 권3(『문집』 7, 35~36쪽) ; 「宿甘露寺」, 『陽村集』 권7(『문집』 7, 78~79쪽) ; 「遊麻田寺」, 『耘谷行錄』 권1(『문집』 6, 145쪽).

159) 「送南田禪師夫牧」, 『牧隱詩藁』 권4(『문집』 3, 568쪽).

160) 「因憶無說」, 『牧隱詩藁』 권14(『문집』 4, 147~148쪽) ; 「藏義寺淸齋奉敎陪復齋鄭政堂摠至撰醮詞次其韻二首」, 『陽村集』 권8(『문집』 7, 89쪽).

161) 「送志曦上人遊方」, 『耘谷行錄』 권3(『문집』 6, 178쪽) ; 「書明菴珠師卷」, 『耘谷行錄』 권4(『문집』 6, 197쪽).

162) 「書無菴空師卷」, 『耘谷行錄』 권4(『문집』 6, 191쪽).

163) 「香林蘭若」, 『惕若齋學吟集』 卷上(『문집』 6, 16쪽).

164) 「寄隱峯禪師」, 『陶隱集』 권1(『문집』 6, 529~530쪽).

165) 鄭夢周, 「太古和尙語錄跋文」(『한불전』 6, 702쪽).

166) 이러한 면은 『牧隱詩藁』에서 많이 볼 수 있는데 그 중 몇 수만을 소개하면 다음과 같다.
「卽事二首」 권11(『문집』 4, 103쪽), "淸節普天少 話頭終日提 他年名實在".
「記燕京途中」 권6(『문집』 4, 30~31쪽), "僧窓又在蒼崖底 香火眞堪擧話頭".
「憶山寺」 권11(『문집』 4, 102쪽), "布襪靑鞋如可辦 庭前栢樹問參禪".
「因憶無說」 권14(『문집』 4, 147~148쪽), "如今臥病無他事 問道人來只喫茶".

친히 소식을 전한 것이었습니다. 그런데 이제 들으니 다시 묻는 말에 이렇게 공부하리라 하시니 도리어 근심스럽고 놀랍습니다. 부디 마음을 그대로 두시기 바랍니다. 옛사람들은 한 마디나 반 마디를 내려 사람들로 하여금 제자리를 잡고서 움직이지 않게 하였습니다. 비록 일상생활에 천차만별한 일이 있더라도 뜻이 위에만 있어 다른 것을 따라 변하지 않는다면, 구태여 다른 화두를 참구할 것이 있겠습니까.

　하물며 다른 화두를 들 때에도 '무자'를 참구해 떠나지 않는다면 반드시 '무자'에 대해 조금이라도 익숙해질 것입니다. 부디 다른 화두로 바꾸어 참구하지 말고 다만 하루 24시간 무엇을 하든지 늘 드십시오. 중이 조주에게 "개에게도 불성이 있습니까"하고 물으니, "없다" 하였는데, "없다"라고 한 마지막 한 마디를 힘을 다해 들되, 부디 언제 깨치고 깨치지 못할까를 기다리지 말고 재미가 있고 없음에 신경 쓰지도 말고, 또 힘을 얻고 얻지 못함에도 관계하지 마십시오. '무자' 그것만을 오로지 들어 그대로 나아가면 들지 않아도 화두가 저절로 들리고 의심하지 않아도 저절로 의심이 될 것입니다. …… 거기서 몸을 뒤쳐 한 번 던져버리면 비로소, 도란 첫째는 짓지 않는 것이요, 둘째는 쉬지 않는 것임을 알 것입니다.[167)]

　위의 글은 이제현이 '무자' 화두를 참구하다가 생긴 의문에 대해 나옹에게 문의한 데 대한 답신으로서, 나옹이 구체적으로 화두 참구법에 대한 방법론을 지도하고 있는 내용이다. 이러한 장면은 『대혜서』를 통해 대혜와 사대부가 간화선 수행과정상에서 느끼는 문제점과 애로사

---

167) 「答李相國齊賢又」, 『懶翁和尙語錄』(『한불전』 6, 725~726쪽), "前進嶺梅 分付信物 及廻言內 曾於無字話提撕 山僧未審相國 曾叅無字話故 親傳消息 今聞相國 更求之言如此做 又却切怛 幸望留心 古人留下一言半句 令諸人立定脚頭 不爲移易 常於日用間 雖有千差萬別之事 志在上面 不隨他變 則何必改叅也 況擧起別話頭時 曾叅無字不離 則必然無字上 有少熟也 切莫移動 切莫改叅 但於二六時中四威儀內擧起 僧問趙州 狗子還有佛性也無 州云無 末後一箇無字 盡力提起 切莫待幾時悟不悟 莫管有滋味無滋味 亦莫得力不得力 只單單提箇無字 驀然體到話頭 不擧自擧 疑情不疑自疑……於此忽得翻身一擲 始知道 一不造 二不休".

항을 구체적으로 논의하던 내용과 유사하다고 할 수 있다. 이제현이 '무자' 화두를 참구하는 과정에서 의심이 잘 생기지 않는 문제점을 토로하자, 나옹이 화두를 들 때 의심이 잘 일어나지 않는다고 해서 화두를 놓거나 다른 화두로 바꾸지 말고 오직 하나의 화두를 참구할 것을 당부하고 있다. 이는 간화선의 수행체계에서 강조되는 이른바 '무자' 화두 하나만을 들라는 의미가 기본적으로 중시되고 있음을 보여준다고 하겠다.

> 부디 상공도 집에서 이런저런 일들을 지휘할 때나 관에서 공사를 처리할 때나, 손님을 영접하여 담소를 나누거나, 밥을 먹고 차를 마시거나, 다니고 서고 앉고 눕거나 '이것은 무엇인가' 하십시오. 다만 이렇게 끊이지 않고 참구하고 쉬지 않고 살피면 어느 새 크게 웃을 때가 있을 것입니다. 그리하여 이 일이 머리를 깎고 가사를 입고 집을 떠나 고행하고 계율을 지니는 방석과 대나무 의자에 있지 않다는 것을 비로소 알게 될 것입니다.168)

위의 글에서 나옹은 사대부가 일상적인 생활 속에서 화두를 참구하는 것이 가능하며, 세속적인 생활을 포기하지 말고 적극적으로 화두를 참구하라고 권고하였다. 이러한 경향은 앞서 살펴본 바와 같이 대혜가 남송대 사대부에게 간화선 수행을 지도하면서 설정한 방향성과 동일한 맥락이라 하겠다. 이러한 면은 사대부가 간화선 수행 중에 겪게 되는 어려움이나 한계를 어떻게 극복할 것인가라는 문제에 대한 지적에서도 마찬가지로 드러난다. 가령 염흥방이 화두 참구를 하면서 겪게 되는 어려움을 토로하자, 나옹은 사대부가 화두 참구에서 갖는 다양한

---

168) 「示睦相國仁吉」, 『懶翁和尙語錄』(『한불전』 6, 725쪽), "請公或在家中 指揮雜事時 或在上官 判斷公事時 或迎接 或言語 或談笑 或喫飯 或喫茶 或行住 或坐臥 畢竟是箇甚麼 但恁麼叅 叅來叅去 看來看去 不覺大笑時 始知此段大事 本不在剃染出家 苦行持戒 蒲團竹倚裏".

병폐 중에 결정신이 부족함을 단적으로 거론하였다.169) 이 밖에도 항상 화두의 마지막 한 구절을 들고 반복하여 의심을 일으킬 것을 권고하고,170) 본래 참구하던 화두만을 끊임없이 쉬지 않고 의심하면,171) 깨달음의 길이 열릴 것이라고 강조하였다.

그러면 이러한 간화선 수행을 통해 사대부들이 지닌 선의 경지가 어떠한가에 대해 살펴보기로 한다. 이색은 선지식과 같이 선적인 깨달음의 경험을 취적봉 일편을 지어 보이면서 스스로 豁然大悟하였음을 토로한 적이 있다.172) 또한 그는 형체를 잊었다고 술회하거나 시비를 벗어나 자유롭고 안심의 경지에 이르렀다고 밝히고 있다.173) 이러한 깨달음의 경지를 구체적으로 표현한 시를 다소 길지만 인용해 보기로 한다.

아이우는 소리 비 오는 소리에
백발노옹은 정이 무한하네.

---

169) 「示知申事廉興邦」, 『懶翁和尙語錄』(『한불전』 6, 726쪽), "若欲眞實究明此段
大事 不問僧之與俗男之與女 亦不問上中下根 亦不問初叅舊學 只在當人 立
決定信 生堅固志 佛不云乎 信爲道源功德母 長養一切諸善法 又云信 能增
長智功德 信能必到如來地 公妙年登高第 遇知今上 事務煩劇之時 又向此箇
門中 的信無疑 要求脩心方便 這箇 豈非世出世 間第一等有大力量底人也".
170) 「示朴成亮判書」, 『懶翁和尙歌頌』(『한불전』 6, 743쪽).
171) 「示淑寧翁主妙善」, 『懶翁和尙語錄』(『한불전』 6, 727쪽).
172) 「前數日登天水寺西峰愛其勝鍇有鄙作後有天台釋到家訊其名則曰吹笛峰也因
記思亭題詠有用吹笛峰者當時雖一訊之忘之久矣今乃豁然大悟心自語曰聞其
名於前履其地於後非天台釋猶不能融會而爲一於是有感焉乃作吹笛峰一篇」,
『牧隱詩藁』 권18(『문집』 4, 219쪽).
173) 「無題三首」, 『牧隱詩藁』 권27(『문집』 4, 383쪽), "看經靜室侍陽坡……久已
忘形況是非……我已病餘忘我生……".
「卽事」, 『牧隱詩藁』 권20(『문집』 4, 269쪽), "本來淸淨身無累 何處纖塵得暫
留".
「十五日午後日光穿漏南窓明甚」, 『牧隱詩藁』 권20(『문집』 4, 258쪽), "人境
俱忘一味眞 更從何處覓纖塵 誰知接物還如鏡 形影相交百態新".

천년 도연명의 한 잔 술이여
悠悠한 天運은 마침내 밝히기가 어렵구나.
소년은 누가 명성을 세우지 않으려 하겠는가마는
만년에는 응당 모름지기 性情을 길러야 하네.
사방에 비가 쏟아지니 인적이 끊어졌고
생각이 맑고 잡념을 떠나 스스로 밝아지네.
솔바람 속에 절벽에는 폭포소리 걸렸는데
귀에 들리니 상쾌하여 道情이 나네.
그저 산중을 향해 그윽한 흥을 부치니
때때로 느긋이 밥 먹으며 날이 개기를 기다리네.
빈 당에 고요하여 새소리 들리고
움직이지 않고 앉아 世情을 잊네.
장마 비는 열흘 동안이나 오락가락하여
작은 창이 종일토록 어두웠다 밝아졌다 하네.
마음으로 통하여 귀에 들어가 남은 소리가 있으니
모든 일이 저절로 마음에 맞네.
六根을 끊고 소제하여 찌꺼기가 다하니
환히 밝은 날씨 속에 마음껏 노닐게 되네.174)

위의 시에서 이색은 아이우는 소리, 비 오는 소리, 솔소리, 샘물소리, 새소리 등의 다양한 소리를 감각기관인 귀가 듣기는 하나 소리 자체를 분별하고 아는 것은 마음이라는 의미를 스스로 체득하고, 이러한 耳根 圓通의 깨달음을 시로 표현한 것이다.175) 이는 『능엄경』 권6에서 관음

---

174) 「卽事」, 『牧隱詩藁』 권16(『문집』 4, 197쪽), "兒啼聲裏雨來聲 白髮老翁無限 情 千載淵明一盃酒 悠悠天運竟難明 少年誰不立名聲 晩境應須養性情 柁溜 四垂人迹滅 淡忘移念自虛明 松聲絶壁掛泉聲 觸耳爽然生道情 漫向山中寄 幽興 時時逯食候天明 虛堂寂寂鳥啼聲 兀坐悠然忘世情 淫雨彌旬止還作 小 窓終日晦仍明 心通入耳有餘聲 遇事無端自適情 六鑿掃除查滓盡 始知游豫 昊天明".

175) 이근원통의 깨달음을 표현한 것은 다음 시에서도 볼 수 있다.
「聞山鳥」, 『牧隱詩藁』 권16(『문집』 4, 181쪽) ; 「曉起」, 『牧隱詩藁』 권20(『문

보살이 聞性을 反聞하여 耳根圓通에 대한 깨달음을 얻는 장면을 연상
하게 한다. 그런데 자기의 성품을 돌이켜 듣는 '反聞聞性'은 간화선과
상통하는 수행법이라 할 수 있다. 화두를 돌이켜 비추는 '照顧話頭'는
시시각각 밝고도 뚜렷한 일념으로 마음 빛을 돌이켜 "한 생각이 나지
도 않고 없어지지도 않는 자리(不生不滅)"를 반조하라는 것이다. 그런
데 소리를 듣거나 빛을 쫓아가서 비추는 것이나 모두 분별의 세계인
것이다. 따라서 화두를 비춘다거나 듣는 자기의 성품을 돌이켜 듣는다
고 하는 것이 절대로 눈으로 보거나 귀로 듣는 것이 아닌 것이다. 그러
므로 밝고 또렷하게 빛나는 한 생각이 나지도 않고 없어지지도 않는
가운데서 소리와 빛을 쫓지 아니하면 화두를 비춘다고도 하고, 돌이켜
自性을 듣는다고 하는 것이다. 다시 말해서 간화선이나 『능엄경』의
'반문문성'이나 궁극적인 깨달음의 세계에 이르면 그 본질은 동일한 것
이라 할 수 있다.176)

　아울러 위의 글에서 이색은 젊어서는 출세하기 위하여 노력하나, 나
이가 들어가면 궁극적으로 성정을 길러야 한다고 읊고 있다. 여기서
성정을 기른다는 표현이란 사대부로서의 입장을 단적으로 표현한 것
이고, 그 수행방법으로서는 주자학적인 방법론을 강조하기보다 선적인
수행을 강조하는 것도 그의 인식체계나 실천의 밑바탕에는 결국 불교
가 자리 잡고 있다는 사실을 무의식적으로 드러내고 있다.

　이와 같이 이색은 간화선을 깊이 이해하고 그 깨달음의 경지가 높았
기 때문에 당시의 선승들에게 선 수행에 대한 방향제시나 방법론을 지
도하기도 하였다. 演福寺 주지인 竹菴 軒公의 제자인 坦如는 幻翁이
라는 法號의 의미를 이색의 가르침을 통해 이해하였다.177) 즉 이색은

---

　　집』 4, 254~255쪽).

176) 虛雲 법어, 대성 옮김, 『參禪要旨』, 여시아문, 1998, 55~56쪽 참조.

177) 李穡, 「贈幻翁上人序」, 『東文選』 권87, "師曰 吾聞韓山牧隱子方以幻語語人
　　汝且求之 必不辭矣……予觀其言 一則幻其幻也 一則如且幻也 始以幻觀 則
　　有物有我 是有對也 終如且幻 則無物無我 是無對也 物我俱忘 心跡無

幻이라는 불교적 세계관의 의미를 일상적인 비유로 설명할 만큼 선지가 깊었던 것이다. 그리하여 이색은 당시의 선승들에게 선수행의 방향이나 방법에 대한 지침까지 제시하였다. 가령 이색은 구도 행각을 떠나려 하는 봉상인에게 도가 일상적인 것에 있으므로 굳이 유력할 필요가 없다고 경책하였다.178) 이는 平常心이 곧 도라고 하는 의미를 강조하는 것이며, 行住坐臥 語默動靜 즉 일상적인 생활 속에 구현된다고 하였다. 구도 행각에 나서는 誋上人에게 수행과정에서 계속 정진하여 일관된 수행을 당부하기도 하였다.179) 또한 神勒寺에서 만난 月聰에게 수행하는데 있어 갖가지 잡술이나 신통, 묘용과 같은 도의 본질에서 벗어나는 면모에 대해 경계하면서 수행의 올바른 방향을 제시하였다.180)

이러한 경향은 다른 사대부의 경우에도 엿볼 수 있다. 가령 권근은 선 수행을 통해 공에 대한 깨달음을 시로 표현하고 있다.181) 또한 그는 나옹의 문도인 野雲上人에게 도의 지극함은 배워서 전승하거나 말해

---

二……聲之出也 喉也舌也脣也齒也相須而聲成焉 其寓於書也 筆也墨也硯也水也相須而形成焉 而況轉注仮借形聲事意之間 其變也 更僕而不暇詳也哉 就而分析之 則聲果安在歟 文果何從歟 非幻而何歟".

178) 李穡,「送峯上人游方序」,『東文選』권87, "所謂游者贅甚矣 師在蒲團 則道在蒲團矣 師用草鞋 則道在草鞋矣 墙壁瓦礫 無非道也 江山風月 無非道也 不寧唯是 着衣喫飯 無非道也 氯眉瞬目 無非道也 上人何待於游 而後求道乎哉……蒲團草鞋 是行住動靜之謂也 雖然 初學必自靜 定上下功夫 無遽效趙州爲也".

179) 李穡,「送誋上人序」,『東文選』권87, "乃語之曰 其進銳者其退速 上人其戒之哉 行百里者半九十里 上人其勉之哉 始勤終怠 儒釋之所同患也 吾與上人勉之戒之".

180) 李穡,「送月聰序」,『東文選』권87, "月聰其愼之 鄒國曰 術不可不愼 月聰誠能以質之美 守道之正 卽其神通妙用 初不外是矣".

181) 「全州倅歸妓不納後又惠餚酒以詩奉謝」,『陽村集』권7(『문집』7, 80쪽), "鬢絲禪榻學觀空 萬境俱捐色卽同".
「李斗岾畵達摩請讚戲贈二絶」,『陽村集』권3(『문집』7, 33쪽), "毛穎初行几案中 斯須幻出老禪翁 由來紙上元無物 於此當觀色卽空".

서 깨우칠 수 있는 것이 아니라 오로지 자득하는 것임을 강조할 만큼 선에 대한 이해 수준을 보여주고 있다.[182] 곧 선적인 깨달음은 다른 곳에 가거나 스승을 찾아가는 등의 특별한 방법으로 이루어지는 것이 아니라 자기 자신에게 달려 있음을 야운에게 경계하고 있는데, 이는 그가 당대 조사선에서 제시하는, 도라는 것이 닦을 것도 없고 깨달을 것도 없다는 無修無證의 본래적인 의미를 깊이 이해하였음을 보여준다.

이상에서 살펴본 바와 같이 고려말 사대부는 불교계와의 교유를 통해 선사상에 대한 이론적 기반을 갖고 있었고, 이를 토대로 간화선 수행이 널리 성행하였다. 이들 가운데 대표적인 사대부였던 이색, 권근을 통해 살펴본 바와 같이 간화선 수행을 통해 깨달음의 경지가 깊은 수준에 있었음을 확인할 수 있었다. 그렇다면 이러한 불교에 대한 이해와 실천이 갖는 사상적 의미를 생각할 때에, 그들이 당시 주자학을 수용하고 있던 사대부라는 사실을 고려한다면, 주자학의 이해와 실천과는 어떠한 관계가 있을까. 이에 대해서는 절을 달리하여 살펴보고자 한다.


### 3) 주자학의 이해와 간화선

위에서 고려말 사대부가 가진 불교와의 교유 관계, 불교관 및 선사상을 중심으로 한 불교에 대한 이론적 이해와 그 실천적 경향이 어떠한 가에 대해 검토해 보았다. 여기서는 종래의 유학과는 다른 새로운 사상체계인 주자학을 수용하는 과정에서 사대부가 지닌 불교에 대한 이해와 사상이 어떻게 작용하고 있었는가에 대해 살펴보고자 한다.

그런데 종래 주자학의 형성과정과 불교와의 관계에 대한 연구는 무

---

182) 權近, 「贈玗野雲上人後序」, 『東文選』 권90, "然猶不敢自足 將遍歷天下以求師焉 嚮道之志可謂勤矣 然道之可以學而傳 可以言而喩者 非其至也 在吾心者 不可以學而傳 不可以言而喩 其可以學而傳言而喩者 則聞於翁者盡矣 又何待於他求哉 其不可以學而傳言而喩者 雖有師 無如之何在吾自得耳".

엇보다도 종파적인 이해관계나 시각에 따라 입장 차이가 적지 않다. 가령 유교사 연구자들은 대체적으로 불교와의 관계를 무시하려 하였고, 반대로 불교학자들은 유불의 교류관계나 사상적 유사성을 통해 불교의 영향력을 강조하고자 하는 경향이 적지 않았다.[183] 이러한 연구경향은 무엇보다도 종래의 사상사 연구가 갖는 한계에서 비롯된 것이므로 새로운 시각과 방법론에 입각할 필요가 있을 것이다. 즉 사상사 연구에서는 어떠한 종교, 사상이든 무엇보다도 당대 사회현상의 일환으로서 파악되어야 한다는 기본적인 전제를 잊어서는 안 될 것이며, 나아가 불교사, 유교사 등과 같이 특정 영역에 한정된 분파적·종파적 연구방식을 탈피하여야 할 것이다. 따라서 송대 사상사 연구도 각각의 연구 분야에 한정된 방식으로 진행될 것이 아니라 송대라는 시대 전체를 조감할 수 있는 시각으로부터 출발하여 불교, 유교라는 문제를 다루어야 할 것이다.

따라서 주자학이 성립하는 주요한 계기 가운데 하나가 선종의 초극이었다는 사실을 고려한다면, 단순히 이단 비판이라는 각도에서 유불 관계를 바라볼 것이 아니라 주자학의 성립과정에서 선사상을 중심으로 한 불교에 대해 어떻게 대응하고, 그러한 사상적 대결과정을 통해 도학이 받았던 사상적 영향이 무엇인가를 염두에 두어야 하리라고 생각된다.[184] 나아가 이러한 시각은 고려사상사의 경우에도 마찬가지가

---

183) 荒木見悟, 「宋元時代の佛敎·道敎に關する硏究回顧」, 『久留米大學比較文化紀要』 1, 1987에서 종래 일본학계에서 송대 유학과 불교와의 교섭사에 대한 연구 태도와 경향을 잘 지적하고 있다. 즉 유가에 가담하는 측은 송학에 있어서 불교적 요소를 과소평가하고, 불교학 측에서는 불교의 송유에 대한 영향력을 강조하고자 하는 종파적 편견을 갖고 있었다. 특히 메이지 시대 이후 일본학계에서 호법의식과 관련하여 송유와 선과의 관계에 대한 연구가 갖는 문제점에 대해 예리하게 지적하고 있다.

184) 그렇지만 불교가 주자학에 미친 사상적 영향이라는 일방적인 관계만을 강조하여서는 곤란하다. 근본적으로 사상체계가 다른 유교와 불교의 관계를 그러한 일방적인 측면으로 파악하기는 곤란하며, 또한 불교 그 자체도 중국화된

아닌가 한다. 주자학이라는 새로운 사유체계를 수용하고 이해할 수 있
는 내적 기반과 사상적 토양이 어떻게 형성되고 있었는지, 종래의 주
류적인 사상과의 상호 대응관계는 어떠하였는가에 대한 문제는 충분
히 검토되어야 하리라 생각된다. 그러한 각도에서 고려말 사대부가 주
자학을 이해하고 수용하는 데 있어서 불교라는 사상이 어떻게 작용하
고 있었는가에 대해 살펴보기로 하자.

　대저 지극한 도는 형체가 없다. 物로 인하여 볼 수 있고 물은 나와
더불어 또 둘이 아니다. 눈이 내리면 차고 해가 돋으면 따뜻하다. 따
뜻한 기운은 펴고 찬 기운은 움츠리니 유독 내 몸만이 아니고, 천지
의 도인 것이다. 그러나 그 지극한 이치가 그 사이에 있으니 그것은
마음뿐인 것이다. 마음의 작음은 비록 方寸이라 하나 지극한 도가 있
는 바이다. 그러므로 춥고 덥더라도 조그만 변함도 없이 당당한 전체
가 하늘도 덮고 땅도 덮는 것이다. 상인이 고요히 앉아 구하는 바는
여기에 있는 것이 아니겠는가.[185]

위의 글에서 이색은 나와 물이 둘이 아니라고 하는 '物我一體觀'을
드러내고 있으며 천지만물에 통용되는 도는 일체가 마음이라는 견해
를 나타내고 있다. 그런데 이러한 논리는 본래 도학의 만물일체론에

---

　불교사상이라는 사실을 고려할 필요가 있다. 다만 기존의 유교사라는 틀로만
접근하는 것은 중국사상사의 전개 속에서 주자학이 등장하게 된 배경이나 그
역사적 의의가 무엇이며, 나아가 이후의 사상사의 전개와 관련하여 어떠한
의미를 갖는 것인가에 대한 해명과 관련하여 일정한 한계를 가질 수밖에 없
다고 생각한다. 따라서 송대라는 역사적 무대에서 주자학이 형성되는 과정을
해명하고자 한다면 당시 전반적인 사상사의 흐름과 관련하여 접근하는 것이
야말로 사상사의 기본이 아닌가 한다.

185) 李穡,「負暄堂記」,『東文選』권75, "夫至道無形 因物可見 而物與我又非二
也 雪則寒 日則暄 暄氣舒 寒氣縮 非獨吾身也 天地之道也 而其至理存乎其
間 心焉而已矣 心之微雖曰方寸 至道之所在也 故不以寒熱故有小變 堂堂全
體 蓋天盖地矣 上人宴坐所求 不在斯歟".

다름 아니며, 거기에는 불교의 영향을 볼 수 있다. 가령 당말의 黃檗希運의 「傳心法要」 등에 볼 수 있는 '心'과 '境'은 도학자의 '我(內)'와 '物(外)'에 해당하고, 이 의식주체와 의식대상의 양자의 무의식화를 말하는 황벽희운 등의 논법 자체가 程顥의 「定性書」의 '內外兩忘의 논'과 흡사하다. 도학의 일체론은 단순히 전통적인 齊物論과 性善說을 복창하고 있는 것이 아니라 내심과 외계의 반응관계라고 하는 문제 설정에 관해서는 불교로부터의 자극이 더해져 있다고 보아야 할 것이다.186)

더욱이 이색은 위의 글에서 마음에 대한 그의 견해가 선의 논리와 다르지 않은 것으로 드러나고 있다. 물론 이 글이 선승에게 주는 글이기 때문에 이러한 논리가 구사되고 있다는 반론이 있을 수 있으나 이색의 문집에서 자연스럽게 보이는 불교 관련 글이 무수하다는 사실을 고려한다면 설득력이 없다고 하겠다. 실제 이색이 심성론을 밝힌 글이 다양하게 보이며, 그것을 통해 불교의 영향이 짙게 드러나고 있다. 가령 그가 인간의 본성에 대한 입장을 제시한 다음의 글에서도 잘 드러난다.

> 논어에 "그림 그리는 일은 흰 바탕을 마련한 뒤에 하는 것이다"라 하였다. 희다는 것은 바탕에 무늬가 없는 것으로, 능히 다섯 가지 색깔을 받을 수 있다. 본성이 맑고 고요하여 순수하고 잡된 것이 없어, 오상의 전체가 되는 것에 비유할 수 있다. 본성은 우리들이 마땅히 길러야 하는 것이며, 이 점에서는 유교와 불교가 모두 조금의 차이도 있을 수 없다. 牛禪은 계로서 물욕이 그 흰 것을 더럽히는 것을 끊고, 定으로 물욕이 그 깨끗함을 어지럽히는 것을 막고, 慧로서 물욕을 변화시켜 그 순수함으로 돌이켜야 할 것이다. …… 계로 말미암아 정으로 들어가고, 정으로 말미암아 그 혜를 드러낸다면 전체와 대용이 완전히 희고 깨끗하여 부처와 같게 될 것이니, 오히려 무엇을 의심하겠

---

186) 土田健次郎, 『道學の形成』, 創文社, 2002, 제4장 참조.

는가.[187]

위의 글에서 이색은 유교와 불교는 모두 인간의 본성에 대해 선천적으로 깨끗하고 순수하다고 표방한다고 전제함으로써 그의 유불일치적인 입장을 드러내고 있다. 그리고 이러한 깨끗한 본성을 체득하는 방법에 대해 牛禪에게 戒定慧 三學을 통해서 원래 선한 인간 마음의 全體와 大用을 성취하여 성불에 이를 수 있다고 제시하고 있다. 위의 글을 통해 이색이 유교와 불교 모두가 마음이 수양의 핵심적인 근거임을 제시하고 있음을 알 수 있다.

그렇다면 당시 이색을 비롯한 사대부가 주자학의 심성론을 이해하는 데 있어 불교, 특히 선사상과의 연관성이 깊은 이유는 어디에서 연유하는 것일까. 그것은 크게 두 가지 요인이 작용하고 있다고 생각된다. 첫째, 주자학의 심성론이 본래 선사상에의 대항의식을 갖고 있었고, 그러한 두 사상의 관계는 주자학의 형성과정에서 원하든 원치 않든 간에 무의식적으로 선의 논리가 작용하게 되었던 것으로 생각된다. 사대부의 심성에 관련된 언설·실천으로서 영향을 주었던 것은 무엇보다도 선종의 논리였다.[188] 마조 이래의 '卽心卽佛' '平常心是道'를 근거로 삼아 만인의 마음의 움직임에 즉해서 부처로서의 본심이 엄연히 존재하고, 또 생생하게 기능하고 있다고 하고, 또한 그것은 조금도

---

187) 「雪山記」, 『牧隱文藁』 권6(『문집』 5, 45쪽), "語曰 繪事後素 素質之無文者也 能受五采 故譬之性 湛然不動 純一無雜 而爲五常之全體者也 性吾所當養 儒與釋共無少異焉 牛禪者 戒以絶物欲之或汚其白也 定以拒物欲之或亂其淨也 慧以化物欲而歸于其純也 潔不在牛而在於我矣……其由戒而入于定 由定而發其慧 全體大用純乎白淨 與佛而等 尚何疑乎".

188) 荒木見悟, 「心學と理學」, 『禪と東洋思想の諸問題』, 平樂寺書店, 1970.
　　溝口雄三, 「中國の心」, 『文學』 1988-6, 岩波書店.
　　土田健次郎, 「朱熹の思想における心の分析」, 『フィロソフィア』 78, 1992.
　　土田健次郎, 「性」(溝口雄三·丸山松幸·池田知久 編, 『中國思想文化事典』, 東京大學出版會, 2001, 66~75쪽).
　　澤田多喜男, 「心」(『中國思想文化事典』 76~84쪽).

현묘한 것이 아니라 일상의 생활 그 자체라고 한다. 그리고 인간은 스스로 이 본심을 잃어 헤매고 있지만, 본심을 파악만 한다면 무엇에도 의거하지 않고, 궁극의 주체성, 자율성을 함께 발휘하는 것이 가능하다고 하였다. 이 가르침은 자신과 갈등을 함께 안았던 사대부에 강하게 어필하여, 많은 사대부가 선의 문을 두드렸던 것이다.189) 앞서 서술한 바와 같이 남송의 초기에 완성된 대혜의 간화선은 선원에서의 수선을 전제로 했던 선의 가르침을 사대부에게도 접근할 수 있는 형태로 만들었기 때문에 사대부의 선에 대한 접근이 용이하게 되었던 것이다.

둘째, 앞서 논증한 바와 같이 고려말 사대부는 유불일치적인 사상적 동향 속에서 특히 간화선을 중심으로 한 선사상에 몰두하였고, 그러한 불교적인 기반에서 주자학이라는 새로운 사상을 수용하고 있었다. 따라서 유교와 불교라는 두 가지 세계관이 적어도 그들의 의식 속에서는 그렇게 크게 모순되지 않았고, 오히려 주자학의 논리체계를 이해하고 수용하는 데 활용하였던 것이다.

가령 위의 글에서 이색이 표현하는 것처럼 마음이 '一身의 주재이다'고 하는 논리는 유교에서도 용인하지만, 그 심에 선험적으로 리가 갖추어져 있는가 아닌가 하는 것이 되면 유교와 불교의 논리는 차이를 드러내게 된다. 주자학에서는 유가에서 말하는 리는 五倫五常四德을 비롯해 사회집단의 규약으로부터 사물의 존재 이법에 이르기까지의 實理를 가리키는 것에 대해 선에서 말하는 리는 因緣生無自性을 의미하는 초속적 空理로 파악한다. 세속적인 제법에의 집착을 근저로부터

---

189) 그러나 유교의 가치관에 의거하고 그 재구축을 기도하는 사대부에 있어서는 불교적 존재론과 선의 입장을 극복하고, 또한 불교로부터 불충분하다고 지적되어 온 인간의 마음의 측면에 대하여 새로운 심성론·수양론을 확립할 필요가 있었다. 예를 들어 정이의 「성인은 천에 근본하고, 석씨는 마음에 근본한다(『程氏遺書』 권21)」라는 선언과 같이 불교의 즉심즉불의 입장을 단순한 자기만족이라고 보고 유학의 天=理에 기반한 입장과 비교하면 본질적으로 뒤떨어진다고 비판하고, 이 天卽理를 심의 본질(性)이라고 하면서 불교를 초월하는 심성론을 구축하고자 한 것이 주자학의 과제였다.

불식하는 것에 의해 주체의 시방무애한 자유를 확보하는 것이 선의 목표이고, 일체의 실체를 空化하는 것에 의해 일심은 만법을 포섭하는 것이 된다. 그럼에도 불구하고, 이색의 글에서는 이러한 주자학의 비판을 그다지 의식하지 않고 있다. 오히려 유불일치적인 논리를 바탕으로 선의 입장에서 그의 사고를 드러내고 있다. 가령 다음의 글에서 그러한 모습을 볼 수 있다.

> 사람의 마음은 불보살의 마음과 더불어 본래 하나이다. 그러므로 諸佛에 있어 늘어나지도 않고, 중생에게 있어 줄어들지도 않는다. 지극히 어리석은 사람이라도 하루아침에 능히 죄를 뉘우치고 불쌍히 여기는 것을 구하여 잠깐 사이에 그 본연의 착한 마음을 낸다면, 본심의 全體와 大用이 완연히 드러날 것이니, 대저 일생을 고요히 앉아서 全提와 單提를 얻은 자와 조금도 다를 것이 없다. 그러니 어찌 조그만 총명이나 조그만 지혜에 그치겠는가.[190]

위의 글에서 이색은 불보살의 마음이나 중생의 마음이 본래 하나이며,[191] 일체 중생이 불성을 지니고 있는 평등한 존재이기에 마음자리에서 부처나 중생이 차별이 없으므로 지극히 어리석은 사람이라도 그 본래면목을 깨달으면 불보살과 마찬가지라고 하였다. 즉 주자학에서 本心의 全體와 大用을 빠짐없이 드러내는 것이나 일생동안 참선 수행하면서 全提, 單提를 얻은 것이나 동일하다는 인식을 제시함으로써 유불일치적인 입장을 보이고 있다. 아울러 궁극적으로 주자학의 새로운 수양 방법론의 이론적 근거가 불교와 마찬가지라고 강조함으로써 불교적 전통에 대한 인정과 함께 그 영향력을 수용하는 면모를 보이고

---

190) 李穡, 「寶盖山石臺菴地藏殿記」, 『東文選』 권75, “人之心與佛菩薩之心 本一也 故在諸佛不增 在衆生不減 至愚之人 一旦能有以悔罪求哀 發其本然之善心於俄頃之際 則本心之全體大用 宛然呈露 與夫一生宴坐 全提單提而有得者 無以異也 夫豈止於小聰小慧而已哉”.

191) 이러한 표현은 「香山安心寺舍利石鍾記」, 『東文選』 권74에도 보인다.

238

있다고 하겠다. 또한 첫 구절의 표현은 일연이 깨달은 화두와 유사한
것으로서 그가 간화선 수행을 통해 체득한 선의 본령에 대한 이해 정
도를 잘 보여준다. 그런데 이러한 논리는 이색 개인적인 차원에서 전
개되는 것이 아니라, 당시 사대부에게 일반적인 양상이 아닌가 한다.
이러한 면은 다음의 권근의 글을 통해서도 잘 드러난다.

諸佛과 衆生은 본래 같은 한 마음이나, 다만 미혹한가 깨달았나가
다를 뿐입니다. 그러므로 제불은 그 마음이 곧 중생의 마음이 될 수
있으며, 중생 역시 그 마음이 제불의 마음이 될 수 있습니다. 무수한
교화가 중생에 접하여 제도되지 않음이 없으니 제불의 마음이 중생에
게 따르는 것이 아니겠으며, 一念의 善이라도 역시 제불에게 감통할
수 있으니 중생의 마음이 제불에 합하는 것이 아니겠습니까? 대개 비
록 人心의 미혹하고 망령됨이 극에 달했다 할지라도 진실로 일념의
선이 마음 가운데에 싹튼다면 일념의 망념은 이미 제거되는 것입니
다. …… 다만 각성은 항상 고요하여 오고 감이 없으므로 반드시 사
람의 마음에 느낌이 있은 후에 신령의 응함이 뚜렷하여지니, 이것은
사람의 마음에 지극한 정성이 있으면 바로 불심이 되는 것입니다.
…… 한 마음은 천백억불로 나눌 수 있고 천백억불도 한 마음을 벗어
나지 않으므로 비록 내 마음으로서도 부처님의 마음이 될 수 있습니
다.192)

위의 글을 통해 권근이 불성론에 대한 이해의 면모를 보이면서 깨달
음 자체에서는 불의 마음과 중생의 마음이 같다는 것을 보여주고 있

---

192) 「釋王寺堂主毗盧遮那左右補處文殊普賢腹藏發願文」, 『陽村集』 권33(『문집』
　　 7, 290~291쪽), "諸佛衆生 本同一心 但迷悟不同爾 故諸佛能以其心而爲衆
　　 生之心 衆生亦可以其 心而爲諸佛之心 億身之化 無非濟接於衆生 則諸佛之
　　 心 非順於衆生歟 一念之善亦可感通於諸佛 則衆生之心 非合於諸佛歟 盖雖
　　 人心迷妄之極 苟一念之善萌於中 則一念之妄已除也……但覺性常寂 無去無
　　 來 必因人心之感 而後靈應赫然 是人心誠願之所湊 即佛心之所在也………一
　　 心可分千百億佛 千百億佛不出一心 雖以吾心爲佛之心 可也".

다. 이러한 논리는 그가 화엄의 세계관을 통해 이론적으로 충분히 인식하고 있었던 것을 드러낸다고 하겠다. 따라서 이색이나 권근 등 고려 사대부의 불교의 심성론에 대한 이해가 자연스럽게 구사되고 있고, 아울러 그것이 유교적 세계관과도 충돌하지 않은 채 표방되고 있었다. 그러므로 이러한 경향이 사대부가 주자학의 심성론에 대한 이해를 추구하는 데 있어 별다른 모순 없이 수용되고 있었던 것이 아닌가 한다. 이러한 면은 당시 사대부 사회에서 유행된 賞蓮 관계 시문을 통해 잘 드러난다.

가령 이색은 그의 『詩藁』에서 상련에 관한 20여 수의 시를 남기고 있다. 이들 시에서 그가 표현하고자 한 것은 주로 周敦頤의 「愛蓮說」을 따라 군자가 되기를 원한 심정을 드러내거나 심신의 청정함을 기원하는 것이었다.[193] 주돈이의 애련설은 이색 이외에도 權近,[194] 成石璘(1338~1423),[195] 鄭樞(1333~1382),[196] 韓脩(1333~1384),[197] 元天錫(1330~?)[198] 등 당시 사대부 계층에 대단히 폭넓게 유행하였다.

---

193) 대표적인 시를 보면 다음과 같다.
　　「賞蓮坐久……」, 『牧隱詩藁』 권18(『문집』 4, 216~217쪽), "愛我始自濂溪書……婆娑老牧游其間 華藏世界更何處 一味淸淨身心閑".
　　「蒙西隣再邀賞蓮阻雨有感吟成一首錄呈」, 『牧隱詩藁』 권34(『문집』 4, 489쪽), "魯無君子焉取斯 我輩賞蓮眞兩宜……臨風暗誦濂溪辭 鈇然起敬無邪思".
194)「風月樓賞蓮進退格」, 『陽村集』 권6(『문집』 7, 59쪽), "……自是根株連華岳 曾無枝蔓染淤泥 悠然吟弄歸來興 須信濂溪不我欺".
　　이 외에「次三峯東池詠蓮詩韻四首」, 『陽村集』 권8(『문집』 7, 88~89쪽) ;「盆蓮」, 『陽村集』 권10(『문집』 7, 117쪽) 등에서 볼 수 있다.
195)「賞興德寺蓮」, 『獨谷集』 卷下(『문집』 6, 104쪽).
196)「郭翰林預冒雨賞蓮有詩」, 『圓齋藁』 卷上(『문집』 5, 196쪽).
197)「郭翰林冒雨賞三池蓮花」, 『柳巷詩集』(『문집』 5, 260쪽) ;「陪牧隱先生往天壽寺賞蓮次先生詩韻」, 『柳巷詩集』(『문집』 5, 267쪽) ;「韓山君示賞蓮三首次韻奉答」, 『柳巷詩集』(『문집』 5, 273쪽) ;「七月晦日欲陪牧隱先生同往賞蓮先生又辭以疾明日奉呈一絶」, 『柳巷詩集』(『문집』 5, 273쪽).
198)「和前刺史閔公題徐奉翊郊居詩幷序」, 『耘谷行錄』 권2(『문집』 6, 157~158

「애련설」은 문장이 간결하고 주돈이의 심경이 잘 표현되었기 때문에 문장의 軌範으로서 오랫동안 문장가들에게 중시되어온 것이다. 그런데 「애련설」은 법장의 『華嚴經探玄記』에서 연꽃을 자성청정의 비유로서 표현한 것과 거의 흡사하다. 곧 주돈이가 연꽃을 사랑한 이유는 연꽃의 自性淸淨, 自性開發, 四德(香氣, 淸淨, 柔軟, 可愛) 때문이라고 할 수 있다. 연꽃이 청정하고 향기롭고 오염되지 않는 것은 人性이 지극히 선하고 향기롭고 오염되지 않는다고 하는 것과 연관되어 자연스럽게 불성과 인성의 특징이 일치하거나 비유되는 면모를 보이게 된다. 이러한 면은 도학의 심성론에서 주요한 문제의 하나인 인성의 淨, 染에 대한 문제를 불교적인 관점으로 이해하였음을 알 수 있다. 즉 주돈이가 自性의 청정을 맹자의 寡慾에 그치지 않고 無慾을 통해 구현할 수 있다고 주장하였는데, 욕심이 없어야 성현이 되며 인성의 청정이 나타나게 된다고 한 것은 연꽃이 진흙에서 나왔지만 더렵혀지지 않은 것과 같은 표현이라고 할 수 있다.[199] 이와 같이 애련설을 통해 도학의 심성론을 선적인 측면에서 이해하는 것은 다음의 시에서 잘 드러난다.

> 濂溪를 향하여 함께 연꽃을 사랑하고자 하니
> ……
> 禪風이 庭前栢樹子에 있어
> 幻境은 스스로 나는 못 위의 연꽃이니
> 누가 고요한 가운데 마음자리에 不肖도 없고 어진 이도 없다는 것을 알겠는가.[200]

위의 시에서 '庭前栢樹子' 화두는 본래 "조사가 서쪽에서 온 까닭은

---

쪽).

199) 候外盧외 지음, 박완식 옮김, 『宋明理學史』 1, 1993, 97~100쪽 참조.
200) 「卽事」, 『牧隱詩藁』 권17(『문집』 4, 207쪽), "欲向濂溪共愛蓮……禪風鯧在 庭前栢 幻境自生池上蓮 誰識靜中方寸地 也無不肖也無賢".

무엇인가(祖師西來意)"라는 물음에 대해 趙州가 그렇게 대답한 것에서 연유한 공안이다. 이 공안에서 趙州가 뜰 앞의 잣나무라고 답변할 때에 그가 본래 제시하고자 한 것은 나무 그 자체를 가리킨 것이 아니라 無心의 動靜을 가리킨 것이며, 연꽃이 피고 지는 것이 幻相이란 곧 生滅을 가리키며, 그 본래적인 의미는 변하지 않는 靜을 보여주기 위한 것이라 할 수 있다. 그런데 위의 시에서 드러나듯이 이색은 '庭前栢樹子' 공안이 제시하고자 하는 의미가 무엇인가를 정확하게 통찰하고 있으며, 더욱이 「애련설」에 대한 의미를 선적인 입장에서 대단히 심성적인 경향으로 표현하고 있다.[201] 이와 같이 이색은 주자학의 심성론에 대한 이해를 그가 본래 가진 불교적인 세계관과 관련하여 자연스럽게 시문을 통해 표출하고 있다. 이는 결국 그가 무엇보다도 선의 이론과 실천을 통해 통찰하고 있던 심성론을 기반으로 주자학적 세계관을 이해하고 있었던 것이 아닌가 한다. 그런데 이러한 경향은 그것에만 그치는 것이 아니라 이론적, 논리적인 체계에서도 드러나고 있다. 그것은 단적으로 당시 사대부가 불교의 체용론의 논리구조를 수용하고 있는 것에서 잘 드러난다.

물에는 크고 작음이 있으나 달은 같지 않음이 없고, 사람은 지혜로운 이와 어리석은 이가 있지만 본성은 선하지 아니함이 없으니 비유하기를 잘 했다고 하겠다. …… 또한 그것이 호칭되어 스스로 體와 用으로 나누어지니, 江月이라 하면 작용에 따라 그 본체에 근원하는 것이고 月江이라 하면 본체로 말미암아 그 작용에 달하는 것인데, 본체와 작용이 그 근본이 같고 위와 아래가 간격이 없는 것이니, 법사가 이로써 체득하고 성찰하되 항상 우리 마음의 본체가 담연히 맑고 밝게 함으로써, 사물에 응하는 작용이 마음에 느낀 바대로 어긋나지

---

201) 「雜詠三首」, 『牧隱詩藁』 권6(『문집』 4, 19쪽), "人心如水淸 太虛倒其中 雲烟變朝夕 日月生西東 風來波浪作 視之何其雄 寂然忽一定 毫釐無異同 明窓讀周易".

않으니, 달이 강에 비치듯이 하고 강에 달이 뜨듯이 한다면, 비록 그가 江月이라 하여도 되고, 비록 그가 月江이라 하여도 내가 역시 옳다고 할 것이다.[202]


위의 글은 나옹의 문도인 寶鏡이 스승의 호인 江月軒을 따라 月江이라는 호를 지으면서 권근에게 글을 요청하자, 이에 대한 의미를 지어 준 것이다. 여기서 그는 月江의 의미를 本性의 體와 用에 대한 관계를 통해 이해하고 있다. 體用이라는 용어와 그 개념은 중국불교에서 널리 사용되고 형성된 것이다.[203] 체용이 철학 개념으로서 사용될 때 기본적으로 두 가지 의미를 갖는다. 하나는 본질(체)과 구체적 현현(용), 또 하나는 형체(체)와 그 기능·속성(용)이다. 그리고 이 어느 경우도 본래는 하나의 것을 두 가지 원리로 나누어 본다고 하는 성격이 있다.

체용은 불교의 내부에서 사상 개념으로서 양성되어 불교문헌에 있어서 용례는 수없이 많다. 그 용법에는 위의 두 가지 기본적인 뜻, 즉 본질(체)과 구체적 현현(용), 형체(체)와 그 기능·속성(용)이 함께 보이지만, 가령 반야를 체로 하고 방편을 용으로 할 때의 설명에 금을 체로 하고 그 정교함을 용으로 하는 비유를 쓰는 것처럼 양쪽에 걸쳐 사용되는 것도 있다. 다만 대체적으로 전자의 용법 쪽이 무거운 의미에 쓰이고, 불교에서 체용이 특히 유효하게 사용되는 것은 말을 초월한 진리의 세계에 굳이 인식 또는 교화의 실마리를 줄 때였다고 생각된다. 또 체용의 사용은 인도불교에서는 거의 보이지 않고, 중국불교를

---

202) 權近, 「月江記」, 『東文選』 권80, "水有大小而月無不同 人有智愚而性無不善 可謂善取譬矣……且其互稱 自分體用 曰江月則由用而源其體 曰月江則由體 而達其用 體用一源 上下無間 師其以 是而體察之 常使吾心之體湛然淸明 應物之用隨感不差 如月之照乎江 如江之受 乎月 則雖江月吾可也 雖月江吾 亦可也".

203) 島田虔次, 「体用の歷史に寄せて」, 『塚本博士頌壽記念佛敎史學論集』, 1961. 土田健次郎, 「體用」(『中國思想文化事典』 127~129쪽).

특징짓는 요소의 하나라고 말해지고 있다.

한편, 체용의 개념은 체와 용이라는 양자의 대치만이 아니라, 삼자 이상이 비견될 경우도 있다. 가령 『大乘起信論』의 三大(體相用)나 천태의 五重玄義의 名·體·宗·用·敎 등 다양하게 사용되고 있다. 이러한 사용법과 관련되는 것으로는 程頤가 『易傳』에서 天·帝·鬼神·神·乾을 각각 천의 形體·主宰·功用·妙用·性情의 측면을 말했던 예가 있다. 또 『周易正義』의 예와 같이 일물을 복수로 나누어 보는 점에서 역경 해석에 체용 사용의 변형이 엿보인다.

이와 같이 주자학의 성립과정에서 불교로부터 체용론의 논리구조를 수용한 바와 같이 고려말 사대부의 경우에도 불교의 체용론을 익숙하게 구사하였고, 그를 통해 주자학의 체용론에 대한 이해를 심화하였다고 생각된다. 이러한 경향은 다음의 글에서 잘 드러나고 있다.

> 천지에 있는 마음을 明命이라 하니, 사물에 부여된 것이 균일하나, 사람이 그 가운데 가장 신령하다. 그러나 그 기품이 앞에서 구애되고 물욕이 뒤를 가리는 것이니, 사람의 성에 3품이 있다는 설이 이 때문에 일어난 것이다. 성인이 이를 근심하여 가르침을 세워 인륜을 밝히고, 자기를 이겨 예를 회복하게 되었다. 이에 상하, 사방이 고르게 다스려지고 방정하게 된 것이다. 이것이 우리 (유교의) 설이다. 대사의 스승은 불조의 뜻을 잘 말하였으니, 내가 흠모한 분이었다. 마음의 체용을 분석한 것이 정밀하였으니, 내가 또 무슨 군더더기 말을 하겠는가. 28대 달마대사가 처음 신광을 만나 마음을 가지고 마음을 찾게 하여 잠깐 사이에 마음을 편안케 하니 全體와 妙用을 드러내어 빠뜨림이 없었다. 이를 육조에게 전하여 법이 사바세계에 널리 퍼지게 되었으니, 내가 또 무슨 군더더기 말을 덧붙이랴.
>
> …… 우리 유자는 마음을 평안하게 쓰고 기를 쉽게 다스려서, 수신제가를 거쳐 천하를 태평하게 하는 데까지 이른다. 상인의 뜻은 다만 이에 그치지 않고, 모든 덕과 모든 행을 갖추어 삼계를 인도하는 스승이 되려는 것일 뿐이다. 이것은 먼 것인가. 멀지 않은 것이다. 따라

서 "삼계는 唯心이고 만법은 唯識이다"라고 하였으니, 오히려 평안하고 평안하지 못한 것을 논의할 수 있겠는가?204)

위의 글은 이색과 절친하였던 混修의 수제자인 三與紹安이 자신의 거처인 平心堂의 기문을 스승의 명에 따라 이색에게 부탁하여 받은 것이다. 인용한 글에서 알 수 있듯이 이색은 유교와 불교가 마음을 어떻게 이해하고 있으며, 그 지향하는 방향과 방법론까지 비교하여 설명하였다. 그런데 이색은 유교가 지향하는 세간의 이상적인 구원론과 마찬가지로 불교가 삼계의 모든 생명까지 포괄하여 구원하는 이상을 높게 평가하고 있다. 물론 이 글의 대상이 선승에게 주는 글이기 때문에 그런 논리를 구사하였겠지만, 유불일치적인 입장에서 유교와 불교가 지향하는 것이 같음을 천명하고 있다. 또한 선이 추구하는 마음의 세계를 체용의 구조로 설명하는 방식은 그가 불교적 체용론의 논리구조에 익숙한 면모를 잘 드러내고 있다.205) 이와 같이 사대부에 있어서 불교적 체용론이 수용되어 쉽게 구사되고 있는 양상은 다음의 글에서도 잘 드러난다.

심하다. 도의 전하기 어려움이여! 영산의 백만억 중생이 석가의 도를 듣지 않은 사람이 없으나 정법안장은 오직 가섭이 홀로 전수하였고, 행단의 삼천 제자들이 우리 夫子의 도를 듣지 않은 사람이 없으

---

204) 「平心堂記」, 『牧隱文藁』 권6(『문집』 5, 44쪽), "心在天地曰明命 賦之物均矣 而人最靈 然其氣品拘於前 物欲蔽於後 三品之說所 由起也 聖人憂之 立教 以明倫 克己以復禮 於是上下四方均齊方正矣 此吾說也 師之師善談祖意 吾 所慕焉者也 心之體用析之精矣 吾又何贅 二十八代達摩大師初得神光 將心 覓心 安心之頃 全體妙用呈露靡遺 傳之六祖 法周沙界矣 吾又何贅……吾儒 者用心以平 治氣以易 所以修齊而及天下平耳 上人之志 非止此也 具萬德 備萬行 爲三界導師而已矣 是遠乎哉 不遠也 故曰 三界唯心 萬法唯識 尚可 議其平 不平乎哉".
205) 이첨도 체용의 논리로 심성론을 제시한 것이 있다(「雲軒銘幷序」, 『東文選』 권49).

나 거의 가까이 간 분은 오직 顔氏의 아들뿐이었으니, 도의 전하기 어려움이 이와 같은데 하물며 성인이 가신 지 수천 년 후에 있어서는 어떻겠는가. …… 그러나 도는 형기를 떠나지 않는 것이니, 그윽하거나 황홀한 것을 이르는 것이 아니나, 또한 형기와 섞이지도 않는 것이니, 천근하거나 구차한 것을 말하는 것도 아니다. 안으로는 나의 마음에 갖추어지고 밖으로는 사물에 나타나 있는 것이니, 내 마음을 방치하면 근본이 없어져 체가 서지 못하게 되고, 사물과 떠나면 갖추어지지 못하여 용이 행해지지 못하는 것인데, 체용이 다 온전하고 내외가 서로 배양하는 것이 곧 우리 유자의 학문이다. 불자의 도를 내가 비록 알지는 못하나 역시 이 마음에서 벗어나지 않을 것이다. 이 마음의 크기는 허공과 같아 피아가 없고 내외도 없는 것이니, 사가 마음에서 구하고 또한 당호에서 구한다는 것은 능히 안과 밖이 두 이치가 아니라는 것을 안 것이니, 앞날 선각에게 질정하더라도 반드시 합치되는 것이 있을 것이다.206)

이 글은 권근이 이색으로부터 負暄堂이라는 당호를 받았던 懶翁의 제자 雲雪岳이 구도행각을 떠나기 전에 가르침을 요청한 데 따라 준 글이다. 권근은 유교와 불교가 모두 마음 수양에서 근본하고 있음을 강조하고 또 가섭이나 안회의 경우를 통해 불교나 유교가 내세우는 도통론의 구조를 동일한 맥락에서 받아들이고 있음을 보이면서 그 궁극적으로 지향하는 세계가 같다는 사실을 강조하고 있다. 나아가 이러한 심성론의 일치를 설명하면서 그 논리구조가 체용론을 중심으로 전개되고 있다는 것도 주목된다.207)

---

206) 權近, 「送雲雪岳上人序」, 『東文選』 권90, "然道不離乎形器 非窈冥怳惚之謂也 亦不雜乎形器 非淺近苟且之謂也 內而具於吾心 外而著於事物 舍吾心則無本 而體有所不立 離事物則不備 而用有所不行 體用兼全 內外交養 此吾儒之學也 佛者之道 吾雖不得而知 亦不出乎此心 而此心之 大如虛空 無物我無內外 師所以求之心 又求之名者 能知內外無二致矣 他日質之先覺 其必有合者歟".

207) 이와 유사한 표현은 다음의 글에서도 볼 수 있다.

이상에서 살펴본 바와 같이 고려말 사대부에 있어서 체용론의 논리
는 당시 불교, 특히 선사상을 통해 수용되고 있었으며, 이러한 논리구
조에 대한 이해 기반이 주자학을 이해하고 수용하는 과정에서 적지 않
은 영향을 미쳤던 것으로 생각된다. 그러면 이러한 인성론, 심성론에
대한 이해의 기반과 함께 주자학의 실천론에 대한 문제에 있어서 불교
와의 관계는 어떠하였을까.

주자학에서는 窮理盡性이라는 목표에 도달하기 위한 실천 방법으로
서 格物致知를 중시한다. 이와 같이 사물의 당연한 이치는 독서를 통
해 지식을 확대함으로써 점차 도달된다는 객관적인 방법을 취해 궁구
한다고 하면서, 아울러 理의 탐구 방법으로서의 치지격물은 主敬, 靜
坐와 같은 주관적인 방법에 의해 뒷받침되어야 한다고 주장한다.

본래 중국에서는 고대로부터 심신의 경지를 문제로 하고, 그 경지에
도달하는 방법으로서 일련의 명상법을 행하는 전통이 있었다. 그러한
명상법은 다양한 형태를 갖고 있지만, 무엇보다도 주류를 차지했던 것
은 앉아서 심신을 안정시켜 행하는 명상, 즉 넓은 의미에서의 정좌였
고, 이는 불교의 지관과 좌선, 유교의 정좌, 도교의 存思, 坐忘, 內丹
등으로 대표된다.[208]

그런데 불교의 전래와 함께 구체적인 명상의 방법은 문헌에 갖가지
형태로 등장하게 되는데, 특히 『安般守意經』은 호흡을 설하는 대표적
인 경전이다. 또한 천태종의 止觀, 선종의 좌선은 모두 정좌해서 호흡

---

「寶嚴記」, 『陽村集』 권11(『문집』 7, 122쪽), "嗚呼 天地人三才 而三才之道具
於心 佛法僧三寶 而三寶之妙本乎心 心之德其盛矣乎 金至剛也 而鑠以銷
玉至堅也 而磨以磷 惟心也 不可以鑠而銷也 不可以磨而磷也 至大至剛 塞
乎天地而無間矣 上人寶此而守之無失 存此而充之無餒 則金剛不壞者自可
以得之 而玉毫光將自我發矣 其爲寶莫大焉".
208) 이하의 서술은 주로 다음의 글을 참고하였다.
岡田武彦, 『坐禪と靜坐』, 櫻楓社, 1970.
三浦國雄, 『朱子と氣と身体』, 平凡社, 1997.
土田健次郎, 「靜坐」, 『中國思想文化事典』, 130~134쪽.

을 가지런히 해서 행하는 명상이다. 천태종은 다양한 선 수행방법론에 대한 이론을 제시하였고, 도가에도 사상적 영향력을 미치고 있었다. 그러나 중당 이후 선종이 사상계 전반에 확대되면서 참선 수행이 성행되었고, 그러한 유행이 유가나 도가에도 커다란 영향을 미치게 된다. 유가의 정좌나 도가의 좌망 등의 수양법이 발달했던 것은 선종에서 누구라도 단번에 깨달아 부처가 될 수 있다고 제시하는 논리가 확산됨으로써 유교나 도교에서도 인간이 완전한 존재가 될 수 있다고 하는 풍조가 일반화되어 가던 것과 관련된다. 즉 개개인이 수양에 의해 완전한 존재가 될 수 있다고 하면, 그 방법을 제시하지 않으면 안 되었기 때문이다.

특히 송대가 되면 사상계에서 세력을 넓혀 갔던 유교에서도 명상이 행하여지게 되었는데, 그 대표적인 것이 정좌와 거경이다. 그러나 북송의 사대부의 경우 정좌를 행하였다고 하는 것이 다양한 문헌에 보이지만, 대부분 좌선과 坐忘·存思와 구별되지 않는다. 그러나 주희는 불교의 정좌를 思慮斷絶이라 하여 배척하고, 의식이 있으면서 湛然한 상황을 유지하는 유교의 정좌와 준별하자고 한다.

도학으로서는 경서에 근거를 갖는 독자의 수양법을 확립할 필요가 있었고, 그 결과 등장했던 것이 敬이다. 정좌를 행할 때에는 어디까지나 육체를 안정한 상태에 두지 않으면 안 되지만, 일상사회에서의 활동을 주로 하는 유자는 動中의 수양을 구하고, 그것이 결실하였던 것이 경이었다.

그런데 이러한 방법론의 개발은 불교에 철저한 대결의식을 갖고 도학의 이론을 형성해 갔던 程頤의 역할에서 비롯된다. 그는 心의 문제를 주체적, 자각적으로 중심적인 테마로서 거론하여 심의 수양법으로서 靜坐를 강조한다. 당시 일반적으로 유교는 단순히 세상을 다스리기 위한 교설이었고, 심의 문제에는 관여하지 않는다고 인식되어져 있었다. 정이는 여기에 눈을 돌려 程顥의 학설을 한편으로 받아들이고, 한

248

편으로 수정하면서 그는 敬이라고 하는 개념을 경서에서 발굴한다. 심의 상태를 끊임없이 경으로 지키는 것, 즉 主一의 사고방식이 이렇게해서 생겨난다. 선종의 契嵩이 심을 다스리는 것이야말로 근본이라고설하는 것과 같은 논리를 그는 유교의 틀 내에서 완성하는 것에 성공했던 것이다. 그것은 이윽고 주희에 의해 修己治人으로 정식화된다. 그러나 선과 같은 논법을 도입하는 것은 더욱 선에의 접근으로 나아가지 않을 수 없는 결과를 초래하였다. 가령 도학의 정통을 계승한 張九成이 당시 대혜의 간화선에 빠졌던 것은 오히려 당연한 결과였다.

주희가 장구성을 도학의 타락자로서 격렬하게 비난하는 것은 도학이 그 위험성을 본질적으로 갖고 있었던 것을 그 자신이 인식하고 있었기 때문이다. 나아가 논적인 陸九淵에 대한 비난의 잣대나 명분도선으로 내세울 만큼 주희의 선에 대한 경계는 그 무엇보다도 높았다. 주희가 훈고학적인 수법을 도입했던 것은 그렇게 하는 것으로 선이 갖는 이심전심적인 성격이 침입하는 것을 배제하고 어디까지나 유교의틀 내에서 사고하는 것을 후학에게 요구했던 것을 보여준다고 하겠다.209)

그럼에도 불구하고 주자학은 선과의 대결을 통해, 나아가 선사상으로부터의 영향에 의해 스스로의 사상체계를 구축해 간 것이 적지 않았다. 가령 주희가 사대부들이 말년에 이르러 석씨의 설에 탐닉하게 되는 경우가 많은 이유가 무엇인가 라는 질문에 대해 사대부가 스스로의지식과 기량을 일신의 영달을 위해 사용하는 데에 비해 선은 높고 현묘하여 그 설에 빠져들고 끌리게 된다고 대답한 것에서도 이러한 상황이 잘 드러나고 있다.210) 그리하여 주희는 "우리 유가와 선가의 설은

---

209) 흔히 주자학은 한당대의 유학의 특징인 훈고학과 구별되는 사상체계로 받아들이지만, 실은 주희의 저술은 四書集注로 대표되는 것처럼 경서의 하나하나의 자구에 대한 주해작업을 의해 체계적인 사상을 서술하고 있다. 그러한 의미에서 주희의 저술은 대부분 훈고학적 수법이 활용되고 있다고 하겠다(小島毅, 『朱子學と陽明學』, 放送大學教育振興會, 2004 참조).

그 깊은 곳에서는 다만 미세한 차이를 다툴 뿐이다."[211] 라고 하였던 것이다. 이는 본래성의 기저가 되는 것이 선에서는 일심, 유가에서는 天이기 때문에 둘 사이에는 인간관, 세계관의 명백한 차이가 있지만, 그러면서도 본래성을 기반으로 하는 두 체험이 근접하는 국면을 지닐 수 있다는 사실은 부인할 수 없다는 자기고백인 셈이다. 따라서 경학적인, 뿐만 아니라 훈고학적인 주자학의 흐름에 회의적인 문제인식으로 시작했던 양명학이 선적인 성격을 갖는 것은 논리적 필연이었다.[212]

이상에서 간략하게 살펴본 바와 같이 주자학은 본래 그 형성과정에서 선사상에의 대항의식과 함께 이루어진 것임에도 불구하고 역설적으로 선의 영향이 적지 않게 드러나고 있다. 그러면 이러한 경향이 고려말 사대부가 주자학의 실천적 방법론을 모색하는 과정에서는 어떻게 드러나고 있을까.

가령 이색은 居敬에 의한 내적 수행을 강조하였는데 그 방법으로서 특히 主敬공부와 靜坐 수양에 몰두하였다.[213] 그는 주자학에 대한 이해나 논설을 제시할 때에 주로 『周易』과 함께 『中庸』을 대단히 중시하고 있는데,[214] 그가 『中庸』을 중시하는 것은 특히 주경과 관련된

---

210) 『朱子語類』 권126, 32.
211) 『朱子語類』 권40, 7A.
212) 小島毅, 앞의 책 참조.
213) 정좌 수양과 관련된 시는 『牧隱詩藁』에 수십 수가 보일 정도로 대단히 많은데 몇 수만을 소개하면 다음과 같다.
　　「有感」, 『牧隱詩藁』 권8(『문집』 4, 54쪽), "直將方寸慕唐虞　靜坐深參太極圖".
　　「小雨」, 『牧隱詩藁』 권11(『문집』 4, 98쪽), "焚香靜坐參無極　安樂窩中自由人".
　　「古風三首」, 『牧隱詩藁』 권15(『문집』 4, 161쪽), "靜默坐一室　心與天地通".
　　「自詠」, 『牧隱詩藁』 권20(『문집』 4, 253쪽), "明窓淸曉焚香坐　一段工夫在靜中".
214) 金忠烈, 『高麗儒學史』, 고려대 출판부, 1984, 185~189쪽 참조.

다.215) 그런데 이색이 주경을 중시하는 경향을 그의 시문을 통해 다양하게 표현하고 있는데, 다음의 시는 불교와의 관계를 스스로 고백하고 있어 주목된다.

聖門의 心學을 헛되이 전했다고 하겠는가.
主一工夫는 坐禪과 흡사하다네.
明明了了한 것도 궁극이 아니요
昏昏하고 默默한 것 역시 편벽하다고 이르겠다.
벌과 개미같이 모이니 땅이 없는 것과 같아
魚躍鳶飛는 스스로 하늘에 있다.
취하고 버리는 유래는 손바닥 보는 것과 같은데
어찌하여 사욕으로서 붙들리고 있으리.216)

위의 시를 통해 이색은 그의 내면적인 세계에서 느낀 바를 표현하고 있다. 위의 시에서 主一 공부란 마음을 한 곳에 집중하는 敬의 공부이며, 이러한 주자학의 핵심적인 수행법인 경을 좌선과 유사한 것으로 보고 있다. 이러한 표현은 주자학의 경에 대한 이해나 실천을 당시 사대부들이 선의 실천과 방법론으로부터 영향을 받고 있었음이 단적으로 드러나고 있다. 물론 당시의 선이란 간화선이 일반적이었으므로 간

---

215) 「君子有所思」, 『牧隱詩藁』 권15(『문집』 4, 163쪽), "……中庸迪天命 行路之
指南……主一守敬字 水淨天光涵".
　　「進講三年學不志於穀不易得也一章」, 『牧隱詩藁』 권16(『문집』 4, 196쪽),
　　"蒙養無非作聖功 終身所得一中庸 奈何挑磘繁華戰 只爲飽鮮仍醉訕".
　　「昨夜月明韓上黨邀僕登樓小酌」, 『牧隱詩藁』 권22(『문집』 4, 298쪽), "我輩
不與他人同 平生只守一敬字 外物不足干吾中 浩然有氣塞天地".
　　李穡, 「韓氏四子名字說」, 『東文選』 권96, "學道者 由敬以誠正 出治者 由敬
以治平 夫婦之相敬 史又書之 田野間 亦不可無敬也 況於朝廷乎 況於鄕黨
乎 況於屋漏乎 事天享帝 以治四靈 皆不外此".
216) 「有感」, 『牧隱詩藁』 권21(『문집』 4, 282쪽), "聖門心學肯虛傳 主一功夫似坐
禪 了了明明非是極 昏昏默默亦云偏 蜂屯蟻聚如無地 魚躍鳶飛自有天 取捨
由來視諸掌 奈何私欲苦纏綿".

화선의 사상적 영향력을 단적으로 보여주는 것이라 하겠다.

또한『中庸』의 핵심적인 의미를 지니는 鳶飛魚躍(솔개는 날고 물고기는 뛴다)의 구절을 인용하는데,217) 이는 군자의 도가 드러나면서도 은미하다는 의미를 함축적으로 드러내는 것이다. 주희는『中庸章句』12장의 주석에서 子思가 이 시를 인용하여 화육이 유행하고 상하에 밝게 드러남이 理의 用임을 밝혔으니 이른바 費라는 것이요, 그 소이연은 보고 들음이 미칠 수 있는 바가 아니므로, 體의 은미함이라 하여 隱이라고 하였다. 그러므로 시에서 고기가 항상 뛰기만 하는 것이 아니고 솔개가 항상 날기만 하는 것이 아니므로 動靜과 體用을 겸하는 것이며, 손바닥을 펴는 것이란 屈伸을 의미하는 것으로, 이는 곧 동정, 음양, 체용을 표현하고, 천리 자연의 발동을 중시하는 것이다. 또한 주희는『孟子』의 구절을 인용하여, 노력은 하지만 미리 효과를 기약하지 말라고 하였으니 천리의 자연스러운 발동을 중시하였음을 알 수 있다.

그런데 주희는 "솔개는 날고 물고기가 뛴다"를 "푸르디푸른 대나무는 진여 아님이 없고, 찬연한 노란 꽃은 반야 아님이 없다"는 선가의 말을 모방하는 것처럼 풀이하고 있다.218) 솔개가 날고 물고기가 뛰는 자연의 모양 그대로를 천리의 발현으로 보는 것은, 푸른 대나무와 노란 꽃의 자연스러운 모양 그대로에서 진여를 보고, 반야를 본다는 의미와 통한다. "눈은 가로로 있고 코는 세로로 서 있다(眼橫鼻直)", "버들은 푸르고 꽃은 붉다(柳綠花紅)", "산은 높고 물은 멀리 흐른다(山高水長)" 등의 말은 선가의 말로서 존재실상에 대한 긍정이라 하겠다. 스스로 그러한 것, 작위가 없는 것을 진리로 보고 있는 것이다. 거기에는 일체의 생각이나 분별이 없이 자연의 사물이 보이고 그대로 긍정되고

---

217) 이색은『中庸』12장의 이 구절을 다음 시에서도 인용하고 있다.
「觀魚臺小賦」,『牧隱詩藁』권1(『문집』3, 520~521쪽) ;「君子二首」,『牧隱詩藁』권3(『문집』3, 554쪽).
218)『朱子語類』권63, 中庸 12章, "又曰 恰似禪家云青青綠竹 莫匪眞如 粲粲黃花 無非般若之語".

있다.[219]

따라서 이색이 위의 시를 통해 선의 깨달음을 통해 바라보는 세계관이나 주경이라는 주자학의 수양론을 통해 체득하는 궁극적인 세계가 흡사하다는 인식을 드러내고 있다. 아울러 그러한 이해와 실천이 가능한 것은 본래 주자학의 형성과정에서 받은 영향도 고려되어야 하겠지만, 고려말 사상계에서 간화선을 중심으로 한 선사상이 성행되었던 경향이 본질적으로 영향을 주었던 것이 아닌가 한다. 이러한 면은 다음의 글에서도 확인된다.

우리 유자는 복희씨 이래로 지켜오고 전해온 것이 역시 寂일 뿐이다. 나같이 불초한 자일지라도 감히 떨어뜨리지 못한다. 太極은 고요함의 근본이니 一動一靜하여 만물이 화육된다. 人心은 고요함의 다음이니 一感一應하여 만물이 유행한다. 이로써 大學의 강령은 靜定에 있으니 고요함과 다르다고 이르겠는가. 中庸의 가장 중요한 것은 戒懼에 있으니 고요함과 다르다고 이르겠는가. 경계하고 두려워함도 敬이요 정정도 역시 경이다. 敬이란 主一無適일 뿐이다. 주일은 지키는 바가 있는 것이고, 무적은 옮기는 바가 없다는 것이니, 지키고 옮기는 바가 없다면 고요함이라 말하지 않을 수 없다. 태평하게 다스리는 것은 정치의 밝은 효과이고 位育은 도덕의 큰 효험이다. 스님의 고요함이란 역시 菩提, 舍識의 근원인 것이다. 혹 그 형체는 마른 나무와 같고 마음은 찬 재처럼 되어서 고요한 데에 막혀 버리게 되면 우리 유자들이 새나 짐승과 떼지어 있는 것과 무엇이 다르겠는가. 우리 유자들이 물을 끊으면 불교의 죄인이다. 나와 寂菴은 마땅히 스스로 잘 도모해서 한 쪽으로 흘러 들어가지 말아야 할 것이다.[220]

---

219) 大濱晧 著, 이형성 옮김, 『범주로 보는 주자학』, 예문서원, 301~306쪽 참조.
220) 李穡, 「寂菴記」, 『東文選』 권76, "吾儒者自犧義氏以來所守而相傳者 亦曰寂而已矣 至于吾不肖 盖不敢墜失也 太極寂之本也 一動一靜而萬物化醇焉 人心寂之次也 一感一應而萬善流行焉 是以大學綱領 在於靜定 非寂之謂乎 中庸樞紐 在於戒懼 非寂之謂乎 戒懼 敬也 靜定亦敬也 敬者主一無適而已矣 主一有所守也 無適無所移也 有所守而無所移 不曰寂不可也 治平政事之明

위의 글을 통해 이색이 주경을 불교의 寂으로 이해하는 것을 알 수 있다. 주경은 『中庸』에서 구체적으로 戒懼, 愼獨이라 하였으며, 이 공부로 致中和에 이르게 된다. 또한 이러한 고요함에 대한 이해에서 入定한 상태와 같이 고요함에 빠져버린 것을 경계하는 글을 마지막에서 볼 수 있다. 이는 곧 動靜과 體用을 함께 지녀야 함을 강조한 것이라 할 수 있다. 즉 선이란 '平常心是道'라는 데서 잘 드러나듯이 본래심으로 일상생활을 전개하는 것이다.

한편 이색은 유교에서 상고의 성현이 천하를 위해 행한 일과 불교에서 번뇌와 고통에 빠진 중생을 구제하는 대승보살도의 실천이 같다고 한다.221) 이는 곧 유교나 불교나 그 사회적 실천과 기능이 마찬가지라는 사실을 강조하는 것이라 할 수 있다. 이러한 입장은 다시 그러한 실천을 하기 위한 전제가 되는 수양론의 견해를 제기할 때에도 공부나 수행의 방향과 목표가 마찬가지라는 논리를 제시하고 있다.

법을 보는데 높고 낮은 것이 없고 도에 들어가는데 이것과 저것이 없으므로 그 마음이 깨끗하여 마치 오랜 우물과 같고, 부드러워 마치 대지와 같다. 혹은 운용하기를 神龍과 같이 하여 천하에 비를 내리니, 마음이란 것을 어찌 쉽게 말할 수 있겠는가. 우리 유자들은 마음을 바르게 쓰고 기운을 쉽게 다스리는데 修身齊家하여 平天下에까지 미치려는 것이다. 士人의 뜻은 여기에 그치지 않는다. 萬德과 萬行을 구비하여 三界의 導師가 되려는 것뿐이다. 이것이 먼 것인가. 멀지 않은 것이다. 그러므로 말하기를 "三界는 오직 마음이요 萬法은 唯識이다"라고 하였으니 오히려 그 바르거나 바르지 못한 것을 논의할 수

---

効 位育道德之大驗 師之寂也其亦普利含識之源本歟 如或槁木其形 寒灰其心 而滯於寂 則與吾儒之群鳥獸者何異 吾儒之絶物也 釋氏之罪人也 吾與寂菴 當善自圖 不流入於一偏可也".

221) 李穡, 「覺菴記」, 『東文選』 권75, "尹之志有匹夫匹婦不被堯舜之澤者 君已推而內之溝中 其以天下自任也至矣……於是曰三界 曰三世蠢蠢者 皆吾之分也 吾當拯其溺而食其飢 摠摠焉鼓其吻 汲汲焉勞其身而不少 則與尹之志同矣".

가 있겠는가.[222]

　우리들 유교에서 격물치지, 성의정심으로 제가, 치국, 평천하를 이룩한다면 불교의 맑은 마음과 지관으로서 본원과 자성의 천진함을 보는 것이나 또는 부처가 사람을 생사의 물결 속에서 건져내어 적멸로 돌아가게 하는 것과 어찌 다름이 있겠는가.[223]

위의 글에서 이색은 진리의 세계는 차별이 없으며, 유교, 불교가 모두 마음공부를 통해 자기완성과 사회적 실천을 함께 할 것을 제시하였다. 그리고 그 수양의 방법론에서 유자가 『大學』의 格物致知, 誠意正心으로 공부하여 수신, 제가, 치국, 평천하를 이룩하는 것이나 불교에서 마음 수행을 통해 본래면목을 보거나 붓다의 자비에 의해 적멸로 귀의하는 것이 마찬가지라는 견해를 표명하고 있다.

그런데 이와 같이 유교와 불교가 추구하는 궁극적인 방향이 일치한다는 논리는 이색 개인만의 것이 아니라 실은 당시 사대부의 일반적인 경향이 아닌가 한다. 이러한 논리는 권근에게 있어서도 볼 수 있다.

　대개 불서가 많음에도 "한 글자도 말하지 않았다"라고 말한 것은 그 현묘한 곳을 언어와 문자로 깨칠 수 없기 때문이다. 그러므로 선을 배우는 자가 곧바로 현관을 뚫고 들어감에는 비록 불경도 쓰지 않는데 하물며 이것은 옛 사람들의 찌꺼기임에랴. 그러나 자신을 닦음에는 마음으로 하고 남을 깨우침에는 말로 하고 후세에 전함에는 반드시 글로 해야 하니, 언어와 문자 또한 폐할 수 없는 것이다. ……

---

222) 李穡, 「平心堂記」, 『東文選』 권75, "觀法無高下　入道無彼此　故其心也湛然如古井　曠然如大地　或運如神龍而雨天下　心豈可以易言也哉　吾儒者用心以平　治氣以易　所以修齊而及天下平耳　士人之志非止此也　具萬德　備萬行　爲三界導師而已矣　是遠乎哉　不遠也　故曰　三界唯心　萬法唯識　尙可議其平不平乎哉".
223) 李穡, 「澄泉軒記」, 『東文選』 권74, "吾儒以格致誠正而致齊平　則釋氏之澄念止觀　以見本源　自性天眞　佛度人於生死　波浪而歸之寂滅　豈有異哉".

벽돌은 갈아도 거울이 될 수 없고 종이는 모아도 도를 얻을 수 없으니, 이 글로 도를 구하는 것이 마치 이와 같다. 또 다른 사람에게 바라는 것은 더욱 요원한 것이 아닌가? 그러나 공은 이를 알지 못할 분이 아닌데도 반드시 하는 것은 반드시 그 뜻이 있다. 이를 버리고서도 얻을 수 없고 이에 집착해서도 얻을 수 없으니, 버리지도 않고 집착하지 않으면서도 얻음이 있어야 참으로 얻는 것이다. 다만 그 기른 바와 얻은 바가 우리 유가의 "잊지도 않고 돕지도 않으면서 活潑潑하게 한다"는 것과 비교하여 어떠한지 모르겠다. 이것이 모두 학자의 일이기 때문에 아울러 쓰니, 공은 마땅히 나를 위하여 一轉語를 내리십시오.[224]

위의 글은 조계종의 無影 形公이 『禪門拈頌』을 간행하면서 권근에게 요청하여 받은 발문이다. 여기서 벽돌을 갈아도 거울이 될 수 없다는 것은 선에서 유명한 馬祖의 깨달음과 관련된 일화를 인용한 것이고, 종이를 모아도 도를 얻을 수 없다는 것은 책만 본다고 해서 견성하는 것이 아님을 경책한 내용이다. 그런데 권근은 이를 버리지도 않고 집착하지도 않으면서 얻음이 있음을 맹자의 잊지도 않고 돕지도 않으면서 활발하게 둔다는 것과 같은 의미로 이해하고 있음을 볼 수 있다. 이는 본래 『孟子』에서 '浩然之氣'를 설명한 것으로 항상 마음에 두며 억지로 조장하지도 말아서 순리에 맡긴다는 뜻이다.

活潑潑地는 물고기를 땅바닥에 올려놓으면 팔딱 팔딱 뛰노는 모습을 표현한 말이며, 활발한 작용을 이르는 것이며, 이는 선에서 이르는 작용이 곧 성이라는 '作用卽性'을 가리킨다. 주희는 이 생의를 물고기

---

224) 「曹溪拈頌跋」, 『陽村集』 권22(『문집』 7, 222쪽), "盖佛書之多 而曰不說一字者 以其妙處非言語文字所可喩也 故學禪者當直透玄關 雖佛經且不用 何況此古人糟粕乎 然修諸身以心 喩諸人以言 傳諸後必以文 則言語文字 又有不可得而廢者矣……磨塼不可得鏡 攢紙不可得出 以此書自求道 殆類此矣 又以望於人 無乃益遼乎 然公非不知此者而必爲之 必有其意 捨此不得 泥此不得 不捨不泥而有得 斯得之矣 但未知所養所得 與吾儒勿忘勿助活潑潑地者 爲如何也 此皆學者事爾 故并擧似 公當爲我下一轉語".

가 뛰는 것처럼 활기에 넘친 것(活潑潑)이라고 단적으로 표현하였다. 그러므로 存心存主한다는 것은 심을 단순히 가두어 두는 것이 아니라 그 본바탕의 활발발한 生意를 길러내는 것이 되며 그것이 바로 거경함양인 것이다.[225] 그런데 원래 活撥撥이란 용어는 선에서 禪機가 종횡하는 납승의 行履를 평하는 말이다.[226]

그러므로 권근이 이를 버리지도 않고 집착하지도 않으면서 참으로 얻음이 있음을 올바로 이해하고 있으며, 이를 거경함양법이라는 방법과 유사한 것으로 보았던 것이다. 따라서 권근이 主敬공부를 중시했던 면모는[227] 선사상의 영향을 통한 것이라 하겠다. 즉 정좌나 주경공부법을 선가의 참선수행과 유사한 것으로 이해하였고 내면적인 세계의 수행 방법에서 선법의 영향을 받았던 것을 반영한다고 하겠다. [228]

---

225) 柳仁熙, 『朱子哲學과 中國哲學』, 汎學社, 1980, 178~185쪽 참조.

226) 「保唐無住禪師」, 『五燈會元』 권2, “公曰 何名識心見性 師曰 一切學道人 隨念流浪 蓋爲不識眞心 眞心者 念生亦不順生 念滅亦不依寂 不來不去 不定不亂 不取不捨 不沈不浮 無爲無相活潑潑 平常自在 此心體畢竟不可得 無可知覺 觸目皆如 無非見性也”.
「示衆」, 『臨濟錄』, “儞若欲得生死去住脫著自由 卽今識取聽法底人 無形無相 無根無本 無住處 活撥撥地 應是萬種施說 用處祇是無處 所以覓著轉遠 求之轉乖 號之爲秘密”.

227) 權近, 「澄心庵詩序」, 『東文選』 권91, “夫心具萬理而爲一身之主 人之所同然也 特爲物欲之汚 而不能不失其正……吾聞先生通經而樂道 守正而有常 是其所謂澄心 盖以天理涵養 虛中而主敬 以去 物欲之汚 方寸之間 澄澈光明 天理流行 人欲淨盡云耳 豈淡泊委靡若止水寒灰而已哉”.

228) 권근의 선에 대한 이해는 다양하게 볼 수 있는데, 다음의 글에서 그의 선에 대한 이해가 탈세속적이거나 출세간적인 경향보다는 재가인에 맞는 일상생활 속의 수행을 강조하는 입장을 보다 선호하는 것이 잘 드러난다.
「有明朝鮮國普覺國師碑銘幷序」, 『陽村集』 권37(『문집』 7, 330쪽), “臣近竊惟 佛氏之道莫高於禪 然其言多詭怪莫測 若麻斤屎橛之類 尤可駭愕 其傳愈遠而說益誕 唯曹溪大鑑師心平行直等語 典實平易 其道益尊 故能獨高諸祖 至今學禪者皆宗之”.
「書澤隱詩卷後」, 『陽村集』 권22(『문집』 7, 226쪽), “易以嚴上下之分 禮以通上下之理 二者皆聖人之垂訓 而君子之所當體念者也 以勢而言則水草之淵

그런데 사대부에게 있어서 주자학의 수양론과 불교와의 관계를 거론할 때에 무엇보다도 간과해서는 안 되는 기본적인 이론은 聖人可學說이다. 주자학의 근본적인 세계관의 변화가 집약된 것이 바로 성인가학설이며, 그것이 고려말 사대부의 경우에도 주자학의 수용과 함께 그러한 세계관의 변화가 드러나고 있었다. 다음의 시를 통해 그러한 변화의 단서를 찾아보기로 하자.

　　"안회의 어리석음은 곧 나의 스승이네."229)

　　"어질도다. 안회는 어떤 사람이건대 누항에 살며 도시락밥과 표주박 국에도 그 덕행이 뛰어났는가."230)

　　"안회의 누항의 즐거움이여, 사람들은 근심을 견디지 못하지만, 나는 이제 즐거워할 뿐, 봄에도 해어진 무명옷을 입었다네."231)

위의 시는 元天錫이 顔回에의 흠모를 표현한 대표적인 것이다.232) 그렇다면 이러한 시를 통해 그가 지향하고자 한 이상적인 가치란 무엇

---

藪爲澤 在地最爲卑下 然其氣升而雨露降焉 則澤之道亦有施者焉 吾聞浮屠氏潛身山野 不求聞達 而其功必欲利物濟生 普洽人天 其以澤隱自號者 盖欲自處於卑下之地 推利於無邊也歟".

229) 元天錫, 「書懷寄趙牧監」, 『耘谷行錄』 권1(『문집』 6, 130쪽), "爲避紛然衆所譏 束身端坐過危時 由之行詐非吾儻 回也如愚是我師 與世升沈深有意 較人長短獨無思 憑誰共話心中事 空對靑山憶舊知".

230) 元天錫, 「行」, 『耘谷行錄』 권1(『문집』 6, 137쪽), "君看貧富與賢愚 出處非歡皆宿命 大都爲惡受其殃 積善應當有餘慶 渠渠厦屋食千鍾 畢竟誠難保其性 賢哉回也是何人 陋巷簞瓢全德行".

231) 元天錫, 「再用韻擬古」, 『耘谷行錄』 권4(『문집』 6, 199쪽), "……回之陋巷樂 人不堪斯憂 我今聊樂耳 衣弊木綿裘……".

232) 안회와 관련된 표현은 다음의 시에서도 볼 수 있다.
「病中書懷」, 『耘谷行錄』 권1(『문집』 6,133쪽) ; 「耘老吟」, 『耘谷行錄』 권1(『문집』 6,134쪽) ; 「夏日自詠」, 『耘谷行錄』 권2(『문집』 6, 153쪽) ; 「又謝沈瓜」, 『耘谷行錄』 권2(『문집』 6, 157쪽) ; 「安都領兄惠稻石」, 『耘谷行錄』 권3(『문집』 6, 183쪽).

이고, 그것이 갖는 사상적 맥락이란 무엇일까. 결론부터 말하면 안회가 이상적인 인물로서 부각되는 것은 송대에 이르러 부상된 성인의 내면화와 밀접한 관련을 갖는다. 본래 성인이란 사람으로서 최고의 존재를 가리키는 말로『논어』,『맹자』등에서는 堯, 舜, 伯夷, 伊尹 등 역사상의 구체적인 이상인물을 성인으로서 받아들인다. 이후 시대가 내려오면서 공자가 성인화된다든지, 도덕적 완성자로서의 측면과 함께 민의 생활을 풍부하게 하는 유능한 王者의 측면이라는 두 가지 요소가 부각된다.

그런데 북송 이후가 되면 역사상의 성인들의 존재는 그대로 인정하면서도 서서히 성인의 개념에 순수하게 내면의 완전성만을 조건으로 하는 용법이 눈에 띄게 된다. 이러한 성인의 내면화 현상이 등장하면서 성인의 구체적인 예로서 강하게 의식되었던 것이 공자이고, 그와 동시에 성인에 이르는 한 단계 앞의 존재로서 제자인 顔回가 부각되었다. 공자는 제왕이 되지 않았고, 제왕을 성인의 조건으로 한다면 최초부터 문제가 되지 않고, 더욱이 안회는 누항에 있었던 무위무관의 이미지가 강한 인물이다. 공자에게는 선왕의 도를 후세에 전했다고 하는 특별한 공적이 인정되지만, 공자보다 일찍 죽은 안회에게는 그것도 없다. 즉 안회의 단계를 통해서 성인에 도달하자고 하는 것은 성인을 단순히 내면의 문제로 파악하는 것이다.

안회에 대한 표창은 한의 揚雄과 당의 李翶 등에게도 보이지만, 이른바 '顔子好學論'은 주돈이의『通書』志學, 程頤의「顔子所好何學論」 등이 그 대표적인 것이다. 특히 안회에 대한 현창이 갖는 의미는 후자에서 "그렇다면 顔子만이 좋아했던 학문이란 어떠한 학인가. 그것은 성인에 이르는 도를 배우는 것이다. 그러면 성인은 배우는 것으로 도달할 수 있는가. 할 수 있다."라고 하는 논리를 통해 단적으로 잘 드러난다. 이 주장의 근저에는 만인이 학문·수양에 의해 성인에 도달할 수 있다고 하는 생각이 있고, 거기에 있는 것은 성인 개념의 내면화이다.

특히 도학의 집대성자인 주희는 이러한 사고를 축으로 그 체계를 구축하고 있다. 그는 『大學或問』에서 八條目의 최후에 위치하는 '治國'과 '平天下'는 천자와 제후의 문제이기 때문에 일반 사대부와 그 이하는 관계하지 않는 것은 아닌가라는 설문을 제시한다. 이에 대한 답으로서 그는 군자의 마음이 광대공평하기 때문에 천하의 일체의 것을 해야 할 직무가 있고, 그것도 자기의 내적 요구로부터 나온 것이라고 하고 각각의 직분을 통해서 천하의 안녕에 참여하는 것을 말한다. 따라서 聖人可學說에는 주자학의 근본적인 세계관의 변화가 집약되어 있고, 聖人이라는 개념의 변화에 어울리는 인물로서 안회가 등장하게 된 것이다.233)

그러한 근본적인 세계관의 변화는 새로운 인간관의 등장, 즉 天譴論的인 주재자적 天觀, 天意에 원점을 둔 천인관에서 天理論的인 理法的 天觀, 理에 원점을 둔 천인관으로의 전환이고, 그것에 따른 상하의 차별이 운명적으로 고정하고 있다는 인간관으로부터 배우는 것에 의해 누구라도 성인이 될 수 있다(聖人可學)고 하는 열린 인간관으로의 전환을 의미한다.234)

그런데 이러한 성인 개념의 내면화는 이미 도교나 불교를 통해 활발하게 제기되고 있었다. 가령 『涅槃經』에 기반한 불교의 悉有佛性(누구나 불성을 갖고 있다), 悉皆成佛論(누구라도 부처가 될 수 있다)은 그 전형적인 논리를 담고 있는 표현이며, 불교의 이러한 사조는 남북조시대에 서서히 일반화되고, 특히 중당 이후의 선종의 확대와 함께 정착해 갔다. 이러한 선종의 사상적 영향에 의해 도교에서는 당의 吳

---

233) 關口順, 「聖人」(『中國思想文化事典』, 91~96쪽).

234) 溝口雄三, 「朱子學の成立」, 『世界歷史大系 中國史 3 - 五代~元 -』, 山川出版社, 1997.
　　溝口雄三, 「中國近世の思想世界」, 溝口雄三・伊東貫之・寸田雄二郎 共著, 『中國という視座』, 平凡社, 1995.

260

筍의 神仙可學論이, 유교에서는 도학을 비롯한 성인가학론이 등장하게 되는 것이다. 따라서 북송 이후 도학이 등장하면서 모든 인간에 대해 완전한 인격에 이를 수 있는 가능성을 인정하는 것을 전제로, 도학은 마음에 모든 관심을 집중시키고, 내심과 외계의 관계에 문제를 좁혀 들어갔던 것은 불교로부터 받은 사상적 영향에서 비롯되었던 것이다.

도학 특히 주자학의 문제영역은 당시 지식인이 문제로 했던 전영역이라고 해도 과언이 아니지만, 그 핵심에 있는 것은 인간의 의식의 문제이다. 저 장대한 우주론도, 사회와 역사에 대한 투철한 인식도, 인간의 마음의 문제에 대한 해답을 배후로부터 보강하기 위한 것이었다고 말할 수 있다.235)

주지하듯이 주자학을 형성하는 과정에서 주희는 이단으로서 무엇보다도 도교와 불교를 배척하였지만, 도교와 불교를 초극하려 한 주희의 작업이 그러한 사상의 영역 밖에서가 아니라 도교와 불교를 지탱하는 사상적 토양 위에서 행해진 것이라는 점이 주목된다. 이는 달리 말한다면 주희를 정점으로 하는 도학의 사상운동이 가능하였던 것은 유교와 도교 및 불교를 포함하는 공통의 토양이 있었기 때문일 것이다.236)

따라서 원천석의 경우에서 볼 수 있듯이 안회에 대한 흠모에 대한 표현은 성인 개념의 내면화라는 현상이 고려말 사대부에 수용되고 있었던 양상을 단적으로 드러낸 것이다. 이는 곧 주자학이 표방하는 성인가학설의 표현에 다름 아니다. 앞서 살펴 본 바와 원천석의 경우는

---

235) 土田健次郎, 「道學と佛教·道教」, 『道學の形成』, 創文社, 2002.
236) 이러한 공통의 토양에 대해서는 荒木見悟가 송명대의 중국사상사에 대해서 本來性과 現實性이라는 개념을 통해 전체적인 흐름을 분석한 바가 있다. 그에 의하면 송명 시대의 유불 대립은 거의 완전히 중국화된 불교와, 그것을 부정적으로 초월, 극복하려는 유학의 대립이라는 형태를 띠고 있었다. 따라서 송명 시대의 유불 대립은 전체적이고 종합적인 중국사상의 발전운동으로서 파악되고 구명되어야 한다는 주장은 공감되는 바가 크다고 생각된다.

안병의 삼교일치론을 비롯한 유불일치론에 적극적으로 공감을 표시하고, 선승과의 다양한 교유나 불교에 대한 깊은 이해를 갖고 있었다. 따라서 원천석에게 있어서 안회를 모델로 하는 성인 개념의 내면화라는 현상이 드러나는 것은 유불일치론을 주장하는 경향에 가장 잘 어울리는 모습을 단적으로 드러낸 것이다.

이상에서 고려말 사대부가 주자학을 이해하고 수용하는 데 있어 불교, 특히 선사상으로부터 어떠한 영향을 받았는가에 대해 살펴보았다. 따라서 종래 유불대립이라는 시각으로만 고려말 사상사에 접근하는 것은 하나의 단면만을 부각하는 데 지나지 않는 사실을 알 수 있게 되었다. 그럼에도 불구하고 역사의 흐름은 불교 중심에서 주자학 중심의 유교사회로 전환되는 과정을 걸어가게 된다. 그렇다면 선사상이 지닌 사상적 영향력에도 불구하고 결국 주자학이 수용·정착된 이후 불교 중심의 사회구조에서 주자학 중심의 유교사회로 전환된 이유는 무엇일까.

앞에서 서술한 바와 같이 당시 선종을 중심으로 한 불교 자체의 구조적 문제, 즉 선종 절대화 경향에 의해 불교가 종파적으로 경직화되는 양상이나, 그에 따른 사상적 한계 등이 기본적으로 지적될 수 있겠지만, 무엇보다도 주자학의 사상적 선진성을 지적하지 않을 수 없다. 즉 주자학은 선사상을 중심으로 한 불교와의 대결을 통해 일정하게 사상적 영향을 받기도 하고, 나아가 그러한 과정을 통해 새로운 인간관, 세계관을 형성하면서, 결국 선이 가진 현실적, 사상적 한계를 극복하고 새로운 사상체계를 완성하였던 것이다.237)

본래 선은 불교의 경전, 교학의 전통을 초월하여 인간 그 자체의 근본적 존재 방식을 지금 이 자리의 문제로 삼는다. 선이 불교 이외의 학파나 학자들에게 지대한 영향을 끼칠 수 있었던 이유도 선이 교학 이전에 인간의 본분에 곧바로 참예하고자 하기 때문이다. 따라서 유가의

---

237) 이에 대해서는 荒木見悟, 『新版佛教と儒教』, 硏文出版, 1993을 참조.

관점에서 볼 때는 너무 거칠고 아무 내용이 없다고 비판받지만, 분명히 보통 사람에게는 볼 수 없는 준열한 기봉이 발양되고 있고, 본래의 면목을 전인격에 체현하는 선의 강점은 다른 사상에서는 보기 어렵다.

즉 선의 체험에는 부귀영달이나 사장훈고에 급급한 문인들에게서는 찾아볼 수 없는 준엄한 기봉, 생명의 유동, 심신의 방하, 활달한 풍격 등이 있다. 선의 입장에 동조하든 않든 실천적, 행동적으로 일상의 천파만파를 타넘어 가려는 자라면 선의 핵심을 이루는 이 본래적 입장에 깊이 주목하지 않을 수 없다. 어떠한 형태, 어떠한 공부를 통해 일용적 다양성이 본래성으로 근거 지워지지 못한다면 진정한 주체의 자유는 생겨날 수 없기 때문이다.

그러나 근본적으로 선은 개별 사물의 특수한 색상·양식·의미·내실을 사회적·역사적 무게로 구명하지 않고, 오로지 본근의 획득만을 중시한다. 아무리 깨달음을 추구하고, 설사 깨달았다고 하더라도 복잡하고 다층적인 현실의 사태에 적절히 응할 수 있는 태세는 쉽게 갖추어 질 수 없다. 깨달음을 얻기 전이나 얻은 후나 마찬가지로 객관적 타당성을 파악할 수 없는 것이다. 다시 말해서 선에서 말하는 마음이란 일체를 나게 하는 절대주체로서 인간을 본래적 원점에서 파악하는 것이라고 할 수 있다. 그렇지만 인간은 사회적 존재로서 공동생활의 장을 갖고, 그것이 유지되어 가기 위해서는 자연계의 질서와 같은 가족·촌락·국가·사회 등에 있어서도 각각 일정의 이법이 있게 마련이고, 이 이법의 인식과 실천에 있어서만 공동체의 존속이 가능하고, 그 성원으로서의 존재목적을 달성하는 것도 가능한 것이다.

그런데 선에서 말하는 깨달음은 역시 한 덩어리 바위와 같은 튼튼함, 때리면 울리는 명쾌성은 인정되는 것이라 해도, 그것으로부터 직접 역사적 현실에 참여해야 하는 방법은 찾아내기 어렵다. 왜냐하면 선의 깨달음은 시방무애, 일출자재라고 말하고 있으면서도, 거기에는 역사적 형성 작용을 영위할 수 있는 문화적 소재와 사회적 이법의 검토가 행해지는 것이 아니라, 그것들은 오히려 깨달음 그것을 세속적 얽매임으로서 소외되는 경향이 강하기 때문이다.[238] 따라서 선의 폐해를 발생시키는 근본 원인은 본래계로부터 현실계로 떨어져 있는 인간 실상의 궁극을 살피지 못하고, 깨달음 지상주의에 의해 망령된 무리를 낳을 위험성을 잉태하고 있으며, 윤리적 규범을 갖고 있지 않은 것이다.

따라서 선에서 주자학으로 흘러가고 있던 송대 사상사의 추이나 사회구조의 발전에 따라 한 단계 진전된 사상구조를 요구하고 있던 시대적 요청을 고려해 본다면 고려말에서 조선초기에 걸쳐 불교 중심에서 주자학 중심으로 옮겨 갔던 사상적 구조의 변화도 역시 역사 발전의 한 단면을 보여주는 것이라 하겠다.

---

238) 荒木見悟, 「宋代の儒教と佛教」, 『歷史敎育』 제17권 제3호, 歷史敎育硏究會, 1969.

# 結 論

이상에서 고려후기 불교사에서 주도적인 사상이었던 간화선이 고려 중기, 원 간섭기, 고려말이라고 하는 각 단계별로 어떻게 수용·정착되고 발전되었으며, 아울러 각 단계별로 간화선이 갖는 사상적, 사회적 기능과 역할에 대해 검토해 보았다. 이상에서 논의한 바를 정리하고 앞으로의 연구 전망에 대해 언급해 보기로 한다.

송대에 이르러서 주도적인 종파로 등장한 선종은 다양한 사상적 경향을 가지고 있지만, 북송 말까지 위앙종, 법안종, 운문종이 차례로 쇠퇴하였던 것에 비해 조동종과 함께 선의 흐름을 주도한 것은 특히 임제종이었다. 이러한 임제종의 사상적 흐름이 북송말 남송초에 화려하게 만개한 것이 대혜종고에 의해 완성된 간화선이다. 간화선이 등장하고 형성되는 사회적, 사상적 배경으로서는 사대부의 등장, 국가의 강한 통제에 의한 국가불교적인 성격의 강화에 의한 선의 세속화, 등사와 각종 어록의 편찬, 간행, 공안 비평의 활성화에 의한 염고, 송고집의 등장과 함께 공안집의 편찬 등을 들 수 있다.

이러한 사회적, 사상적 기반 위에 대혜에 의해 완성된 간화선은 화두의 참구를 통해 일체의 분별심이 일어나지 않는 근원적인 자기의 본래심을 깨닫도록 하였고, 공안을 참구할 때의 화두는 깨달음을 얻기 위한 방편으로서 의심을 일으키기 위한 수단이었다. 또한 이때의 의심은 결정신을 토대로 자아의 존재 규명을 향한 혼신을 다한 본래심의 의심인 것이다. 아울러 대혜는 始覺門的인 수행구조의 입장에서 깨달지 못한 이가 깨달음에 의해 본래 갖추고 있는 진여자성을 드러내는 것으로 파악하고 깨달음을 대단히 강조하였다.

한편 대혜는 그가 활동한 남송대의 정치상황과 관련하여 적극적인 현실인식을 갖고 실천적 경향을 표방하였다. 당시 남송은 金의 대외적 압박을 받아 강남으로 패퇴할 만큼 대외적 위기상황을 맞고 있었는데, 이러한 상황에서 대혜는 주전파 사대부와 활발하게 교유하면서 華夷論에 바탕을 둔 주전론이라는 정치노선을 표방하였다. 이와 같이 대혜가 정치현실에 깊숙이 개입하였던 만큼 그의 사상체계에도 이러한 경향이 내포되어 있었다. 그것은 선사상과 현실의 정치생활을 결합한 '忠義之心'설을 통해 잘 드러나는데, 菩提心 즉 깨달은 마음이 忠義心이라 강조하고, 자신의 愛君憂國의 마음은 忠義士大夫 등과 같다고 주장하였다.

나아가 그의 이러한 현실인식은 당시 지배층이었던 사대부에게도 깊은 영향을 주었다. 즉 그는 유불일치론과 함께 세간과 출세간이 일치한다는 이론으로 선과 현실생활의 관계를 설정하였다. 그는 자신의 사회적 본분을 실행하는 곳에서 깨달음을 실현하는 일이 가능하다고 하는 일상성을 강조하는 논리를 통해 사대부가 적극적으로 선 수행을 실천할 수 있는 방향성을 제시하였다. 이와 같이 그가 충군애국이라는 국가주의적 논리, 그리고 화이론과 같은 국수주의적 논리를 제시하였던 것은 당시의 정치적, 사회적 현실에 적극적으로 대응하고자 하는 실천적 경향의 발로라는 측면을 갖고 있다. 아울러 이러한 성향은 그가 최대의 지지기반인 사대부를 의식하지 않을 수 없고, 송대의 국가불교적 정책에 의해 유지되고 있던 선종의 자화상과도 관련되는 것이라 하겠다.

新羅 下代에 수용되었던 선종은 고려가 중앙집권정책을 강화하면서 화엄종과 법상종 등 교종교단이 부상함으로써 서서히 퇴조하였는데, 특히 義天의 천태종 개창으로 인해 교세가 크게 위축되었다. 그러다가

12세기에 이르러 선종은 서서히 부흥하는 발판을 마련해 갔는데, 이는 가지산문과 사굴산문을 중심으로 한 선종 교단의 흐름과 李資玄으로 대표되는 거사선의 동향이라고 할 수 있다. 이러한 가운데 12세기 선사상의 경향도 크게 두 갈래로 전개되고 있었으니, 하나는 『楞嚴經』이 중시되는 것이고, 또 하나는 다양한 선적의 수용이다.

『능엄경』은 이자현에 의해 선사상의 이론적 기반으로 주목되어 선승뿐만 아니라 사대부 계층까지 폭넓게 수용되었으며, 선사상을 이해하고 실천할 수 있는 사상적 기반을 제공하였다. 한편 坦然을 중심으로 한 선승들은 북송 임제종 계통의 선승들과 직·간접적인 교유를 통해 선문학과 어록의 자극을 받았으며, 이를 통해 선을 이해하고 실천하였다. 따라서 12세기 선종계는 송대 임제종과의 교류를 통해 다양한 선어록을 수용하고, 『능엄경』을 통해 선사상에 대한 이론적 기반을 형성함으로써 서서히 간화선이 수용될 수 있는 사상적 기반을 형성하였던 것이다.

무신란 이후 고려불교계에서 修禪社 결사운동이 전개되면서 선종은 새로운 도약기를 맞이하게 되었다. 수선사를 주도하였던 知訥의 사상체계는 惺寂等持門, 圓頓信解門, 徑截門의 三門으로 표현되는 바와 같이 화엄교학을 선법에 수용하고 定慧雙修를 표방하지만, 경절문에서 드러나는 바와 같이 궁극적으로는 간화선을 중시하였다. 그러나 수선사에서 간화선을 본격적으로 표방하는 것은 2세인 慧諶 대에 이르러서였다. 혜심이 제시한 간화선 수행법은 기본적으로 대혜가 표방하였던 '무자' 화두를 중시하는 면을 충실히 따르고 있으나, 다만 화두 참구의 한 방편으로서 信心을 중시하기도 하였다. 간화선은 수선사 4세인 混元과 5세인 天英이 최씨정권과 결탁하면서 수선사가 불교계의 중심적인 위치에 놓이면서 점차 선종계 일반으로 확산되었다. 그러나 13세기 고려불교계에서 간행되거나 편찬된 선적의 사상적 경향을 통해 보면 아직 다양한 선사상이 공존하고 있는 단계였다.

한편 13세기 이후 거란, 몽골의 침략이라는 대외적인 위기상황에서 수선사가 적극적으로 대응하는 양상이 주목된다. 즉 지눌이『대혜어록』을 통해 깨달음을 이루면서 현실사회에 대한 의식이 적극적으로 확대되는 방향으로 나아간다든지, 혜심의 경우 鎭兵法席을 주관하고, 祝聖 법회를 통해 국가의식을 강조하였다. 이러한 국가의식에 대한 강조는 그가 보리심이나 자비로운 마음과 鎭兵, 愛君憂國을 동일한 가치체계로 보는 것에서 잘 드러난다.

따라서 결사운동을 표방하면서 정권과 일정한 거리를 두었던 수선사가 국가의식을 고양하는 방향으로 나아가면서 최씨정권에 협력하게 된 것은 수선사의 현실적 위상이 확대되면서 현실적인 기반으로서 당시 집권층과의 관계를 의식하지 않을 수 없는 측면도 있지만, 무엇보다도 대외적 위기라는 시대적 배경과 관련하여 본래 표방하고 있던 실천적 지향이 이어진 것으로 보아야 할 것이다. 다시 말해 수선사가 체제지향적인 방향으로 전환된 것은 단순히 최씨정권의 후원에 따라 수선사가 부각되었던 요인만을 강조하기보다는 대외적 위기상황에 적극적으로 대응하였던 면모를 함께 고려해야 할 것이다. 그러한 경향은 송대 임제종이 대외적인 위기 상황에서 국가의식과 화이론에 기반한 국수주의적 민족의식을 강조한 면과 비슷하다고 할 수 있다. 그러나 혼원, 천영 단계에는 최씨정권과 완전히 유착됨으로써 수선사가 체제지향적인 방향으로 나아가게 되었고, 그 결과 결사운동의 본래적인 정신과는 멀어지게 되어 결국 무신정권의 몰락과 함께 수선사도 쇠퇴하게 되었던 것이다.

원 간섭기의 사상계는 당시 원조의 적극적인 학술문화정책과 사상 유례를 찾기 힘든 문화교류가 활발하게 이루어지던 시대적 상황에 의해 새로운 전기를 맞고 있었다. 불교계의 경우 일연에 의해 새로운 선적이 편찬되고 간행되었으며, 14세기말까지 이어지는 선승을 중심으로 한 入元이 하나의 유행처럼 활발하게 이루어지고 있었다. 그들은 원과 일본까지 포함한 국제적인 문화, 사상의 교유를 통해 새로운 사상, 문화를 수용하고 있었고, 그 교류의 범위는 사대부를 포함하여 폭넓은 양상을 갖고 있었다.

또한 14세기 전반기에 이르러 주자학이 점차 수용되면서 고려사상계에 새로운 방향이 모색되고 있었다. 그러나 불교와 유교와의 관계는 종래 주장된 바와 같이 척불론이 그렇게 강조되는 분위기는 아니었다. 당시 대표적인 주자학자였던 李齊賢, 李穀 등과 같이 불교의 사회적 기능을 긍정적으로 파악하고, 사대부 계층에는 유불일치론이 수용되고 있었다. 또한 종래 척불론자로 파악하였던 崔瀣, 白文寶 등의 경우도 불교의 사회적 폐단이나 모순에 대해서는 비판하였지만, 불교 그 자체까지 부정하지 않았다.

반면 수선사의 역대 주법이나 13세기 선승들은 독서층, 향리층 출신이 많으며, 그러한 출신성분과 관련하여 유학적인 소양을 갖추고 있었다. 이러한 경향은 고려불교가 사상계의 주도권을 갖고 적극적으로 대응하기보다, 유불일치론의 제시에서 보듯이 유교와의 사상적 타협으로 나아가고, 나아가 불교 자체의 사상적 한계를 드러내면서 불교의 사회적 기능이 축소되어 가는 단면을 보이는 것이라 할 수 있다.

한편 원 간섭기 간화선의 동향과 관련하여『蒙山法語』,『禪要』등 새로운 선적의 수용이 주목된다.『몽산법어』는 '무자' 화두를 기본적인 화두로 제시하며, 의심을 강조하고, 깨닫고 난 후에는 반드시 선지식으로부터 인가를 받아야 한다고 강조하고 있다.『선요』는 간화선의 생명인 의심을 쉽게 일으킬 수 있는 수행방법론을 제시함으로써 간화선이 대중적으로 확산될 수 있는 선적으로서의 의미를 갖고 있다. 이러한 선적은 원대 임제종과의 직·간접적인 교류를 통해 전래되었으며, 특히 그 주체로서 수선사가 중심적인 역할을 수행하였다. 수선사가 이러한 선적의 수용에 적극적이었던 이유는 사상계의 주도권을 상실하고 쇠락되어 갔던 상황을 타개하기 위한 차원에서 비롯된 것으로 보인다.

이와 같이 원 간섭기에 이르러 새롭게 수용된 선적은 간화선 수행론이 하나의 정형화된 스타일이나 대중화를 도모하는 형태의 매뉴얼로서의 의미를 갖는 것이며, 이러한 수용과정이 일단락되면서 고려말에 이르러 선종은 간화선 일변도의 경향으로 나아가게 되었고, 아울러 명실상부하게 선종이 불교계를 주도하였다. 그리하여 臨濟禪 法統說을 강조하고, 唯心淨土說을 표방하는 등 선종의 종파적 우월성을 강조하는 이른바 선종 절대화의 경향으로 나아갔던 것이다. 이러한 선종 절대화의 경향은 다양한 종파와 함께 존재하던 선종이 고려말에 이르러 명실상부하게 불교계의 주도권을 장악하면서 스스로의 우월성과 정당성을 주장하기 위한 의도에서 표방한 슬로건이었다. 이러한 경향은 결국 불교가 간화선 일변도의 경향으로 나아감으로써 다양한 불교사상의 공존을 불가능하게 하고, 새로운 단계로 불교가 발전할 수 있는 길을 스스로 차단하는 결과를 가져왔다. 이러한 사상적 한계로 인해 당시 주자학이 수용되면서 사대부가 척불론이 제기하던 상황에서 불교는 현실적인 대응을 하지 못하고 사상적 주도권을 넘겨주게 되었던 것이다.

이러한 경향은 당시 선승들의 현실인식을 통해서도 확인된다. 가령 보우의 경우 공민왕이 치국의 도리에 대해 자문하자, 한양천도설이라는 풍수설을 제시한다든지, 불교계를 개혁하기 위해 구산선문을 통합하는 방향을 제시하였다. 이러한 논리는 비불교적인 발상에 지나지 않고, 불교계 개혁이라는 방향성도 전체 불교교단의 문제로 확대되지 못한 한계를 갖고 있다. 다시 말해서 당시 선승들은 불교계가 갖고 있던 자체적인 모순을 정확하게 직시하지도 못했으며, 개혁을 통해 새로운 방향으로 나아가지도 못하였던 것이다.

나아가 당시 새롭게 등장하였던 주자학에 대한 대응 양상도 한계를 드러내고 있었다. 당시 사대부가 제기하는 불교비판론에 대한 이론적 대응은 유불일치론에 기반을 둔 『護法論』을 간행한다든지, 己和의 『顯

正論』을 통해 잘 드러나고 있다. 그러나 기화의 논리는 유교의 윤리의식이나 가치체계를 그대로 수용하면서 불교를 거기에 적당하게 맞춘다든지, 현실세계의 복잡한 인간의 문제를 인과응보설이나 삼세윤회설로 설명함으로써 현실과 동떨어진 대응밖에 제시하지 못하는 한계를 갖고 있었다. 따라서 불교는 주자학에 대한 이론적 대응도 불가능하였고, 나아가 불교 자체의 새로운 사상적 발전도 제시하지 못함으로써 사상적, 현실적 한계를 드러내고 있었다.

고려말 사대부는 선승들과 활발하게 교유하고, 선사상에 대한 이해와 실천이 널리 성행하였다. 당시 사대부의 불교관은 사원이 갖고 있는 사회경제적 모순에 대해서는 비판적이었지만, 불교사상의 근본적인 논리까지 부정하지 않았다. 아울러 척불론을 제기하는 權近, 鄭道傳의 경우 그 정치적 이해관계라든지, 현실적인 정치적 맥락에서 척불론을 활용하였다.

또한 사대부는 선사상을 깊이 이해하고 실천하였다. 사대부는 선사상에 대한 이론적 기반을 다양한 경전과 어록을 통해 이해하였으며, 화두의 참구를 통해 깨달음의 경지를 체득한 이도 적지 않았다. 이러한 선사상에 대한 이해와 실천은 사대부가 주자학을 수용하고 이해하는 데에도 적지 않은 사상적 영향력을 미치고 있었다. 가령 선의 심성론에 대한 이해를 바탕으로 주자학의 심성에 대한 문제를 이해하였고, 그것은 당시 애련설이 유행하는 바와 같이 사대부 사회에서 폭넓게 성행되고 있었다. 또한 불교의 체용론의 논리구조를 수용한다든지, 주경을 좌선과 유사한 것으로 파악한다든지, 주자학이 지향하는 격물치지에서 치국평천하에 이르는 자기완성과 사회실천이 불교의 마음 수행과 자비라는 범주와 다를 바가 없다는 인식 등은 당시 사대부가 주자학을 이해하고 실천하는 데에 선의 영향이 적지 않음을 보여주고 있다. 특히 주자학의 근본적인 세계관의 변화로서 거론되는 성인가학설도 불교의 영향에 의해 제시되는 논리인데, 원천석의 인식세계를 통해 그러한 경향이 잘 드러나고 있다.

본서는 고려후기 간화선의 사상적인 전개과정을 통해 고려시대 불교사의 흐름을 새롭게 정리하고, 그것이 고려중기, 원 간섭기, 고려말이라고 하는 각각의 단계에서 어떠한 사상적, 사회적 기능과 역할을 수행하였는가에 대해 분석해 보았다. 아울러 선승만이 아니라 사대부의 영역까지 간화선이 어떻게 수용되고, 그것이 주자학의 수용과 어떠한 관계가 있는가에 대한 문제까지 해명해 보고자 하였다. 나아가 거시적으로는 불교 중심의 사회에서 주자학을 중심으로 한 유교사회로 전환하게 된 근본적인 이유가 무엇인지를 해명해 보고자 시도하였다.

그렇지만 구체적인 각론에서 보다 구체적으로 해명하여야 할 측면이 적지 않다는 것과 함께 정치, 사회사나 경제사와도 관련하여 유기적으로 해명해야 하는 과제가 남아 있다. 나아가 중국사상사의 흐름이나 사상적 영향을 염두에 두고 고려사상사의 흐름을 파악하고자 하는 시도는 향후 새로운 자료의 활용, 새로운 방법론의 모색 등을 통해 보완하여야 할 것으로 생각된다. 특히 이러한 시도는 한국사상사 만이 아니라 동아시아 사상사 전체를 시야에 넣고 검토하는 방향으로 나아가야 하리라 본다. 본서에서 그러한 문제의식을 갖고 시도하였지만, 보다 구체적인 해명은 앞으로의 연구과제로 돌리고 싶다.

# 참고문헌

## 1. 資料

『三國史記』　　　　　　　　　『三國遺事』
『高麗史』　　　　　　　　　　『高麗史節要』
『高麗圖經』　　　　　　　　　『太祖實錄』
『太宗實錄』　　　　　　　　　『世宗實錄』
『宋史』　　　　　　　　　　　『元史』
『新元史』　　　　　　　　　　『東文選』
『新增東國輿地勝覽』　　　　　『高麗名賢集』
『韓國文集叢刊』(1~10)　　　　『大東金石書』
『海東金石苑』　　　　　　　　『朝鮮金石總覽』
『韓國金石文追補』　　　　　　『韓國金石遺文』
『韓國金石文大系』　　　　　　『韓國金石全文』
『朝鮮寺刹史料』　　　　　　　『高麗大藏經』
『大正新修大藏經』　　　　　　『大日本續藏經』
『佛敎大藏經』　　　　　　　　『禪藏』
『中國佛敎思想資料選編』　　　『韓國佛敎全書』
『曹溪山松廣寺史庫』　　　　　『萬德寺志』
『韓國中世社會史資料集』　　　『韓國上代古文書資料集成』
『高麗墓誌銘集成』　　　　　　『元代麗史資料集錄』
『全國寺刹所藏木板集』

## 2. 논저

姜芝嫣, 『高麗 禑王代 政治勢力의 硏究』, 이화여대 박사학위논문, 1996.

高柄翊,『東亞交涉史의 研究』, 서울대 출판부, 1970.
高翊晋・金煐泰 共編,『韓國佛敎撰述文獻總錄』, 동국대 출판부, 1976.
高翊晋,『韓國撰述佛書의 研究』, 民族社, 1987.
高翊晋,『韓國古代佛敎思想史』, 동국대 출판부, 1989.
高雲基,『一然의 世界認識과 詩文學 研究』, 연세대 박사학위논문, 1994.
高惠玲,『14世紀 高麗 士大夫의 性理學 受容과 稼亭 李穀』, 이화여대 박사학
　　　位논문, 1992.
權奇悰,『高麗後期 禪思想 研究』, 동국대 박사학위논문, 1986.
權相老 編,『韓國寺刹全書』, 동국대 출판부, 1979.
權熹耕,『高麗寫經의 研究』, 미진사, 1986.
吉熙星,『知訥의 禪思想』, 소나무출판사, 2001.
金甲周,『朝鮮時代 寺院經濟研究』, 동화출판사, 1983.
金光哲,『高麗後期世族層研究』, 동아대 출판부, 1991.
金成俊,『韓國中世政治法制史研究』, 一潮閣, 1985.
金知見 編,『六祖壇經의 世界』, 民族社, 1989.
金斗鍾,『韓國古印刷技術史』, 探究堂, 1974.
金庠基,『東方史論叢』, 서울대 출판부, 1974.
金庠基,『高麗時代史』, 서울대 출판부, 1981.
金煐泰,『三國遺事 所傳의 新羅佛敎思想研究』, 신흥출판사, 1983.
金煐泰,『佛敎思想史論』, 民族社, 1992.
金煐泰,『韓國佛敎古典名著의 世界』, 民族社, 1993.
金仁昊,『高麗後期 士大夫의 經世論 研究』, 혜안, 1998.
金昌淑,『高麗末 懶翁의 禪思想 研究』, 민족사, 1999.
金哲埈,『韓國古代社會研究』, 지식산업사, 1975.
金忠烈,『高麗儒學史』, 고려대 출판부, 1984.
김형효 외,『知訥의 사상과 그 현대적 의미』, 한국정신문화연구원, 1996.
金皓東,『고려무신집권기 文人知識層 연구』, 영남대 박사학위논문, 1993.
南仁國,『高麗中期 政治勢力研究』, 신서원, 1999.
동국대 불교문화연구소 편,『고려불서전관목록』, 1963.
동국대 불교문화연구원 편,『韓國華嚴思想研究』, 동국대 출판부, 1982.
동국대 불교문화연구원 편,『韓國天台思想研究』, 동국대 출판부, 1983.
동국대 불교문화연구원 편,『韓國禪思想研究』, 동국대 출판부, 1984.
동국대 불교문화연구원 편,『韓國淨土思想研究』, 동국대 출판부, 1985.

동국대 불교문화연구원 편,『韓國密敎思想硏究』, 동국대 출판부, 1986.

동국대 불교문화연구원 편,『韓國觀音信仰硏究』, 동국대 출판부, 1988.

馬宗樂,『高麗後期 登科儒臣의 儒學思想 연구』, 계명대 박사학위논문, 1999.
12.

牧隱硏究會,『李穡의 生涯와 思想』, 一潮閣, 1996.

朴龍雲,『高麗時代 臺諫制度硏究』, 一志社, 1981.

朴宗基,『高麗時代部曲制硏究』, 서울대 출판부, 1990.

邊東明,『高麗後期性理學受容硏究』, 一潮閣, 1995.

邊太燮,『高麗政治制度史硏究』, 一潮閣, 1971.

三國遺事硏究會 編,『三國遺事硏究』上, 영남대 출판부, 1983.

安啓賢,『韓國佛敎思想史硏究』, 동국대 출판부, 1983.

呂運弼,『李穡의 詩文學 硏究』, 太學社, 1995.

劉璟娥,『鄭夢周의 政治活動硏究』, 이화여대 박사학위논문, 1996.

劉仁善,『베트남사』, 민음사, 1984.

兪瑩淑,『高麗後期 禪宗史 硏究』, 동국대 박사학위논문, 1993.

尹炳泰,『韓國古書年表資料』, 국회도서관, 1969.

尹炳泰,『韓國書誌年表』, 1972.

尹瑢均,『尹文學士遺稿』, 조선인쇄주식회사, 1933.

魏恩淑,『高麗後期 農業經濟硏究』, 혜안, 1998.

李基白,『新羅政治社會史硏究』, 一潮閣, 1974.

李基白,『新羅思想史硏究』, 一潮閣, 1986.

李楠福,『高麗後期의 新興士族에 관한 硏究』, 성균관대 박사학위논문, 1996.

李能和,『朝鮮佛敎通史』, 신문관, 1918.

李德辰,『普照知訥의 禪思想 硏究 - 中國佛敎와 관련하여 -』, 고려대 박사학
위논문, 1999. 12.

李東埈,『高麗 慧諶의 看話禪 硏究』, 동국대 박사학위논문, 1992.

李丙燾,『韓國儒學史』, 亞細亞文化社, 1987.

李炳熙,『高麗後期 寺院經濟의 硏究』, 서울대 박사학위논문, 1992.

李炳赫,『高麗末 性理學 受容期의 漢詩 硏究』, 太學社, 1989.

李相佰,『韓國文化史硏究論攷』, 乙酉文化社, 1947.

李佑成,『韓國의 歷史像』, 창작과비평사, 1982.

李佑成,『韓國中世社會硏究』, 一潮閣, 1989.

李源明,『高麗時代性理學受容硏究』, 國學資料院, 1997.

李智冠, 『韓國佛敎所依經典硏究』, 보련각, 1969.

李晋吾, 『韓國佛敎文學의 硏究』, 민족사, 1997.

李載昌, 『高麗寺院經濟의 硏究』, 亞細亞文化社, 1976.

李益柱, 『高麗·元關係의 構造와 高麗後期 政治體制』, 서울대 박사학위논문, 1996. 2.

李廷柱, 『麗末鮮初 儒學者의 佛敎觀 - 鄭道傳과 權近을 中心으로 - 』, 고려대 박사학위논문, 1997. 12.

李哲憲, 『懶翁 惠勤의 硏究』, 동국대 박사학위논문, 1996.

李泰鎭, 『韓國社會史硏究』, 지식산업사, 1986.

李熙德, 『高麗儒敎政治思想의 硏究』, 一潮閣, 1984.

印權煥, 『高麗時代 佛敎詩의 硏究』, 고려대 출판부, 1983.

원융, 『간화선』, 藏經閣, 1993.

張東翼, 『高麗後期外交史硏究』, 一潮閣, 1994.

全基雄, 『羅末麗初의 政治社會와 文人知識層』, 혜안, 1996.

鄭性本, 『中國禪宗의 成立史硏究』, 民族社, 1991.

鄭杜熙, 『朝鮮初期政治支配勢力硏究』, 一潮閣, 1983.

趙明基, 『高麗大覺國師와 天台思想』, 동국문화사, 1964.

宗浩, 『臨濟禪硏究』, 경서원, 1996.

朱雄英, 『麗末鮮初의 社會構造와 儒敎의 社會的 機能』, 경북대 박사학위논문, 1993. 12.

秦星圭, 『高麗後期 眞覺國師 慧諶 硏究』, 중앙대 박사학위논문, 1986.

蔡尙植, 『高麗後期佛敎史硏究』, 一潮閣, 1991.

蔡雄錫, 『高麗時期 '本貫制'의 施行과 地方支配秩序』, 서울대 박사학위논문, 1995.

崔永好, 『江華京板 高麗大藏經 刻成事業의 硏究』, 영남대 박사학위논문, 1996.

포은사상연구원, 『元代性理學』, 1993.

河炫綱, 『韓國中世史硏究』, 一潮閣, 1988.

河炫綱, 『韓國中世史論』, 신구문화사, 1988.

韓基斗, 『韓國佛敎思想硏究』, 一志社, 1982.

韓基斗, 『韓國禪思想硏究』, 一志社, 1991.

韓基汶, 『高麗 寺院의 構造와 機能』, 民族社, 1998.

한국역사연구회, 『14세기 고려의 정치와 사회』, 민음사, 1994.

韓永愚, 『鄭道傳思想의 研究』, 서울대 출판부, 1973.
韓永愚, 『朝鮮前期社會經濟研究』, 을유문화사, 1983.
韓永愚, 『朝鮮前期社會思想研究』, 지식산업사, 1983.
韓㳓劢, 『儒敎政治와 佛敎』, 一潮閣, 1993.
許興植, 『高麗科擧制度史研究』, 一潮閣, 1981.
許興植, 『高麗佛敎史研究』, 一潮閣, 1986.
許興植, 『韓國中世佛敎史研究』, 一潮閣, 1994.
許興植, 『眞靜國師와 湖山錄』, 民族社, 1995.
許興植, 『高麗로 옮긴 印度의 등불』, 一潮閣, 1997.
洪承基, 『高麗貴族社會와 奴婢』, 一潮閣, 1985.
洪潤植, 『三國遺事와 韓國古代文化』, 원광대 출판국, 1985.

강덕우, 「朝鮮中期 佛敎界의 動向 - 明宗代의 佛敎施策을 중심으로 - 」, 『國
　　　史館論叢』 56, 1994.
權奇悰, 「慧諶의 禪思想 研究」, 『佛敎學報』 19, 1982.
權奇悰, 「慧諶의 看話禪思想研究」, 『普照思想』 7, 1993.
高翊晉, 「碧松智嚴의 新資料와 法統問題」, 『佛敎學報』 22, 1985.
高翊晉, 「普照禪派의 淨土思想受容」, 『佛敎學報』 23, 1986.
高惠玲, 「崔瀣의 生涯와 思想」, 『李基白先生古稀紀念 韓國史學論叢』, 一潮
　　　閣, 1994.
具山祐, 「14세기 전반기 崔瀣의 저술활동과 사상적 단면」, 『지역과 역사』 5,
　　　1999.
吉熙星, 「知訥의 心性論」, 『歷史學報』 93, 1982.
金琪燮, 「高麗末 私田抹弊論者의 田柴科 인식과 그 한계」, 『歷史學報』 127,
　　　1990.
金塘澤, 「高麗崔氏武人政權과 修禪社」, 『歷史學研究』 10, 1981.
金相永, 「高麗 睿宗代 禪宗의 復興과 佛敎界의 變化」, 『淸溪史學』 5, 1988.
金相永, 「高麗中期의 禪僧 慧照國師와 修禪社」, 『李箕永博士古稀紀念論叢
　　　佛敎와歷史』, 1991.
金相鉉, 「三國遺事에 나타난 一然의 佛敎史觀」, 『韓國史研究』 20, 1978.
김영선, 「高峰和尙禪要板本稿」, 『서지학연구』 14, 1997.
金映遂, 「五敎兩宗에 대하여」, 『震檀學報』 8, 1937.
金映遂, 「曹溪禪宗에 취하야」, 『震檀學報』 9, 1938.

金鎔坤,「高麗時期 儒敎官人層의 思想動向」,『國史館論叢』6, 1989.

金潤坤,「麗代의 寺院田과 그 耕作農民」,『民族文化論叢』2·3, 1982.

金潤坤,「高麗大藏經의 彫成機構와 刻手의 性分」,『民族史의 展開와 그 文化』, 1991.

金潤坤,「‘高麗大藏經’의 각판과 국자감시 출신」,『國史館論叢』46, 1993.

金潤坤,「‘大般若經’의 각성과 반몽항전」,『한국중세사연구』2, 1995.

金一權,「禪修證論의 종교학적 이해와 體用論 연구」,『白蓮佛敎論集』8, 1998.

金芿石,「佛日普照國師」,『佛敎學報』2, 1964.

김종명,「知訥의『法集別行錄節要幷入私記』에 미친 초기 선종서의 사상적 영향」,『普照思想』11, 1998.

金宗鎭,「崔瀣의 士大夫意識과 詩世界」,『民族文化研究』16, 1982.

金泰永,「高麗後期 士類層의 現實認識」,『창작과 비평』44, 1977.

김철준,「몽고압제하의 고려사학의 동향」,『考古美術』129·130합집, 1976.

金浩星,「慧諶 선사상에 있어서 교학이 차지하는 의미」,『普照思想』7, 1993.

金勳埴,「여말선초의 민본사상과 명분론」,『애산학보』4, 1986.

金勳埴,「高麗後期『孝行錄』普及의 社會史的 考察」,『韓國史研究』73, 1991.

金勳埴,「麗末鮮初 儒佛交替와 朱子學의 定着 - 社會倫理의 변화를 중심으로 - 」,『金容燮敎授停年紀念 韓國古代中世의 支配體制와 農民』, 지식산업사, 1997.

南權熙,「蒙山德異와 고려 인물들과의 교류」,『도서관학논집』21, 1994.

南權熙,「淸州牧 元興社 刊行의 金剛般若波羅密經과 高麗時代의 金剛經 刊行」,『고인쇄문화』6, 청주고인쇄박물관, 2000.

文喆永,「麗末 新興士大夫들의 新儒學 受容과 그 特徵」,『韓國文化』3, 1982.

文喆永,「고려중기 사상계의 동향과 新儒學」,『國史館論叢』37, 1992.

閔泳珪,「一然의 重編曹洞五位 二卷과 그 日本重刊本」,『人文科學』31·32 합집, 연세대, 1974.

閔泳珪,「一然重編 曹洞五位 重印序」,『學林』6, 1984.

閔賢九,「辛旽의 執權과 그 政治的 性格」,『歷史學報』38, 40, 1968.

閔賢九,「月南寺址 眞覺國師碑의 陰記에 대한 一考察」,『震檀學報』36, 1973.

閔賢九,「高麗의 對蒙抗爭과 大藏經」,『한국학논총』1, 1978.

閔賢九,「李藏用小考」,『한국학논총』3, 1980.
閔賢九,「高麗 恭愍王의 反元的 改革政治에 대한 一考察」,『震檀學報』68,
　　　　1989.
木村淸孝,「李通玄と普照國師知訥」,『普照思想』2, 1988.
朴相國,「現存古本을 통해 본『六祖大師法寶壇經』의 流通」,『書誌學硏究』
　　　　4, 1989.
박영제,「원 간섭기 초기 불교계의 변화」,『14세기 고려의 정치와 사회』, 민음
　　　　사, 1994.
朴宗基,「13세기 초엽의 村落과 部曲」,『韓國史硏究』33, 1981.
朴志焄,「南宋 孝宗代 隆興和議와 和戰論」,『東洋史學硏究』61, 1998.
朴菖熙,「李奎報의 '東明王篇'詩」,『歷史敎育』11·12합집, 1969.
朴漢男,「崔瀣의 生涯와 仕宦」,『成大史林』12·13, 1997.
朴漢男,「14세기 崔瀣의『東人之文四六』편찬과 그 의미」,『大東文化硏究』
　　　　32, 1997.
邊東明,「高麗後期 性理學의 受容과 僧侶의 儒佛觀」,『國史館論叢』71,
　　　　1996.
邊東明,「高麗 崔氏武人政權時期의 儒者出身僧侶」,『全南史學』11, 1997.
신규탁,「나옹화상의 선사상」,『삼대화상연구논문집』, 불천, 1996.
신규탁,「함허득통에 나타난 불교윤리와 유교윤리의 충돌」,『동방학지』95,
　　　　1997.
宋洙煥,「朝鮮前期의 寺院田-王室關聯 寺院田을 中心으로-」,『韓國史硏
　　　　究』79, 1992.
李啓杓,「辛旽의 華嚴信仰과 恭愍王」,『全南史學』1, 1987.
이규대,「朝鮮初期 佛敎의 社會的 實態-嶺東地方 寺院을 중심으로-」,『國
　　　　史館論叢』56, 1994.
李楠福,「麗末鮮初 座主門生에 관한 一考察」,『남사정재각박사고희기념동양
　　　　학논총』, 1984.
李男隨,「白文寶의 性理學 受容과 排佛論」,『韓國史硏究』74, 1991.
李東埈,「『曹溪眞覺國師語錄』의 구성과 내용상 특성」,『普照思想』7, 1993.
李萬,「談禪法會에 관한 硏究」,『韓國佛敎學』10, 1985.
李逢春,「高麗後期 佛敎界와 排佛論議의 顚末」,『佛敎學報』27, 1990.
李英茂,「太古普愚國師의 人物과 思想」,『建大史學』5, 1976.
李廷柱,「權近의 佛敎觀에 대한 再檢討」,『歷史學報』131, 1991.

李鍾益,「普照國師의 禪敎觀」,『佛敎學報』9, 1972.

李鍾益,「鄭道傳의 闢佛論 批判」,『佛敎學報』9, 1971.

印鏡,「普照引用文을 통해서 본『法寶記壇經』의 性格」,『普照思想』11, 1998.

印鏡,「知訥 禪思想의 體系와 構造」,『普照思想』12, 1999.

任昌淳,「松廣寺의 高麗文書」,『白山學報』11, 1971.

劉璟娥,「麗末鮮初 李詹의 정치활동과 사상」,『國史館論叢』55, 199.

兪瑩淑,「崔氏武臣政權과 曹溪宗」,『白山學報』33, 1986.

兪瑩淑,「圓證國師 普愚와 恭愍王의 改革政治」,『韓國史論』20, 국사편찬위
　　　원회, 1990.

尹南漢,「儒學의 性格」,『한국사』(6), 국사편찬위원회, 1975.

尹龍爀,「고려 대몽항쟁기의 불교의례」,『歷史敎育論集』13·14, 1990.

張東翼,「慧諶의 大禪師 告身에 대한 檢討」,『韓國史硏究』34, 1981.

鄭景奎,「禪宗과 言語文字」, 동국대 석사학위논문, 1990.

鄭景奎,「普照圓頓門의 실체와 性徹禪師의 圓頓批判」,『白蓮佛敎論集』4,
　　　1994.

鄭求福,「雙梅堂 李詹의 歷史敍述」,『東亞文化』17, 1989.

鄭性本,「看話禪의 수행과 실천구조」,『綠園스님古稀紀念學術論叢 韓國佛敎
　　　의 座標』, 1997.

鄭玉子,「麗末 朱子性理學의 導入에 대한 試考 - 李齊賢을 중심으로」,『震檀
　　　學報』51, 1981.

趙明濟,「高麗後期 戒環解 楞嚴經의 盛行과 思想史的 意義 - 麗末 性理學의
　　　수용기반과 관련하여」,『釜大史學』12, 1988.

趙明濟,「牧隱李穡의 佛敎認識」,『韓國文化研究』6, 부산대 한국문화연구소,
　　　1993.

趙明濟,「14세기 고려사상계의 楞嚴經 성행과 그 사상적 성격」,『가산학보』5,
　　　1996.

趙明濟,「高麗後期『蒙山法語』의 受容과 看話禪의 展開」,『普照思想』12,
　　　1999.

趙明濟,「高麗後期『禪要』의 受容과 看話禪의 展開」,『한국중세사연구』7,
　　　1999.

趙明濟,「麗末鮮初 禪僧들의 현실인식과 성리학에 대한 대응」,『한국중세사
　　　연구』9, 2000.

趙明濟,「13세기 수선사의 현실참여와 간화선」,『한국선학』창간호, 2000.

趙明濟,「남송대 대혜의 현실인식과 간화선」,『불교학의 해석과 실천』, 불일출판사, 2000.

趙明濟,「高麗末 士大夫의 佛敎觀」,『韓國中世社會의 諸問題』, 2001.

趙明濟,「高麗末 士大夫의 看話禪 이해와 실천」,『韓國思想史學』16, 2001.

趙明濟,「高麗中期 居士禪의 思想的 傾向과 看話禪 受容의 基盤」,『역사와 경계』44, 釜山慶南史會, 2002.

趙明濟,「高麗末禪宗獨尊傾向的台頭及其在韓國思想史上的意義」(上下),『妙林』第15期 6月號, 8月號, 臺灣, 2003.

趙明濟,「高麗末 儒佛一致說의 思想的 傾向과 그 意義」,『民族文化論叢』27, 2003.

趙明濟,「高麗和宋佛敎界的交流 - 以臨濟宗爲中心 - 」(上下),『海潮音』第84卷 第八期, 第九期, 臺灣, 2003.

趙明濟,「中世東アジア禪宗史の課題と展望」,『宗敎與當代世界學術硏討會』, 臺灣, 2003.

趙明濟,「臨濟宗をめぐる高麗と宋の交流」,『駒澤大學佛敎學部論集』34, 2003.

趙明濟,「12-13世紀における南宋・高麗禪宗界の現實對應とその思想的基盤」(上下),『普門學報』第18, 19期, 臺灣佛光山, 2003. 11, 2004. 1.

趙明濟,「韓國中世禪宗史硏究の動向と課題」(上下),『普門學報』第23期, 제24期, 2004.

鈴木靖民・趙明濟,「國學院大學考古學資料館所藏德富蘇峰コレクションの高麗墓誌銘」,『國學院大學考古學資料館紀要』20, 2004.

趙龍憲,「이자현의 능엄선 연구」,『종교연구』12, 한국종교학회, 1996.

周采赫,「元 萬卷堂의 設置와 高麗 儒者」,『孫寶基博士停年紀念史學論叢』, 1988.

秦星圭,「圓鑑國師 冲止의 生涯」,『釜山史學』5, 1981.

秦星圭,「圓鑑錄을 통해서 본 圓鑑國師 冲止의 國家觀」,『歷史學報』94・95 합집, 1982.

秦星圭,「高麗後期 修禪社의 結社運動」,『韓國學報』36, 1984.

秦星圭,「高麗後期 願刹에 대하여」,『歷史敎育』36, 1984.

秦星圭,「崔氏武臣政權과 禪宗」,『佛敎硏究』6・7, 1990.

秦星圭,「定慧結社의 時代的 背景에 대하여」,『普照思想』5・6, 1992.

秦星圭,「高麗後期 佛敎史에 있어서 修禪社의 位置」,『伽山李智冠스님華甲紀念 韓國佛敎文化思想史』, 1992.

蔡尙植, 「高麗後期 佛教史의 展開樣相과 그 傾向」, 『歷史敎育』 35, 1984.
蔡尙植, 「古代·中世初 思想研究의 動向과 『국사』敎科書의 敍述」, 『歷史敎育』 45, 1989.
蔡尙植, 「한국 중세불교의 이해방향」, 『考古歷史學志』 9, 1993.
蔡尙植, 「『破閑集』에 보이는 사상적 경향」, 『震檀學報』 73, 1992.
蔡尙植, 「麗·蒙의 일본정벌과 관련된 외교문서의 추이」, 『韓國民族文化』 9, 부산대 한국민족문화연구소, 1997.
蔡尙植, 「고려·조선시기 불교사 연구현황과 과제」, 『韓國史論』 28, 국사편찬위원회, 1998.
蔡尙植, 「고려후기 불교사 연구현황과 과제」, 『人文科學』 12, 경북대 인문과학연구소, 1998.
蔡楨洙, 「大慧宗杲의 사상 연구」, 『동아논총』 13, 동아대, 1977.
蔡楨洙, 「權近의 佛教觀」, 『동아대논문집』 8, 1984.
崔柄憲, 「高麗時代 華嚴學의 변천 - 균여파와 의천파의 대립을 중심으로 -」, 『韓國史研究』 30, 1980.
崔柄憲, 「高麗中期 李資玄의 禪과 居士佛教의 性格」, 『金哲埈博士華甲紀念 史學論叢』, 1983.
崔柄憲, 「太古普愚의 佛教史的 位置」, 『韓國文化』 7, 1986.
崔柄憲, 「朝鮮時代 佛教法統說의 問題」, 『韓國史論』 19, 서울대 국사학과, 1988.
崔柄憲, 「知訥의 修行過程과 定慧結社」, 『知訥의 사상과 그 현대적 의미』, 한국정신문화연구원, 1996.
韓基汶, 「高麗太祖의 佛教政策 - 創建寺院을 중심으로 -」, 『大邱史學』 22, 1983.
黃秉晟, 「高麗武人政權期 寺院勢力의 動向」, 『韓國思想史學』 4 5, 1993.
許興植, 「蒙山德異의 行績과 年譜」, 『韓國學報』 77, 일지사, 1994.
許興植, 「蒙山德異의 著述과 生涯」, 『書誌學報』 15, 1995.
許興植, 「三教語錄의 書誌와 思想的 特性」, 『書誌學報』 22, 1998.

阿部肇一, 『中國禪宗史の研究』(증정판), 研文出版, 1986.
荒木見悟, 『大慧書』(禪の語錄17), 筑摩書房, 1969.
荒木見悟, 『佛教と儒教』, 平樂寺書店, 1972(신판은 研文出版, 1993).
荒木見悟, 『輔教編』(禪の語錄14), 筑摩書房, 1981.

荒木見悟,『中國思想史の諸相』, 中國書店, 1985.

荒木見悟, 「宋元時代の佛敎・道敎に關する硏究回顧」, 『久留米大學比較文
化紀要』1, 1987.

石井修道,『宋代禪宗史の硏究』, 大東出版社, 1987.

石井修道,『道元禪の成立史的硏究』, 大藏出版, 1991.

石井修道,『禪語錄』(『大乘佛典』12), 中央公論社, 1992.

石井修道,『中國禪宗史話』, 禪文化硏究所, 1988.

石井修道, 「大慧宗杲とその弟子たち」(1~9), 『印度學佛敎學研究』18~26,
1970.

石井修道, 「大慧語錄の基礎的研究－大慧傳研究の再檢討－」(上下) 『駒澤大
學佛敎學部研究紀要』33, 1975.

石井修道, 「眞淨克文の人と思想」, 『駒澤大學佛敎學部研究紀要』34, 1976.

石井修道, 「大慧普覺禪師年譜の研究」(上・中・下), 『駒澤大學佛敎學部研究
紀要』37, 38, 40, 1979, 1980, 1982.

石井修道, 「孝宗(南宋)と禪宗」, 『宗學研究』24, 1982.

石井修道, 「虎丘紹隆と大慧宗杲」, 『佛敎史學研究』第25卷 第1號, 1982. 12.

石井修道, 「中國の五山十刹制度の基礎的研究(1~4)」, 『駒澤大學佛敎學部論
集』13~16, 1982~1985.

石井修道, 「大慧禪の禪と念佛の問題」(藤吉慈海篇, 『禪と念佛－現代的意義』,
大藏出版), 1983.

石井修道, 「史彌遠と禪宗」, 『宗學研究』26, 1984.

石井修道, 「譯註『大慧普覺禪師法語』〈續〉(上下)」, 『駒澤大學禪研究所年
報』4, 5, 1993, 1994.

石井修道, 「浮山法遠の人と思想」, 『禪文化研究所紀要』24, 1998.

石井修道, 「南宋禪をどうとらえるか」, 『宋代禪宗の社會的影響』,, 2002.

石井修道, 「宋代禪宗史の特色－宋代の燈史の系譜をてがかりとして－」, 『東
洋文化』83, 2003.

石井公成, 「アジア禪宗史という視点」(福井文雅編, 『東方史の新視点』, 五曜
書房, 2003).

井上進,『中國出版文化史』, 名古屋大學出版會, 2002.

江田俊雄,『朝鮮佛敎史の研究』, 國書刊行會, 1977.

大屋德城,『鮮支巡禮行』, 1930.

大濱晧 지음, 이형성 옮김, 『범주로 보는 주자학』, 예문서원, 1997.

川添昭二, 『人間とは何か』, 九州大學出版會, 1986.

久須本文雄, 『宋代儒學の禪思想研究』, 日進堂書店, 1980.

駒澤大學圖書館 편, 『新纂禪籍目錄』, 1962.

道端良秀 지음, 목정배 옮김, 『불교의 효 유교의 효』, 불교시대사, 1994.

常盤大定, 『支那における佛敎と儒敎道敎』, 東洋文庫, 1930.

西谷啓治 編, 『禪の歷史 - 中國 - 』(講座禪 제3권), 筑摩書房, 1967.

椎名宏雄, 『宋元版禪籍の研究』, 大東出版社, 1993.

椎名宏雄, 「景德傳燈錄抄註」, 『印度學佛敎學研究』 第21卷 第2號, 1973.

椎名宏雄, 「宋元代 書目の禪籍資料」(1, 2) 『曹洞宗研究紀要』 7, 8, 1975.

椎名宏雄, 「傳燈玉英集の基礎的考察」, 『曹洞宗研究紀要』 9, 1977.

椎名宏雄, 「『人天眼目』の諸本」, 『宗學研究』 20, 1978.

椎名宏雄, 「『護法論』諸版の思想的基礎」, 『曹洞宗研究紀要』.

椎名宏雄, 「佛法大明錄」, 『宗敎研究』 20, 1979.

椎名宏雄, 「佛法大明錄の諸本」, 『曹洞宗研究紀要』 11, 1978.

椎名宏雄, 「元版『四家綠』の資料」, 『駒澤大學佛敎學部論集』 10, 1979.

椎名宏雄, 「『參同契』の性格と原文」, 『宗學研究』 23, 1981.

椎名宏雄, 「宋元版禪籍研究(4) -『如如居士語錄』・三敎大全語錄 - 」, 『印度學佛敎學研究』 第29卷 第2號, 1981.

椎名宏雄, 「『古尊宿語錄』正續諸本の系統」, 『曹洞宗研究員研究生研究紀要』 13, 198.

椎名宏雄, 「宋元版禪籍研究(5) -『宗門統要集』・宗門統要續集 - 」, 『印度學佛敎學研究』 第30卷 第2號, 1982.

椎名宏雄, 「『雲門廣錄』とその抄錄本の系統」, 『宗學研究』 24, 1982.

椎名宏雄, 「宋金元版禪籍所在目錄初稿」, 『駒澤大學佛敎學部論集』 14, 1983.

椎名宏雄, 「宋元版禪籍と大藏經」, 『宗學研究』 26, 1984.

椎名宏雄, 「明版大藏經と宋元版禪籍」, 『宗學研究』 27, 1985.

椎名宏雄, 「宋元代 大藏經と入藏禪籍」, 『駒澤大學佛敎學部論集』 16, 1985.

椎名宏雄, 「北宋勅版大藏經の入藏禪籍」, 『宗學研究』 29, 1987.

椎名宏雄, 「『宗門統要集』の書誌的研究」, 『駒澤大學佛敎學部論集』 18, 1987.

椎名宏雄, 「『明覺禪師語錄』諸本の系統」, 『駒澤大學佛敎學部論集』 26, 1995.

椎名宏雄, 「高麗版『不思議和尙歸寂訣』」, 『宗學研究』 37, 1995.

椎名宏雄, 「天順本『菩提達摩四行論』の資料價値」, 『宗學研究』 38, 1996.

椎名宏雄, 「天順本『菩提達摩四行論』」, 『駒澤大學佛敎學部研究紀要』 54,

1996.

椎名宏雄, 「『從容錄』諸本の系統」, 『宗學硏究』 39, 1997.

椎名宏雄, 「『心賦』と『註心賦』の諸本と系統」, 『駒澤大學佛敎學部論集』 28, 1997.

椎名宏雄, 「『佛祖三經註』の成立と諸本」, 『印度學佛敎學硏究』 제47권 제1호, 1998.

椎名宏雄, 「『祖源通錄撮要』と『大藏一覽集』」, 『宗學硏究』 42, 2000. 3.

椎名宏雄, 「『永嘉師妹註證道歌』の資料價値」, 『宗學硏究』 44, 2002. 3.

椎名宏雄, 「唐代禪籍の宋代刊行について」, 『宋代禪宗の社會的影響』, 2002.

椎名宏雄, 「『禪門拈頌集』の資料價値」, 『印度學佛敎學硏究』 第51卷 第1號, 2002. 12.

椎名宏雄, 「『禪門諸祖師偈頌』の文獻的考察」, 『田中良昭博士古稀記念 禪學硏究の諸相』, 大東出版社, 2003.

杉山正明, 『クビライの挑戰』, 朝日新聞社, 1995.

杉山正明, 『モンゴル帝國の興亡』(上, 下), 講談社, 1996.

杉山正明, 『耶律楚材とその時代』, 白帝社, 1996.

杉山正明, 『大モンゴルの時代』(世界の歷史9), 中央公論社, 1997.

杉山正明, 『逆說のユーラシア史』, 日本経濟新聞社, 2002.

杉山正明, 「モンゴル時代のアフロユラシアと日本」(近藤成一 編, 『モンゴルの襲來』, 日本の時代史 第9卷, 吉川弘文館, 2003).

杉山正明, 『モンゴル帝國と大元ウルス』, 京都大學學術出版會, 2004.

守本順一郎, 『東洋政治思想史硏究』, 未來社, 1967.

鈴木哲雄, 『中國禪宗人名索引』, 其弘堂書店, 1975.

魏榮吉, 『元・日關係史の硏究』, 敎育出版センター, 1985.

友枝龍太郎, 『朱子の思想形成』, 1979.

鎌田茂雄, 「華嚴哲學の根本的立場」, 『華嚴思想』, 法藏館, 1960 ; 『中國華嚴思想史の硏究』, 東京大出版會, 1965.

戶口芳郎 외, 조성을 옮김, 『儒敎史』, 이론과 실천, 1990.

土田健次郎, 『道學の形性』, 創文社, 2002.

三浦國雄, 『朱子と氣と身體』, 平凡社, 1997.

三浦秀一, 『中國心學の稜線 - 元朝の知識人と儒道佛三敎 - 』, 硏文出版, 2003.

寺地遵, 『南宋初期政治史硏究』, 溪水社, 1988.

竺沙雅章, 『中國佛敎社會史硏究』, 同朋舍, 1982.

竺沙雅章, 『宋元佛教社會史硏究』, 汲古書院, 2000.

忽滑谷快天, 『朝鮮禪敎史』, 春秋社, 1930.

忽滑谷快天, 『禪學思想史』 上, 下, 玄黃社, 1925.

黑田亮, 『朝鮮舊書考』, 1940.

鏡島元隆, 「南宋禪林の一考察」, 『道元禪師とその門流』, 誠信書房, 1961.

窪 德忠·西順藏 編, 『中國文化叢書 6 宗敎』, 大修館書店, 1967.

葛兆光 지음, 정상홍, 임병권 옮김, 『禪宗과 中國文化』, 동문선, 1991.

郭朋, 『宋元佛敎』, 福建人民出版社, 1981.

明復, 『中國佛學人名辭典』, 中華書局, 1988.

潘桂明, 『中國禪宗思想歷程』, 今日中國出版社, 1992.

候外廬 외 지음, 박완식 옮김, 『송명이학사』 1, 2, 이론과 실천, 1993, 1995.

ABSTRACT

# A Study of Koan Zen(看話禪) in the late Koryo Dynasty

Cho, MyungJe

The transition from Koryo to Chosun was not only the change of regime but involved the change of the whole society. Most of all, the Buddhism-centered society turned into Confucianism-centered one based on Neo-Confucianism of Chu Hsi and the change had significant influences on politics, society and culture. Nevertheless, previous researches tend to understand the transition simply as a switch from Buddhism to Confucianism caused by the fall of Buddhism due to its corruption and depravity and reform-oriented officials.

In order to explain the transition in the history of thought, thus the present study approached largely from two viewpoints as follows. First, this study attempted in-depth analysis on the internal cause of the fall of Buddhism, which had been a prevailing thought in Korean society over nearly 1000 years, particularly on its ideological and social limitations. Second, it analyzed how the ideological foundation of Neo-Confucianism, which had been received without resistance in the late Koryo Dynasty different from other branches of Confucianism of Chu Hsi , was connected to Zen thought and how the ideological confrontation between Confucianism and Buddhism had developed through the perceptions of Zen monks and high officials in those days.

The most suitable research subject to achieve the two goals is Koan Zen that was popular in the world of thought since the late Koryo Dynasty. Therefore, the present study attempted to explain the transition in the history of thought by examining how Koan Zen, a leading thought in Buddhism history in the late Koryo Dynasty, had been received, settled and developed during the middle of the Koryo Dynasty, during the period under Yuan's intervention and during the late Koryo Dynasty, and what ideological and historical functions and roles Koan Zen performed throughout the periods.

Koan Zen was completed by Dahui(大慧) on the line of Linzai sect that led Zen Buddhism in the Song Dynasty. It pursued the realization of one's fundamental original heart(本來心) through meditating subjects, and was closely related to social and ideological demands resulting from the prevalence of Zen Buddhism over the world of Buddhism and its expansion to the society of officials in the Sung Dynasty. Furthermore, in the critical situation posed by the pressure of the Jin Dynasty(金), Dahui associated with war-advocating officials and adopted active and practical policies advocating jingoism based on the Sino-barbarian theory. Such a trend was well manifested in his thought system by 'the mind of loyalty and uprightness' that combined Zen thought and political life in reality, the theory of agreement between Buddhism and Confucianism and logic emphasizing everyday routine, and was closely connected to the thought system of Koan Zen.

Turning the 12th century, Zen Buddhism in Koryo gradually laid the foundation of its revival and the two main groups leading the movement were the order of Zen Buddhism and Kouji Zen. The two groups attached importance to "*Reungeomgyeong*(楞嚴經)" as the theoretical base of Zen thought and began to appreciate Zen literature and analects as stimulated by Zen thoughts from Linzai Buddhist sect in the Northern Song Dynasty. The new ideological trend in Zen Buddhism established the ground for Koan Zen to be received.

After the revolt of military officials, Koryo Buddhism faced a new period of leaping with the movement of religious association by Susonsa(修禪社) and Koan Zen was received actively by Jinul(知訥), Hyesim(慧諶), etc. Since then, as Honwon(混元) in the 4th Zen society and Cheonyeong(天英) in the 4th Susonsa became in collusion with Choi's regime, the Susonsa occupied the central position of the Buddhist world and Koan Zen gradually expanded throughout the world of Zen Buddhism. However, Zen literatures published and compiled in Koryo

Buddhism in the 13th century show that various Zen ideas still co-existed in the stage.

On the other hand, in the critical situation posed by the invasion of Yuan Dynasty since the 13th century, the Zen society responded actively emphasizing the sense of nationalism through *Jinbyeongbeopseok*(鎭兵法席), *Chukseong-beophoi*(祝聖法會), *Damseonbeophoi*(談禪法會), etc. That the Zen society promoted nationalism and cooperated with the military regime in this way was, on one hand, because it had to be conscious of the relationship with the ruling class as a practical base but, on the other hand, it was the extension of its inherent practicality manifested in the historical background of national crisis. In addition, its ideological foundation is closely linked to the practical inclination of ideology advocated by Dahui's Koan Zen.

The world of thought during the period under Yuan's intervention faced a new turning point as the Yuan Dynasty executed active academic and cultural policies and had unprecedented cultural exchange. New Zen literatures were edited and published by Ilyeon(一然) in the world of Buddhism, and as travel to Yuan mainly by Zen monks became a fashion until the late 14th century a lot of new cultures and ideas were imported. As Neo-Confucianism of Chu Hsi was gradually received along with such trends, the world of thought in the Koryo Dynasty was looking for a new direction. Nevertheless, the atmosphere concerning the relationship between Buddhism and Confucianism was not anti-Buddhist as has been maintained so far. Representative Neo-Confucians of Chu Hsi such as Lee Je-hyeon(李齊賢) and Lee Gok(李穀) understood the social function of Buddhism positively and government officials also admitted the theory of agreement between Confucianism and Buddhism. Moreover, although anti-Buddhist officials such as Choi Hae(崔瀣) and Baek Mun-bo(白文寶) criticized the social evils and contradictions of Buddhism, they did not deny Buddhism itself.

With regard to the trend of Kouan Zen during the period under Yuan's intervention, on the other hand, it is remarkable that new Zen books such as

"*Mongsanbeopeo*(蒙山 法語)" and "*Seonyo*(禪要)" were imported. These books organized the training system of Koan Zen into typical styles, as a kind of manuals for the popularization of Zen Buddhism. These literatures were imported in direct and indirect interchange with Yuan's Linzai Buddhist sect and the Zen society played the key role in the import.

Reaching the late Koryo Dynasty, Zen Buddhism was unified exclusively into Koan Zen, and Zen Buddhism came to dominate the world of Buddhism both in name and reality. This resulted in the tendency of making Zen Buddhism absolute by maintaining its religious tradition succeeding Linzai Zen and the theory of *Yusimjeongto*(唯心淨土) and emphasizing the superiority of Zen Buddhism over other Buddhist sects. Zen Buddhism promoted such a tendency with the object of maintaining its superiority and justness as Zen, which had co-existed with various other sects, came to take initiative in the world of Buddhism in name and reality in the late Koryo Dynasty. The trend made it impossible for various Buddhist thoughts to co-exist and blocked the way for Buddhism to evolve into a new stage. Because of such an ideological limitation, Buddhism could not cope with Neo-Confucianism of Chu Hsi effectively and at last lost its ideological initiative to the new thought.

Such a trend is also confirmed by Zen monks' perception on realities in those days. At that time, Zen monks did not face up to contractions in the world of Buddhism nor move to a new direction through reforms. Furthermore, the pattern of their response to newly emerging Neo-Confucianism revealed their limitations. Zen monks' theoretical response to criticisms of Buddhism raised by officials is shown well by the publication of "*Hobeopron*(護法論)" and Gihwa(己和)'s "*Hyeonjeongron*(顯正論)". However, Gihwa's logic was out of touch with reality in that it accepted the moral sense and value system of Confucianism as they were and adapted Buddhism to them and that it tried to explained complicated human affairs in the real world with karma or transmigrationism.

On the other hand, as Koan Zen was highly popular among officials, the ruling class in those days, it had a great influence on their inner world and particularly laid an ideological foundation for them to receive Neo-Confucianism of Chu Hsi. At that time, officials actively associated with Zen monks and maintained an amicable attitude and deep understanding toward Buddhism. Although they were critical against socio-economic contradictions in Buddhist temples, they did not deny the fundamental logic of Buddhist thoughts. Furthermore, critics of Buddhism such as Kwon Geun(權近) and Jeong Do-jeon (鄭道傳) raised objections to Buddhism in the practical and political context.

Moreover, officials deeply understood Zen ideas through various scriptures and analects, and many of them reached the state of realization through meditating subjects. Such understanding and practice of Zen ideas had a significant ideological influence on officials' acceptance and understanding of Neo-Confucianism of Chu Hsi. The trend is proved by Buddhist logic and consciousness adopted by officials in those days for their understanding of the theories of mind, human nature and moral training in Neo-Confucianism of Chu Hsi.

# 찾아보기

## 【ㅇ】

# 민족문화 학술총서를 내면서

21세기의 새로운 미래를 향해 나아가는 현 시점에서 한국학 연구는 새로운 전기를 맞이하고 있다. 한국은 물론이고, 아시아·구미 지역에서도 한국학에 대한 관심은 고조되고 있으며 여러 분야에서 다각도로 심층적인 분석이 이루어지고 있다. 이러한 추세에 발맞추어 우리나라의 한국학 연구자들도 지금까지의 연구를 기반으로 하여 방법론뿐 아니라, 연구 영역에서도 보다 심도 있는 연구가 요청되고 있는 형편이다. 따라서 우리는 동아시아 속의 한국, 더 나아가 세계 속의 한국이라는 관점에서 민족문화의 주체적 발전과 세계 문화와의 상호 관련성을 중시하는 방향에서 연구를 진행해야 할 것이다.

본 한국민족문화연구소는 한국문화연구소와 민족문화연구소를 하나로 합치면서 새롭게 도약의 발판을 마련한 이래 지금까지 민족문화의 산실로서 중요한 역할을 수행해 왔다. 그런 중에 기초 자료의 보존과 보급을 위한 자료총서, 기층 문화에 대한 보고서, 민족문화총서 및 정기학술지 등을 간행함으로써 연구소의 본래 기능을 확충시켜 왔다. 이제 이러한 성과를 바탕으로 한국학 연구자의 연구 성과를 보다 집약적으로 발전시켜 나아가기 위해서 민족문화 학술총서를 간행하고자 한다.

민족문화 학술총서는 한국 민족문화 전반에 관한 각각의 연구를 체계적으로 정리함으로써 본 연구소의 연구 기능을 극대화하는 역할을 할 것으로 기대한다. 또한 본 학술총서의 간행을 계기로 부산대학교 한국학 연구자들의 연구 분위기를 활성화하고 학술 활동의 새로운 장이 되기를 바란다.

아울러 본 학술총서는 한국학 연구의 외연적 범위를 확대하는 의미에서 한국학 관련 학문과의 상호 교류의 장이자, 학제간 연구의 중심 기능을 수행함으로써 명실상부한 한국학 학술총서로서 자리잡을 수 있도록 해야 할 것이다.

1997년 11월 20일

부산대학교 한국민족문화연구소

지은이 **趙 明 濟**

부산대학교 사학과에서 박사학위를 받고, 駒澤大學 佛敎學部에서 2년간 박사후과정을 마쳤으며 현재 京都大學에서 연구하고 있다. 주된 전공분야는 한국 중세사상사이며, 최근에는 고대·중세의 중국, 일본과의 문화, 사상의 교류문제와 동아시아 역사의 전체 구도 속에서 한국사상의 흐름과 특징을 해명하는 문제에 관심을 갖고 있다.

高麗後期 看話禪 研究

趙明濟 지음

2004년 9월 20일 초판 1쇄 인쇄
2004년 9월 25일 초판 1쇄 발행

펴낸이 · 오일주
펴낸곳 · 도서출판 혜안
등록번호 · 제22-471호
등록일자 · 1993년 7월 30일

⑨ 121-836 서울시 마포구 서교동 326-26번지 102호
전화 · 3141-3711~2 / 팩시밀리 · 3141-3710
E-Mail  hyeanpub@hanmail.net

ISBN 89 - 8494 - 228 - 6 93910
값  18,000 원